벤저민 그레이엄

자서전

Benjamin Graham

나의 인생, 나의 투자

벤저민 그레이엄 자서전

벤저민 그레이엄 지음 | 이지성 기획 | 이은주 옮김

차이정원

일러두기

· 본문의 주는 모두 옮긴이의 것입니다.
· 통상적으로 사용하는 구어체 표기와 맞춤법 일부를 그대로 따랐습니다.
· 외래어 표기는 국립국어원 원칙을 따르되, 일반적으로 통용되어 굳어진 용어나 기업 명칭은 그대로 사용했습니다.
· 문장 부호는 다음의 기준에 맞춰 사용했습니다.

《 》 단행본 · 신문 · 잡지 · 정기간행물 등
〈 〉 칼럼 · 논문 · 기사 · 영화 · 노래 · 편명 등

차례

프롤로그

벤저민 그레이엄이 말하는 벤저민 그레이엄

2019년 1월에 유튜브를 처음 시작했다. 반응은 폭발적이었다. 스마트폰으로 대충 찍고 대충 편집한 영상이었음에도 불구하고 보통 10만에서 30만의 조회수가 나왔다. 어떤 영상은 조회수 100만을 넘기기도 했다.

그러니까 나는 갑자기 제법 잘나가는 유튜버가 되었는데, 비결은 간단했다. 내 경제 예측들이 상당 부분 들어맞았다.

대표적으로 나는 원달러환율이 폭등할 것이라 예측했다. 실제로 당시 1,110원대였던 환율은 몇 달 뒤 1,200원을 가볍게 돌파하더니 2020년 3월에는 1,300원 근처까지 갔다. 미 연방준비제도연준가 개입해서 달러 무제한 풀기를 할 때, 많은 전문가들이 앞으로 원달러환율이 1,000원대로 떨어질 것이며 심지어는 900원대로 떨어질 수 있다고 예측했다. 하지만 나는 이때도 "달러 무제한 풀기는 결국 급격한 금리 인상을 불러올 수밖에 없고 그러면 원달러환율은 폭등할 수밖에 없다. 1,300원 돌파는 기본이고 1,500원도 넘을 수 있다."라고 이야기했다. 그러면서 "지금 달러 사기 좋은 때니, 되도록 달러를 많이 사라."라고 덧붙였다. 2022년인 지금은 다시 금리가 하락하고 달러가 떨어지는 시대가 올 것이라고 말하고 있다.

한편으로 나는 2019년 3월부터 미국 우량 주식을 사라고 유튜브에서 이야기했다. 하지만 이때는 주식 투자에 대해서 그리 깊게 이야기하고 싶은 마음이 없었다. 달면 삼키고 쓰면 뱉는 대중의 속성이 두려웠기 때문이다. 그래서 그냥 몇 번 짧게 언급하고 지나갔다.

2020년 3월, 미 연준이 코로나 경제 재앙을 막기 위해 달러 무제한 풀기를 하겠다고 발표했을 때 나는 믿지 않았다. '그래 어느 정도는 풀겠지, 하지만 무제한이라니 말이 돼? 그 후폭풍을 어떻게 감당하려고?' 이렇게 생각했다. 그런데 미 연준은 진짜로 달러를 무제한으로 풀기 시작했다. 자산의 시대, 특히 주식, 부동산의 시대가 빛의 속도로 다가오고 있었다. 마침 이 무렵 유튜브 멤버십 회원이 서서히 늘기 시작했다. 당시에는 멤버십 회원 혜택이 전혀 없었다. 그래서 멤버십에 가입해주는 구독자들이 고마웠지만 부담스럽기도 했다.

어느 날 나는 나도 모르게 이런 기특한 생각을 하고 말았다. '멤버십 회원 전용으로 미국 주식 특강을 하자. 종목도 구체적으로 알려주자. 그러면 다들 멤버십 비용의 1,000배, 1만 배, 1억 배 이상의 수익을 올리게 될 것 아닌가. 그래, 이 고마움을 그렇게 갚자.' 하여 나는 미국 주식 특강을 시작했다.

그런데 문제가 생겼다. 나는 '평범한 사람이 주식 투자로 부를 쌓을 수 있는 방법은 미국 우량 주식 장기 투자밖에는 없습니다. 여윳돈이 생길 때마다 미국 우량 주식을 사세요. 그리고 혹시나 미국 우량 주식이 폭락하면 왕창 사세요. 하지만 절대 파시면 안 됩니다. 자식에게 물려준다는 마음으로 기본 15년은 들고 가세요. 아니 평생 들고 가세요.' 이렇게 강조하면서 애플, 구글, ASML, 코카콜라, 존슨앤드존슨을 비롯 수십 개 넘는 미국 우량 주식들을 열심히 소개하고 있었는데, 주식 좀 해봤다는 사람들은 다들 나의 투자법을 황당해하고 있었다. 심지어 어떤 주식 유튜버들은 내 투자법을 조롱하고 비웃는 영상을 올리기도 했다. 〈이지성TV〉 멤버십 회원들과 구독자들은 혼란스러워했다. 하여 나는 투자의 고전을 함께 읽고 공부하는 멤버십 혜택을 신설했다. 그리고 벤저민 그레이엄 강의를 시작했다. 총 16강을 했는데, 전체 강의 시간이 무려 37시간에 달했다.

첫 강의 때 나는 이 책을 소개하고, 해설했다. 벤저민 그레이엄의 투자 철학과 원칙을 이해하려면 다른 무엇보다 벤저민 그레이엄이 말하는 벤저민 그레이엄에 대해 알아야 한다고 생각했기 때문이다. 그렇게 나는 멤버십 회원들과 벤저민 그레이엄 자서전을 함께 읽고 나누었다. 참으로 황홀한 시간이었다.

감사한 일은, 회원들이 벤저민 그레이엄을 읽으면서 당시에 전 세계를 휩쓸었던 투기 광풍에서 벗어나서 '미국 우량 주식 장기 투자'라는 불패의 투자법을 깊게 이해하기 시작했다는 것이다. 그리고 미국의 급격한 금리 인상으로 슈퍼 개미들마저 "주식 앱을 켜기가 두렵다."라고 말하는 이 시기에 믿기 힘든 투자 수익률을 기록하고 있다는 사실이다. 아니, 아니다. '믿기 힘든'이라는 표현은 옳지 않다. '예정된'이라는 표현이 옳다. 미국 우량 주식 장기 투자의 원리를 이해하고 실천하는 사람들에게 기적적인 수익률은 처음부터 예정된 것이기 때문이다.

나는 지상의 모든 투자자들이 벤저민 그레이엄을 만나야 한다고 생각한다. 그 유명한《현명한 투자자》를 만나기 전에 벤저민 그레이엄이 말하는 벤저민 그레이엄, 즉《벤저민 그레이엄 자서전》을 만나야 한다고 생각한다. 그래야 투자의 철학과 원칙을 바르게 세울 수 있고, 기적적인 수익률을 일상적으로 경험하는 경지에 오를 수 있다고 믿기 때문이다.

그런데 아쉽게도 이 책은 오랜 기간 절판되어 있었다. 솔직히 나는 잘 이해가 되지 않는다. 《현명한 투자자》는 다들 입에 침이 마르도록 칭찬하지만 정작 그 책을 쓴 사람의 자서전은 존재하는지조차 모르는 한국의 독서 문화가 말이다. 이런 현실이니 다들 그토록 열심히 투자하고도 마이너스 수익률을 기록하는 게 아닌가 싶다.

벤저민 그레이엄 강의를 하면서 회원들과 약속했다. 벤저민 그레이엄의 자서전을 재출간하겠다고, 그렇게 한국의 잘못된 독서 문화와 투자 문화를 조금이라도 바꾸겠다고 말이다. 그 약속을 지키게 되어서 매우 기쁘다. 부디 많은 사람들이 이 책을 통해 벤저민 그레이엄을 제대로 만나게 되기를 빈다. 그리고 벤저민 그레이엄의 수제자 워런 버핏이 그랬듯이 벤저민 그레이엄의 모든 것을 빨아들여서, 현명한 투자자로 거듭나기를 빈다.

이 책을 처음 만났던 날이 기억난다. 그날 나는 이 책을 손에 들고서 속으로 이렇게 외쳤다.

'오늘 나에게 거대한 행운이 찾아왔다!'

오래전의 나에게 그랬던 것처럼 지금 당신에게도 거대한 행운이 찾아왔다. 당신의 독서를 응원한다.

2022년 11월 11일 강남 자택 집필실에서

이지성

Benjamin Graham

1부

책과 함께한 가난의 시절

1

뉴욕에서 보낸 어린 시절

어린 시절이 하나하나 자세히 기억난다는 사람이 꽤 많은데, 사실 나는 어렸을 때 기억이 가물가물하다. 내가 태어난 지 고작 8년 하고 6개월 정도 됐을 때 아버지가 돌아가셨고, 그 이전 일은 거의 기억나지 않는다. 몇 가지 기억나는 사건이 있기는 한데 이마저도 내가 진짜로 경험한 일인지 나중에 누군가가 해준 이야기를 내 경험이라고 착각하는지도 분명치 않다.

예를 하나 들면 이렇다. 내게도 분명히 기억나는 가장 오래된 추억이 하나 있다. "레온, 빅터, 베니! 얘들아 얼른 일어나 창가로 가보자, 어서! 이제 20세기란다." 열에 들뜬 듯 간절하게 외치는 어머니의 목소리를 듣고 잠에서 깼는데 그때 내 나이가 다섯 살 반이었다. 둘째 형 빅터는 나보다 한 살 위였고 큰형 레온은 두 살 위였다. 이때 어머니가 흥분한 모습이었다고 기억하는데 지금 와서 생각해보면 이 또한 애매하다. 그저 이때 일은 나중에 어머니가 자주 들려주던 이야기였고 그래서 어머니가 해준 말과 실제 사실을 혼동하고 이 일을 내 기억이라고 착각했는지도 모르겠다.

실제 기억이든 아니든 간에 분명한 것은 내가 1894년 5월 9일에 영국 런던 애버딘 로드 87번지에서 태어났고 원래 이름이 벤저민 그로스바움Benjamin Grossbaum이라는 사실이다. (생년월일로 따지면 내가 '흐루쇼프Khrushchev' 보다 한 달 어리고, '윈저 공Duke of Windsor'보다는 한 달 위다.) 나는 삼 형제 중 막내였다. 사실 어머니는 반농담으로 나를 두고 "우리 집안의 막내니까 벤저민성서에 나오는 야곱의 막내아들인 '베냐민Benjamin'이지."라고 했었다. 지금 생각하면 이렇게 해서 내 이름이 당연히 '벤저민'이 되지 않았을까 싶다. 천성적으로 그다지 섬세하지도 않고 호기심도 별로 없었기 때문에 어머니에게 나는 왜 동생이 없느냐고 물어본 적은 없다.

어머니가 속내를 감추려 하지 않고 서슴없이 하는 말이 하나 있었다. "내가 낳은 아이가 또 아들이라서 너무 속이 상했단다." 사산死産한 첫 아이가 아들이었고 다시 아들 둘을 낳은 후라 내심 딸이기를 너무 바랐다고 한다. 나를 낳았을 때 그렇게 바라던 딸이 아니고 또 아들이라서 충격이 너무 컸던 터라 나를 창밖으로 던져버리려 했다는 말을 대놓고 했었다. 그러나 이 말에 마음이 상했을 나를 달래주려는 듯 항상 "그때 그렇게 했으면 어쩔 뻔했니."라며 "그렇게 하지 않아 정말 다행이야."라는 말로 마무리하기는 했다.

나와 이름이 같은 '벤저민'(베냐민)이 어떤 사람인지 또 어떤 큰일을 했는지 알고 싶어서 성서를 찾아봤다. 창세기에 나오는 '베냐민'은 아버지 야곱이 눈에 넣어도 아프지 않다고 할 정도로 특별히 사랑하는 아들이었고, 형 요셉도 애지중지했던 귀한 동생이었다. 그러나 막상 성서에는 베냐민이 주체가 된 사건은 딱 두 가지밖에 안 나왔다. ① 베냐민은 형 요셉의 목을 부둥켜안고 울었다(창세기 45장 14절). ② 다른 형제보다 아이를 많이 낳았는데 아들만 자그마치 열 명이었다(창세기 46장 21절). 야곱 집안은 딸이 무척 귀했다. 아들은 열두 명이나 됐는데 딸은 디나 한 명뿐이었다. 이 아들들이 다시 50명이 넘는 자식을 낳았는데 이때도 딸이 귀하기는 마찬가지여서 야곱의 여덟 번째 아들 아셀이 낳은 세라 딱 한 명만 딸이었다. "주님이 하신 일이시니, 우리 눈에는 그저 경이롭도다!" 성서에는 베냐민의 성품을 직접적으로 언급하지 않았지만, 아버지 야곱이 '마지막에 이르러' 아들에 관해 남긴 예언을 보면 인자함과는 거리가 멀어도 한참 먼 사람인 듯했다. "베냐민은 물어뜯는 이리이다. 그가 아침에는 빼앗은 것을 삼키고 저녁에는 움킨 것을 나눌 것이다."(창세기 49장 27절) 훗날 베냐민 자손들은 숱한 분쟁과 투쟁 속에서 동족 손에 전멸하는 지경에 이르렀다.

예순한 살이 되던 해에 런던에 잠깐 갔었는데 이때 내가 태어났던 집에 한번 가보고 싶은 충동이 일었다. 그래서 어렴풋한 기억을 더듬어 택시 기사에게 애버딘 로드 14번지로 가자고 했다. 한참을 헤맨 끝에 그 마을 북동쪽 부근에 멈춰 섰다. 오래된 런던 택시에서 내려 14번지 쪽을 향해 걸어가는 동안 가슴이 조금 두근거렸다. 도착해보니 노동자가 사는 우중충한 2층 벽돌집이 길게 늘어선 동네였다. 초라하고 허름한 집을 보고 자존심이 크게 상했다. 우리 집안은 안락한 환경에서 살았었다. 아름다운 정원이 딸린 편하고 안락한 집에서 매달 1파운드씩 줘가며 일하는 사람을 여러 명 거느리고 살 정도로 여유 있는 집이었다. 그런데 눈앞에 보이는 그 허름한 모양새가 너무 당황스러웠다. 나중에 알고 보니 14번지는 브라이턴 케임브리지 로드에 있던 여름 별장 주소였는데 이곳과 내가 살던 집을 혼동한 모양이었다. 장소를 착각하는 바람에 쓸데없이 실망했던 셈이다. 이듬해에 사촌 윌프레드가 내게 1956년쯤에 찍은 그 집 사진을 가져다줬다. 집 구조는 딱히 눈길을 끌지 못했지만, 일단 3층 집이었고 커다란 돌출형 창문이 인상적이었다. 20세기를 맞이하는 시점에서 보자면 중산층의 여유로운 삶이 느껴지는 그런 집이라는 생각이 들었다. 1960년에 다시 가서 보니 세월이 꽤 지났음에도 관리가 잘된 듯하고 양편에 작은 정원이 펼쳐져있는 쾌적하고 작은 모퉁이 집이었다. 여기서 마지막으로 놀았던 일곱 살 때는 이곳이 훨씬 더 넓어 보였었다.

큰형 레온이 태어나고 나서 14개월 후에 빅터 형이 태어났고, 다시 13개월 후에 내가 태어났다. 이렇게 형제간 터울이 얼마 안 되는데 하필 내가 막내라서 억울한 면이 있었다. 그러나 현실적인 측면에서는 나이 차이가 적은 형제가 함께 자라다 보니 오히려 좋은 점이 많았다. 예를 들어 우리 셋은 프랑스인 가정교사한테 프랑스어를 같이 배웠다. 네 살 때 부모님이 여행을 떠났는데 이때 프랑스어로 '사랑하는 엄마 아빠께Cher Papa et Maman'라고 썼던 편지를 아직도 가지고 있다. 줄 밖으로 삐뚤빼뚤 나가는 글씨가 하나도 없이 깔끔하게 잘 쓴 편지였다. 그런데 어린아이 필체라는 점을 제외하면 너무 가지런하게 잘 써서 가정교사가 거의 다 도와주지 않았을까 싶다.

어렸을 때 이런 가정교사가 몇 명이나 우리를 거쳐갔는지는 잘 기억나지 않는다. 어쨌거나 이 가정교사들에 관해서는 맛있는 음식에 관심이 많았다는 점을 빼고는 별로 기억나는 일이 없다. 그때 우리는 후식으로 샤를로트 뤼스를 자주 만들어 먹었다. 휘핑크림이 잔뜩 들어있는 아주 맛있는 스펀지케이크인데 요즘 나오는 레이디핑거(손가락 모양 카스텔라)와는 좀 다르다. 누군지 확실치는 않으나 가정교사가 비스킷 상자를 잘라 그 판지로 과자 담는 용기를 만들던 모습이 지금도 눈에 선하다.

내가 태어났을 때도 그렇고 우리 가족은 이사를 자주 다녔다. 아버지와 할아버지는 잉글랜드 버밍엄에서 자기磁器 제품과 기타 장식 소품을 오스트리아와 독일에서 수입하는 일을 했는데 두 형은 이곳에서 태어났다. 빅터 형이 태어난 직후에 사업체와 함께 일가친척이 런던으로 이주했다. 그리고 1년 후에 우리 집안에서 중대 결정을 내렸다. 미국에 지사를 두기로 함에 따라 둘째 아들이었던 아버지가 이 지사를 맡아 운영하기로 했다. 그래서 내가 한 살이던 1895년 우리 다섯 식구는 뉴욕으로 이주했다. 2등실 승객이었던 우리 가족이 뉴욕에 도착하자 정부 소속 의사가 간이 신체검사를 진행했다. 우리는 검사를 끝내고 배에서 내려 새로운 나라로 들어갔다. 3등 선실이나 4등 선실 승객과 일반 승객은 필요 서류를 제출하고 뉴욕항에 있는 엘리스섬에서 출입국 절차를 밟아야 했다. 그러나 우리는 달리 서류가 필요하지 않았고 출입국 절차도 따로 밟지 않았다.

아버지가 처음부터 아예 미국에 정착할 생각이었는지는 나도 잘 모르겠다. 집을 사지 않고 셋집으로 들어간 것을 보면 처음부터 이곳에 뿌리내릴 생각은 아니었던 모양이다. 아버지는 죽을 때까지 영국 국적을 포기하지 않을 정도로 영국인으로서의 자부심이 대단한 사람이었다. 그 당시 영국인은 국가에 대한 충성심을 끝까지 유지했고 충성해야 할 국가를 중간에 바꾸는 일을 극도로 꺼렸기에 우리도 제1차 세계대전이 끝나고 나서야 미국 시민이 됐다.

실질적으로 모든 측면에서 영국이 우월하다는 사실이 너무도 당연해서 여기에 딴죽을 거는 일 자체가 터무니없게 느껴졌다. 그러므로 나 또한 애국심이 충만한 영국인일 수밖에 없었다. 그런데 이 새로운 땅에 살게 되면서 이 굳건한 생각이 흔들리기 시작했다. 20세기에 접어드는 시점에 미국인은 모국인 영국에 대해 강한 열등감을 표했고, 이런 의식은 나 같은 영국인을 비판과 조롱의 대상으로 삼게 했다. 미국에서는 영국식 예의와 가식적 태도, 영국식 억양, 영국식 옷차림 등등 그 모든 것이 웃음거리이자 조롱거리였다.

파크로Park avenue에서 조금 떨어진 곳에서 우리와 함께 살았던 마이어스

가족은 미망인이었던 마이어스 부인과 딸, 아들 각각 네 명이 북적이며 살았다. 자녀들 전부가 결혼했는데도 나가 살기를 원치 않았는지 한집에서 다 같이 살았다. 이 많은 식구가 어떻게 한집에 모두 모여 편하게 살 수 있었는지 지금도 의아할 지경이다. 그렇게 복닥거리며 사는데도 마이어스 집안사람들은 우리에게 참 잘해줬고 특히 어린아이였던 나를 많이 귀여워했다. 그러나 이런 친절함과는 별개로 어디서든 티가 나는 영국인스러움 때문에 정말 징그럽게도 놀림당한 사실은 그대로였다. 아메리카컵America's Cup 요트 경기에서 누가 우승하느냐를 놓고도 언쟁이 벌어졌다. 나는 속내를 숨기지 않고 영국인 토머스 립턴Thomas Lipton 경이 모는 섐록Shamrock이 우승한다고 당당하게 말했다. 그러나 유감스럽게도 내 호언장담이 빗나갔고 그때 받은 온갖 조롱과 비아냥거림을 생각하면 지금도 속이 쓰리다.

학교에 들어가고 나서는 반 아이들이 영국에 대한 반감을 대놓고 드러내는 바람에 너무 힘들었다. 나야 당연히 영국 친화적 입장이니까 아이들과 자꾸 부딪칠 수밖에 없었다. 독립전쟁으로도 조지 워싱턴과 조지 3세를 비교하며 자꾸 시비를 걸었다. 물론 조지 3세를 깎아내리는 말이 대부분이고 심지어 1812년 영미전쟁에서 미국이 이겼다고 주장하기까지 했다. 꽤 오랫동안 내 말투에는 영국식 억양이 남아있었다. 애초에 말을 배우기 시작할 때부터 그 억양 그대로 배웠고 우리 가족이 미국으로 건너올 때도 그 억양이 어디 가지는 않았을 테니 말이다. 학교에서 '커피'나 '개dog'를 발음할 때마다 아이들은 내 말을 우스꽝스럽게 따라 하며 놀리기 바빴다. 그러나 다행히도 열 살이 됐을 무렵에는 영국식 억양이 거의 사라졌다.

내가 두 살 때 뉴욕 리치필드 스프링스에서 우리 삼 형제를 찍은 특대형 사진이 하나 있다. 이 사진을 초상화 크기로 여러 장 확대해서 집 안 벽 여기저기에 꽤 오랫동안 걸어놓았었다. 사진 속에는 우리 삼 형제가 맨 왼쪽부터 오른쪽으로 나이 순서대로 나란히 서있었다. 커다란 밀짚모자 챙 세 개가 줄줄이 맞닿은 채로 얌전히 늘어서있는 모습이었다. 우리 셋 다 긴 곱슬머리에 흰색 세일러복 차림이었다. 그리고 검은색 실크 스카프를 둘렀으며 흰 양말에 단추 하나가 달린 검은색 에나멜가죽 구두를 신고 있었다. 그러나 이 차림이 내게는 굴욕 그 자체였다. 두 형은 반바지 차림이었는데 나만 짧은 치마를 입고 있었다. 그 시절에는 남자아이라도 아직 대소변을 가리지 못하는 아이에게는 치마를 입히곤 했다. 치마를 입히면 기저귀나 속옷 따위를 갈기가 더 쉽기 때문이다. 부모 입장에서야 아이를 돌보기 편하니 좋겠지만, 남자인데도 치마를 입어야 하는 아이가 그런 복장을 얼마나 창피해할지는 전혀 신경 쓰지 않았다. 아이가 얼마나 마음이 다칠지에 대해서는 손톱만큼의 배려도 없었다는 생각이 든다.

어쨌거나 이 사진이 탄생한 사연은 좀 유별나다. 우리 가족은 당시 여름 휴양지로 유명했던 리치필드 스프링스에 있었다. 아버지가 여름 한철에만 그곳에 있는 상점을 빌려 장사를 했기 때문이다. 아버지는 주로 새러토가, 바 하버, 매키노섬 그리고 생활수준이 더 낮은 애틀랜틱시티 등지에서 경매 업무 위주로 사업을 펼쳤다. 1896년 7월 4일에 우리는 매년 열리는 '리치필드 스프링스 독립기념일 축하 행진'을 구경하고 있었다. 우리 삼 형제는 가장 좋은 옷을 차려입고 가게 안 창가에 자리 잡고 서서 축하 행진을 지켜봤다. 어머니 말로는 우리 셋 다 꼼짝하지 않고 서서 너무 열심히 창밖을 쳐다보고 있으니까 지나가던 젊은 여성이 들어와서 창가에 있는 저 세 아이 조각상도 파는 물건이냐고 물어볼 정도였다고 한다.

물론 이 말을 액면 그대로 믿기는 어렵다. 그러나 우리 모습에 깊은 인상을 받은 한 전문 사진사가 자기 가게에 아이들 사진을 걸도록 허락해준다면 우리를 찍은 사진을 무료로 인화해 주겠다고 제안한 것은 사실이다. 이렇게 해서 다양한 크기로 뽑은 사진을 여러 장 받게 됐다. 우리 가게를 찾은 사람들은 천사처럼 귀여운 세 아이 사진을 들여다보면서 하나같이 너무 사랑스럽다며 난리가 났지만, 나는 치마를 입은 내 모습이 창피하기만 했다. 수치심 때문에 시무룩하기만 했던 나도 한참 지난 후에는 미소를 지으며 사진을 볼 수 있게 됐다. 물론 그렇게 되기까지는 아주 오랜 시간이 걸렸지만 말이다.

아버지에 관해서는 별로 기억나는 추억이 없다. 주변에서는 다들 아버지가 참 훌륭하고 멋진 사람이라고 입을 모은다. 그래서 아버지를 생각하면 더 씁쓸하다. 아버지에 관해서는 칭찬하는 말밖에 들은 적이 없다. 정말 '마음이 바다처럼 넓은' 사람이라는 평가가 지배적이었다. 내 할아버지 할머니는 물론이고 열 명이나 되는 형제자매까지 금전적으로 지원해주고, 친인척이 아닌 다른 사람에게도 동정심을 베푸는 행동을 하며, 그런 평가가 틀리지 않았음을 몸소 증명했다. 게다가 아버지는 잘생겼고 성격도 쾌활했으며 언제 봐도 매력이 넘치고 늘 기분 좋은 모습이었다고 한다. 또 유능한 사업가였고 매사 빈틈이 없었으며 왕성한 활동력에다 지략이 뛰어난 수완가이기도 했다. 나중에는 영국 쪽 사업이 지지부진한 바람에 아버지가 미국에서 벌어들인 수입으로 우리 가족뿐 아니라 영국에서 사는 할아버지와 할머니, 삼촌, 고모, 사촌까지 다 챙겨야 했다. 이렇게 가족과 친척들을 어찌어찌 부양하기는 했지만, 영국과 미국을 오가는 생활을 이어가며 많은 가족을 돌보는 일은 쉽지 않았고 그래서 고생이 참 많았다.

내가 다섯 살 때 부모님을 따라 버지니아주 서부에 있는 요양지 핫 스프링스로 갔다. 아버지는 이곳에서 요양하며 지병을 좀 다스리고 싶었던 모양이다. 이 짧은 여행 중에 특별히 기억에 남은 일이 세 가지 있다. 첫 번째는 봄철 홍수 때문에 밖에 나가지도 못하고 며칠 동안 호텔 방 안에 꼼짝없이 묶여있었던 일이다. 인근 산에 쌓였던 눈이 녹아내리며 폭포수처럼 소용돌이치듯 거세게 흘러 거리 곳곳이 물바다가 되다시피 했다. 두 번째로는 스위프트Swift: 식육 제품 사업을 하는 집안으로 유명함 가족과 친해진 일이다. 그때 부모님 말씀으로는 상당한 부자라고 했는데 지금 생각해보면 그 당시는 스위프트가 사업을 막 시작한 단계였다고 보는데 그 시점에서 벌써 그런 평가를 받을 정도면 정말 대단하다고 말하지 않을 수 없다.

세 번째로 이곳에서 그레이프 너츠grape nuts: 어린아이는 먹기 힘든 딱딱한 시리얼 '사건'이 일어났다. 어느 날 아침에 어머니가 너도 이제 많이 컸으니까 식당에 혼자 내려가서 음식을 시켜 먹어보라고 했다. 당시 부모님은 누가 침실에 불쑥 들어오면 불편하니까 아무도 없는 객실에서 두 분만 시간을 보내고 싶은 모양이라고 그냥 그렇게 생각했다. 적어도 나는 이런 내 예상이 맞았기를 바란다. 어쨌거나 나는 어머니가 하는 말을 좋게만 해석했다. 그래서 어머니 말대로 식당에 혼자 가서 앉았고 그런 나 자신이 마냥 기특하게 느껴졌다. 그때 내가 차림표에 쓰인 글을 읽을 수 있었는지 아니면 식당 종업원에게 읽어달라고 부탁했는지는 잘 기억이 나지 않는다. 어쨌든 차림표에서 생전 처음 보는 '그레이프 너츠'가 눈에 확 들어왔다. 그때까지는 그런 음식이 있는 줄도 몰랐다. 그래서 바로 그 음식을 주문했다. 그랬더니 종업원이 미심쩍다는 듯이 이렇게 물었다. "이거 먹어본 적 있니?" 그래서 나는 이렇게 대답했다. "아니요, 그렇지만 한번 먹어보고 싶어요." 종업원이 다시 말했다. "네 입맛에 별로 안 맞을 것 같은데? 다른 걸 시키는 게 나을 것 같아." 그러나 큰마음 먹고 택한 음식인데 이대로 물러서기는 싫었다. 설마 내가 무엇을 원하는지도 모르고 아무거나 시켰다는 말인가? 그래서 그냥 주문한 대로 달라고 했고 결국 그레이프 너츠가 내 앞에 놓였다. 그 당시에도 그랬고 그 이후에도 꽤 오랫동안 내 치아는 비정상적으로 민감한 편이었다. 그래서 내가 택한 그 '맛있는' 음식을 씹을 때마다 치아가 다 갈려 나가는 느낌이었다. 옆에 서있던 종업원은 억지로 씹고 있는 내 모습을 '그럴 줄 알았다'는 듯이 거만하게 내려다봤다. 이에 질세라 나는 마지막 한 조각까지 꼭꼭 씹어서 다 먹었다. 그러고 나서는 허세를 부리듯 이렇게 말했다. "아, 맛있네요." 그러나 나는 그 이후로 그레이프 너츠를 다시는 주문하지 않았고 앞으로도 그럴 생각은 없다.

내가 일곱 살 때 부모님은 나와 형 레온을 데리고 영국으로 가서 여름을 보냈다. 둘째 형 빅터는 당시 문제아 기질이 좀 보였던 때라서 펜실베이니아주 '쿨보우Coolbaugh'에서 데이비드슨 박사가 운영하는 유명한 여름 캠프에 보내 엄격한 훈육을 받게 했다. 영국에서 보낸 여름은 우리에게는 잊지 못할 신나는 경험이었지만, 이때도 아버지와 관련해서는 별로 기억나는 일이 없다. 그때 아버지는 우리를 영국에 데려갔다가 다시 미국으로 데리고 왔을 뿐 그 중간 시기에는 미국에서 경매 사업을 하느라 정작 영국에서는 같이 보낸 시간이 얼마 되지도 않았다. 아버지와 관련해서 딱 한 가지 기억나는 일이 있지만, 유감스럽게도 그마저도 별로 유쾌한 경험이 아니었다. 배를 타고 미국으로 돌아올 때는 승객들의 사랑을 듬뿍 받으며 즐거운 항해를 했다. 승객들은 내게 시를 좀 외워보라며 자꾸 꼬드겼다. 사실 나도 그런 꼬드김을 내심 즐겼는지 사람들이 잘한다고 조금만 부추기면 무엇이든 냉큼 하겠다고 나설 판이었다. 그래서 사람들 앞에서 턱을 좀 치켜든 채로 떨리는 마음으로 〈오 선장, 나의 선장Oh Captain, My Captain〉을 열심히 낭송했다. 배가 항구에 도착하기 이틀 전에 선상에서 승객과 승무원이 중심이 돼 선장과 함께하는 만찬 연회가 열린다고 했다. 그런데 내게 시 낭송을 요청하는 사람들이 많았고, 그래서 이 만찬 자리에 초대받아 휘트먼의 〈비가elegy〉를 다시 낭송하기로 예정돼있었다. 이 소식에 나는 너무 행복했고 자부심과 기대감으로 가슴이 뛰었다. 그런데 이렇게 천국의 희열을 느끼던 내게 아버지가 찬물을 끼얹었다. 내가 너무 어려서 그렇게 늦게까지 깨어 있으면 안 된다고 했다. 그리고 어린아이가 어른들의 관심을 너무 많이 받는 것도 교육상 좋지 않다고도 했다. 그래서 결국 나는 그 자리에 참석하지 못했고 속이 잔뜩 상한 채로 일찍 잠자리에 들었다. 그런데 다음 날 아버지가 만찬회에 참석해서 나 대신 시 낭송을 했다는 사실을 알게 됐다. 내게 올 영광을 아버지가 중간에서 가로챘다는 생각이 오래도록 머릿속에서 떠나지 않았다. 아버지가 그렇게 부당한 일을 저질렀다는 사실이 너무도 슬프고 괴로웠다.

다른 사람들은 하나같이 아버지에 대해 칭찬하는 말밖에 하지 않는데 나는 왜 아버지를 생각하면 어리석고 위협적인 사람이라는 기억부터 먼저 떠오르는지 모르겠다. 아버지가 자주 쓰던 표현은 이렇다. "두고 봐, 아주 본때를 보여주겠어!", "죽지 않을 정도로 흠씬 두들겨 패줄 테다.", "뼈도 못 추리게 할 거다." 이런 말들이 더 기억에 남아있어서 나도 기분이 참 안 좋다. 그리고 뒤의 두 표현은 분명히 농담으로 한 말이 아니었다. 둘째 형 빅터가 걸핏하면 저질렀던 못된 짓에 아버지의 거친 품성이 배어있다는 생각은 나만의 착각이었을까? 아버지도 고상한 표현이나 기분 좋은 말을 분명히 했을 텐데 나는 왜 이렇게 천박하고 폭력적인 말만 기억이 날까?

영국에서 지낸 시간은 분명히 소중한 추억이고 친구들에게는 귀에 딱지가 앉을 정도로 자랑을 해댔다. 그러나 솔직히 영국에 관해서는 매우 단편적인 기억밖에 떠오르지 않는다. 사우샘프턴에서 런던까지 기차를 타고 가는 동안 느꼈던 그 길고 지루했던 시간, 테니스 라켓을 들고 있던 어린 고모 세 명(나중에 안 사실인데 이 라켓 전부 아버지가 보내준 선물이었음) 그리고 우리가 묵었던 곳으로 기억되는 할아버지네 집의 아름다운 정원 정도였다.

때는 1901년이었다. 빅토리아 여왕이 서거하고 나서 몇 달이 지났을 무렵이었는데 애도의 표시로 목재로 된 가게 앞면에 검은색 칠을 해놓은 모습을 보고 깜짝 놀랐다. 그해 여름에 에드워드 7세가 병이 나서 대관식을 미뤄야 했다는 말을 들은 기억이 난다. 또 이때는 보어전쟁이 한창이던 시기이기도 했다. 큰형과 나는 당시로서는 새로운 색깔이었던 카키색 제복과 목제 소총을 하나씩 받았다. 우리 둘은 그 차림으로 마치 군인처럼 열을 지어 거리를 행진했다. 지붕이 없는 무개無蓋형 2층 버스 위 칸에 올라타서는 어떻게든 거리 행군을 하는 수많은 군인의 눈길을 끌어보려고 애쓰던 기억이 난다. 우리 쪽을 올려다본 군인 한 명과 눈이 마주친 순간 나는 아주 열성적으로 경례를 올려붙였다. 그러다 누군가 그 답으로 경례를 해오면 너무 신나 어쩔 줄 몰랐다.

그러나 런던에서는 잠깐 머물렀다가 외가가 있는 브라이턴으로 이동했고 여름휴가 대부분을 여기서 보냈다. 외할아버지 성이 게순타이츠Gesundheits였는데 다른 사람들은 재미있는 이름이라는 반응이었지만, 정작 우리는 이 이름이 썩 마음에 들지는 않았다. 외할아버지 집은 케임브리지 로드 14번지에 자리한 거대한 적갈색 석조주로 상류층이 거주하는 '고급 주택'을 일컫기도 함 건축물이었다. 내 기억으로 게순타이츠 할아버지는 흰 수염이 인상적인 강하고 쾌활한 분이었고, 외할머니 역시 강인하고 정이 많아 보이는 여장부 스타일이었다. 파리에서 막 돌아온 두 분은 우리 형제를 잘 보살펴준 마거릿과 캐럴라인 이모 그리고 우리에게 줄 사탕을 들고 있었다. 병 속에는 딱딱한 사탕이 가득 담겨있었다.

우리 가족은 친가와 외가 모두 정통파 유대교를 믿었기 때문에 유대교 회당에서 열리는 예배에 꼬박꼬박 참석했다. 특별히 기억나는 예배 장면이 하나 있다. 랍비의 아들 다섯 명이 줄지어 들어와 좌석에 앉는 모습이 인상적이었다. 다섯 명 모두 접어 젖힌 옷깃에 고급 중절모가 인상적인 이튼 슈트 차림이었다. 그해 여름에 랍비 집에서 가스히터가 폭발했다. 이 사고로 랍비가 중화상을 입는 바람에 그는 꽤 오랫동안 자기 방 안에 거의 갇혀 있다시피 했다. 종교계 어른에 대한 예우 차원에서 병문안을 갔는데 온몸에 붕대를 두른 채 누워있는 랍비의 모습이 너무도 끔찍했다.

우리는 자주 브라이턴 해변으로 가서 물놀이를 즐겼다. 그런데 그 일이 마냥 즐겁지만은 않았다. 그러니까 즐거우면서도 한편으로는 고통스러웠다. 맨발에 닿는 부드러운 모래 감촉을 느끼며 물가까지 펼쳐진 모래사장을 걸을 때는 참 좋다. 그러나 즐거움은 여기까지! 그 후 곱게 깔린 모래사장이 끝나고 나면 거친 파도에 실려 이리저리 떠밀리는 조약돌이 연약한 다리에 딱딱 부딪치기 시작했다. 일곱 살짜리 어린아이는 안전 밧줄을 붙잡지 않으면 중심을 잡고 앞으로 나아가기가 어렵다. 그래도 우리는 항상 열심히 헤엄치려고 애를 썼다. 다들 사나이라면 당연히 그렇게 해야 한다고 생각했기 때문이다. 그러나 물이 너무 차가웠고 수영도 못했기 때문에 즐거운 물놀이라기보다는 혹독한 스파르타식 제식훈련을 받는 느낌이었다.

그래도 해변에 있는 이동식 탈의 시설과 관련해서는 정말 재미있는 일이 많았다. 이곳에서는 장막이 둘러쳐진 마차를 탈의실로 이용하고 있었다. 썰물 때면 이 마차 탈의실이 물가에 거의 맞닿은 수준으로 쭉 내려가 줄줄이 늘어서있었다. 밀물 때면 좀 더 위쪽으로 옮겨오지만, 그래도 물가 근처에 자리 잡았다. 마차 끌채 사이에 묶어 맨 말 몇 마리가 이 탈의실을 밀물과 썰물에 따라 물가에서 가깝거나 조금 멀리 이동시킨다. 이렇게 조수 간만에 맞춰 탈의실을 옮기는 이유는 되도록 물가와 가까운 곳에서 옷을 갈아입게 하려는 것이다. 울퉁불퉁한 자갈길을 오래 걸으면 발이 너무 아프기 때문에 웬만하면 자갈길을 조금만 걷고 물속으로 들어갈 수 있게 하려는 이유에서다. 지금도 그 굉장했던 광경이 눈에 선하다. 거대한 폭풍이 휘몰아치고 난 이후의 일이었다. 파도가 너무도 급작스럽게 몰아치는 바람에 물가에 바짝 댄 마차들을 안전하게 끌어 올릴 시간이 없었다. 그래서 그쪽에 줄지어있던 마차 대다수가 썰물에 휩쓸려 바다로 떠내려갔다. 해안가에 있던 사람들은 이렇게 쓸려 내려간 마차들이 바다 위를 둥둥 떠다니는 모습을 호기심 어린 눈으로 지켜봤다. 보다 못한 선원들이 보트를 타고 바다로 나가 마차 한 대씩에 올가미 밧줄을 던져서 잘 건 다음 낑낑대며 해안가로 끌어올렸다. 형과 내 눈에는 이 광경이 너무 흥미진진했기 때문에 다음에 또 폭풍우가 오기를 얼마나 바랐던가! 이런 장면을 또 봤으면 좋겠다는 철없는 생각을 했다.

몇 년 후 과외 활동으로 라틴어 공부를 할 때 우연히 루크레티우스가 쓴 유명한 시를 읽게 됐다.

Suave, mari magno turbantibus aequora ventis,
E terra magnum alterius spectare laborem.

달콤하구나, 바다는 넓고 바람은 거칠어지네,
안전하게 육지에 서서 바라보라, 저 멀리서 다른 이들이 고생하는 모습을.

이 시를 읽으면 거센 폭풍우에 작은 배가 마구 흔들리는 장면이 아니라 보트를 탄 사내들이 탈의용 마차를 끌어내려고 안간힘을 쓰는 모습을 해안가에 서서 구경하는 두 소년이 떠오른다.

어린 시절의 내 모습은 한마디로 말해 바르게 행동하는 착한 아이였다.

두 형의 꾐에 넘어가지 않는 한 크게 말썽부릴 일이 없었다. 그런데 둘째 형이 문제였다. 둘째 형 빅터 때문에 온 가족이 골머리를 앓았다. 10대 시절의 빅터는 정말 문제아였고 그렇게 사람들이 말하는 '비행 청소년'이 돼버렸다. 그러나 교정 시설의 도움으로 행실이 달라지면서 많이 좋아졌다. 맏형인 레온은 형제 중에서 성격이 가장 원만했다. 장난기가 좀 많기는 해도 또래와 별반 다르지 않은 평범하고 또 지극히 현실적인 사내아이였다. 가끔 말썽을 일으키기도 했지만, 도를 넘어선 적은 거의 없었다. 아홉 살 때인가 형은 낚시에 완전히 빠졌었다. 그래 봤자 작은 물고기 한두 마리밖에 잡지 못하면서도 계속 낚시를 하러 다녔다. 그러던 어느 날 드디어 장어 한 마리를 낚았다. 유대인인 우리에게는 전혀 쓸모없고 흉측하기만 한 이 민물고기를 대체 어디에 쓸까? 그런데 세상에나! 일단 형은 장어를 작게 토막 냈다. 그다음에 안식일 저녁때 사용할 접시에 한 조각씩 담고 냅킨으로 덮어뒀다. 드디어 유명 인사를 포함한 손님들과 우리 가족이 함께 식탁에 모여 앉았다. 그리고 사람들이 접시 위에 놓인 냅킨을 걷어내는 순간 주변이 아수라장으로 변했다. 다들 본능적으로 모세 율법이 엄격히 금지하는 괴상한 물체가 눈앞에 있음을 알았다. 율법을 어겨 단단히 부정을 탄 이 비싼 접시를 내다 버려야 할지 아니면 아까우니까 온갖 '정화 의식lustration: 불결함이나 오염을 제거하는 의식'을 있는 대로 올리고 속죄해야 할지 판단이 안 서는 상황이었다. 이 엉뚱한 장난으로 형은 크게 혼이 났다.

영국으로 여름휴가를 떠나기 얼마 전에 우리는 마이어스 부인의 하숙집에서 7번로 인근 122번가에 있는 4층짜리 개인 주택으로 이사했다. 이 집에서 전성관傳聲管: 관 모양의 음성 정보 전달 기구을 이용하는 일에 재미가 들렸다. 송화구 역할을 하는 한쪽 관에 입을 대고 세게 불면 입술 바로 앞에서 새된 소리가 나온다. 그런 다음에 작은 레버를 누르면 소리가 맞은편으로 전달

된다. 그리고 송화구 쪽에 귀를 대고 기다리면 맞은편에서 요리사가 답하는 소리가 들려온다. 아일랜드 억양이 강한 요리사는 큰 소리로 이렇게 외친다. "네, 부인. 무슨 일이세요?" 이 말에 나는 낄낄거리며 대답한다. "나예요 나, 베니!" 그러면 있는 대로 짜증을 내며 이렇게 말한다. "헛소리 그만하고 꺼져! 또 귀찮게 굴면 가만 안 둘 줄 알아!"

지하에 있는 주방과 1층 식당 사이를 오가는 주방용 승강기 놀이도 꽤 재미있었다. 체구가 작은 꼬맹이가 자신이 마치 뚜껑 달린 오목한 접시인 양 몸을 최대한 구부려 말아서 승강기 아래 칸에 웅크리고 들어가 앉은 다음에 낑낑대며 자신을 위로 끌어올렸다가 아래로 내렸다 하는 장면을 상상만 해도 신이 난다. 삼 형제가 함께 이 승강기 안에 들어갔다가 연결선이 끊어졌던 적이 있다고 기억하는데, 이 경험이 진짜 내 기억인지 아니면 그냥 상상인지 헷갈린다.

아버지와 어머니 뒤를 졸졸 따라가면서 집에 있는 방을 전부 돌아다닌 기억도 난다. 꼭대기 층에는 하인들이 쓰는 방이 하나인가 둘이 있었는데 거기도 가봤다. 내 눈에는 그냥 이상하고 낯선 장소라는 느낌뿐이었다. 아버지는 커다란 먼지떨이와 늘 쓰던 쓰레받기를 들고 다녔다. 이 물건은 유월절 전날에 행하는 '하메츠chometz: 발효시킨 빵으로 유대인이 유월절 동안 먹지 못하게 되어 있음 찾기'라는 전통 의식에 사용하는 상징적인 도구였다. 집 안 전체를 샅샅이 뒤져가며 매일 먹는 음식물의 흔적을 깨끗이 치우고 이런 축일용으로 두 벌씩 준비해둔 접시와 단지, 팬 등을 사용했다. 마치 공성전에 대비하듯이 특별 식량을 엄청나게 많이 비축해놓았다. 수십 파운드는 돼 보이는 무교병누룩을 넣지 않고 납작하게 구워낸 무발효 빵을 커다란 원통형 용기에 담아놓았다. 또 망치로 부숴야 할 정도로 단단한 설탕 덩어리는 파란색 원뿔형 종이통에 담았다. 이외에 우유와 잼, 각종 양념도 특별히 준비해놓았다. 하메츠 찾기가 무엇이냐고? 우리 집에는 율법으로 금지한 음식은 단 한 조각도 남아있지 않다는 사실을 증명함으로써 신의 명령을 완벽하게 따랐다는 일종의 자기 만족감을 위한 행위가 아니었을까 생각한다. 물론 이 '하메츠 찾기'에서는 발효 빵은 하나도 찾지 못했지만, 이 빵을 찾아 온 집 안을 돌아다니며 여기저기 뒤지는 일이 너무 재미있었다.

내가 다섯 살인가 여섯 살 때 125번가 근처인 5번로 2019번지에 위치한 고급 주택으로 이사했다. 역시 적갈색 사암을 사용한 석조 주택으로 2층에는 두꺼운 판유리로 된 창이 하나 있었다. 이 창 안쪽의 커다란 응접실은 도자기를 전시하는 공간으로 사용했다. 그런데 우리 삼 형제는 혼이 날까 봐 이곳에는 얼씬도 하지 못했다. 어른들이 우리가 여기 들어가면 혼내주겠다며 단단히 으름장을 놨기 때문이다. 조심성이라고는 눈 씻고 찾아봐도 없는 천방지축 사내아이 셋을 이 도자기 방에 마음대로 들어가게 놔둘 어른이 어디 있겠는가! 그러나 우리는 어른들을 따라서 이 도자기 전시실을 구경할 수 있었다. 그때 내 머릿속에 남은 인상은 페르시아의 시인 오마르 하이얌Omar Khayyám이 도예가 집에서 봤다는 광경과 느낌이 비슷하다.

> 엄청나게 큰 것에서부터 앙증맞게 작은 것까지
> 크기도 다양하고 모양도 가지각색,
> 바닥과 벽을 온통 차지하고 있네.

가장 인상 깊었던 물건은 커다란 세브르Sevres: 센강 강가에 있는 마을로 여기서 나오는 자기를 고급 자기로 취급함 자기 꽃병이었다. 그중에서도 몇 개는 유난히 커서 마치 큰 산봉우리처럼 느껴졌다. 그러나 그때 나는 너무 어렸고 나이에 비해 체구도 아주 작았다. 그러니 도자기가 더 커 보였을 것이다. 그 큰 도자기가 정확히 어떤 모양이었는지는 기억이 나지 않는다. 그러나 가장 큰 도자기는 값이 천 달러는 족히 나간다는 말에 눈이 휘둥그레질 정도로 놀랐던 기억은 지금도 너무 생생하다. 그 당시에 천 달러면 어마어마하게 큰돈이었다.

우리는 엎어지면 코 닿을 정도로 가까운 곳에 있는 '마운트 모리스 공원'에 자주 가서 놀았다. 어머니를 따라서 당시 상류층 사람들이 주로 다니던 상업 중심지 125번가로 쇼핑도 자주 하러 갔다. 육류와 식료품은 바이스베커즈에서 샀다. 이외 다른 물품은 꽤 큰 백화점이었던 코크 & 컴퍼니에서 거의 다 샀다. 그러나 중요한 물건이나 특히 신중하게 골라야 하는 상품이 있을 때는 지금처럼 그때도 59번가에 있던 블루밍데일즈 백화점을 찾았다. 그때만 해도 지하철이 아직 없었고 고가철도는 우리가 타기에는 너무 불편했다. 자동차는 사람들이 신기해하는 새로운 교통수단일 뿐 아직 보편화한 상태가 아니었다. 그래서 블루밍데일즈에 갈 때는 시가전차를 이용했다. 이때는 시가전차 체계가 아주 잘 발달돼있었다. 차량 간 환승 체계가 정교하게 잘 갖춰진 상태에서 경쟁 노선과 공동 노선이 수없이 얽혀 운행 중이었다. 주요 교차로마다 커다란 우산이 하나 설치돼있고 제복 입은 남자가 그 아래에 앉아있는데 블루밍데일즈로 가는 전차를 타고 싶으면 이 사람한테 물어보면 된다. 그렇게 설치된 우산마다 빙 돌아가며 다음과 같은 구호가 여러 개 새겨져있었다. "전 노선 블루밍데일즈 행." 이상은 내 어린 시절을 잘 보여주는 장면 가운데 하나다.

꽤 오랫동안 우리는 125번가에 있는 라이트Wright라는 이름의 가게에서 산 신발을 신었다. 이곳은 가게 제품을 '라이트폼 슈즈Wrightform Shoes'라고 홍보했다'wrightform'과 'rightform'의 발음이 같은 데서 착안해 '잘 만든' 신발로 홍보했다는 의미. 어린 마음에도 철자와 의미는 다르나 발음이 비슷한 단어를 교묘하게 잘 엮은 익살스러운 문구가 상당히 인상적이었다는 기억이 있다. 오래지 않아 나 역시 습관적으로 이런 '말장난'을 즐기면서 이때부터 익살과 함께하는 삶을 살기 시작했다. 그런데 이런 재주에는 명예나 오욕 둘 중 하나만 따르지는 않으며 현실적으로 둘을 분간하기가 어렵다. 그래서 이런 재주가 좋다고 해야 할지 나쁘다고 해야 할지 잘 모르겠다. 여섯 살 때 생일로 기억하는데 이날 나는 정말 너무너무 갖고 싶었던 화물용 끌차를 선물로 받았다. 늦봄인지 초여름인지 확실치는 않은데 어쨌든 어머니를 따라 쇼핑에 나서는 중에 끌차를 가져가도 된다고 해서 얼씨구나 하고 그렇게 했다. 어머니와 나는 쇼핑한 물건을 하나씩 끌차에 담았다. 노점상에서 스위트피sweet pea: 하늘하늘한 꽃이 피는 콩과 식물도 몇 다발 사서 장식하듯 끌차에 풀어 담았다. 젊고 아름다운 여성과 검은색 곱슬머리에 세일러복을 입은 사내아이가 끌차를 끌고 가는 모습이 사람들 눈에는 얼마나 신기하게 보였을까! 지나가다 멈춰 서서 경탄해 마지않는 얼굴로 우리를 쳐다보는 사람들을 보면서 왜 저러나 싶었던 기억이 있다.

내 학창 시절은 다섯 살 때 시작됐다. 유감스럽게도 아주 불명예스러운 기록을 남기기는 했지만 말이다. 부모님은 나를 집 근처에 있는 공립 유치원에 보냈다. 당시 유치원은 건물 2층에 있었다. 모래와 조개껍데기가 든 상자를 앞에 두고 앉아서 온종일 가지고 놀 생각에 신이 났던 기억이 있다. 그러나 얼마 지나지 않아 나는 이 행복한 세상에서 등 떠밀려 나와야 했다. 다른 아이들은 다 할 줄 아는데 나만 아직도 혼자서 바지를 입고 벗지를 못했다. 바지 단추를 끼우고 빼는 일이 여전히 어려웠기 때문이다. 그래서 화장실에 갈 때는 선생님이 따라와서 도와줘야 했다. 다른 일로도 너무 바쁜 선생님이 화장실까지 따라다니는 것은 무리였다. 그렇게 며칠 동안 애를 쓰던 선생님이 결국 나를 집으로 돌려보냈고 그 후로 다시는 유치원으로 돌아가지 못했다. 그렇게 한참을 기다리다가 여섯 살 반 정도였던 1900년

9월에 드디어 초등학교 1학년으로 입학했다. 기다리는 동안 학교에 너무 가고 싶어서 애가 달았다. 나는 아직 어려서 안 되는데 자신들은 학교에 다닌다며 두 형이 얼마나 거드름을 피우는지 정말 눈꼴사나워 견딜 수가 없었다. 어느 날인가 큰형 레온이 학교에서 줄을 서다가 떠들어서 혼이 났다며 투덜거리는 소리를 들었다. 줄을 선다고? 형 말을 들으며 그것이 무슨 뜻인지 궁금했다. 혼이 나든 말든 나도 줄을 서고 싶었다.

드디어 1학년이 됐다. 나는 꽤 똑똑하고 뭐든 열심히 하는 모범 학생이었다. 학교에서는 알파벳 문자와 함께 방망이bat, 고양이cat 등 꼭 알아야 할 짤막한 단어들도 다 배웠다. 선생님은 카드에 이런 짧은 단어를 하나씩 쓰고 그 카드를 학생들에게 보여주면서 외우게 했다. 그런데 나는 이 과제를 아주 잘 해냈다. 그래서 1A에서 1B로 바로 올라갔다. 말하자면 월반을 한 셈이다. 그 당시에는 한 학년을 두 학기로 분리했으며 각각 9월과 2월에 시작했다. 첫 번째 학교는 123번가 세인트니콜라스로St. Nicholas Avenue 157번지에 있었다. 점심은 매일 집에 와서 먹었기 때문에 집과 학교를 하루에 네 번이나 왔다 갔다 했다. 나는 세인트니콜라스로에서 말 두 필이 끄는 시가전차를 보면서 신나게 걸어 다녔다. 다른 지역 사람들은 뉴욕에 아직도 동물이 끄는 전차가 있다며 신기해했다. 물론 전기로 움직이는 전차도 많았다. 실제로 세인트니콜라스로에 있는 마차 철도는 마지막 남은 구식 운송 시설이었다. 물론 결국에는 '독점 운영권' 유지에 필요한 최소한의 조치로서 하루 한 번밖에 운행하지 못하게 됐다. 대개는 승객도 없이 빈 차로 운행됐지만 말이다.

학교에 들어가자마자 나는 일찌감치 착하고 똑똑한 학생이 될 '싹수'가 보이기는 했다. 그러나 뭐든 다 잘하는 만능인은 아니었다. 건강하기는 했어도 나이에 비해 체구가 작았고 운동 실력도 평균 이하였다. 그 시절에는 공부 잘하는 학생에게 운동선수가 되라는 사람은 거의 없었다. 그런데도 나는 온갖 운동 경기에 다 참가해야 했다. 다른 학생에 못지않게 열심히 했지만, 결과는 만족스럽지 못했다. 그래서 자존심이 계속 상했다. 근력이 형편없는 수준이었고 몸으로 하는 무엇이든 어색하고 서툴렀다. 물건을 잘 떨어뜨리고 또 잘 망가뜨렸다. 걸핏하면 어딘가에 부딪히는 탓에 다른 사람에게 상처를 입힐 때도 있었다. 이외에도 명상이나 백일몽에 빠져 정신이 다른 데 팔려있을 때가 많았다. 이렇게 얼이 빠져 멍하니 있는 나를 보고 주변에서는 화가 나서 이렇게 외치곤 한다. "야, 너 정신 좀 똑바로 차려!" "앞 좀 보면서 걸으라고!"

다소 현학적인 표현을 좀 하자면 이렇다. 호기심을 자아내는 이런저런 생각이 머릿속에 가득 차서 내 주변의 물리적 세상이 어떻게 돌아가든 신경을 쓰지 못해서 그렇게 됐다고 해명하면 어떻게 될까? 아마도 나는 형제들이 몽상가로 몰아세웠던 요셉과 똑같은 취급을 받았을 테고 어찌 보면 딱히 틀린 말도 아니다 싶기는 하다.

프랑스인 가정교사가 쉬는 날이면 우리 형제는 완전히 살판이 났다. 한번은 센트럴파크 안쪽인 5번로 65번가로 가서 어린이용 열차를 끄는 꼬마 기관차를 구경하기로 했다. 훗날 선로가 전부 철거되고 조랑말 타는 곳으로 바뀌었다. 걸어서 가면 5㎞ 정도 거리였다. 증기를 폭폭 뿜어내는 기관차와 작은 객차가 선로를 계속해서 도는 모습을 지켜보며 느긋하게 즐거운 시간을 보냈다. 물론 돈이 없어서 열차를 타지는 못했다. 그렇다고 해서 시무룩해지거나 하지는 않았다. 실컷 구경하고 나서 한참을 걸어 집으로 돌아왔다. 완전히 지친 상태로 집에 도착했을 때는 이미 날이 저물어 주변이 어두컴컴했다. 멋대로 놀러 나갔다가 이렇게 밤늦게 돌아왔으니 분명히 크게 혼이 나리라 생각했다. 그래서 집 앞에 잠시 멈춰 서서 어떻게 하면 좋을지 궁리했다. 그때 아홉 살로 삼 형제 중 맏이인 데다 아무래도 이번 일의 주동자로 봐야 하는 큰형 레온이 총대를 메고 먼저 들어가기로 했다. 둘째 형 빅터는 잔뜩 겁을 먹고는 어둠 속에서 웅크리고 있었다. 마치 '돌아온 탕아'처럼 집 안으로 들어온 우리를 보고 완전히 난리가 났다. 아이들이 없어졌다며 경찰에 신고한 지 얼마 되지 않았다고 했다. 유괴라든가 기타 몹쓸 사고를 당했을지 모른다는 끔찍한 생각 때문에 어머니는 혼이 완전히 나간 상태였다.

내 기억으로는 그때 큰형과 둘째 형은 매를 맞았지만, 나는 막내인 데다가 아무 생각 없이 형들이 가자니까 그냥 따라갔다고 생각해서인지 벌을 안 받고 무사히 넘어갔다. 가족 중에서 서열이 가장 낮다는 점이 이럴 때는 또 이득이었다.

센트럴파크에 있는 소형 열차처럼 예전에는 작은 기관차가 고가高架 열차를 끌었다. 이 고가 열차가 우리 머리 위에서 굉음을 내며 지나간다. 겨울 저녁이면 열차가 지나가는 자리에서 불꽃이 튀는 모습이 보인다. 나중에는 기관차가 끌던 이 고가 열차가 전차로 대체됐지만, 철로 주변 낮은 둔덕 위에 작은 증기기관차가 줄지어 모여있는 광경이 여전히 눈에 들어왔다. 물론 결국에는 다 사라졌다. 아마도 남미 어딘가로 팔려나가지 않았을까 생각한다.

한참 후까지도 뉴욕 센트럴 노선은 전철화가 되지 않았다. 이 노선은 개찰開鑿: open cut 터널식 선로를 운행하는 증기기관 열차였다. 알다시피 개찰 터널 지표면에서 아래로 땅을 굴착해 구조물을 시공하고 매립하는 공법으로 만든 터널이라서 폐색 구간閉塞區間: 열차 간 충돌을 방지하려고 열차가 두 대 이상 동시에 움직이지 않도록 미리 정해놓은 구역마다 사람들이 터널 위 승객용 다리로 건너다녔다. 네 살인가 다섯 살 때는 이 다리 위에 자주 올라가서 달리는 기관차를 구경했다. 저 멀리서 기관차가 내가 서

있는 방향으로 냅다 달려오다가 어느새 발밑으로 싹 지나가는 모습을 놀랍고 또 경탄스러운 마음에 입까지 헤벌린 채 내려다봤다. 너무 신나는 일이었다. 이렇게 크고 작은 기관차가 그려내던 뉴욕의 풍경이 지금은 싹 다 사라졌고 고가철도 노선도 마찬가지 신세가 됐다. 고가 선로를 이루던 두꺼운 강철 기둥과 교차 시공된 철제 구조물이 완전히 철거되는 바람에 이런 고가 구조물이 드리우던 그림자도 이제는 말끔히 자취를 감췄다. 마치 처음부터 존재하지 않았던 듯이 말이다. 이런 변화와, 이보다 훨씬 놀랍고 또 불길한 수많은 변화가 내 평생에 걸쳐 일어났다. 대학생 때 저 유명한 프랑스의 궁정 시인 롱사르의 시를 읽었다.

> Le temps s'en va, le temps s'en va, ma dame,
> Las! le temps, non, mais nous, nous en allons
>
> 시간이 가네, 시간이 가네, 내 여인이여,
> 아, 아니구나, 시간이 아니라 우리가 가는구나!

우리는 가도 시간과 세상은 그대로 남는다. 두려운 진실! 그런데도 나는 마치 한때 내가 알던 세상과 지금보다 훨씬 덜 복잡했던 그 세상에서 누렸던 즐거운 시간이 다 사라져버렸다는 느낌이 자주 든다. 그때 그 시절에 대한 내 기억 말고는 아무것도 남아있지 않다는 그런 쓸쓸한 느낌 말이다. 인생은 정말로 짧다. 그러나 롱사르가 어떻게 말하든 어떤 의미에서는 시간을 묻어버리는 사람도, 그 시간을 영원히 살리는 사람도 바로 나 자신이다.

2

가족의 비극

영국에서 보낸 여름은 우리 가족이 풍족한 삶을 누리며 행복하게 살았던 마지막 시간이었다. 이후로 가세가 점점 기울면서 이때만큼 행복한 시간을 다시는 누릴 수 없었다. 영국에서 돌아온 지 얼마 되지 않아 런던에 계신 할아버지가 돌아가셨다. 전보를 통해 이 소식을 알게 됐다. 전보를 읽자마자 사색이 돼 흐느껴 울던 아버지 모습이 기억난다. 이보다 더 또렷하게 기억나는 장면은 아버지가 소매가 길게 터지고 단추는 다 풀어 헤친 웃옷을 입고 슬리퍼를 신은 채 발 받침대에 발을 올리고 낮은 의자에 앉아있던 모습이다. '시팅 시바sitting shiva: 직계가족이 세상을 떠났을 때 '7일 동안 앉아서 보낸다'는 의미로 일주일 동안 묵상하며 고인을 추모하는 유대교 전통 의식'를 하면서 고인을 애도할 때 전통적으로 이런 복장을 한다.

이날로부터 50년이 지나고 나서야 할아버지가 어떻게 돌아가셨는지를 상세히 알게 됐다. 솔Sol 삼촌과 함께 런던 거리를 걷고 있었다. 그러다 삼촌이 본드가Bond Street와 리전트가Regent Street 사이에 있는 길모퉁이에 멈춰 서서 이렇게 말했다. "네 할아버지가 살아계실 때 여기 이곳에 우리 가게가 있었지." 그러고는 그 당시 이야기를 내게 들려줬다. 믿었던 점원이 가게 돈을 횡령한 사실을 할아버지가 알게 됐다고 한다. 그래서 할아버지가 경찰에 신고하겠다고 말하자 그 점원은 권총을 꺼내 들고 이렇게 소리쳤다고 한다. "어차피 나는 이제 끝난 인생이야. 당신을 죽이고 나도 끌려가 교수형을 당하면 그뿐이지. 여기서 더 나빠질 것도 없고 나도 이판사판이란 말이야. 그래도 당신은 신을 경외하는 독실한 유대인이잖아. 이 성경에 대고 내가 도둑질한 사실을 아무에게도 말하지 않겠다고 맹세한다면 목숨만은 살려주겠어." 결국에 할아버지는 그렇게 하겠다고 맹세했고 그 점원은 처벌을 면했다. 그러나 할아버지는 금전적으로 엄청난 손실을 본 데다가 생명이 위협받는 극한의 공포 상태에 몰린 충격으로 건강이 극도로 나빠졌고 몇 달 후에 결국 폐렴에 걸리고 말았다.

내가 할아버지를 '그로스바움 어르신'이라고 부르는 이유는 자녀 열한 명과 이보다 훨씬 많은 손주들로 이뤄진 대가족의 가장이었기 때문이다. 나에게 할아버지는 거대한 초상화 속 모습으로만 기억되고 있다. 언뜻언뜻 회색빛이 감도는 검은색 턱수염에 챙이 없는 사발형 두개모頭蓋帽: 테두리 없는 베레모를 쓰고 날카로운 눈빛으로 근엄한 표정을 짓는 모습이었다. 어린 시절 나는 할아버지가 얼마나 신앙심이 깊은 분이었는지에 관한 이야기를 많이 들었다. 집 바로 옆에 학자와 신도들이 와서 기도하고 공부할 수 있는 사설 유대교회당Beth Hamedrash 겸 학습당을 마련할 정도였다고 하니 더 말해 무엇하겠는가! 한참 후에 삼촌들에게 들은 이야기로는 그때까지 내가 알고 있던 할아버지와는 좀 달랐다. 삼촌들 말로는 할아버지는 자식들을 아주 엄하게 훈육했고 놀이를 포함해 일체의 세속적 행동을 엄격히 금지했다고 한다. 하다못해 휘파람도 못 불게 했다. 그런 할아버지가 겨우 56세에 세상을 떠나고 말았다.

이전에 영국 할아버지 집에 갔을 때 아버지는 새 발명품인 축음기를 가져갔다. 그리고 1층 거실에서 형제들에게 축음기를 틀어줬다. 그런데 세상에나! 아버지는 그때 휘파람 소리가 나는 음반을 틀었다. 이 소리를 당연히 들었을 할아버지가 2층 서재에서 뛰쳐나와 벼락같이 소리를 질렀다. "아래층에서 누가 감히 휘파람을 불어?" 그러자 아버지가 빙긋이 웃으며 이렇게 대답했다. "휘파람 분 사람 없는데요? 새로 나온 축음기라는 거예요. 내려와서 한번 들어보세요." 윌 삼촌이 말하길 그때 할아버지는 아무 말 없이 그냥 서재로 되돌아갔다고 한다. 어쨌거나 당시 아버지가 집안 살림을 책임지고 있던 터라 할아버지도 대놓고 아버지에게 싫은 소리를 할 수는 없었으리라.

128번가 우리 집에 있던 축음기가 기억이 난다. 그때가 아마 1900년이었을 거다. 축음기에서 가장 인상적이었던 것은 나보다 커 보이는 거대한 나팔같이 생긴 부분이었다. '왁스 실린더'라고도 하는 원통형 밀랍 관이 녹음 매체였는데 훗날 딕터폰Dictaphone: 속기용 구술 녹음기에 사용하던 매체와 비슷했다. 녹음을 틀 때마다 맨 먼저 곡명과 가수 이름이 나오고 이어서 다음과 같은 의기양양한 소리가 흘러나왔다. "에디슨 레코오오오드!"

아버지는 특별한 물건을 소장하기 좋아했고 특히 새로 나온 남다른 물건에 관심이 많았다. 아버지는 돌아가시면서 금시계 세 개를 남겼다. 이 가운데 하나가 리피터repeater: 일정 간격으로 종소리를 통해 시각을 알려주는 기능 시계였다. 버튼을 누르면 맨 처음에는 시각을 알리는 종소리가 나고 그다음에는 15분 단위, 그다음은 분 단위를 알리는 종소리가 울린다. 아버지가 돌아가신 후 어머니가 우리에게 유대교에서 치르는 남성 성인식 때 이 시계를 각자 하나씩 나눠주겠다고 약속했다. 유대교에서는 열세 살에 성인식을 치르는데 이 때부터는 성인 남성으로서 특권을 누리는 동시에 마땅한 의무도 다해야 한다. 그러나 유감스럽게도 어머니는 이 약속을 지킬 수 없었다. 오래지 않아 아버지가 아끼던 꽤 많은 다른 소장품과 함께 이 시계도 팔렸거나 저당이 잡혔는데 끝내 그 물건들을 회수하지 못했다. 유품이 돼버린 아버지의 또 다른 소장품 중에는 다양한 용도로 사용하는 특수 지팡이도 있었는데 유형별로 구색에 맞춰 구비돼있었다. 그중 하나가 흉측하게 생긴 가늘고 긴 칼을 숨겨놓은 지팡이였다. 이외에 우산용 지팡이가 있었고, 또 아주 가느다란 병과 여기에 딸린 유리잔 세 개가 들어가는 지팡이도 있었다. 이 병에는 아마 위스키나 브랜디를 채워 넣었을 것이다. 아버지가 남긴 수많은 애장품 중에서 내 몫으로 돌아온 물건은 딱 하나밖에 없었다고 기억한다. 어머니가 팔거나 저당 잡히지 않고 어떻게든 남겨서 꽤 오래 간직했던 영국제 블레이저코트였다. 나는 이 옷을 테니스 치러 갈 때 몇 번 입었다. 열여덟 살이었던 내 몸에 잘 맞았던 것을 보면 아버지는 상당히 마른 체형이었던 모양이다. 그러나 멋을 잘 부릴 줄 모르는 친구들이 이 옷에 대해 이러쿵저러쿵 거슬리는 평을 했고, 그런 말이 듣기 싫었던 나는 하나밖에 없던 아버지의 유품을 더는 입지 않기로 했던 기억이 지금도 생생하다.

할아버지가 돌아가셨을 때 이미 아버지의 건강도 심각한 상태였다. 안색이 너무 나빠 보였는데 아버지가 '황달'이라는 원인불명의 병을 앓고 있다는 말을 들었다. 이런 상황에서 우리는 또 이사를 했다. 이번에는 공동주택인 아파트로 이사했다. 120번가 7번로에 위치한 펀클리프였는데 그때는 아파트 건물이 꽤 웅장하고 위풍당당하다는 느낌이었다. 5월 1일이었는데 당시 사람들은 웬만하면 이날 이사를 많이 했다. 이사 와서 처음 이 아파트 거실로 들어섰을 때 부모님은 파란 불꽃이 이글거리는 벽난로 앞에서 불을 쬐고 있었다. 이런 모습이 기억나는 걸 보니 그날은 아마도 쌀쌀한 봄날 오후였던 듯하다. 알고 보니 이 벽난로는 가스로 작동하는 새로운 난방장치였는데 볼수록 너무 신기해서 이 새 장치에 온통 마음을 빼앗겼다.

우리가 사는 7번로에서 남쪽으로 쭉 내려가면 큰 화원이 하나 있었는데 이 가게 뒤편에 온실이 있었다. 이 무렵에는 나도 좀 자라서 형들, 특히 둘째 형 빅터의 조수 노릇을 하며 함께 짓궂은 장난질을 같이할 나이가 됐다. 형이 시키는 대로 긴 노끈 하나를 가져다 매듭을 만들고 끝에다 큰 나사못을 매달았다. 그리고 그 당시 맥주병에 사용하던 빨간색 고무 암나사에 나사못을 끼웠다. 그다음에 고무 암나사 밑바닥에 침을 묻혀 온실 유리 벽에 붙였다. 흡인력 때문에 고무가 유리에 잘 붙었다. 그런 다음에 매듭진 노끈 끝을 손가락에 감아 냅다 잡아당겼다. 그러면 매듭에 꿰인 나사못이 마치 기관총을 쏠 때처럼 '따다다닥' 시끄러운 소리를 내며 유리 벽에서 줄줄이 떨어졌다. 이 소란에 화가 머리끝까지 난 온실 주인이 욕을 바가지로 해대며 가게에서 뛰쳐나왔다. 그러나 우리는 항상 노끈이며 나사못이며 장난질에 사용했던 도구를 손에 꼭 쥔 채 냅다 달아나 유유히 범죄 현장을 빠져나왔다.

우리가 머리를 짜내서 저지른 장난이 또 있었다. 여기에는 자갈과 우유병 같은 도구가 몇 개 필요했다. 먼저 아래층 창문에 자갈을 던져 큰 소리를 낸다. 이 틈을 타서 지면으로 이어진 난간 위에 우유병을 떨어뜨리면 이 병이 건물 사이 통로로 굴러 내려간다. 우유병 굴러떨어지는 소리가 나면 사람들은 자갈을 던져 깬 유리창에서 유리가 땅바닥에 와르르 쏟아져 내리는 소리라고 생각한다. 사람들을 이렇게 감쪽같이 속이는 재미가 아주 쏠쏠했다.

우리 가족이 펀클리프로 이사하면서 내 학창 생활이 본격적으로 시작됐다. 나는 세인트니콜라스로 117번가에 위치한 제10 공립학교 초등학부에 입학했다. '10'이라는 비교적 낮은 숫자가 말해주듯 이 학교는 그때 기준에서도 역사가 꽤 오래된 학교였다. 학생들이 공부도 잘하고 운동 실력도 뛰어난 학교로 명성이 자자한 곳이었다. 그런데 나는 9월에 3A 학기로 시작해 이듬해 2월에 4A 학기까지 다녔으니까 이 초등학부에 딱 1년 6개월만 있었다. 그리고 4A부터는 초급 중등부 과정이 시작된다. 초등학부 교장은 비혼 여성인 로버츠 선생님이었는데, 내 눈에는 매우 고리타분한데다 권위 의식이 강한 사람처럼 보였다. 그때 교장 선생님 나이가 갓 마흔쯤이었다고 생각한다. 그때는 일주일에 한 번씩 전체 학급 조회를 했다. 각 학급을 구분하는 벽체가 미닫이 형태로 설치돼있었는데, 전체 조회를 할 때마다 벽체를 밀어 대강당처럼 만들었다. 맨 앞에 있는 연단은 교장 선생님이 차지했고 어쩌다 현장 시찰을 나온 고위 관리가 있으면 그 옆에 줄줄이 섰다. 한 가지 또렷하게 기억나는 것은 연단 뒤 유리창에 쓰인 글귀였다.

명예에도 불명예에도 다 이유가 있다.

자신이 맡은 일에 최선을 다하면 명예가 따르리니.

알렉산더 포프

전체 조회가 진행되는 동안 너무 지루한 나머지 온몸을 배배 꼬면서 이 구절을 읽고 또 읽었다. 몇 번이고 읽으면서 대체 그 '이유'라는 것이 무엇인지 궁금해서 이리저리 머리를 짜내봤다. 그때 생각나는 이유로는 건강, 청결함, 잘못을 바로잡음 정도였다.

1903년 2월 1일이면 내가 아홉 살도 안 됐을 때였는데 중등부 처칠 선생님 반 아이들 중에서 자랑스럽게도 내가 꽤 주목을 받았다. 처칠 선생님은 금발 미녀였는데 그래서인지 남자 선생님들의 관심을 한 몸에 받았다.

선생님들뿐만 아니라 몸집이 큰 고학년 남학생 사이에서도 인기가 아주 좋았다. 그래서 수업이 끝나도 집에 가지 않고 남아서 공부하거나 잔심부름을 하겠다는 남학생이 수두룩했다. 이 모든 일은 나처럼 왜소하고 나이도 아직 어린 학생의 꿈과 생각과는 거리가 한참 먼 세상에서 벌어진 일이었다. 그러나 처칠 선생님은 아름다운 외모만큼이나 마음도 따뜻한 사람이라서 나도 선생님을 참 좋아했다.

그러나 정말 애석하게도 이렇게 좋은 환경에서 행복을 누리고 있을 바로 그때 큰 비극이 우리 가족을 덮쳤다. 아버지의 건강이 급속도로 나빠졌다. 그래서 병원으로 이송됐고 도대체 무슨 병인지도 알 수 없는 상태에서 수술을 받았다. 훗날 아버지가 췌장암이었다는 사실을 알았다. 2월 말쯤인가 학교에서 공부하고 있는데 가정교사가 우리 삼 형제를 부르러 와서 함께 병원으로 갔다. 병원에서는 아주 잠시만 아버지를 볼 수 있으니 조용히 보고 나오라고 했다. 그날 병실에서 아버지가 붕대를 감은 채 누워있던 모습이 기억난다. 그러나 전체적인 기억은 그런데 세세한 장면은 내 상상력이 작용한 부분이 분명히 있다. 그래도 아버지가 힘이 하나도 없는 손으로 우리 삼 형제의 머리를 차례로 어루만지면서 마지막 인사를 한 기억은 또렷이 난다. 나는 아버지에게 입맞춤을 했다. 사실 그때는 자식으로서 느끼는 부모님에 대한 애정보다는 걱정스럽고 당황스러운 마음이 더 앞섰다. 그러고 나서 우리는 조용히 병실을 나왔다.

그리고 점심을 먹으러 이매뉴얼 삼촌 집으로 갔다. 우리를 병원으로 데려온 가정교사가 삼촌 집으로 가는 동안 불안해하는 우리 마음을 달래줬다. 괜찮을 테니 걱정하지 말라는 그런 내용이었던 것 같다. 나는 순진하게도 이 말을 곧이곧대로 믿었다. 그래서 당시 열다섯 살이던 사촌 에설이 걱정스러운 듯이 아버지 상태를 물어봤을 때 나는 점점 좋아지고 있으니 걱정하지 말라고 말했다. 그러자 에설은 내 말에 반신반의하면서 다시 물었다. "그러면 삼촌은 괜찮으신 거지? 돌아가시는 거 아니지?" 나는 "당연하지!"라고 말했으나 이상하게도 두 형은 옆에서 잠자코 있었다. 자타 공인 우리 집 악동이면서 또 한편으로 우리 셋 중에서 감정이 가장 풍부했던 둘째 형 빅터가 기도서를 찾아 읽으며 눈물을 흘리기 시작했다.

그리고 우리 아파트로 돌아와 어른들을 기다렸다. 마침내 문이 열리고 어머니가 누군가의 부축을 받으며 안으로 들어왔다. 어머니는 서럽게 흐느꼈다. 그러다 잔뜩 겁먹은 얼굴로 앉아있는 우리를 보더니 이렇게 울부짖었다. "아이고 불쌍한 녀석들, 이제 너희들 고아가 됐으니 어쩌면 좋니."

그때 그 순간은 모든 것이 평소와 너무 달랐고, 숨 막히게 침울한 집안 분위기를 느끼지 못할 만큼 어린 나이가 아니었다. 그래서 우리도 같이 울었던 기억이 난다. 아무리 어린 나이였어도 그 순간 앞으로 우리에게 펼쳐질 미래가 지금과는 너무 다른, 그것도 행복과는 거리가 먼 세상이 기다리고 있음을 어렴풋이 알고 있었기 때문이리라. 훗날 몽상에 잠길 때면 그 애처롭던 장면이 자꾸 떠올랐다. 그럴 때면 어머니에게 달려가 꼭 끌어안으며 이렇게 외치는 내 모습을 상상하곤 했다. "아니야 엄마, 우리한테는 엄마가 있는데 우리가 왜 고아야? 아냐, 아냐!"

아버지는 롱아일랜드에 있는 워싱턴 묘지에 안장됐는데 그때는 그곳이 꽤 멀다고 생각했다. 우리는 사륜마차를 타고 영구차를 뒤따라갔다. 장지에 도착해 미리 파놓은 땅속에 관을 내리고 그 위에 다들 흙 한 줌씩을 뿌렸다. 날이 너무 추웠기 때문에 묘지 밖으로 나오자마자 한 가게에 들러 음식과 따뜻한 음료수를 마셨던 기억이 난다. 이듬해에 무덤에 비석을 세우려고 다시 그곳을 찾았다. 추도사는 우리 가족의 좋은 친구이며 법률가이자 웅변가인 알렉산더 로젠탈이 맡아줬다. 로젠탈은 아버지의 삶을 무덤

위에 세워놓은 비석에 빗댔다. 비문이 새겨진 비석 앞면은 끝마무리가 말끔하게 잘돼 표면이 반질반질 매끄러웠다. 그러나 눈에 보이지 않는 뒷면은 마무리가 잘되지 않아서 표면이 거칠거칠했다. 서른다섯이라는 젊디젊은 나이에 남들 인생의 절반밖에 못 살다 간 아버지의 삶도 이와 마찬가지였다. 이렇게 요절하지 않았으면 수많은 기대와 희망으로 가득 찼을 나머지 반평생이 이렇게 영원히 미완성인 채로 끝나버렸다. 수많은 사람이 이 자리에 참석했고 참석한 모든 이들이 눈물을 흘렸다. 그런데 가장 큰 소리로 울부짖는 사람들은 장지마다 돌아다니며 곡을 해주고 돈을 받는 이른바 대곡代哭꾼들이었다. 장례식이나 추도식이 있으면 부르지 않아도 찾아와 신을 찾으며 상주보다 더 서럽게 울어주고는 그 대가로 몇 푼 받아 가는 사람들 말이다.

아버지 장례식에 대한 기억이 희미해졌는데 운명의 장난인 듯이 25년이 지나 이 기억이 되살아났다. 이때 나는 아버지가 돌아가셨을 때쯤의 나이였고 나도 아버지가 됐다. 이번에는 내가 아버지였고 그때의 내 나이와 비슷한 여덟 살짜리 아들이 여기 있다. 너무나 가슴 아프게도 이번에는 내가 아버지로서 내 아들의 장례식을 지켜봐야 했다. 한 번도 본 적 없던 할아버지의 이름을 따서 아이작 뉴턴이라는 이름을 지어줬던 내 사랑하는 큰아들이 관 속에 누웠고, 이번에는 아들이 묻힌 작은 무덤에 마지막으로 흙 한 줌을 뿌려주며 부모가 흐느껴 울었다. 운명의 장난처럼 그때는 아홉 살 아들이 서른다섯 살 아버지 장례식을 지켜봤는데, 이제는 서른네 살 아버지가 여덟 살 아들의 장례를 치르고 있다.

아버지를 잃은 일이 내 인성이나 내면에 어떤 영향을 미쳤을까? 나 자신도 깨닫지 못할 만큼 엄청난 상실감을 느꼈음은 분명하다. 심리학자들 말로는 정서적 안정과 정상적 성장에 문제가 생길 정도로 정신적으로 큰 충격을 받았을 것이라 한다. 아버지를 잃은 상실감과 여기서 비롯된 정신적 충격이 결국은 내 인성에 부정적으로 작용했으리라 보는 모양이었다. 그러나 솔직히 말해서 진지한 자기 성찰을 통해 나 자신을 아무리 돌이켜봐도 그 일이 내 정신과 마음에 회복 불가능한 상처를 입힐 정도로 그렇게 충격적인 사건은 아니었다는 생각이 든다. 인간은 본래 가지고 있다가 빼앗긴 무언가를 그리워할 수는 있어도 애당초 가져보지 못한 것을 그리워하지는 않는다. 밖에 나가 일하느라 바빴고 그 때문에 늘 비어있던 아버지의 자리. 그래서 아버지와 교감하며 부자간의 정을 별로 느낄 수 없었기에 아버지를 잃은 충격과 그로 인한 상실감도 서서히 무뎌져갔다. 다른 한편으로 어린 시절에는 집안이 망하는 것과 같은 엄청나게 큰 사건보다는 가족 구성원 간의 불화나 갈등처럼 상대적으로 사소해 보이는 문제가 아이의 정서에 더 큰 영향을 미친다. 실제로 사소한 가정불화가 훗날 심각한 신경증의 원인이 되기도 한다. 레온 형과 빅터 형 그리고 나는 리처드 휴스Richard Hughes 소설《순진무구한 항해The Innocent Voyage》에 나오는 어린 패거리처럼 느끼고 행동했다는 생각이 든다. 이 패거리의 우두머리 중 한 명이 사고로 죽자 하루아침에 이 무리에서 그 존재가 사라졌다. 아이들이 대화할 때도 그의 이름을 거론하지 않았고 의식에서도 완전히 지워진 존재가 됐다. 즉, 한때 우두머리였던 자의 이름이 패거리의 대화와 의식 속에서 사라져버렸다.

우리 삼 형제가 일찌감치 어머니 치마폭에서 벗어나 남자로서 책임을 다하려고 노력하는, 말하자면 진정한 사내들로 성장할 수 있었던 것은 순전히 어머니의 지혜로운 훈육 방식 덕분이었다. 고난의 시간은 고통스럽지만, 그 열매는 달다고 하지 않았는가! 너무 많은 것을 잃었지만, 참고 견디면 결국에는 차고 넘치게 보상받을 수 있다.

아버지가 돌아가시고 난 후 우리 가족은 물질적으로 예전과 전혀 다른 삶을 살게 됐다. 가세가 갑자기 기울면서 극심한 생활고에 허덕이기 시작했다. 끝없는 나락으로 더 떨어지지 않으려 안간힘을 쓰며 비참한 삶을 오래도록 이어갔다. 아버지가 돌아가신 직후만 해도 값나가는 갖가지 장식품을 비롯해 아버지가 하던 사업과 관련한 다양한 자산과 수천 달러에 달하는 생명 보험금 그리고 가구와 보석류를 포함한 수많은 개인 소장품 등이 남아있었다. 그러나 몇 년 만에 이 모든 자산이 다 사라지고 말았다. 처음에는 어떻게든 사업체를 살려보려 갖은 노력을 다했다. 먼저 큰아버지 이매뉴얼이 삼촌 두 명과 함께 열심히 일했다. 다들 최선을 다하기는 했지만 역부족이었다. 그래서 더 버티지 못하고 나가떨어졌고, 이번에는 모리스 외삼촌이 사업체를 맡았다. 외삼촌은 엔지니어였고 다들 천재로 알 정도로 똑똑한 사람이었다. 그리고 초창기 '체계화 전문가' 혹은 '능률 향상 기사'로서 큰 성공을 거뒀다. 그러나 엔지니어로서는 뛰어났을지 몰라도 사업가로서의 능력은 갖추지 못했다. 아버지가 사업적 성공을 거둔 기본 토대가 뛰어난 영업 능력과 탁월한 경영전략이었는데 외삼촌은 이런 능력이 전혀 없는 상태였다. 이 사업을 떠맡은 지 1년여 만에 너무 많은 돈을 날렸다. 결국은 재고를 헐값에 처분하면서 사업을 완전히 접었다.

나중에 어머니는 어떤 기대를 품어서인지, 아니면 뭐라도 해야 한다는 절박함 때문이었는지, 그도 저도 아니면 누군가가 한번 해보라고 했기 때문이었는지 아무튼 이유는 분명치 않으나 하숙 손님을 받기로 했다. 더 적나라하게 표현하자면 하숙집을 해보기로 마음먹었다. 그러나 큰마음 먹고 시작한 이 일도 그다지 잘되지 않았고 결국 2년 만에 하숙 치는 일을 그만뒀다. 어머니는 주식 투자에도 손을 댔다. 브로커broker: 고객의 주문을 받아 위탁매매를 하는 주식 중개인에게 전화를 걸어 U.S. 스틸의 시세를 알아보던 모습이 기억난다. 어머니는 아마도 소액 계좌를 보유하고 있었을 테고 당시 '리틀보드 Little Board'라고도 했던 통합증권거래소 Consolidated Stock Exchange 회원사를 통해 주식을 매매했다. 그때 '빅보드 Big Board'라 불리던 뉴욕증권거래소 New York Stock Exchange는 거래 단위가 100주였는데 이 통합증권거래소는 10주 단위로 거래가 이뤄졌다. 어머니와 거래하던 브로커는 오랜 친구였는데 실제로 어머니의 소액 계좌는 이 브로커의 젊은 아들이 관리했다. 그때는 나도 아직 어린 꼬맹이였으나 신문 경제면을 펼쳐 U.S. 스틸 주식 시세가 어떤지 열심히 찾아봤던 기억이 있다. 금융에 대해 잘 몰랐지만, 그래도 주식가격이 오르면 기분이 좋았고 떨어지면 속이 상했다. 두말할 필요도 없는 일이지만, 1907년 주식시장이 폭락했을 때 어머니의 증거금 계좌도 다 털렸고 엎친 데 덮친 격으로 거래하던 은행마저 파산하는 바람에 고생이 이만저만이 아니었다.

어머니 은행 계좌에 돈이 많이 들어있던 적은 없었다. 잔액이 쥐꼬리만큼이었는데도 굳이 수표 결제를 고집했다. 그렇게 해서라도 귀부인으로서 최소한의 품위를 지키고 싶었던 모양이다. 사실 그 정도 사치는 얼마든지 부릴 수 있었다. 잔액 규모에 상관없이 수표를 사용할 수 있었고 수표 사용에 따른 수수료도 부과하지 않았기 때문이다. 브롱크스에서 살 때 어머니 심부름으로 은행에 가서 소액 수표를 현금으로 바꾸려 했던 기억이 난다. 창구 앞에 서서 기다리는데 창구 직원이 이렇게 말했다. "도러시 그로스바움 님, 5달러 맞으시죠?" 나만 들리게 작은 목소리로 말해줬으면 좋았을 텐데 주변 사람이 그 말을 다 들을 수 있어서 좀 민망했다. 나는 얼른 "그렇다."고 대답했다. 그러나 그때 기억이 아직도 생생한 것을 보면 그 상황을 내가 어지간히 창피하게 느꼈던 모양이다.

머리에 먹물 좀 묻은 정도인 어리숙했던 내가 세월이 한참 흐른 후에 경제면을 마치 동화책 보듯 술술 넘겨보게 되고, 월가를 주름잡는 인물로 클 줄은 아무도 몰랐다. 물론 나 자신도 예상 못 한 일이었다. 그리고 어머니가 거래하던 증권 중개소의 운명 또한 아무도 예견하지 못했다. 시계를 20년 후로 돌려보자. 이 증권 중개소를 설립했던 사람은 이름뿐인 사장이었고 실질적인 운영은 아들이 맡아 하고 있었다. 정말 이해가 안 가는데 이 작은 회사가 1887년에 설립됐다는 이유 하나만으로 대형 업체로 성장했다.

칙칙하고 비좁았던 사무 공간은 고급 가구와 응접실을 갖춘 호화로운 사무실로 바뀌었다. 그 안에는 셀 수 없이 많은 전화 부스가 마련돼있었고, 부스마다 영업 사원이 들어앉아 고압적인 자세로 거드름을 피우며, 어떻게 보면 으름장을 놓듯이 전화기를 붙들고 뭔가를 열심히 떠들었다. 이들은 안내 책자나 전화번호부에서 무작위로 고른 사람들에게 전화를 거는 방법으로 귀가 얇은 수천 명에게 쉽게 돈 버는 방법이 있다며 투자를 종용하고 있었다. 이 회사는 전국에서 가장 큰 '무허가 증권 중개소bucket shop' 가운데 하나가 됐다. 주식을 매수하겠다며 고객 돈을 받았으나 실제 거래는 이뤄지지 않았다. 고객의 매수 주문을 이행하지 않고 중간에서 돈만 받아 가로챈 셈이다. 즉, 증거금 계좌로 들어온 수십만 달러를 착복했다. 사실상 고객의 돈을 완벽하게 도둑질했다.

무허가 중개소의 이런 사기 행각이 성공하려면 시장 폭락 상황이 필수적이다. 그래야 고객의 돈을 탈탈 털어가면서도 눈속임이 가능해진다. 1920년대 사상 최대 강세장이 시작될 무렵에 사기성이 농후한 이런 무허가 중개소가 우후죽순처럼 생겨났다. 이들 업체는 관계 당국의 관리 소홀, 진위를 알 수 없는 과장 광고를 마구잡이로 실어준 신문, 어떤 형태로든 사업적 관계를 맺고 있던 뉴욕증권거래소의 묵시적 비호 아래 거칠 것

없는 행보를 보이며 성공 가도를 달렸다. 그런데 시장 상승세가 계속되자 이들 무허가 중개소의 입지가 점점 더 흔들렸다. 그렇게 잘나가던 업체가 결국은 전부 문을 닫았고 고객은 그렇게 또 돈을 다 털렸다. 어머니가 거래하던 업체의 파산은 그 가운데서도 최악에 해당했다. 실질적 사장이었던 아들은 이런 사기꾼 중 한 명이었고 실제로 짧은 기간이기는 했으나 옥살이까지 했다. 아들이 투옥된 직후 그의 아버지는 상심한 나머지 화병으로 세상을 떴다는 이야기가 돌았다.

궁핍한 생활이 몇 년간 이어지다 보니 아버지가 남긴 재산은 다 썼거나 어찌어찌 없어져 한 푼도 남아있지 않았다. 어머니가 쓰던 보석 장신구는 전당포에 맡겼다가 끝내 찾아오지 못했다. 그래도 다행히 외삼촌과 이모 중에 돈 많은 사람이 몇몇 있어서 그 도움을 받을 수 있었다. 굴욕감을 느끼기는 했지만, 덕분에 금전적인 궁핍함에서는 벗어날 수 있었다. 그렇게 3년간 허우적대던 곤궁함에서 겨우 빠져나올 수 있었다.

내 짐작인데 어머니와 우리 삼 형제는 한동안 75달러로 한 달을 살지 않았을까 싶다. 그때 기준으로 몇 년 전까지만 해도 저택에서 요리사와 가정부, 프랑스인 가정교사까지 거느리고 살던 귀부인이 한 달 생활비가 75달러라니! 이 정도면 사회적으로 엄청난 '추락'이고 어머니가 느꼈을 자괴감이 얼마나 컸을지 짐작이 간다. 그 당시 어머니의 모습을 가능한 한 정확하게 묘사하자면 내 눈에 어머니는 한 떨기 백합 같은 여성이었다. 군더더기 꾸밈말이 전혀 필요 없을 정도로 우아한 여성 그 자체였다.

내 기억 속 어머니는 위풍당당한 모습이었지만, 실제 키는 150㎝ 남짓에 작고 아담한 체구의 여성이었다. 어머니가 다 큰 아들 셋을 거느리고 거리에 나설 때 보면 건장한 경호원의 호위를 받는 귀엽고 소중한 여인 같은 그런 분위기를 풍겼다. 그런 작은 체구임에도 어머니가 그렇게 위풍당당하게 보였던 이유는 내 키가 유독 작아서 어머니를 항상 올려다봐야 했던 때문이기도 하려니와 어머니 스스로 항상 고고하고 품위 있게 행동하려 했기 때문이 아닐까 생각한다. 사실 어머니가 눈이 번쩍 뜨일 만큼 엄청난 미인은 아니었지만, 어디를 가든 예쁘다는 말을 들을 정도는 됐다. 이목구비가 오목조목 잘 생겼고 일흔여섯에 갑자기 세상을 떠나는 그 순간까지 백옥 같은 피부를 유지했다.

어머니는 장점이 꽤 많았지만, 흠도 좀 있었다. 가장 큰 장점은 남다른 배짱과 특유의 철학에서 찾을 수 있다. 너무 이른 나이에 남편이 세상을 떠나자 어머니에게는 자식 셋 외에는 아무것도 남지 않았다. 세상을 뜬 남편에 대한 기억만을 간직한 채 아내로서의 정절을 영원히 지키겠다는 그런 고집은 없어 보였다. 말하자면 내가 보기에 어머니는 죽은 남편에 대한 인간적 신의와 아내로서의 정절을 영원히 지켜야 한다는 고집은 부리지 않았다. 그러나 좋다고 따라다니는 남자 누구에게도 어머니는 호락호락하지 않았다. 결혼해주면 물질적으로 여유 있는 생활을 하게 해주겠다고 말하며 청혼하는 남자도 몇 있었지만, 어머니는 사랑하지 않는 남자하고는 절대 결혼하지 않는다는 주의였다. 아버지가 돌아가시고 한 5년쯤 지나서 상처한 한 중년 남성이 어머니를 향해 열렬한 구애를 했다. 이때는 우리가 최악의 생활고에 허덕이던 시기였다. 그때 우리는 롱아일랜드 버로파크에 있는 집에서 모리스 외삼촌 가족과 함께 살고 있었다. 정확히 말하면 우리 가족이 그 집에 얹혀살면서 가난한 사람이 친척 도움을 받으며 산다는 게 얼마나 굴욕적인지를 온몸으로 느끼던 그런 시절이었다. 구애에 적극적이던 그 남자는 어머니와 저녁 식사도 하고 극장에도 함께 갔다. 데이트가 끝나면 어머니는 비싼 초콜릿이 가득 든 상자를 들고 돌아왔다. 우리한테 초콜릿은 보석보다 더 귀한 선물이었다. 얼마 후 어머니가 우리 삼 형제를 불러놓고 청혼을 받아들일 생각이라고 말했다. 그러면서 잘 생각해보고 나서 우리 의견을 말해달라고 했다. 그 당시 큰형은 열여섯이고 둘째 형은 열다섯, 나는 열네 살이었다. 우리 셋은 어머니 재혼 문제를 놓고 아주 진지하게 고민하기는 했다. 그러나 부끄러운 고백이지만, 솔직히 우리는 이제야 지긋지긋한 가난에서 탈출할 수 있겠구나 싶어서 내심 너무 기뻤다. 그래서 우리는 오래 고민하지 않고 신속하게 결론을 냈다. "엄마가 행복한 게 최우선이야. 이번에 엄마가 결혼해서 가장의 짐을 덜 수 있고 그래서 만족한 삶을 살 수 있다면 우리가 그걸 방해하면 안 되지, 안 그래? 오히려 우리 생활에 이런 중대한 변화가 온 걸 환영해야지. 흠, 이런 변화라면 대환영이야. 앞으로 새아버지에게 공손하게 대하고 사랑받는 아들이 되도록 최선을 다하자." 대충 이런 결론이었다.

우리의 이런 생각을 듣고 어머니는 조용히 미소를 지었다. 그러고는 나직한 목소리로 그동안 많이 생각해봤는데 역시 청혼을 거절하는 편이 낫겠다고 말했다. 상대가 좋은 사람이기는 하지만, 그 사람을 사랑하지 않으며 시간이 지난다고 해서 그 마음이 달라질 것 같지 않아서라고 했다. 어머니는 조건이 아무리 좋더라도 사랑 없는 결혼은 절대로 하지 않을 그런 사람이었다. 어머니 생각이 그렇다니 우리는 달리 할 말이 없었다. 그래서 어머니에게 가볍게 입맞춤을 하고 그냥 나왔다. 셋 다 몹시 실망한 채로 말이다.

어머니가 청혼을 거절한 행위는 어찌 보면 복에 겨운 객기였는지도 모르겠다. 가난에 쪼들리는 마당에 웬 사랑 타령인가 말이다. 그러나 어머니의 가치관이랄까 인생관은 낭만이라든가 몽상 더 나아가 이상주의적인 세계관과는 거리가 멀어도 한참 멀었다. 사실 어머니는 안락한 삶을 지향하는 다분히 세속적인 사람이었다. 어머니에게는 돈이 중요했다. 돈이 있어야 생활필수품을 살 수 있으니 당연히 중요했다. 돈이 중요한 더 큰 이유는 세속적 성공의 증거가 되고 또 호화롭고 품격 있는 삶을 유지해주는 수단이기 때문이었다. 어머니는 세 아들에 대한 기대가 아주 컸다. 생활고에 허덕이며 힘겨운 나날을 보내면서도 언젠가는 우리가 성공해서 가세를 다시 일으켜 세우리라고 굳게 믿었기에 기운을 낼 수 있었다.

사실 어떻게 보면 우리가 우리 자신을 믿는 마음보다 어머니가 우리를 믿는 마음이 훨씬 더 컸다. 우리 자신보다 어머니가 더 우리를 믿었다는 점을 보여주는 사례가 하나 있다. 나는 고등학교 졸업을 앞두고 있었고 형들은 이미 직장 생활을 하고 있었다. 그런데 둘 다 주당 10달러 정도밖에 못 벌었다. 신문 여론조사 결과 대다수 근로자는 주당 30달러 정도면 만족하는 것으로 나타났다. 어머니가 우리에게 이런 결과에 대해 어떻게 생각하느냐고 물었다. 그래서 형부터 차례대로 주당 30달러 벌기가 쉽지 않은데 그 정도면 큰돈이니까 만족한다고 대답했다. 그랬더니 어머니는 우리를 한심한 듯 쳐다보며 사내들 야망이 그 정도밖에 안 된다니 너무 실망스럽다고 말했다.

어머니는 굳이 분류하자면 쾌락주의를 지향하는 편이었다. 품위 있고 아름다운 것을 좋아하고 꼭 필요한 상황이 아니면 열심히 일하는 것을 싫어하는 그런 부류였다. 어머니는 가족들이 자신을 '완두콩 공주'라고 불렀다는 말을 자주 했다. 두꺼운 요 밑에 완두콩이 있다는 사실을 알아채서 자신이 귀하게 자란 공주였다는 사실을 입증한 동화 속 공주 말이다. 침대 바닥에 완두콩 한 알을 놓고 그 위에 요를 수십 장 깔았는데, 그 두꺼운 요 위에서 자면서도 완두콩이 느껴질 정도로 예민하다면 평소 귀하게 자란 왕족이 틀림없다는 논리였다. 그렇게 완두콩 한 알에도 예민하게 반응할 정도로 곱게 자랐던 어머니는 남편을 잃고 나서 하루아침에 아주 억세고 강인하며 융통성과 지략이 뛰어난 여장부로 거듭난 듯 보였다. 어머니는 해야 할 일이면 마다하지 않고 다 했다. 심지어 주방 바닥을 닦는 일도 마다하지 않았다. 정말 끝까지 하고 싶지 않아서 마지막 보루로 남겨뒀을 일이 주방 바닥 청소였으리라. 어머니는 가질 수 없는 것에 대해 안달복달하지 않았고 없으면 없는 대로 살려고 했다.

그러면서도 집안일을 우리 삼 형제에게 떠넘기는 기술이 날로 발전했다. 어머니가 늦잠을 자는 동안 아침은 우리끼리 해결했다. 어머니의 이런 습관은 구약성서 잠언 편에서 말하는 '루비보다 귀하다는 훌륭한 여인'의 습관과는 거리가 멀었다. 날이 훤히 밝아진 지 오래인 아침 10시쯤 일어나서 새벽 1시가 돼서야 잠자리에 들었다. 그리고 영국식으로 홍차 한 잔과 함께 하루를 시작했다. 그래서 아무리 쪼들리는 살림이었어도 홍차에 넣어 마실 크림은 항상 떨어뜨리지 않았다. 저녁 식사까지는 우리가 준비하지 않았지만, 설거지와 침구 정리, 카펫 청소는 우리 삼 형제의 몫이었다. 그리고 잔심부름은 거의 다 내가 했다. 장보기도 내가 도맡다시피 했다.

어머니는 예전에 누렸던 자잘한 사치를 말끔히 떨쳐내지는 못한 듯했다. 맛있게 먹던 음식에 너무 집착하지 않으려 애를 썼으나 자꾸 그쪽으로 향하는 미식 본능을 억제하지 못할 때가 있었다. 어머니는 이따금 버터를 바른 정말 맛있는 과자를 만들었다. 그런데 이 과자를 만드는 데는 돈이 많이 든다. 그래서 미감이 그렇게 발달하지 않았을 아이들 입맛에 이런 고급 과자는 그야말로 사치라며 애써 자신을 납득시키려 했다. 맛도 잘 모르는 아이들한테 굳이 이렇게 비싼 고급 과자를 줄 필요는 없다고 생각한 듯하다. 어머니는 그 과자를 양철통에 담아 커다란 옷장에 걸린 속옷 속에다 감춰뒀다. 단 것을 유난히 좋아했으니 이 양철통이 내 눈에 안 띄었을 리가 없다. 홀랑 다 먹고 싶은 마음이 굴뚝같았으나 내 딴에는 엄청난 자제력을 발휘해서 일주일에 두 번 정도만 그리고 한 번에 하나씩만 빼내서 먹기로 했다. 그러던 어느 날 어머니가 침실에 들어왔다가 과자 통을 들고 있는 나를 봤다. 그 순간 '아, 이제 나는 죽었구나!' 싶었다. 불호령이 떨어질 줄 알았는데 예상과 달리 어머니는 조금 야단을 치고는 바로 나갔다. 그러니까 오히려 그런 행동을 한 나 자신이 더 창피하게 느껴졌다. 아주 한참 후에야 그때 아마 과자를 훔쳐 먹은 나보다 비싼 과자를 숨겨뒀던 어머니 자신이 더 양심에 찔려서 그랬지 않았나 하는 생각이 비로소 들었다.

우리 집에서는 아무 버터나 대충 사용하는 법이 없었다. 어머니는 빵에다 버터와 잼을 같이 발라 먹지 못하게 했다. 빵에 발라 먹을 때는 값비싼 무염 버터를 썼다. 다른 사람들은 가염 버터를 맛있다며 잘만 먹는데 어머니 입맛에는 영 맞지 않았던 듯하다. 딸기류와 기타 음식에 적설탕 가루를 뿌려 먹었던 것도 어머니가 음식과 관련해 고집했던 또 하나의 '사치'였다. 어머니는 이 적설탕 가루를 크리스털 유리병에 담아 보관했다. 그리고 자신의 까다로운 입맛에 딱 맞추려고 검은 바닐라 열매로 맛을 더했다. 작은 단지에 심어서 주방 창턱에 놓고 기른 쪽파를 크림치즈에 넣어 빵에 발라 먹는 것도 좋아했다.

어머니는 본래 쾌활한 성격에다 여기저기 관심이 많았으나 한 가지에 몰두하는 스타일은 아니었다. 세간의 이목이 쏠린 주제에는 으레 큰 관심을 보였고 또래 친구보다 아는 것도 많고 입심도 좋아서 대화를 늘 주도해 나갔다. 젊은 시절의 어머니는 교육 수준도 높았다. 1880년대 대다수 바르샤바 여성을 기준으로 하자면 그렇다. 좋은 시와 소설을 읽었고 몇몇 외국어도 유창한 편이었다. 그러나 다방면에 관심이 많을 뿐 한 가지를 깊이 파고들려 하는 지적 탐구욕은 별로 없었다. 그러다 보니 시간이 갈수록 열중해서 책을 읽는 일이 점점 뜸해졌다. 그러나 배움과 학습을 중시하는 자세는 여전했다. 어머니가 스스로 모범을 보이지는 않았지만, 그래도 내 지적 능력이 이만큼이나마 성장한 데는 어머니의 응원과 격려가 큰 몫을 했다.

어머니는 카드놀이를 아주 즐겼다. 항상 돈 내기 게임을 했지만, 판돈을 크게 거는 전문 도박꾼 수준은 전혀 아니었다. 아주 어렸을 때부터 우리는 솔로 휘스트solo whist와 피너클pinochle 그리고 다양한 브리지 게임의 재미를 알게 됐다. 어머니는 우리와 함께 카드놀이를 하면서 여러 기술과 요령을 알려주는 것을 좋아했다. 우리보다 잘하는 것이 이 카드놀이밖에 없다면서 쩔쩔매는 아들들 상대로 월등한 실력으로 이기면 마치 어린아이처럼 기뻐했다. 라로슈푸코였던가? 아무튼, 이 유명한 프랑스 시인의 시구를 인용하기 좋아했다. 아마도 카드놀이에 취미가 없는 사람에게 들으라고 한 말인 듯싶다. "친구여, 외롭고 긴 노년기를 어찌 보내려고 그러는가?" 여느 아낙네와 달리 수다 떠는 것을 별로 좋아하지 않는 어머니 같은 사람에게 딱 맞는 상황이다. 카드놀이라도 즐기지 못했으면 어머니의 긴긴 노년이 얼마나 외롭고 쓸쓸했을지.

어머니는 사내들은 거친 활동이나 주먹다짐도 좀 하면서 커야 한다는 주의였다. 그래서인지 위험하더라도 이 운동 저 운동 마다하지 말고 다 해보라는 식이었다. 그러다 보니 여기저기 멍이 들어서 집에 돌아올 때가 있었다. 그런 모습을 보면 속이 꽤 상했을 텐데 아무렇지도 않다는 듯 다리에 난 상처는 때가 되면 저절로 아무니까 걱정하지 말라고 덤덤하게 말해서 오히려 우리를 놀라게 한 적이 한두 번이 아니다. 물론 찢어진 바지는 꿰매거나 다시 사야 하니까 손품이 들거나 돈이 들거나 둘 중 하나겠지만 말이다.

그리고 용기 있는 사람이 되라고도 가르쳤다. 우리가 하숙을 칠 때 어머니는 지하실에 있는 침실에 더블 침대를 두고 여기서 나와 함께 잤다. 어머니와 나는 일어나는 시간과 자는 시간이 완전히 달라서 침실을 같이 써도 사생활 침해 같은 문제는 별로 없었던 것으로 기억한다. 어느 날 밤, 새벽 두세 시경으로 기억하는데 어머니가 여느 때와 다름없이 완전히 곯아떨어진 나를 흔들어 깨웠다. 집 안에서 무슨 소리가 나는데 아무래도 도둑이 든 것 같다고 했다. 그러고는 너무도 당연하다는 듯이 빨리 나가서 집 안을 살펴보고 오자고 했다. 무슨 일이지 확인하지 않으면 찜찜해서 잠을 잘 수 없다고 했다. 그래서 어머니가 가스등을 켠 다음에 나와 함께 집 안을 돌아다니며 살펴봤다. 그런데 그때 나는 집 안에 정말로 침입자가 있으면 어떻게 해야 하는지 전혀 몰랐다. 솔직히 무서워서 죽을 뻔했다. 그러나 창피하게 어머니 앞에서 겁에 질린 모습을 보일 수는 없었다. 다행히 집 안에 다른 침입자는 없었다. 그래서 우리 둘 다 안도하며 다시 잠자리에 들었다.

어머니는 아들들과 같이 사는 것은 좋아했지만, 다른 사람과 사는 것은 정말 싫어했다. 어머니의 남자 형제, 그러니까 내 외삼촌 집에서 얹혀살던 그때가 너무 힘들었던 모양이다. 모리스 외삼촌은 두뇌가 명석한 사람이기는 한데 성격이 좀 까다롭고 다소 강압적인 경향이 있었다. 첫 번째 아내 그러니까 우리한테는 외숙모인 에바Eva는 다정하고 친절한 사람이었다. 그런데 너무 착해서 별일도 아닌데 남편이 지나치게 책망하거나 도에 넘치게 빈정대도 아무 대꾸도 못 하고 그냥 참기만 했다. 카드놀이를 하는 중에 우리도 이런 민망한 장면을 여러 번 목격했다. 외숙모가 좀 어설픈 행동을 했다 싶으면 뭐 하나 제대로 하는 게 없다고 매섭게 쏘아붙이며 있는 대로 무안을 줬다. 외숙모가 자초지종을 설명하려고 하면 외삼촌은 더 심하게 몰아붙였고 결국 외숙모 눈에서 눈물이 쏟아지고야 말았다. 이럴 때 어머니가 외숙모 편을 들고 나서면서 부부 싸움이 이내 남매 싸움으로 변하기 일쑤였다. 이렇게 남매 다툼으로 이어지면 아이들이 알아듣지 못하게 하려고 영어 말고 폴란드어로 바꿔서 싸웠다. 세월이 흐른 뒤 사르두Sardou의 희곡 〈마담 상젠Madame Sans-Gêne〉에서 나폴레옹이 여자 형제들과 다툴 때 프랑스어가 갑자기 코르시카 이탈리아어로 바뀌는 장면을 보니 그때 일이 생각났다. 나폴레옹은 작은 키와 불룩 튀어나온 올챙이배까지 모리스 외삼촌과 비슷한 부분이 많았다. 어머니는 모리스 외삼촌의 배려 덕분에 자신과 아이들까지 함께 그 집에 얹혀살면서도 부부 싸움이 났을 때 올케 편에 서서 맞대응해줄 정도로 용기 있는 여성이었다.

세월이 흘러 나는 1917년에 결혼했고 경제적 형편상 우리 부부가 어머니와 함께 살게 됐다. 그런데 결혼해서 부모와 함께 사는 일은 누구나 쉽지 않듯이 우리도 마찬가지였다. 다행히 1년 후에 어머니가 아파트를 마련해 따로 살 수 있게 됐다. 이로부터 26년 후 갑자기 세상을 떠날 때까지 어머니는 이 아파트에서 혼자 살았다. 혼자는 외로우니까 친구와 함께 살면 어떻겠냐고 했는데 어머니는 싫다고 하셨다. 남편과 사별하고 혼자 사는 친구분이 많았는데도 굳이 혼자 살기를 고집했다. 우리는 당연히 연로한 어머니가 저렇게 혼자 살다가 사고를 당하거나 몹쓸 병에 걸리면 어쩌나 걱정이 많았다. 젊었을 때도 허약한 편이었고 중년 나이가 돼서는 심장 질환과 위장 질환을 함께 앓았다. 의사는 식단 조절을 하라고 그렇게 말했는데도 어머니는 들은 체도 하지 않았다. 내 인생을 값지게 해주는 것들을 다 포기하고 오래 살기만 하면 무엇하겠느냐고 했다. 이렇게 자기 몸을 돌보지 않았는데도 다행히 큰 병을 앓지 않았다. 혼자 살면서 감기 정도의 가벼운 병 때문에 자식들 도움이 필요했던 날은 단 며칠밖에 되지 않았다.

아이러니하게도 어머니는 이런 유별난 독립심과 용기 그리고 카드놀이를 즐기는 습관 때문에 돌아가셨다 해도 과언이 아니다. 1944년 10월 어느 날 저녁에 어머니는 웨스트엔드로West End Avenue에 있는 친구 집에서 피너클을 하며 시간을 보냈다. 그리고 자정이 넘은 시간에 친구 집을 나서서 집으로 향했다. 그런데 오는 도중에 강도가 나타나 어머니의 핸드백을 낚아챘다. 병원에서 어머니는 강도한테 핸드백을 빼앗기지 않으려고 필사적으로 저항했다는 말을 들려줬다. 그러자 강도가 어머니를 때리고 핸드백을 빼앗아 달아났다. 어머니는 두개골이 골절되는 중상을 입었고 결국 그다음 날 세상을 떠났다. 빼앗긴 핸드백 안에는 단돈 3달러가 들어있었다.

어이없게도 어머니는 우리가 강도를 만나 큰 변을 당할까 봐 항상 노심초사했다. 어느 날인가 신문에서 누군가 노상강도한테 목숨을 잃었다는 소식을 읽고는 우리에게 혹시라도 강도를 만나면 괜히 버티지 말고 달라는 대로 다 주라고 신신당부했다. 이랬던 사람이니 본인이 실제로 강도를 만났을 때 핸드백을 그냥 내줘야 한다는 점을 너무도 잘 알고 있었을 터였다. 그러나 막상 강도가 핸드백을 빼앗으려고 하자 겨우 3달러밖에 들어있지 않은 핸드백을 어떻게든 지키려고 끝까지 버텼다. 평생 불의와 불공정에 타협하지 않으려 했던 사람이라 강도를 만나니 본능적으로 완강히 저항하지 않았을까 싶다. 이런 상황을 생각하면 어머니의 죽음은 비극적 사건이 틀림없지만, 본인은 그렇게 생각하지 않았을 것 같다. 어머니가 정말 두려워한 일은 갑작스러운 죽음이 아니라 오래 병을 앓거나 누군가의 보살핌을 받으며 무력하게 살아야 하는 삶이었다. 긴 병으로 주변 사람에게 폐를 끼치며 살아가야 하는 삶은 독립심 강한 어머니 본인에게 너무도 굴욕적인 일이었으리라. 너무도 비극적인 사건이기는 하나 어쨌든 어머니는 그런 굴욕적 삶은 면한 셈이다. 병을 앓으며 오래 사느니 비극적인 종말이기는 해도 자신을 위해서나 사랑하는 가족을 위해서나 어머니는 분명히 그렇게 갑자기 죽음을 맞이하는 쪽을 선택하고도 남을 사람이라고 나는 생각한다.

3

책에서 만난 친구들

아버지가 돌아가시고 나서 3년 동안이 내 인격 형성에 가장 큰 영향을 미친 시기였다. 1903년부터 1906년까지 웨스트 116번가 244번지에서 살았고 근처에 있는 제10 공립학교에 다녔다. 입학할 때만 해도 나는 순진하고 좀 예민한 아이였다. 졸업을 하고 열두 살이 넘으면서 인생에 대해 나름대로 아는 것이 많아졌다. 인정사정없이 몰아치는 운명이라는 뭇매를 맞으면서 살아남는 방법, 다양한 방식으로 소액이라도 돈을 버는 방법, 해야 할 일에 집중하는 방법 그리고 무엇보다 스스로 이해하고 용기를 북돋우며 모든 일을 스스로 해내는 방법을 배웠다.

그런데 이런 변화가 내게 정말 좋은 것이었을까? 나는 그렇다고 생각하지만, 다른 사람들은 절대 아니라고 말한다. 사람들은 한참 인격이 형성될 시기에 경제적 압박과 이에 따른 생활고를 겪었고 이런 경험이 내 성격에 부정적인 영향을 미쳤다고 생각한다. 또 나와 나를 둘러싼 세상 사이에 큰 장벽이 생겼고, 다른 사람들과 우정이나 사랑 같은 깊은 정을 나누며 사는 삶이 거의 불가능해졌다고들 말한다. 이런 부정적 영향에 관해서는 성인기를 소개하는 부분에서 다시 다룰 생각이다. 여기서는 그냥 냉혹하게만 느껴졌던 이 세상에 내가 어떻게 적응했는지 그 과정을 담담하게 써보려 한다.

요즘 사람들은 자식한테 사랑과 관심을 그야말로 아낌없이 쏟아붓는다. 사람들은 이런 점을 고려해 내가 가족의 관심이 부족한 상태에서 거의 방치된 채로 어린 시절을 보냈으리라 생각할지 모르겠다. 그러나 사실은 그렇지 않다. 필요한 만큼의 관심과 배려를 받으며 자랐다. 예를 하나 들어보겠다. 엄청나게 추웠던 어느 겨울날에 110번가 아래쪽에 있는 센트럴파크 호수로 스케이트를 타러 갔다. 당연히 거기까지 걸어서 갔다 왔다. 몸이 반쯤은 얼었고 너무 춥고 힘들어서 금방이라도 눈물이 쏟아질 듯한 얼굴을 하고 집으로 돌아왔던 기억이 난다. 어머니는 나를 도와 외투를 벗기고 난로 가까이에 나를 앉혔다. 그러고는 꽁꽁 언 내 두 손을 열심히 문질러서 혈액순환이 되게 했고 따뜻한 차도 마시게 했다. 다들 이렇게 하지 않느냐고 할지 모르겠다. 별로 대단한 일도 아닌데 웬 호들갑이냐고 말이다. 그러나 내게는 평생 지워지지 않는 장면이다. 내가 앓아누웠을 때를 제외하고 어머니가(혹은 다른 누군가가) 이토록 나를 염려해준 건 처음이었다. 손발이 얼어버릴 만큼 차가워진 나를 그렇게 애틋한 마음으로 걱정하며 토닥여줬던 기억은 그때가 마지막이었기 때문이다. 우리 집에서는 아주 심한 상처가 아니면 유난 떨지 않고 저절로 나을 때까지 기다린다. 왜 치료해주지 않느냐며 불평하는 법도 없었다.

우리 형제 사이도 나를 강하게 하는 데 한몫했다. 형들은 남을 괴롭히는 못된 사람이 절대 아니었다. 오히려 형들은 나를 아주 좋아했고 우리는 그렇게 60년이 넘도록 우애 좋게 지냈다. 그러나 형들은 나보다 나이가 많고 더 크고 강했으며 나보다 훨씬 더 실리적이었다. 10대 초반에는 다들 아직 어리니까 형들도 막내라고 해서 내게 무조건 애정을 쏟는다든가 내 마음이 다치지 않도록 살뜰하게 챙겨주는 수준은 아니었다. 다행히 형들이 나를 아주 못살게 굴었던 구체적인 사건은 기억이 안 난다. 이렇게 힘들거나 괴로웠던 사건을 깜빡깜빡 잊어버리는 일종의 건망증이 내 주요 성향 가운데 하나가 됐고, 그래서 주변 사람은 물론 나 자신마저 깜짝 놀라게 할 때가 있다. 구체적인 사건은 기억 못 하지만, 괴롭힘을 당했을 때 어떤 기분이었는지는 대충 기억이 난다. 하도 속이 상해서 한번은 형들이 내게 무엇을 잘못했는지 알려줘야겠다고 마음먹었다. 그래서 형들 생일날 그동안 내게 뱉은 상스러운 말과 부당한 행동을 하나하나 다 적은 다음에 이런 일 다 '용서해줌'이라고 쓴 카드를 생일 선물로 내밀겠다는 계획이었다. 그러나 이 계획을 실행하지는 못했다.

그때 우리는 침실이 아홉 개인데 욕실은 하나밖에 없는 집에서 대가족이 복닥거리며 살고 있었다. 처음에는 그로스바움 성을 쓰는 우리 가족 네 명과 게순타이츠 성을 쓰는 외삼촌네 가족 네 명 이렇게 총 여덟 식구가 살았다. 외삼촌네 가족은 우선 모리스 외삼촌과 에바 외숙모, 사촌인 헬렌(빅터 형과 동갑) 그리고 일곱 살이 어린 랠프였다. 이후 사촌 여동생 엘시가 또 태어났다. 그때는 웬만하면 다들 그렇게 했듯이 엘시도 집에서 태어났다. 어쨌든 갓난아기가 태어났으니 여기도 방을 하나 줘야 했다. 그렇게 많은 식구가 욕실을 하나만 사용하는 데도 별 무리가 없다는 사실 자체가 기적이었다. 단 하나뿐인 욕실을 그 많은 식구가 사용하는 데도 크게 문제가 없었다는 것은 치밀한 관리와 배려에서 나온 결과라고 생각한다. 생필품이나 기타 여러 가지가 부족했지만 특별히 불편하거나 크게 곤란했던 기억은 별로 없다.

풍족하게까지는 아니어도 음식이나 의류 같은 생활필수품은 물론이고 스케이트, 야구 장비, 나중에는 테니스 라켓과 공에 이르기까지 필요한 물품은 어찌어찌 다 마련해 사용했다. 그때는 지금보다 물가가 훨씬 쌌고 또 우리는 당연히 가격이 할인되는 제품을 골라 샀기 때문이다. 야구공은 5센트짜리 로켓사社 제품을 주로 샀고 가끔은 10센트짜리를 사는 호사도 부려봤다. 생일 선물로 받은 스폴딩 페이버릿 테니스 라켓은 1달러짜리였다. 테니스공은 그때 123번가 맨해튼로Manhattan Avenue에 위치한 맨해튼 테니스 클럽에서 중고로 25센트에 세 개를 구입해서 꽤 오랫동안 사용했다.

이런 물건을 살 돈이 어디서 나왔을까? 용돈으로 샀던 기억이 난다. 큰 돈은 아니어도 일주일에 10센트를 받았고 생일 같은 특별한 날에는 용돈을 조금 더 받았다. 그러나 용돈은 용돈이고 다들 어떻게 해서든 일감을 구해서 얼마간이라도 돈을 벌어보려고 했다. 다른 집처럼 우리도 당시 최고 인기 주간지 〈새터데이 이브닝 포스트The Saturday Evening Post〉(약칭 '포스트')를 구독 중이었다. 그 당시에는 지금보다 인기가 훨씬 좋았다. 발행사는 매주 지면에 거리에서 잡지를 팔거나 연간 구독자를 모집할 소년을 구한다는 광고를 냈다. 그때는 아직 열 살이 안 됐을 때인데 내가 직접 구직 지원서에 서명했다. (아니면 어머니가 나 대신 서명했었는지도 모르겠다.) 내게 할당된 분량은 일주일에 30부였다. 한 부당 5센트에 팔았고 이 중 내 몫은 3센트였다. 일하러 간 첫날 내 할당량인 잡지 30부와 함께 잔돈 주머니가 달린 예쁜 면 앞치마를 받았다. 116번가 8번로에 있는 고가철도 출구 중 한 곳에 서서 지나가는 사람들에게 이렇게 외쳤던 기억이 난다. "방금 나온 〈새터데이 이브닝 포스트〉 사세요. 한 부에 5센트입니다." 그런데 내 기억에 이 신문팔이는 오래 하지 못했다. 얼마 지나지 않아 어머니가 돌아가신 아버지가 원치 않을 것 같다며 그만두라고 했기 때문이다.

방과 후에는 거리에 나가 놀았다. 아주 친하게 지낸 친구가 두세 명 있었는데 또래인 이 친구들과는 거의 매일 보다시피 했다. 가장 친한 친구가 시드니 로고였는데 이 친구는 그때 111번가에 살았고 상대적으로 꽤 잘사는 집이었다. 로고네 아버지와 삼촌이 브루클린 외곽에 작은 백화점을 소유하고 있었다. 같이 놀고 싶을 때는 주로 내가 로고네 동네로 갔다. 가서는 또래 아이들이 떼거리로 모여 스투프볼stoopball: 좁은 장소에서 벽 등에 공을 던지고 받아치는 식으로 하는 야구 비슷한 놀이을 하거나 롤러스케이트를 타고 길거리 하키를 즐겼다. 그때만 해도 자동차가 없었고 마차 철도처럼 말이 끄는 운송 수단은 우리가 놀 때 크게 방해가 되지 않았다. 그때 우리가 자주 한 놀이가 '캣cat: 우리나라 '자치기'와 비슷한 놀이로 보임'이었다. '캣'은 끝을 뾰족하게 깎은 나무 조각인데 딱 보면 커다란 빨래집게처럼 생겼다. 더 긴 막대기로 캣 끝부분을 쳐서 공중으로 띄워 올린다. 캣이 튀어 오르면 막대기로 조준을 잘해 다시 쳐 가능한 한 멀리 날려 보낸다. 상대방은 이때 날아오는 캣을 잡아야 한다. 캣을 잡지 못하면 선先 타자가 바닥에 내려놓은 막대기 쪽으로 있는 힘껏 캣을 던져야 한다. 던진 캣이 떨어진 지점과 막대기가 놓인 지점 사이의 거리를 재서 점수를 매긴다.

미국 사내아이들이 캣 놀이하는 모습을 마지막으로 봤던 때가 까마득한 옛날처럼 느껴졌다. 그런데 1967년에 아조레스제도 산타마리아섬을 방문했을 때였다. 참으로 신기하게도 그곳 아이들이 캣과 비슷한 놀이를 하고 있었다. 시곗바늘을 반세기 전으로 돌린 듯한 기분이었다. 반가운 마음에 놀고 있는 아이들에게 막대기를 좀 달라고 해봤더니 어리둥절한 표정을 지으면서도 순순히 내게 건네줬다. 옛날 생각이 나서 막대기로 캣을 쳐봤으나 헛방만 계속 날렸을 뿐이다. 무리 중에 나이가 가장 많아 보이는 아이에게 20이스쿠두를 주고 과자를 사서 나눠 먹으라고 했다. 그랬더니 아이들은 매우 신나 했다.

한번은 아무 생각 없이 놀다가 어머니를 정말 깜짝 놀라게 한 적이 있다. 이날도 거리에서 놀고 있는데 벨 소리를 요란하게 울리며 양 방향에서 전차가 나를 향해 달려오는 중이었다. 허세를 부리고 싶었는지 혹은 너무 놀라 한 발짝도 움직일 수 없어서였는지는 모르겠으나 나는 양쪽 선로 사이에 난 좁은 통로에 얼어붙은 듯 서있었다. 요란한 벨 소리와 함께 양쪽에서 마주 달려온 전차 두 대가 나를 중심으로 만나듯 스쳐 지나가더니 각기 제 선로로 쏜살같이 멀어졌다. 우리 집 창문 바로 앞에서 벌어진 일이라 전차 두 대 사이에 낀 상황이 된 나는 갑자기 어머니의 시야에서 사라져버렸다. 이 끔찍한 장면을 보고 어머니는 새파랗게 질렸다. 전차가 각기 제 갈 길로 사라지자 나는 아무 일 없었다는 듯이 어머니 쪽을 향해 손을 흔들었다. 그러나 어머니는 아직도 놀란 가슴이 진정되지 않는지 아무 말도 못하고 있었다. 사실 전차가 양쪽에서 달려와 내 곁을 아슬아슬하게 스쳐 지나갈 때는 나도 정말 무서웠다.

층계참을 사이에 둔 건너편 2층에 또 다른 세입자인 버밀리네가 살고 있었다. 이 집에는 딸과 아들이 한 명씩 있었는데, 아들은 내 또래인 조지프이고 딸은 우리보다 세 살 정도 많은 헤이즐이었다. 우리는 꽤 사이좋게 지냈지만, 종교가 달라서 정말로 친해지는 일은 사실상 불가능했다. 물론 서로 그런 부분을 드러내놓고 표현하지는 않았다. 그러나 두 가족 사이에 보이지 않는 선이 그어진 듯 서로 거리낌 없는 관계가 되는 데 근원적인 한계가 있다는 느낌이었다. 어른들은 복도에서 만나면 최대한 예의를 차려 인사를 나누기는 했지만, 두 집 사이가 1m 남짓으로 거의 붙어있다시피 살고 있으면서도 3년 동안 상대방 집을 오간 적이 없었다. 그러다 우리가 이사 가기 한두 달 전에 드디어 두 집안이 정식으로 만나게 됐다. 버밀리 가족이 어머니와 모리스 외삼촌, 에바 외숙모를 초대했다. 그 집에 다녀온 모리스 외삼촌은 그들을 참 점잖은 사람들이라고 말했다. 그리고 우리가 이사 가기 직전에야 두 가족이 알게 돼 너무 아쉽다는 말도 덧붙였다. 그런데 버밀리 가족이 뒤늦게 우리 가족을 환대한 이유가 무엇이었을까? 혹시 이웃에 사는 '유대인' 가족이 이사한다니 내심 기뻐서 그렇게 한 것은 아니었을까? 이웃집에 유대인 가족이 산다는 사실이 영 찜찜했는데 이사를 가 준다니 내심 속이 시원하지 않았을까?

내 평생 딱 한 번 주먹다짐을 해봤는데 그 상대가 바로 조지프 버밀리였다. 어쩌다 싸우게 됐는지는 기억나지 않는다. 우리 둘은 집 앞 길거리에 서있었고 주변에 두 형과 사촌 루이 그리고 다른 아이들이 빙 둘러서서는 어서 싸우라고 부추기고 있었다. 우리 둘은 결국 주먹을 힘껏 휘둘렀지만 한 번도 상대방을 제대로 맞추지 못하고 헛방만 날리다 몇 분 만에 그냥 끝나버렸다. 지나가던 어른이 와서 싸움을 말렸다. 그때 열한 살이던 우리 둘은 그렇게 끝나서 다행이다 싶었는데 구경하던 아이들은 싱겁게 끝나버려 아쉬웠는지 실망하는 빛이 역력했다.

그 이후 내가 이 같은 물리적 충돌 상황을 어떻게 피했을까? 분명히 말하건대 내가 저항하지 않고 일방적으로 참기만 했기 때문도 아니고 싸움을 무조건 피했기 때문도 아니다. 상대방에게 폭력을 쓰지 말아 달라며 비겁하게 매달렸기 때문도 물론 아니었다. 나는 본래 온순한 성격이고 시끄러운 걸 싫어하기 때문에 누군가와 별로 다퉈본 적이 없다. 그러면 다른 사람들은 왜 나를 건드리지 않았을까? 솔직히 그냥 운이 좋았다고밖에는 달리 할 말이 없다. 내 평생 운 좋은 삶을 살았다고 본다. 개연성은 좀 떨어지지만, 걸핏하면 싸움질하는 청소년 시절에 나는 주로 나보다 나이가 많고 덩치도 큰, 그러니까 형뻘 되는 사람들과 있었기 때문이 아니었을까 생각해본다. 사실 자신보다 어리고 약해 보이는 아이에게 시비를 걸거나 폭력을 휘두르는 일은 소년 사회에서도 기사도 정신에 어긋난다는 인식이 있었다. 주변에서 "아니, 어린애랑 싸우면 되겠냐? 너랑 덩치가 좀 비슷한 애랑 싸워라."라고 말하면 웬만하면 다들 머쓱해하곤 했다. 이보다 더 억지스러운 이유일지 모르겠지만, 다른 사람의 공격을 막아주거나 적대적인 행동을 꺼리게 하는 뭔가가 내게 있지 않았을까? 거의 모든 사람이 나를 좋아하는 것 같았다. 좀 건방지게 들리겠지만, 동시에 나를 자신들과는 다른 부류랄까 뭔가 열외로 취급하는 듯한 그런 느낌이 있었던 게 사실이다.

길 건너편에 양복점이 하나 있었는데 다들 코프먼네 가게라고 불렀다. 그 집 아들이 내 친구였다. 양복점 유리창에는 근처 극장에서 현재 공연 중이거나 앞으로 공연할 작품의 포스터가 한두 개쯤 항상 붙어있었다. 그리고 가게에 포스터를 붙여놓는 대가로 무료입장권 두 장을 받았다. 이 친구가 같이 가자고 해서 토요일 낮 공연을 공짜로 봤던 적이 여러 번 있었다. 이 일은 내 인생에서 잊지 못할 정말 엄청난 경험이었다. 그러나 우리 집 식구들은 내가 양복점 아들과 어울렸다는 사실을 알고는 눈살을 찌푸리며 시큰둥한 반응을 보였다. 경제적 형편이 따라주지 않을 뿐이지 우리는 본래 품격 있는 상류층 집안이라는 자부심을 잃고 싶지 않았던 모양이다. 일종의 선민의식이 여전히 남아있었기 때문인지도 모르겠다.

또 둘째 형 빅터의 친구 중에 이따금 우리 집에 놀러 왔던 부잣집 '도련님'이 있었는데 꽤 특이했던 기억이 있다. 아버지가 계부라는데 그때 우리는 '계부'가 뭔지도 몰랐다. 아무튼, 빅터 형 친구는 항상 주머니에 동전을 가득 넣고 다녔다. 우리 집에 오면 침대나 의자에 앉아서 동전을 한 움큼 집어 공중에다 뿌렸다. 공중에 뿌린 동전이 우르르 바닥에 떨어지면 아주 거만한 표정으로 이렇게 소리쳤다. "어서 주워!" 그러면 우리 삼 형제는 무릎으로 기어 다니며 더듬더듬 하나라도 더 줍겠다고 야단법석을 떨었다. 다 주워봐야 몇 푼 되지도 않지만, 우리한테는 큰돈이었다. 어느 날인가는 아기가 어떻게 태어나는지 알려주겠다고 했다. 셔츠 앞자락을 풀어 헤치더니 배꼽 아랫부분을 보여주면서 엄마 배의 그 부분을 가르면 그곳에서 아기가 나온다고 했다. 이 형 말대로면 모든 아기가 율리우스 카이사르처럼 제왕절개로 태어나는 셈이다. 이름은 잊어버렸는데 이 형 덕분에 우리 삼 형제는 신기한 경험을 참 많이 했다. 크리스마스 때마다 태머니홀Tammany Hall: 뉴욕 사회에 강한 영향을 미쳤던 부정한 정치조직이 토니패스터 극장Tony Pastor's Theater: 14번가에 있는 태머니홀 본부 바로 옆에 있음에서 가난한 집 아이들에게 파티를 열어준다는 얘기를 해줬다. 그곳에 가면 장난감이 잔뜩 달린 커다란 크리스마스트리가 있는데 파티에 참석한 아이들 모두에게 하나씩 빼서 나눠준다고 했다. 그리고 우리 삼 형제가 참석할 수 있게 이 파티 입장권을 구해줄 수 있다고 말했다. 그러나 그전에는 물론이고 그때도 유대인은 크리스마스 파티에 참석하는 일 자체를 부러워하기는커녕 그런 곳엘 왜 가느냐고 노발대발하는 상황이었기 때문에 어머니가 파티에 가는 것을 허락해줄 리 만무했다. 그러나 어머니는 상당히 융통성 있는 사람이었고 그래서 우리도 파티에 갈 수 있었다! 파티에 참석한 우리가 무대 앞으로 가서 커다란 크리스마스트리에 걸려있거나 트리 아래에 놓인 장난감을 하나씩 받았을 때의 그 감격스러운 장면이 지금도 생생하게 기억난다. 그때 나는 플렉시블 플라이어사社의 소형 썰매를 받고 집으로 돌아왔다. 세상에나, 썰매라니! 꿈에도 생각 못 했던 엄청난 횡재였다.

그러나 너무 안타깝게도 이 천금 같은 '선물'이 오래도록 내 곁에 머물 운명은 아니었던 모양이다. 1월에 처음으로 폭설이 내렸을 때 썰매를 꺼내 모닝사이드 파크 인근에 형성된 긴 경사로로 갔었다. 모닝사이드 하이츠의 고지대에서 출발해 서쪽 113번가 방향으로 내려가다가 왼쪽으로 급히 방향을 틀어 110번가를 향해 가면서 모닝사이드 드라이브까지 내려갔다. 여기서 다시 왼쪽으로 방향을 틀어 한 블록 정도 더 내려가면 평지에 도착하게 된다.

이렇게 몇 번을 신나게 썰매를 타고 내려가다가 그만 사고가 나고 말았다. 어른 여섯 명이 탄 봅슬레이가 뒤에서 내 썰매를 받아버렸다. 충돌하자마자 한동안 정신을 잃었던 것 같다. 정신을 차리고 보니 아무도 나한테 관심을 보이지 않았고 내 썰매는 온데간데없었다. 경사로를 수도 없이 오르내리며 썰매를 필사적으로 찾아 헤맸으나 결국 찾지 못했다. 나는 금방이라도 눈물이 쏟아질 듯한 얼굴을 하고 집으로 돌아왔다.

크리스마스 외에 내게 상당히 인상적이었던 축일이 세 개 정도 있다. 첫 번째가 독립기념일인 7월 4일이었다. 이날은 시끄럽지만 즐거운 소음과 숱한 화재 사건이 온종일 이어지고 심지어는 사상자까지 발생한다. 우리는 거리에서 연발 권총이 발사되며 뿜어내는 단속적인 소리에 잠에서 깼다. 자기 할 일 제대로 하며 제 밥벌이할 줄 아는 젊은이는 이날에 대비해 공포탄을 장전한 22구경이나 32구경 권총을 준비했다. 사실 32구경이 좀 더 멋져 보이고 훨씬 인상적이기는 했다. 허세 가득한 멍청이 몇몇은 실탄을 쏘는 만용을 부렸다. 오후가 되자 거리는 온통 탄피투성이였고 우리는 온 동네를 휩쓸고 다니며 주머니 가득 탄피를 주워 담았다. 주운 탄피를 손가락 두 개 사이 관절 근처에 끼우고 잘 불어주면 엄청나게 큰 소리가 나던 게 떠오른다. 너무 어려서 권총을 소지할 수 없는 어린아이들은 장난감 권총을 가지고 놀았다. 개중에는 가짜 탄약까지 장착한 권총도 있었다. 또 '설루츠salutes'라는 100개들이 중국산 초소형 폭죽 다발을 포함해 다양한 폭죽을 준비하기도 했다. 이렇게 다발로 묶어 파는 폭죽은 단돈 1센트면 살 수 있었다. 보통 이런 폭죽 다발은 한 묶음 단위로 터뜨린다. 그래서 불꽃이 아주 화려하게 보인다. 그러나 레온 형과 빅터 형 그리고 나 같은 사람한테는 동전 한 닢도 매우 소중하기 때문에 이렇게 한꺼번에 터뜨리는 것은 사치였다. 그래서 길이가 3㎝ 정도 되는 '설루츠' 한 다발을 한 개씩 분리해서 다양한 방식으로 터뜨렸다. 나는 안 쓰는 종이로 작은 상자를 만들어 폭죽에 불을 붙인 다음, 상자 안에 넣어 창밖으로 던지거나 지붕 위에서 떨어뜨리는 방식을 좋아했다. 그 폭죽이 터지는 장면을 보면서 아주 만족스러워했다.

특정 일시에 특정 장소(대개는 125번가)에서 특정 기업이 후원하는 '세계 최대 폭죽 쇼'가 진행된다는 사실을 알리는 포스터가 붙을 때도 있었다. 우리도 이 특별한 쇼를 보려고 빙 둘러서있는 군중 속으로 들어갔다. 그리고 안전모를 쓴 경찰의 지도에 따라 안전거리를 유지한 채 끈 모양 도화선이 달린 거대한 종이 원통을 감탄해 마지않는 눈빛으로 바라봤다. 그리고 설렘과 흥분이 뒤섞인 묘한 심정으로 귀가 먹먹할 정도로 큰 소리를 내며 폭죽이 터지기를 기다렸다. 이날은 화재도 빈번히 나서 마차가 끄는 소방차도 쉼 없이 오간다. 소방차가 오면 아이들이 우르르 쫓아간다. 그런데 화재가 발생해도 대부분 큰불이 아니라서 사람들이 별로 신경 쓰지 않는다. 대다수 가정에서는 저녁에 불꽃놀이를 즐긴다. 해가 지고 어둠이 밀려오면 로켓형, 원통형 폭죽, '성 캐서린 휠St. Catherine wheel'이라고도 하는 '회전 폭죽' 등 다양한 폭죽을 아파트 창밖이나 길거리에서 터뜨린다. 요즘에는 불꽃놀이를 하려면 면허가 있는 전문가가 관계 당국의 엄격한 통제를 받아야 한다. 지금 내 나이쯤 된 사람들이면 그때가 그리울 수도 있지만, 독립기념일에 펼쳐지던 그 떠들썩한 폭죽 행사가 자취를 감췄다고 해도 크게 아쉽지는 않다. 고작 귀청이 터질 듯한 소음과 화려한 불꽃을 즐기는 데 부상자와 심지어 사망자까지 나온다면 그 대가가 너무 비싸지 않은가! 그러나 나는 지금 조금은 복잡한 심경으로 이 글을 쓴다. 1928년에 나는 미국 최대 폭죽 제조사의 임원 및 (명목상) 부사장이 됐는데, 꽤 오랫동안 '안전하고 차분한' 독립기념일을 표방하는 분위기 속에서 회사 실적이 급전직하하는 모습을 속절없이 지켜봐야 했기 때문이다.

헬러윈에 대해서는 이날이 무슨 축일인지 다들 잘 몰랐다. 헬러윈이 '위령의 날 전야All Souls' Eve'나 '만성절All Saints' Day'과 관련이 있는 날이라는 말을 들어보지 못했다참고로 위령의 날은 11월 2일이고 위령의 날 전야이자 만성절('모든 성인 대축일'이라고도 함)은 11월 1일인데 핼러윈은 바로 이 만성절 전야인 10월 31일이다. 말장난을 좀 하자면 '위령의 날 전야의 전야' 혹은 '만성절 전야'가 핼러윈임. 요즘 아이들처럼 그때 우리도 핼러윈이라고 하면 요괴나 마녀, 속을 파내 만든 호박등 정도가 떠올랐다. 물론 유대인이 사는 집에는 이 가운데 어느 하나도 들어오지 못하지만 말이다. 그러나 실생활에서 우리가 경험한 핼러윈은 좀 달랐다. 초저녁에 외투를 뒤집어 입은 채 긴 스타킹에 밀가루를 담아 축 늘어뜨린 상태로 무리 지어 거리를 배회하는 사내아이들. 우리에게 핼러윈은 이런 모습이었다. 그렇게 지나가면서 마주치는 사람이나 자기들끼리 밀가루 스타킹을 휘둘러 상대방 겉옷에 잘 지워지지도 않는 하얀 줄무늬 모양을 새기며 야단법석을 떨었다.

매년 11월이면 선거의 밤 행사가 열린다. 청소년 패거리가 가장 중요하게 생각하는 부분은 선거 자체가 아니라 이날 펼쳐지는 모닥불 놀이였다. 뉴욕에 있는 10대 청소년 패거리라는 패거리는 죄다 집결하는 행사였다고 해도 과언이 아니다. 경찰이 있는 대로 골머리를 앓는 요즘 청소년 패거리에 비하면 그래도 그때는 양반이었다. 뭐랄까 요즘 패거리가 비행 집단이라면 그때 패거리는 가벼운 왈패 수준이라 그렇게 심각한 문제를 일으키지는 않았다. 선거 전날이면 패거리 구성원 전원이 장작으로 쓸 만한 나무를 있는 대로 주워 모았다. 식료품점에서 나오는 빈 포장 상자가 대부분이었는데 이렇게 모은 나무는 모닥불 행사를 하는 날까지 지하 저장고나 공터 한구석에 몰래 숨겨뒀다. 목재를 숨겨둔 비밀 장소가 다른 패거리에 알려지면 정말 큰일이 난다. 그러면 패거리 전원이 집단 패닉에 빠질 정도로 큰 낭패감에 싸인다. "110번가 놈들이 우리 '선거 물품'('나무'를 의미함)을 훔쳐 갔어."라는 말은 패거리에게 날벼락이나 다름없었다. 선거의 밤이 드디어 시작되면 약 두세 블록마다 모아놓았던 나무를 가져다 중앙로에 쌓고 불을 붙였다. 모닥불 주위에 빙 둘러선 구경꾼들이 황홀한 눈빛으로 지켜보는 가운데 모닥불이 맹렬한 기세로 타올랐다. 꽤 오랫동안.

1900년대 초에 뉴욕 길거리에서 벌어지는 추수감사절은 이런 모습이었다. 아이들은 헝클 옷을 입고 나와 거리를 오가는 사람들에게 "한 푼 주세요!"를 외치며 돌아다녔다. 지나가는 행인에게 다가가 "추수감사절인데 뭐 없어요? 좀 주세요."라며 말을 걸기도 했다. 그런데 우리는 이렇게 큰 옷을 헐렁하게 입고 동냥질하며 나돌아다니지는 못했다. 비록 가난하게 살고 있으나 엄연히 중상류층인 우리가 하류층이나 하는 짓거리를 할 수는 없었다. 그러고 보면 시대가 참 많이 바뀌었다는 생각이 든다. 요즘은 가장하고 구걸하는 행위를 추수감사절이 아니라 핼러윈에 하고들 있으니 말이다.

그때도 그렇고 그 이후에도 내 주요 관심사는 학업이었다. 나는 배움 자체에 목적을 뒀고 월등한 성적을 거두려고 열심히 공부한 모범생이었다. 숙제가 아주 많았지만 금방 해치웠고 그것도 자투리 시간을 이용해 다 끝냈다. 약간 과장이 섞이기는 했으나 어머니는 나를 보면서 숙제는 안 하고 별 쓸데없는 책만 보는 것 같은데 어떻게 성적이 그렇게 좋은지 모르겠다는 말을 자주 했다.

6학년 때 뉴욕시 학교 현장에 아주 중요한 일이 벌어졌다. 시내 각급 학교를 대상으로 난데없이 '맥스웰 시험'이라는 학력 평가 시험을 치르겠다는 교시가 내려왔다. 엄격하기로 소문난 교육감 맥스웰 박사가 뉴욕시 각급 학교 교사진의 교수 및 학습 방식과 학생의 학업 성취도가 형편없다는 의견을 밝혔다. 그래서 직접 전체 초등학교 학생을 대상으로 영어 및 수학 능력 평가 시험을 만들었다. 그런데 학년별 시험 난이도가 상당했고 다들 성적이 엉망이었다. 나도 영어 점수가 68점밖에 안 된다는 사실을 알고 너무 실망했다. 그러나 내 뒤를 이어 2등을 한 학생의 점수가 겨우 42점이라는 말을 듣고 조금은 안심이 됐다. 그러나 정작 끔찍한 일은 수학 시험에서 발생했다. 수학 시험을 볼 때는 교실 정면 칠판에 다섯 문제가 적혀있었다. 문제가 그렇게 어려워 보이지는 않았다. 그래서 다른 학생들은 아직 문제를 풀고 있는데 나는 순식간에 문제를 다 풀고 나왔다. 나중에 교장 선생님 호출을 받고 교장실로 불려갔다. 교장 선생님은 제10 공립학교 졸업생 사이에서 '버킨스 박사'로 알려진 분이었다.

교장 선생님이 이렇게 물었다. "베니, 아니 왜 끝에 있는 두 문제를 안 풀었니?" 어떻게 된 일인지 설명하자면 이렇다. 6번과 7번 문제는 교실 뒤쪽 칠판에 적혀있었는데 나는 이를 보지 못했고 뒤쪽 칠판에도 문제가 적혀 있다고 한 선생님 말씀도 못 들었다. 그래서 결국 뼈아픈 실수를 저지르고 말았다. 앞 다섯 문제는 전부 정답을 적어서 70점을 받았는데 이는 우리 학교에서 가장 높은 점수였다. 내 말을 들은 교장 선생님은 안타깝다는 듯이 고개를 저으며 이렇게 말했다. "나머지 두 문제만 더 풀었으면 너도 그렇고 우리 학교도 크게 이름을 떨쳤을 텐데 너무 아쉽다, 이 녀석아."

제10 공립학교 7A 학기에 교과 담임반에 들어가면서 학교생활이 정말 재미있어졌다. 그러나 뿌듯한 마음으로 등교한 첫날이 생각만큼 그렇게 '영광'스러운 상황은 아니었다. 학기 시작 직후 나는 6B에서 7A로 월반했다. 이번으로 벌써 네 번째 월반이라서 겨우 열 살인 나는 다른 학생 몇 명과 함께 교감 선생님의 인솔하에 새 반으로 들어갔다. 학생 수가 40명 남짓이었는데 전부 남학생이었다. 반 학생들이 나를 보더니 다들 키득거렸다. 그때 나는 열두 살 남학생이 입는 노퍽 수트Norfolk suit: 상의 앞뒤에 상자 주름이 한두 개 정도 잡혀있고 주름 밑에는 벨트가 있는 남학생복가 아니라 어린 학생이 입는 세일러 블라우스와 바지 차림이었다. 반 학생들은 나를 별종 취급했고 나는 그런 분위기가 너무 싫었다. 그날 오후에 집에 가서 있는 대로 심통을 부렸다. 보다 못한 어머니가 나를 데리고 가게로 가서 처음으로 노퍽 수트를 사주셨다.

내 인생에 가장 큰 영향을 미친 사람은 루이라고 불리는 내 사촌 루이스 그로스바움이었다. 물론 대부분이 긍정적인 영향이었다. 루이스는 큰아버지의 둘째 아들이었는데 큰형 레온과 나이가 같았다. 나는 루이스 형만큼 재주가 많은 사람을 본 적이 없었다. 공부도 엄청나게 잘해서 그리스어, 라틴어, 수학 등 못하는 과목이 없을 정도였다. 그리고 컬럼비아대학과 공과대학에서 여러 상을 많이 받았고 그 대단한 퓰리처 장학금도 받았다. 대개 사람들은 공부 잘하는 학생은 약골이라 운동을 못한다고 생각하는데 루이스는 운동도 정말 잘했다. 가장 놀라운 부분은 루이스가 뼛속까지 철저한 사업가처럼 보였다는 점이다. 처음에는 자신이 사는 동네인 매디슨로Madison Avenue에서 이른 아침에 빵 배달을 해서 돈을 벌었다. 나중에는 부촌에서 부유층 자녀를 가르쳤다. 아직 현실을 잘 모르는 어린애 눈에 루이스는 이 세상에 모르는 것이 하나도 없는 사람처럼 보였다. 나로서는 평생 가도 도대체 이해 불가 영역인 '여자'에 관해서도 말이다. 타고난 듯 또래 중에서 우두머리 격이었던 루이스는 사업 기회를 포착하는 데도 남달랐다. 그래서인지 양키스 홈구장인 폴로 그라운드와 하이랜더즈 스타디움나중에 '양키스타디움'으로 바뀜에서 그림엽서 형태의 야구 카드를 팔아서 돈을 벌었다. 아름다운 경치를 담은 관광 엽서처럼 양키스 구단을 상징하는 줄무늬 유니폼에서 착안해 줄무늬를 넣은 카드에 구단 소속 각 선수의 사진이 들어가 있었다. 여기에 경기 일정과 성적이 적힌 카드까지가 한 벌로 구성돼있었다. 이 카드 한 벌을 팔면 2센트를 벌 수 있었다. 내 기억으로는 평일에는 각자 하루에 20센트 정도 벌었고, 주말이나 두 번 연속 경기가 있는 날이면 1달러는 족히 벌었다.

보관 중인 문서 더미 어딘가에 누렇게 바랜 노트가 하나 있는데 일기장을 겸한 그 노트에 야구 카드를 팔러 다니던 어느 여름날이 다 기록돼있다. 일간 매출액이라든가 경기 결과, 기타 여러 사항을 꼼꼼히 적어놓았다. 모든 내용을 시처럼 운을 맞춰 써놓기도 했다. 물론 운을 제대로 맞추지 못한 허섭스레기 수준이었다. 새 노트를 루이스 형에게 보여줬다. 그랬더니 형이 사촌 동생(나)에게 들려주고픈 충고의 말을 노트에 쓰기 시작했다. 처음에는 그리스어로 'Gnothi seauton(너 자신을 알라)'을 쓰더니 끝에 가서 라틴어로 자신이 하고픈 말을 썼다. 나는 루이스 형의 박학다식함에 감탄해 마지않으면서 나도 라틴어와 그리스어를 아주 잘하는 사람이 돼야겠다고 굳게 다짐했다.

내가 처음으로 큰돈을 벌 수 있었던 것은 수학을 아주 잘했기 때문이다. 체스터 브라운이라는 친구가 있었는데 나보다 한 학년 위고 키도 10㎝ 정도 더 컸다. 그런데 이 친구는 대수학을 너무 못했다. 그러자 체스터의 어머니가 일주일에 세 번만 봐주면 50센트를 주겠다고 했다. 지금 생각해보면 학교에서 아직 배우지도 않았던 대수학을 내가 어떻게 가르칠 수 있었는지 의문이다. 아마 내가 기억하는 세부적인 사실 가운데 잘못 기억하는 부분이 있지 않을까 그렇게 생각한다. 어쨌거나 나는 그때 학생들을 가르치는 일을 시작했고 그 뒤로 이 일을 짬짬이 계속했다. 그러다가 레너드 우드Leonard Wood 장군 아들과 거버너즈섬에 있는 다른 장교들의 자제를 가르친 것을 끝으로 과외 교습을 그만뒀다.

그 당시에는 해가 지면 거리를 배회하거나 집에서 학교 숙제를 하거나 책을 읽는 일 말고는 달리 할 일이 없었다. 저녁에 밖에 나가 돌아다니는 일 자체를 좋아하지 않았기 때문에 그렇게 노는 또래 아이들을 보면 상스럽고 시시하게만 보였다. 그래서 집에서 책을 읽을 때가 많았고 이때 독서량이 정말 어마어마했다. 2주에 한 번 도서관에 가서 네다섯 권을 빌려 읽었다. 그때는 사람들이 몰래 돌려가며 보던 금서도 꽤 읽었다. 아무리 생각해도 별로 해롭지 않은 책인데 왜 금서로 지정되었는지 모르겠다. 여기에는 저 유명한 프랭크 메리웰Frank Merriwell 시리즈와 사설탐정 닉 카터Nick Carter 시리즈도 있었다. 도서관에서는 제이컵 애벗Jacob Abbott의 롤로Rollo 시리즈물을 비롯해 허레이쇼 앨저Horatio Alger, G. A. 헨티Henty 그리고 올리버 옵틱Oliver Optic부터 디킨스, 스티븐슨, 찰스 리드Charles Reade 등이 쓴 걸작선에 이르기까지 아주 다양한 책을 접할 수 있었다.

한참 세월이 지난 후에 보니 독서가 친구들에게 미친 영향보다 내게 미친 영향이 더 컸다는 사실에 나 스스로 많이 놀랐다. 다들 책은 그저 시험을 잘 보려거나 재미 삼아 읽고 이내 잊어버리는 것 아니냐고들 생각한다. 나 역시 학교에서 배우거나 읽은 내용을 많이 잊었지만, 그래도 폭넓은 범위에서 특히 대략적인 내용은 아직도 많이 기억한다. 나는 항상 뛰어난 기억력의 덕을 크게 봤다. 그러나 내 기억력에만 기댔다기보다는 공부 자체에 관심이 아주 많았다. 그래서 어렸을 때부터 이렇게 학습한 내용을 내 문화적 자산이자 지적 도구 더 나아가 내 미래 생애의 한 부분으로 삼기로 했다.

내게 공부는 끝없이 이어지는 과정이었다. 전에 봐서 이미 알고 있는 내용을 이후 수업 시간에 다시 접할 때면 묘한 희열과 함께 왠지 반가운 마음이 들었다. 최근(1957년)에 아들 버즈가 워싱턴 어빙Washington Irving의 《슬리피 할로의 전설》에 관한 독후감을 쓰고 있는 모습이 눈에 띄었다. 나도 오래전에 학교에서 배운 적이 있는 책이었다. 여기서 주인공 이카보드가 노래할 때 울리며 나오는 콧소리를 묘사하면서 밀턴의 시 〈쾌활한 사람 L'Allegro〉의 한 구절 '관계에서 오는 아름다움'을 인용했다는 사실이 기억났다. 바로 기억나지는 않았으나 조금 생각해보니 1904년에 어렵사리 찾아서 잠깐 흥미롭게 읽었다가 그 이후로 다시 본 적이 없던 바로 그 구절이었다. 그렇게 오래전 내용을 어떻게 기억하는지 신기하다 싶겠지만, 고등학교 때 〈쾌활한 사람〉을 읽으면서 어빙의 《슬리피 할로의 전설》에 나온 '관계의 아름다움'이 생각났다. 그 이후로 밀턴의 시에 나오는 이 긴 구절을 읊을 때마다 이 두 가지가 자연스럽게 결합돼 마치 하나인 듯 매번 같이 떠올랐기 때문에 가능한 일이었다.

문학작품과 관련한 기억력 때문에 다른 사람은 물론이고 나 자신까지도 깜짝 놀랄 때가 많다. 어제 시력검사를 받아보려고 베벌리힐스에 있는 안과를 찾았다. 의사는 연속된 문장인데 글자 크기가 점점 작아지는 형태로 적혀있는 카드를 읽어보라고 했다. 그런데 나는 단어 몇 개를 보고 나서 아무 생각 없이 이렇게 말했다. "저거 《벤저민 프랭클린 자서전》에 나오는 문장 아닌가요?" 그랬더니 의사가 "네, 맞아요."라고 대답했다. 그러고는 굉장히 당황한 듯이 이 시력검사용 카드를 슬그머니 내려놨고 결국 나는 검사를 마치지 못했다. 그 문장을 알아본 환자는 지금까지 한 명도 없었다고 했다. 나는 아무렇지 않다는 듯이 그 책은 딱 한 번 읽었는데 그것도 60여 년 전인 초등학교 때였다고 말했다. 아마도 그 책이 내 무의식에 강한 인상을 남겼던 모양이다. 월터 미티《월터 미티의 은밀한 생활》에서 터무니없는 공상에 자주 빠지는 소심한 주인공식의 공상 속에서 나 자신이 율리시스와 벤저민 프랭클린 그리고 빅토르 위고가 하나로 합쳐진 인물이라는 말도 안 되는 상상의 나래를 펼쳤기 때문이다. 겸손해 보이려 애쓰지 않으면서 마음껏 내 자랑을 늘어놓을 수 있으니 나이를 먹는다는 게 이렇게 멋진 일일 수도 있음을 새삼 깨달았다!

어린 시절에 책 속에서 만났던 위대한 영웅 중 한 명이 오디세우스Odysseus: 로마명은 '율리시스'였다. 《일리아드》는 고전문학의 효시로서 세계 최고最古 작품이라는 찬사를 받았고 또 헥토르가 정숙한 아내 안드로마케와 작별하는 장면 같은 몇몇 구절은 예전부터 좋아했다. 그러나 솔직히 말해 나는 이 대서사시를 끝까지 읽을 수가 없었다. 그래서 로버트 그레이브스Robert Graves의 풍자 버전이 나오고서야 비로소 끝까지 읽어볼 수 있었다. 그러나《오디세이》는 처음부터 내 마음을 사로잡았고 시간이 지나도 마찬가지였다. 주인공이 보여준 불굴의 의지와 용기 그리고 고난과 역경을 이긴 호쾌한 승리가 내게는 범접할 수 없는 매력으로 다가왔다. 사실 나 자신도 그 부분이 왜 그렇게 매력적이었는지 이해가 가지 않았다. 처음에는 나와는 정반대인 모습에 매력을 느꼈다고 생각했다. 오디세우스의 성격이나 운명이 나와는 완전히 다르다는 사실에 온통 마음을 빼앗겼기 때문이다. 그런데 어른이 되고도 세월이 한참 흐른 후에야 오디세우스의 허물과 미덕이 나한테서도 상당히 많이 보인다는 사실을 깨닫기 시작했다.

청소년 시절에는 오디세우스가 아내 페넬로페와 재결합하면서 오랜 방황과 시련이 끝났고 그 후로 두 사람은 영원히 행복하게 살리라는 순진한 생각을 하며 기뻐했다. 그러나 몇 년 후에 오디세우스에 관해 쓴 테니슨의 위대한 시를 보고 오디세우스의 진정한 모습에 눈을 떴다. 끝없이 모험을 꿈꾸는 오디세우스에게는 안락한 고향 섬도 사랑하는 아내의 품도 잠시 머물다 가는 기항지 그 이상도 이하도 아니었다. 내 가치관과 야망, 기대 등과는 정반대로 보였고 그래서 그런 내 삶에 대한 강렬한 도전처럼 느껴졌기에 마지막 구절이 뇌리에 더 깊이 박혔다. "싸워라, 구하라, 발견하라. 그리고 절대 굴하지 마라." 이 마지막 구절을 얼마나 자주 되뇌었는지 모른다. 그 후에도 나는 여전히 오디세우스의 활약상을 읽는다. 이번에는 단테의 《신곡》 〈지옥 편〉에서 간결하게 정리한 부분을 통해 오디세우스가 보여준 불굴의 모험 정신과 용맹스러운 여정 그리고 험악했던 최후를 다시 한번 들여다본다. 지금은 재능 많은 그리스의 작가 카잔차키스가 같은 소재(오디세우스)로 새로 발표한 대서사시를 읽고 있다. 아마도 오디세우스는 내 나이가 돼서도 착한 아내와 갓 결혼한 아들을 두고 또다시 모험을 떠날 사람이다. 가끔 나도 그렇게 느끼듯이 오디세우스도 영원히 나이가 들지 않는 사람일지도 모르겠다. 어쨌든 나는 오디세우스의 마음속을 채운 변화무쌍함, 들뜬 심정, 챙 달린 선원 모자 아래에 빛나는 강건한 신체에서, 눈에 보이지 않지만 점점 더 강력해지는 자기극磁氣極처럼 늘 내 마음을 사로잡았던 이상적 '인습타파주의자'의 향기를 항상 느낀다.

그런 경험은 프루스트가 회춘의 본질이라고 말하는 '무의식적 기억' 혹은 '무심결에 떠오른 기억' 같은 것인지도 모르겠다. 프루스트 같은 경우는 마들렌을 홍차에 담근다든지 부츠 단추를 풀려고 허리를 굽히는 등 감성적인 요소가 기억을 떠올리는 촉발 인자로 작용하는 반면에, 내 경우는 시어詩語 같은 문학적 단어나 구절이 특정한 장면이나 맥락에 대한 기억을 떠오르게 하는 역할을 한다.

기억은 성격을 반영한다. 그런데 내 경우는 기억과 성격 둘 다 모순적 특성을 보이는 듯하다. 수도 없이 접했는데도 잘 기억나지 않는 것이 참 많다. 전화번호부에서 같은 전화번호를 수십 번, 많게는 백 번 넘게 계속 찾아볼 때도 있다. 친구 집이나 친척 집을 수십 번 방문했는데도 그 집이 몇 층에 있는지 혹은 승강기에서 내려 어느 방향으로 가야 하는지를 기억하지 못한다. 수도 없이 만나고 또 같이 대화도 여러 번 나눴는데 그 사람의 얼굴을 알아보지 못할 때도 있다. 예의상 꼭 기억해야 하는 사람들의 이름도 걸핏하면 잊어버린다.

이렇게 사람 얼굴이나 이름을 잊었을 때는 당황하기보다 《제노의 의식》의 저자 이탈로 스베보Italo Svevo가 했던 재기 넘치는 말로 좌중의 웃음을 이끌어내며 민망한 상황을 무마한 적이 한두 번이 아니다. "내가 항상 잊어버리는 게 세 가지 있어요. 사람 얼굴하고 이름 그리고 세 번째가 아, 뭐였더라? 이걸 또 까먹었네요." 또 한편으로는 가르친 지 한참 된 학생 이름을 기억해서 그 학생이 깜짝 놀랐던 적도 여러 번 있다.

이처럼 기억력이 들쭉날쭉 선택적으로 작용하는 이유는 사람과 사건 그리고 생각을 철저히 구분하는 내 성향에서 비롯된다. 말하자면 생활과 관련한 내용보다는 배워 익힌 내용을 더 잘 기억한다. 따라서 공부, 취미로 하는 독서, 일 등과 관련한 사항이 내 뇌리에 지워지지 않을 특별한 인상을 남기는 듯하다. 그러나 주변에서 벌어지는 일, 사교 활동이나 스포츠, 여행 같은 삶의 또 다른 측면에서 만나는 사람들은 내 기억에서 흔적도 없이 사라지고 만다. 그래서 수업 과정에서 특정한 주제로 학생과 토의를 했거나 이 과정에서 학생이 기여한 부분이 있을 때는 그 학생 이름을 기억할 수 있다. 그러나 이런 경우를 제외하면 아무리 이 학생이 마음에 들거나 반대로 속을 썩이더라도 이름을 기억하지 못한다.

뉴욕에 있는 메트로폴리탄 미술관에서 로마 개선문을 석고로 본뜬 구조물을 본 기억이 난다. 그런데 개선문 모형 밑에 달린 명판에 '셉티머스 세베루스Septimus Severus 개선문'이라고 쓰여있었다. 처음에 이런 소개 글을 보고 솔직히 충격을 받았다. 위대한 고대 로마 황제의 이름을 어떻게 잘못 쓸 수가 있지? 아니, 다른 곳도 아니고 문화적 산물의 보고여야 할 미술관에서 유명 인물의 이름을 대놓고 잘못 써놓고는 바로잡을 한 줌의 관심조차 보이지 않았다는 사실이 정말 놀랍고 또 한심했다. 햄릿 대사 읊듯이 "셉티미우스Septimius 세베루스가 대체 누구인데? 셉티미우스 세베루스가 대체 당신과 무슨 관계가 있다고?"라고 물을지도 모르겠다. 이 부분은 확실히 고백하고 넘어가야겠다. 사실 세베루스는 내 친구였다. 동시대를 사는 주변 사람은 내 친구가 되지 못하니까 아니, 더 정확하게 말하면 현존하는 사람과 친구가 되지 못하는 나 같은 사람에게는 세베루스가 바로 내 친구였다. 열다섯 살 때 에드워드 기번Edward Gibbon이 쓴 글을 보면서 셉티미우스에게 사로잡혔다. 외부의 적은 물론이고 내부의 적과도 맹렬히 싸우는 그 모습에 열렬한 응원을 보냈다. 그리고 셉티미우스가 찬란한 로마제국의 권력을 되찾았을 때는 마음껏 환호했다. 그 어떤 제국이라도 언젠가는 몰락하겠지만, 그래도 그런 운명에 맞닥뜨리는 순간이 되도록 늦게 오기를 염원하면서 말이다. 셉티미우스 세베루스는 내 고국인 영국으로 건너와 '하드리아누스 방벽Hadrian's Wall'을 보수했다. 그래서 나 자신과의 묘한 연관성 때문인지 더 위대하고 복잡한 인물로 느껴졌다. 아니, 어쩌면 알면 알수록 훨씬 더 위대하고 훨씬 더 복잡한 인물이라는 사실에 감성적으로 나 자신과의 연관성을 생각하게 됐다고 봐야겠다. 기번이 쓴 글을 보며 사랑하고 찬양했던 황제였는데, 세월이 한참 흐른 뒤에는 마르그리트 유르스나르Marguerite Yourcenar가 쓴《하드리아누스 황제의 회상록》을 보며 더 확실하게 이런 역사적 인물과 나 자신을 거의 동일시하는 수준까지 됐었다.

그래서 하드리아누스와 세베루스 그리고 스웨덴의 구스타부스 아돌푸스Gustavus Adolphus 국왕과 옥센셰르나Oxenstierns 재상을 포함해 수없이 많은 역사적 인물이야말로 내 인생에서 정말 친한 진정한 친구라고 생각했다. 게다가 훌륭한 작가의 성격과 작품도 내 성장기에 특별한 영향을 미쳤다. 위대한 수많은 작가 중에 사실은 호메로스보다는 베르길리우스, 셰익스피어보다는 밀턴, 괴테보다는 레싱이 나와는 더 친한 '친구'였다. 이들 작가가 쓴 작품이 내게는 훨씬 더 중요했고 나와 함께 혹은 나와 동시대를 살아가는 사람들보다 내 기억에 더 깊은 인상을 남겼다.

공립학교 시절은 성공적으로 마무리했다는 생각이 든다. 평균 성적은 나와 가장 친한 친구였던 시드니 로고를 아주 근소한 차이로 제치고 내가 1등을 차지했다. 덕분에 나는 교지 〈와이드 어웨이크Wide-Awake〉의 편집장을 맡았고 졸업식 때는 졸업생 대표로 고별사를 읽게 됐다. 그러나 장편 시를 썼다는 사실을 빼고는 교지에 대해서는 별로 생각나는 일이 없다. 그래도 졸업식에서 고별사를 낭독했을 때는 나 자신이 자랑스러웠다. 그리고 내가 존경하는 베인 선생님이 초록색 표지로 된 졸업 앨범에 유려한 필체로 다음과 같은 칭찬의 말을 크게 써주셨을 때는 더 뿌듯했다.

> 시인이자 학생회장 겸 졸업생 대표에게
>
> 행운이 가득하기를
>
> 스티븐 베인 선생님으로부터

그러나 공립학교 시절을 좋게 마무리하지 못해서 생각할수록 속이 상하고 두고두고 후회스러울 따름이다. 당시 졸업생은 순금으로 된 기념 배지를 사야 했는데 가격이 5달러나 됐다. 가정 형편을 뻔히 아는 나로서는 만만치 않은 가격이라 사달라고 하기가 미안했다. 그러나 다른 아이들 앞에서 우리 집이 가난하다는 사실을 광고하기 싫은 마음이 더 컸다. 그래서 결국 어머니에게 배지 살 돈을 달라고 졸랐다. 그렇게 무리해서 산 배지를 그만 한 달도 못 돼서 잃어버리고 말았다. 성숙하지 못했던 내 인성 때문에 이때 일은 그저 평생의 후회로 남게 됐다. 어머니 본인도 꽤 오랫동안 속물적 허영심을 버리지 못한 전례가 있다. 그러니 어린 마음에 헛된 자존심으로 되지도 않는 허세를 부렸던 내 심정을 어머니도 이해했을 것이라며 나 자신을 애써 위로했다. 그 당시에는 어느 집이든 실제보다 더 부자처럼 보이고 싶어 했다. 대부분이 그랬다. 우리 가족은 가난하지 않게 보이는 일이 훨씬 더 중요했고 가난한 티가 조금이라도 덜 나게 하려고 무진 애를 썼던 것 같다. 어머니는 과거 잘살던 때를 웬만하면 떠올리려 하지 않았고, 부족함 없던 시절의 여유가 사라진 현실을 굳이 곱씹지 않으려고 애썼다. 그러나 잘살던 시절을 떠올리게 하는 일이 여전히 많아서 머릿속에서 완전히 지워버리기가 너무 어려웠다. 그중에서도 가장 견디기 어려운 상황은 어이없게도 어머니 자신의 오랜 친구들을 만날 때였다. 친구들은 여전히 친절했고 표가 나게 어머니를 멀리하지는 않았다. 그러나 당사자인 어머니는 달리 느낄 수밖에 없었다. 금전적으로 친구들과 자신의 처지가 너무나 차이가 났기 때문이다. 이런 부분은 친구들이 집에 놀러 왔을 때 특히 두드러졌다. 예전과 달리 궁핍하게 사는 모습을 보여주기 싫었던 어머니는 어떻게든 체면치레는 하려는 듯 실제 가진 것보다 조금 더 있는 듯한 씀씀이를 보이곤 했다.

우리 형제는 이런 암담한 분위기에 어느덧 익숙해있었고 우리 가운데 적어도 나에게 이런 환경이 강한 영향을 미쳤다. 나는 물질보다는 정신이나 지성에 가치를 둔다. 내 타고난 성향이 그렇다고 생각한다. 그러나 경제적으로 궁핍했던 어린 시절이 우리 형제에게 영향을 미쳤고 나 또한 예외가 아니었다. 그래서 돈에 큰 가치를 두게 됐다. 성공한 인생은 많이 벌어 많이 쓰는 삶이 아니겠는가! 그러나 수십 년 세월을 살아오며 세상사의 온갖 부침을 겪는 과정에서 물질적 풍요에 관한 가장 단순하고도 가장 중요한 법칙을 터득하게 됐다. 즉, 가장 뛰어난 재정 전략은 수입의 범위 내에서 지출하는 것이다. 한마디로 말해 분에 넘치는 생활을 하지 말라는 의미다.

4

어린 발명왕

제10 공립학교를 졸업하고 나서 뉴욕시티칼리지City College of New York: CCNY: 뉴욕시립대학 산하 커뮤니티 칼리지 중 하나 부속 고등학교인 '타운센드 해리스 홀Townsend Harris Hall'에 입학 추천을 받았다. 다른 학교는 4년제였는데 이곳은 3년제 과정이었다. 그런데도 이 학교 학생들은 남들이 4년간 배우는 과목, 또는 이보다 더 많은 과목을 3년 동안에 다 배웠다. 입학과 학업 유지를 위한 기준도 상당히 높았다. 그럼에도 내 눈에 이 학교는 학생 400여 명이 약 20개 구역으로 분할 배치된 거대한 1학년 반 하나처럼 보였다. 전체 학생을 철저히 알파벳순으로 해서 학급 편성을 했기 때문에 그 결과가 좀 우스꽝스러웠다. 어떤 반은 학생 성이 전부 코언Cohen 아니면 콘Cohn이라는 소문도 있었다. 그 소문이 사실이었는지는 알 수 없지만, 우리 반 학생 이름이 전부 'G'로 시작했다는 점은 분명하다. 입학한 첫날에 내 평생 친구가 될 프레더릭 그린먼을 만났다. 성이 'G'로 시작되는 학생으로 구성된 우리 반에는 모리 고트샤크라는 아이도 있었는데 입학할 때 작은 키에 얌전하고 소심해 보였던 이 친구는 훗날 이 칼리지의 학장이 됐다.

타운센드 고등학교 때 선생님은 대부분 잊어버렸고 기억나는 몇 분도 굳이 여기서 이야기할 필요는 없을 듯하다. 그러나 생생하게 기억나는 선생님이 딱 두 사람 있다. 한 사람은 정말 무서웠던 라틴어 선생님 에두아르도 산 조반니였다. '호랑이' 선생님으로 소문이 자자하던 조반니가 위협적인 어조로 질문하던 목소리가 지금도 귓가에 들리는 듯하다. "가르텐! 제2 격변화의 모음이 뭔가?" 가르텐이 어물어물 대답한다. 그러면 선생님은 다시 이렇게 묻는다. "가르텐 군! 지구는 둥글지? 그렇지? 그래 그게(0점) 자네 점수야." 이 선생님은 또 수업 시간에 걸핏하면 바티칸 교황청 정원에서 교황과 라틴어로 대화 나눈 일을 자랑하느라 입에 침이 말랐다. 겸손이라고는 눈 씻고 찾아봐도 없었다.

또 한 사람은 기하학 선생님인데 혈기 왕성했던 조반니 선생님과는 정반대로 아주 조용하고 생김새도 평범했다. 이름이 모리스 래피얼 코언Morris Raphael Cohen이었는데, 그때는 그냥 평범해 보이는 사람이었지만, 훗날 철학사에 한 획을 그은 인물이 됐다. 사실 기하학은 코언 선생님의 주 전공이 아니었다. 타운센드 해리스 홀에는 집중 학습을 강조하는 특별한 교과과정이 있었다. 한 학년 동안 평면 및 입체기하학 관련 교과서 열두 권을 전부 마치게 돼있었다. 그런데 코언 선생님은 진도 계획을 잘 짜지 못한 탓에 6월 초가 됐는데도 진도가 아직 많이 남아있었다. 그래서 어느 날인가 선생님이 '벼락치기' 수업을 하겠다고 말했다. "여러분, 내일 하루 동안 열 번째 책을 다 공부할 거예요." 기하학 수업은 보통 학생 몇 명이 칠판 앞에 나가서 각자 맡은 문제를 하나씩 푸는 식으로 진행했다. 앞서 말했던 가르텐은 키가 크고 듬직한 체구에 쾌활한 성격이었고, 공부는 잘하지 못해도 친구는 잘 사귀는 그런 학생이었다. 그래서 항상 우리 몫의 문제를 후딱 풀어버리는 나나 고트샤크는 이따금 가르텐과 자리를 바꾼 다음에 그 친구가 풀어야 할 문제를 대신 풀어주기도 했다. 코언 선생님은 제임스나 조이스가 쓴 책에 푹 빠져 칠판 앞에서 무슨 일이 벌어지는지 전혀 눈치채지 못했다.

이로부터 약 7년 후에 교수가 된 코언 선생님과 생각지도 못했던 상황에서 다시 만났다. 그때 나는 컬럼비아대학에 다니는 콧대 높은 4학년생으로 다른 어떤 과목보다 철학과 프랑스어에 특히 관심이 많았다. 소르본대학 레이먼드 부트루 교수가 우리 학교로 와서 '베르그송Henri Bergson은 실용주의자인가?'라는 주제로 강의를 했다. 부트루 교수는 "학생 여러분, 베르그송은 실용주의가 맞습니다."라는 말로 강의를 시작했다. 그리고 처음에 던졌던 화두에 못지않은 단호한 어조로 강의를 끝냈다. "그러므로 베르그송은 절대로 실용주의가 아니죠."

좀 혼란스러운 마음으로 강의실을 나서다가 짧은 곱슬머리에 여전히 비호감 얼굴인 고등학교 때 기하학 선생님이 눈에 띄었다. 선생님은 내게 예의를 갖춰 인사를 했고 나는 상대를 약간 깔보는 태도로 인사말을 건넸다. 당시 컬럼비아에 다니는 사람들이 뉴욕시티칼리지 쪽 사람들을 보면 잘난 체하며 으스대는 그런 분위기였기에 나도 당연히 그런 태도로 선생님을 대했다. "안녕하세요, 코언 선생님. 선생님도 철학에 관심이 있으셨나 봐요?" 그러자 모리스 래피얼 코언은 겸연쩍은 웃음을 보였다. 그러고는 "음, 조금."이라는 말을 남기고 그 자리를 떠났다. 내 옆에 있던 학생이 이 장면을 지켜보고는 기겁하며 이렇게 소리쳤다. "이런 멍청이, 너 모리스 코언 교수님이 누군지 몰라? 학계에서 윌리엄 제임스William James의 후계자로 추앙받는 분이란 말이야." 나는 정말 몰랐다. 그러나 이 일을 통해 아주 귀중한 삶의 지혜를 배웠다. "그 누구에게든 잘난 척하지 마라."

내가 고등학교에 다닐 때 어머니는 모리스 외삼촌 집에서 나와 하숙집을 해보기로 했다. 어머니는 할렘맨해튼 북동부 흑인 거주 지구 129번가에 있는 적갈색 석조 주택을 빌려 하숙집으로 꾸몄다. 어머니는 사업 수완이 뛰어난 사람이 아니라서 하숙집 위치 선정을 정말 잘못했다. 이사를 해놓고 보니 바로 맞은편이 마차 보관소였다. 여름이 돼 날이 점점 더워지자 상황이 날로 심각해졌다. 악취가 진동하는 지저분한 그 환경을 한번 상상해보라. 이런 최악의 주거 환경이라는 사실은 이 집에 사는 우리보다 하숙생들이 더 분명하게 인지했다. 그러니 누가 이 집에서 하숙하고 싶겠는가!

나름의 야망이 있던 나는 갓 열두 살이 됐을 때 돈을 벌어야겠다는 생각이 들었다. 집에서 멀지 않은 곳에 '색스턴 유제품 가게'가 있었다. 어느 날인가 이 가게에 '심부름꾼 구함'이라고 쓴 전단이 붙어있었다. 그래서 이곳에 지원했는데 이 가게 점장이 나를 미심쩍다는 듯 쳐다보더니 이렇게 말했다. "약해 보이는 데 이 일을 할 수 있겠니?" 일자리가 간절했던 나는 얼마든지 할 수 있다고 말하며 꼭 채용해달라고 매달렸다. 법적으로 여름방학 아르바이트는 나이나 보수에 제한이 없었다. 그래서 주당 2달러를 받기로 하고 이곳에서 일하게 됐다. 처음에는 다 괜찮았다. 짐을 실은 운반용 카트를 밀고 주변 아파트 단지를 돌아다니면서 지하실에 짐을 내려놓은 다음에 해당 고객의 집 초인종을 누르고 전성관을 통해 물건이 도착했다고 알린다. 그러고는 소화물용 승강기에 물건을 싣고 위로 올려보낸다. 잠시 후 빈 승강기가 내려오면 그 안에 놓은 돈을 꺼내고 잔돈을 넣어 다시 올려보낸다. 배달받는 집이 전부 6층인 듯했지만, 일 자체는 그렇게 어렵지 않았다. 그러던 어느 날 운반용 카트를 다른 사람이 가져가는 바람에 나는 바구니에 물건을 담아서 들고 다니며 배달해야 했다. 녹초가 될 정도로 너무 힘이 들었다. 이글거리는 태양 아래서 일해야 하는 8월 초는 특히나 괴로웠다. 한번은 얼굴에 땀도 많이 나고 팔도 너무 아파서 무거운 바구니를 내려놓고 땀을 닦았다. 옆집에서 사내아이 두 명이 스투프볼을 하며 놀고 있었다. 다시 바구니를 들고 터벅터벅 걸어가는데 그중 한 명이 이렇게 소리쳤다. "열심히 일해라, 말처럼 열심히." 그 말을 듣는 순간 눈물이 왈칵 쏟아질 뻔했다. 이 일이 있고 나서 곧바로 나보다 훨씬 힘이 센 둘째 형 빅터가 이 일을 맡아 했다. 당연히 나보다 훨씬 수월하게 일을 잘했다.

냄새가 심해서 더는 참을 수 없다는 판단에 따라 여름이 끝나갈 무렵 우리는 결국 129번가 그 집을 포기하고 114번가 근처 맨해튼로 350번지로 이사했다. 전에 살던 집과 비슷한 이곳에서 다시 하숙을 시작했다. 그리고 여기서 난생처음으로 가슴 설레는 경험을 했다. 나한테 여자는 어머니 혹은 다른 행성에 사는 존재, 이렇게 딱 두 부류밖에 없었다. 여성에 대한 이런 비정상적인 태도는 내 교육 환경에서 비롯됐다. 아쉽게도 2주일밖에 다니지 못했던 유치원 때를 제외하면 남녀가 같이 있는 반에서 공부한 적이 한 번도 없었다. 이런 외부적인 요소 때문에 나는 또래 여자아이들과 자연스럽게 접촉할 기회를 빼앗긴 셈이었다. 당시 내가 아는 여자라고는 사촌인 헬렌밖에 없었는데 헬렌은 내 생각이나 감정에 아무런 영향도 미치지 않는, 내게는 그냥 중성적인 존재였다.

내 마음을 사로잡은 여자는 아름답고 총명하며 쾌활하기까지 했던 콘스턴스 플라이쉬만이었다. 신기하게도 내가 연정을 품었던 이 여성도 나를 아주 좋아했다. 그러나 유감스럽게도 여자는 꽃다운 열여덟 살이었는데 나는 사춘기도 지나지 않은 고작 열두 살이었다. 콘스턴스는 바너드 칼리지Barnard College에 다니는 학생으로, 학교 인근에서 하숙하려고 자기 어머니와 함께 우리 집으로 왔다. 숫기 없는 내게 콘스턴스만큼 그렇게 상냥하게 대해준 사람은 없었던 것 같다. 콘스턴스는 자진해서 내게 프랑스어를 가르쳐줬다. 나는 너무 신이 나서 공부해야 할 다른 과목이 엄청나게 많았는데도 프랑스어를 아주 열심히 공부했다. 그래서 훗날 내 서가에는 프로스페르 메리메Prosper Merrimée가 쓴 교재용 《콜롱바》가 꽂혀있었다. 책 속에는 단어와 기타 필기 내용이 꼼꼼히 쓰여있었고, 속표지에는 콘스턴스가 아름다운 필체로 '나는 반질반질 윤기 나는 밤이 좋아.'라고 쓴 구절이 적혀있었다.

우리 둘은 프랑스 시도 함께 읽었다. 그중에는 빅토르 위고가 쓴 〈무덤과 장미La Tombe et la Rose〉도 있었다. 콘스턴스가 좋아하는 시라는 말에 나는 이 시를 외워버렸다. 지금까지도 기억이 날 정도로 아주 열심히 외웠을 뿐 아니라 영어로 번역까지 했다. 이 일은 내 지적인 삶의 측면에서 중대한 의미가 있었다. 사랑에 빠진 낭만적이면서도 사색적인 남자들이 으레 그렇듯이 나도 자작시를 많이 썼다. 그러나 내 예민한 감각으로 냉정하게 평하자면 아무래도 나는 시를 짓는 데 천부적인 재능은 없었다. 그래도 다른 사람이 쓴 걸작을 번역하면서 간접적으로나마 많은 영감을 얻었다. 번역 작업을 하려면 고도의 집중력과 함께 특별한 기교가 필요한데 나는 아마도 이 두 가지 측면에서 장점이 있었다고 생각한다. 그래서 프랑스어로 번역된 영국 작가 하우스먼A. A. Housman의 시를 포함해 그리스어와 프랑스어, 독일어 등으로 된 작품을 엄청나게 많이 번역하면서 나름대로 큰 만족감을 느꼈다.

내가 번역한 시 중에서 위고의 짧은 시 한 편을 여기서 꼭 소개하고 싶다.

무덤과 장미

무덤이 장미에게 말했다네,

"사랑의 꽃이여, 새벽이 내려준 그 이슬로
무엇을 할 생각인가요?"
장미가 무덤에게 말했다네,
"심연인 당신에게 천상에서 내려준 그 주검으로
무엇을 할 생각인가요?"

장미가 말했다네, "죽은 자의 집이시여,
산들바람이 뿌려준 이슬로
나는 달콤한 호박 향이 나는 향수를 만들 겁니다."
무덤이 말했다네, "오, 애처로운 꽃이여
내 힘을 알고 있는 이 죽은 자의 영혼으로
천상의 천사를 만들 겁니다."

얼마 안 있으면 열세 살이 되는 시점이라 유대인 성인식에 대비한 교육을 받았다. 그런데 이 성인식과 관련해서는 한 가지밖에 생각이 안 난다. 그저 이날 부모님에 대해 감사를 표하는 동시에 유대 사상을 찬양하고 교리를 준수하겠다는 약속을 끝내 하지 않겠다고 고집을 부려서 담당 목사님을 안절부절못하게 한 기억밖에 없다. 안식일이면 유대교 집회에 가서 교리를 준수하고 찬양하며 부모님을 공경해야 한다는 내용의 늘 하던 연설을 수도 없이 들어왔다. 그래서 천편일률적인 설교와 지나친 감상주의 그리고 확연히 드러나는 위선적 행동에 넌덜머리가 나서 극한의 혐오감이 느껴졌기 때문이다.

내 신앙심은 일찌감치 사라졌다. 전에는 너무도 당연하게 받아들였던 종교의식이었지만, 지나치게 공들인 구태의연한 그 종교의식은 냉철한 지성을 방해하기만 할 뿐임을 알게 됐다. 확고한 신앙이 주는 진정한 매력과 가치가 어느 정도인지는 모르겠지만, 나처럼 예민한 사람은 늘 똑같이 되풀이되는 설교에 숨이 막힐 것만 같았다. 교회 학교는 가기가 너무 귀찮았고 유대교 집회는 지루하기 이를 데 없었다. 그러나 10대 초반의 감수성이 아주 예민했던 그 시절에 잠깐 유대교의 윤리적 의미에 매료된 적이 있었다. 금요일 밤이면 청소년 성가대 노래를 들으며 조금 감동하기도 했고, 어눌한 말투로 이어지는 랍비의 설교에는 깊은 감명을 받았다. 그러나 그런 관심도 오래가지는 않았다. 세월이 흐를수록 내 안에 확고하게 자리 잡았던 유대교 의식과 관습의 힘이 점점 더 느슨해지더니 어느새 내 의식에서 다 사라져 결국 나와는 무관한 관념이 돼버렸다.

내가 아는 대다수 사람은 신앙심을 잃는 동시에 종교에 대한 관심마저 사라졌겠지만, 나는 유대교의 구속에서 벗어났어도 종교 자체에 대한 관심까지 사라지지는 않았다. 이와는 정반대로 특정 종교가 아닌 종교 일반에 대한 관심이 오히려 높아지면서 아이러니하게도 종교가 내 탐구 및 고찰의 주요 대상이 됐다. 종교적 계시, 믿음, 경험 등이 다양하다 보니 연구 대상과 주제가 무궁무진했다. '인간에게 종교가 절실히 필요하다는 사실'과 '종교적 믿음에 대한 본질적 의구심' 사이에 존재하는 묘한 아이러니가 두드러진다. 이 우주에서 신의 존재를 부정하기는 어렵다. 그러나 신이 인간에게 모습을 드러내는 방식에 관한 각기 다른 수많은 교리 중에 무엇을 받아들여야 하는가에 대해서는 여전히 의견이 분분하다. 어쩌면 영원히 결말이 나지 않을 주제인지도 모르겠다. 어쨌거나 유대인이 이 세상에 내준 선물이기도 한 일신교마저도 내 눈에는 여전히 미심쩍은 종교일 뿐이었다. 신은 단 하나라는 개념은 극단적 단순성이라는 측면에서 그 가치를 인정받을 수 있지만, 이 개념 자체가 보이지 않는 세계의 현실에 부합하느냐 하는 부분은 또 별개의 문제다. 대학에 다닐 때 윌리엄 제임스의 《다원적 우주A Pluralistic Universe》를 읽었는데 제임스가 내린 명쾌한 결론이 특히나 감명 깊게 다가왔다. 당시 머릿속에서 움트기 시작한 내 생각과 일치하는 부분이 있었기 때문이다.

탐구심 강한 서구 사회의 일원으로서 나는 기독교 역사와 교리에 엄청난 매력을 느꼈다. 아주 어렸을 때 좀 어이없는 이유로 예수가 내 영웅이 됐다. 성인식 때 내가 받은 선물은 대부분 책이었다. 이 가운데 하나는 우리 집안과 아주 친한 젊은 랍비 한 분한테 받았다. 책 제목은 《다윗가의 왕자A Prince of the House of David》였다. 몇 달이 지나서 이 책을 읽는데 예수의 생애와 순교를 그린 가상 편지로 구성돼있어서 나도 깜짝 놀랐다. 젊은 랍비가 준 이 책으로 인해 내가 기독교로 개종하는 일까지는 벌어지지 않았지만, 이 책이 알려준 그 인물은 계속해서 호기심을 자극하며 내 마음을 사로잡았다.

사실 처음에 랍비가 보낸 책을 보고 나도 좀 어리둥절했다. 세월이 한참 흐른 뒤 그때 그 젊은 랍비 루돌프 커피를 만나게 됐다. 저명한 유대인시민위원회 위원장이 된 랍비는 그때 어쩌다 그 책을 내게 주게 됐는지를 설명하면서 그 때문에 내내 양심의 가책을 느꼈다고 말했다. 랍비는 그 당시 나를 아는 한 여성 지인에게 내가 읽을 만한 책을 한 권 골라달라고 부탁했던 모양이다. 그런데 급하게 쇼핑하던 이 여성은 마침 두께가 얇은 이 책이 눈에 띄었다. 그래서 내용을 살펴보지도 않은 채 그냥 유대교 영웅이 나오는 책이겠거니 생각하고 랍비에게 권했다. 책을 건네줄 때 랍비에게 책 제목을 알려줬지만, 랍비도 이 책에 대해 아는 바가 없었다. 그러다 얼마 후에 랍비가 이 책의 내용을 알게 되었지만, 때는 이미 늦은 후였다. 실수를 바로잡기에는 너무 늦었고 뒤늦게 상황을 설명하기도 난처했다고 한다.

레미 드 구르몽Remy de Gourmont은 자신의 저서 《룩셈부르크의 하룻밤Une nuit au Luxembourg》에서 유대인에 관해 이야기하면서 이렇게 말했다. “자신들이 이 세상에 만들어 보낸 바로 그 신을 부정하는 참으로 기구한 운명을 짊어진 사람들.” 그러나 그 어떤 역사의 아이러니라도 다음의 두 가지에는 미치지 못한다. 우선, 세상에 알려지지 않은 존재감 없던 한 동방 종파가 태생이나 혈통, 성격적 특성이 다른 사람(혹은 민족)과 전체 서구 사회의 종교 개념에 지대한 영향을 미쳤다. 그리고 또 하나, 유대인은 기독교라는 위대한 창조물 때문이 아니라 그런 창조물이 있음에도 수 세기 동안 살아남았다.

신약성서를 읽다 보면 윤리학과 신학 사이에서 느껴지는 괴리감에 당황하게 된다. 예수의 윤리적 가르침은 구약성서가 전하는 내용에서 진일보한 측면이 있다. 완전히 새로운 개념을 설파한다기보다는 상상력이 가미된 표현상의 차이가 크다는 점이 두드러진다. 그러나 예수(그리고 예수 탄생 이후의 교리를 담은 신약성서)는 세상의 종말이 임박했다는 현실 인식, 악마의 행위에 대한 깊은 우려, 신의 형이하학적 측면에 대한 걱정 등에 초점을 맞춘다. 이런 측면에서 예수 및 신약성서는 몽매한 혹은 미신적인 세상 환경을 반영하는 측면이 강하다. 따라서 지성적 측면에서 볼 때 구약에서 말하는 유대인 예언자의 훨씬 정제된 개념과 교리 수준에 못 미친다는 느낌이다. 그리고 신을 믿지 않는 이른바 비기독교인이 보기에 예수가 죽은 후에 만들어진 정교한 기독교 교리 자체가 신앙이 이성을 지배했다는 명백한 증거다.

서구 사람들이 보이는 종교적 태도 변화 양태를 들여다보면 놀라운 사실이 드러난다. 종교에 대한 관심이나 믿음에 연연하지 않는 사람들이 있다. 종교나 신앙의 지배를 받는 사람이 대다수라는 점을 고려하면 소수

이기는 하나 이런 사람들은 어떤 의미에서 참 대단하다는 생각이 든다. 나는 가끔 젊은 사람들에게 이렇게 말한다. "많이 생각하고 또 생각해야 한다. 그래야 신을 믿지 않을 권리를 얻을 수 있다." 신을 믿지 않을 권리를 운운하기 전에 먼저 그 신에 대해 많이 생각해봐야 한다고 말이다. 그러나 종교는 우주 비행사와 지구의 중력장 간의 관계와 비슷하다. 집안 대대로 내려온 종교관에서 탈피한 사람은 별 어려움 없이 종교와 무관한 생활 방식을 영위한다. 신과 천국, 지옥 개념을 절대적으로 믿는 수백만 명과 이런 개념은 생각조차 해본 적이 없는 수백만 명이 이 지구상에서 공존한다는 사실이 생각할수록 아이러니하다.

종교라는 거대한 화두를 놓고 평생을 고민하며 숙고를 거듭했지만, 신앙의 가치를 인정할 만한 그 어떤 결론에도 이르지 못했다. 그러나 내 이런 결론과는 별개로 평생 신앙심을 유지한 사람을 깊이 존경한다. 신앙을 올바르게 이 세상을 살아가게 하는 행동 지침, 역경에 맞서게 하는 든든한 방패, 구원과 영생에 대한 약속으로 삼은 그런 사람들이 부럽기조차 하다. 그런데 신앙이 정말 그렇게 대단한 것이면, 또 누구든 아무 대가 없이 가질 수 있는 것이면 나는 왜 기쁘게 그 신앙을 받아들이지 못할까? 정신이 올바로 박힌 이성적인 사람이라면 믿음이 자신을 행복하게 해준다는 그 이유 하나 때문에 무조건 종교를 믿을 수는 없지 않겠는가! 저 유명한 '파스칼의 내기'가 생각난다. 파스칼은 지극히 낮은 확률이라 해도 '신을 믿지 않은 사람이 지옥에 갈 위험'을 아예 없앤다는 차원에서 기독교를 믿는 편이 낫다는 논리로 비기독교인을 설득할 수 있을지도 모르겠다. 수학적 관점에서 보면 틀린 말은 아니다. 실제로 신이 없는데도 신을 믿은 사람은 결과적으로 아무런 해도 입지 않는다. 그러나 신이 있는데 신을 믿지 않은 사람은 지옥에 가는 큰 해를 입는다. 논리적으로 신의 존재를 알 수 없는 상황에서는 일단 있다고 생각하고 그 존재를 믿는 편이 이득이라는 말이다. 그러나 정작 파스칼조차 그런 주장이 과잉 논거라는 사실과 이 논거가 서로 다른 주장을 하는 여러 종교 가운데 하나를 선택해야 하는 상황에 별 도움이 되지 않는다는 사실을 인지하고 있었음이 틀림없다. 나는 내 생이 다하는 날까지 영원히 이해할 수 없을지도 모를 진실을 계속 탐구한다. 또 해답을 얻지 못한 오래된 질문에 대한 답을 계속해서 찾는다. 또 우리 앞에 모습을 드러내주기만 한다면 열심히 섬길 준비가 돼있는데 이런 가련한 인간 앞에서 왜 그 존재를 숨기기만 하느냐며 이따금 토라진 심정으로 가볍게 신을 책망하기도 한다. 나는 이렇게 살아가는 내 삶에 매우 만족한다.

이제 간략하게나마 그러나 아주 솔직하게 유대교에 대한 내 생각을 정리해야겠다. 전체적으로 보면 유대인이 유대인으로 태어난 것이, 더 정확하게는 유대교도로 태어난 그 자체가 크나큰 불행이라고 생각한다. 신이 정말로 유대인을 사랑하셨다면 유대교도가 아니라 기독교도로 태어나게 하셨어야 했다. 그렇지 않을까? 그러나 내 경우는 좀 다르다. 솔직하게 말해서 내가 유대인으로 태어나서 받은 불이익은 아주 사소한 수준이었다. 그리고 유대교가 내 사고와 인성에 미친 긍정적 영향을 생각하면 그 작은 불이익마저도 상쇄되고도 남는다. 미국 땅에서 살았음에도 아주 어렸을 때 내가 유대인으로서 겪었던 문제 자체를 부정하지는 않는다. 그런 문제가 분명히 있었다. 개인적으로는 구체적 사건(대부분 사소한 일이었음)을 통해 또 기독교도와 만날 때 느껴지는 막연한 불안감이나 압박감을 통해 그런 문제가 존재한다는 사실을 직접 경험했다. 그런데 지금까지 살면서 전부는 아니더라도 이런 문제가 대부분 사라졌다고 느낀다. 최근에 베벌리힐스에 거주하는 여덟 살짜리 유대인 아동을 대상으로 사설 교회 학교를 운영했는데 그 누구도 '반유대주의'라는 단어를 들어본 적이 없다고 했다. 그 사실을 알고 깜짝 놀랐다. 아이들은 그 말이 무슨 뜻인지도 몰랐다. 내가 그 나이 때에는 반유대주의 정서가 기본으로 깔린 사회 분위기였고 이런 환경이 우리가 외부 세계와 관계를 맺을 때마다 사사건건 영향을 미쳤다. 그리고 이런 반유대주의 분위기가 유대인 문학에서 또 일상 유머에서 주된 요소로 작용했다. 그러나 성인이 된 후에는 오히려 이 부문에서 혜택을 누린 편이었다. 내 직업 및 학업 배경하에서 수많은 기독교인과 밀접한 관계를 맺었고, 내 종교 때문에 불이익을 받거나 거절당하는 수모를 겪은 적이 거의 없었다. 물론 이런 곤란하고 난감한 상황에서 비교적 자유로울 수 있었던 이유는 자기방어적 회피 기제가 발동해서, 어차피 충족되지 못할 야심을 자제하거나 외부인과의 사회적 교류를 피한 덕분이기도 하다.

이 시점에서 나는 나를 이 세상에 있게 해준 유대교인에 대해 정서적으로 충성할 마음이 별로 없다는 점을 고백해야 할 듯하다. 충성심 자체는 정서적으로 매우 중요한 미덕임은 틀림없지만, 그만큼 지성적으로는 큰 오류 요소로 작용할 수 있다. 방패에 비유하자면 충성심은 찬란하게 빛나는 앞면에 해당하지만, 방패 안쪽에는 편견과 편협함, 불관용, 광신적 행위가 아로새겨져있을지 모른다. 나도 이상과 대의 그리고 내가 추앙하는 모든 대상에는 무조건 충성을 다할 용의가 분명히 있다. 의무감에서라도 전통적 기준에 따라 본질적으로 바람직한 행동을 해서 내게 큰 도움을 준 사람이나 기관 혹은 제도에 대해서는 충성심을 보일 수 있다. 그러나 내 의지나 선택과 상관없이 그 일원으로 태어났다는 이유 하나만으로 그곳에 열성을 바칠 생각은 없다. 내 이런 태도는 아마도 성격적인 문제일 수도 있고 평생 감성보다 지성을 중시하는 태도를 견지함으로써 감성적인 부분에 점점 더 소홀해진 데서 비롯됐을지도 모른다.

대다수 유대인은 유대인 호감도가 낮은 지역에서 태어난 유대 민족에 대해 그다지 좋은 평가를 하지 않는 듯하다. 나도 그런 부류에 속한다. 내가 보기에 수 세기 동안 능멸과 억압으로 점철된 오욕의 역사 속에서, 유대인의 품성은 비하와 추앙 그리고 엉성함과 정제됨 사이를 끊임없이 오가며 복합적인 성향으로 귀결된 것이 아닌가 싶다. 그럼에도 이는 상당한 이점이라고 생각한다. 우호적인 환경일 때 유대인은 오랜 핍박과 고난의 세월에 대한 일종의 보상으로 주어진 뛰어난 지성과 영성을 유지하면서도 동시에 오랜 세월 굳어진 교활함과 편협한 기질을 버릴 수 있다고 생각한다.

어머니의 하숙집 운영 사업은 결국 파산으로 마무리됐다. 가재도구를 포함해 사실상 모든 소유 재산이 경매로 팔려나갔다. 이때 나는 상반되는 두 가지 감정이 교차했던 기억이 난다. 우리가 소유했던 모든 자산이 사람들이 다 보는 앞에서 경매로 팔려나가는 상황이 한없이 수치스러우면서도 또 한편으로는 웅성대는 사람들, 처음 보는 광경, 신기하기만 한 경매 절차에 묘한 흥분도 느꼈다. 경매 당일에 우리 삼 형제는 각기 할 일이 있었다. 가족 중에서는 내가 수학을 제일 잘하기 때문에 각 방에서 나온 가재도구를 경매로 처분할 때마다 그 수익금을 정리해 합산하는 일을 맡았다. 어머니는 집안의 물건이 하나같이 헐값으로 팔려나가자 망연자실한 모습이었다. 그러나 수형豎型 피아노upright piano: 현을 세로로 친 직립형 피아노에는 입찰자 두 명이 마지막까지 붙어서 가격을 올리다 결국 그중 한 명에게 무려 150달러에 낙찰됐다. 경매가 이뤄지는 내내 보기 안쓰러웠던 어머니 얼굴에 희미하게나마 미소가 떠올랐던 것은 이때가 처음이었다.

우리는 버로파크에 있는 모리스 외삼촌 집으로 다시 들어가는 방법밖에 없었다. 당시 외삼촌 가족이 사는 동네는 중심지와 많이 떨어져있었고 특히나 맨해튼 암스테르담 하이츠에 있는 타운센드 해리스 홀까지는 거리가 너무 멀었다. 이 새집에서 학교까지 가려면 먼저 시가전차를 타고 다시 BRT Brooklyn Rapid Transit Company: 브루클린 고속철도 회사 고가 열차로 갈아타 브루클린 다리를 건넌 다음에 마지막으로 새로 건설한 지하철을 타고 브로드웨이 137번가까지 가야 했다. 편도로만 한 시간 반이나 걸리는 거리였다. 그러나 더 큰 문제는 왕복 요금이었는데 한 번 탈 때 5센트니까 일주일이면 1달러가 교통비로 나갔다. 그러나 열차를 타고 가는 긴 시간을 결코 허투루 보내지는 않았다. 열차를 여러 번 갈아타고 가는 동안에 숙제를 거의 다 해치웠다. 열차가 브루클린 다리를 천천히 지나는 동안 1학년 그리스어를 공부하면서 이따금 눈을 들어 당시 한창 건설 중인 붉은 들보를 바라보던 기억이 난다.

그때 나는 열세 살짜리 사내아이가 해도 되는 일이면 뭐든 다 해서 돈을 모았다. 석탄 난방로를 관리하는 일을 했는데 전체적으로는 그렇게 힘들지 않았다. 그러나 지하실에서 재가 가득 든 무거운 통을 낑낑대며 들고 올라간 다음에 땅이 푹 꺼진 곳을 찾아 재를 쏟아붓는 작업은 정말이지 너무 힘들었다. 또 우리 집 부근 길모퉁이에서 몇 집 건너에 사는 학생에게 수학도 가르쳤다. 이 학생의 아버지가 그 유명한 노동 운동가 조지프 배런데스 Joseph Barondess였다. 두 집안은 금방 친해졌고 둘 다 똑똑한 사람들인 모리스 외삼촌과 배런데스 아저씨가 열띠게 토론하는 장면을 심심찮게 봤다. 내 주된 수입원 가운데 하나는 외삼촌이 다양한 고객을 상대로 작성한 보고서를 타자기로 쳐서 정리해주고 받는 보수였다. 그때 나는 올리버 타자기를 사용했는데 수많은 페이지를 정리해야 하는 작업이라 공이 아주 많이 들어갔다. 이 타자기는 문자열이 3열밖에 안 돼서 글쇠 하나에 문자 두 개가 아니라 세 개를 넣는 방법으로 보완했다. 이 타자기에 익숙해진 탓에 다른 방식에 다시 익숙해지는 데 꽤 시간이 걸렸다. 요즘도 이 타자기를 쓰는지 궁금하다.

이렇게 여러 가지 일을 해서 번 돈 일부와 생일 때 받은 용돈을 합해서 중고로 자전거를 한 대 샀다. 자전거를 산 날은 내 인생의 '기념일' 중 하나가 됐다. 나는 자전거를 끌고 사람들이 별로 없는 한적한 곳으로 갔다. 그리고 한 30분 동안 쓰러지고 넘어지기를 반복한 끝에 드디어 자전거를 탈 수 있게 됐다. 여름이 되자 자전거가 진가가 발휘했다. 역시 자전거를 사서 타는 법을 배우길 정말 잘했다 싶은 순간이었다. 나는 동네 친구 클로드 개스너와 자전거를 타고 거의 매일 플랫부시에 있는 공립학교체육연맹 Public School Athletic League 체육관에 가서 정말 열심히 테니스를 쳤고 덕분에 실력도 많이 늘었다.

버로파크 외삼촌 집에서 여름을 나는 동안 예전에 콘스턴스와 함께 공부하면서 부족하나마 기초를 조금 쌓았던 프랑스어 공부에 더 힘을 쏟았다. 그로스바움 집안 서가에 남아있는 유일한 프랑스어책이 베르나르댕 드생피에르Bernardin de St. Pierre가 쓴 《자연 탐구Études de la nature》였다. 다른 책과 마찬가지로 이 책도 아버지가 모지스 몬테피오레 경Sir Moses Montefiore의 소장품 판매 행사에서 사 왔다. 예전에는 한 권으로 깔끔하게 제본된 상태였을 테지만, 지금은 많이 너덜너덜해졌다. 우리 집에 있는 책은 1800년쯤에 출판된 소형 판본 총 6권으로 돼있었다. 속 종이가 다 누렇게 떴고 활자도 오래된 서체라 잘 알아볼 수도 없었다. 프랑스어 자체가 고어체이니 더 말해 무엇하겠는가! 일례로 어미 '-ait'가 '-oit'로 쓰여있었다. 어쨌거나 생피에르는 전형적인 18세기 프랑스 작가였다. 말하자면 자연주의자와 자칭 일반 과학자 그리고 소설가가 하나로 합쳐진 그런 통합적 지성인의 전형이었다. 식물과 동물 그리고 다양한 과학 이론 등 다방면에 걸쳐 다양한 주제로 글을 썼다. 이런 이론 중에 조수潮水는 극지방 빙하가 녹

아내린 결과라는 주장도 있다. 이렇듯 생피에르는 거의 모든 철학적 주제를 두루 다뤘다.

나는 의미가 불분명하거나 잘 모르는 단어가 나올 때마다 내《히스 프랑스어 사전Heath's French Dictionary》을 찾아보고 그 단어에 해당하는 영어를 같이 써놓았다. 그다음에는 영어와 프랑스어로 쓴 부분을 번갈아 가려가며 영어는 프랑스어로, 프랑스어는 영어로 대조하는 방법으로 공부했다. 이렇게 열심히 단어 공부를 한 결과 여름방학이 끝날 무렵이 되자 수천 단어를 더 알게 됐다. 비록 이번에 새로 외운 단어는 특수한 용어나 전문용어가 대부분이었지만 말이다. 요컨대 대다수가 외래 식물군 및 동물군과 관련된 단어였기 때문에 일상생활에서 거의 쓰지 않으니까 바로 다 잊어버렸지만, 그래도 아직 기억 속에 많이 남아있다. 훗날 프랑스어 교수들과 대화를 나눌 때 내가 고어라든가 상당히 전문적인 용어를 사용하자 교수들이 깜짝 놀랐던 기억이 난다. 그런데 그 대단한 어휘 실력이 듣기가 아닌 읽기에서 나온 결과물이라 발음은 사실 엉망진창이었다. 또 본인은 선의였을지 모르나 생피에르가 주장한 과학 이론이 대부분 엉성했듯이 내가 생각한 단어 발음법도 엉터리였으니 당연히 발음이 그 모양이었다.

일이 점점 더 잘돼가는 외삼촌이 워싱턴 하이츠에 있는 호화 아파트로 이사하자 우리는 브루클린에서 멀리 떨어진 배스비치 인근의 작은 집으로 옮겼다. 어머니는 다시 우리 집이 생겼다며 매우 좋아했다. 비록 작은 집이었으나 정말 오랜만에 우리 집이 생겼다는 기쁨에 다들 작은 크기 정도는 얼마든지 수용할 준비가 돼있었다.

그러나 맨해튼까지 거리가 너무 멀어져서 타운센드 해리스 홀로 계속 통학하기는 사실상 불가능했다. 정말 내키지 않았으나 어쩔 수 없이 브루클린에 있는 보이즈 하이스쿨Boys High School: 남자 고등학교로 전학하기로 했다. 타운센드 홀은 3년제였는데 이 학교는 4년제였다. 전에 나는 유치한 허영심에서 열다섯 살에 대학에 들어가겠다고 마음먹었었다. 그런데 이제 전학을 하면 이 치기 어린 야심 찬 계획을 포기해야 한다는 의미였다.

그해에 보이즈 스쿨에는 설리번 선생님이 새 교장으로 부임했다. 설리번은 훗날 뉴욕주 대표 역사가가 됐다. 설리번 선생님은 빅터 형이 다니던 맨해튼 상업고등학교에서 역사를 가르쳤었다. 타운센드 해리스 홀에서 받은 성적표를 가지고 교장실로 들어갔는데 처음에는 아주 냉담한 반응을 보였다. 그러나 내 성적표를 펼쳐 보고 나서는 환하게 웃는 얼굴이 됐다. 그러고는 이렇게 말했다. "그래 이런 성적표를 보고 싶었단 말이야. 타운센드 홀에서 전학 온다는 학생 거의 전부가 그쪽 학교에서 성적 불량으로 퇴학당한 경우더군. 그 학생들이 우리 학교 평균 성적을 깎아 먹어도 어쩔 수 없으니 그냥 받아줬다고." 보이즈 스쿨은 전국에서 성적이 좋기로 이름난 학교였다. 그래서 나도 이런 학교에 다니게 돼서 다행이라는 생각이 들었다.

나는 보이즈 스쿨에서 알차게 2년을 보냈다. 수업 일정이 꼬여서 그리스어는 더 공부할 수 없었다. 그러나 라틴어 공부에는 더 매진할 수 있었다. 키케로의 웅변술은 찬양해 마지않는 나였다. 그러나 자만심 가득하고 자기중심적이며 우월감에 젖은 그 품성까지는 도저히 품을 수가 없었다. 고전문학가 중에 내가 정말로 좋아하는 사람은 베르길리우스였다. 베르길리우스를 보면서 내 정신적 한계와 탐구욕을 충족시키는 데 딱 들어맞는 그야말로 완벽한 천재성이 느껴졌다. 물론 호메로스의 아류 작가이고 작품 또한 호메로스 작품에서 보이는 극한의 단순성과 직설적 명쾌함에는 미치지 못한다. 그러나 베르길리우스는 호메로스에게 없거나 부족한 점을 보완해 주는 측면이 있다. 이야기의 미묘한 차이를 감지하는 민감성 그리고 의미와 운율 양면에서 느껴지는 시적 표현의 탁월함은 어디에 비교해도 뒤지지 않는다고 생각한다. 베르길리우스에게는 고루함이나 꽉 막힌 감성은 존재하지 않는다. 억지 논리도 비상식적인 궤변도 없고 이해 불가 수준의 신비로움을 좇지도 않으며 반계몽주의를 부르짖는 낌새 또한 눈 씻고 찾아봐도 없다. 내게 베르길리우스는 음악계의 브람스 같은 존재다. 교향곡 네 곡을 작곡한 브람스는 작품 범위와 역량 면에서는 교향곡을 아홉 곡이나 작곡한 베토벤에 밀리는 것이 사실이다. 그러나 내게 더 큰 영향을 미친 작곡가는 베토벤이 아니라 브람스다.

고전어는 내 정신세계에 지대한 영향을 미쳤고 그만큼 내게는 가치 있는 학문이다. 그러나 그리스어도 그렇고 라틴어도 학교에서 필수과목으로 정해 가르치는 데는 동의하고 싶지 않다. 아니, 선택 과목으로도 굳이 가르칠 필요가 없다는 생각이다. 그리스어와 라틴어는 심하게 말하면, 정신적 사치를 부린다는 의미에서 그 가치를 찾고 싶다면 모를까 긴 시간을 들여 열심히 공부해봐야 별로 써먹을 데가 없다. 그간 들인 시간과 노력이 너무 아깝다는 생각밖에 안 든다. 무엇이든 공부한다는 그 자체야 나쁠 것이 없다. 함께 공부했던 친구 대다수가 이런 과목을 공부하는 데 얼마나 많은 시간과 노력을 들였는지 잘 안다. 그런데 그렇게 힘들게 한 공부가 별 쓸모가 없으니 그간 들인 노력은 다 헛수고였고 아까운 시간만 낭비했다는 사실을 깨닫게 되는 그 자체가 비극이 아닐까 생각한다. 몇 년 지나니 단어며 개념이며 거의 다 잊어버렸다. 고대어와 현대어를 불문하고 어떤 언어를 공부하든 그간 들인 시간과 노력이 그 가치를 인정받게 되는 지점이 존재하는 듯하다. 말하자면 공부의 수준이랄까 노력의 양이라는 차원에서 일정 기준점에 도달해야 해당 언어를 공부한 효과가 영속적으로 나타난다고 생각한다. 학생이 이 지점에 도달하기 전에 공부를 중단하면, 그때까지 공부한 내용이 시간이 갈수록 전부 기억 속에서 사라진다. 때로는 아주 급속도로 잊히고 만다. 그러나 꾸준히 공부해 결국 이 지점을 넘어서게 되면, 비로소 그 언어가 영원히 자신의 소유가 된다. 이렇게 자신의 것이 된 언어는 금방 잊히지 않으며 살아가는 내내 해당 언어의 폭과 깊이가 훨씬 더 넓어지고 깊어진다.

해당 언어로 된 문학이나 그 언어로 소통하는 문화에 특별히 관심도 없으면서 '두뇌 훈련'이라든가 '지적인 훈련'을 목적으로 외국어를 공부한다는 생각에는 별로 동의하고 싶지 않다. 지적 훈련이 목적이라면 굳이 외국어를 하지 않더라도 영어를 집중적으로 공부해도 그 목적을 충분히 달성하고도 남는다. 예컨대 빨리 읽고, 읽은 내용을 이해하고 또 중요한 내용과 세부적인 내용에 대한 요지를 계속 기억하는 기술에서부터 자신과 타인의 생각을 간단명료하고 문법에 맞게 표현하는 기술을 터득하는 일 자체가 지적 훈련에 매우 효과적인 도구가 된다. 루소가 아니라 내가《에밀》을 쓴다면 초등학교에 들어가서 8년 동안은 영어와 과학 두 과목만 가르치라고 하고 싶다. 물론 과학에는 수학이 포함된다. 다만, 영어 교육 과정에는 역사와 지리, 사회를 추가하되 이들 과목을 문학과 완전히 구분하지 않을 생각이다.

나는 철자를 항상 정확하게 쓰는 사람이지만, 이성적으로 생각하면 영어 철자법 공부는 사실 그렇게 중요하지 않으며, 교육계의 오랜 전통이라는 이유만으로 철자법을 고수해야 할 필요가 있을지 심히 의심스럽다. 전달하고자 하는 메시지가 선명하고 표현이 잘못되지 않았다면 누구든 철자 정도는 하고 싶은 대로 쓰게 하고 싶다(셰익스피어 시대의 위인이 거의 그랬듯이). 그러나 나는 항상 이상향을 추구해온 사람이라고 생각한다. 모두가 현행 교육제도가 개선되기를 바란다. 그런데 여기서 이에 관해 상세히 언급하는 것은 바람직하지 않다. 하지만 재능이 뛰어난 학생에게는 어렸을 때부터 특별한 관리와 격려가 필요하다는 의견에 동의한다. 또래보다 뛰어난 학생들은 진도가 너무 느리다고 생각하기 때문에 수업에 흥미가 떨어지고 집중을 잘하지 못한다. 그러므로 이런 학생들을 대상으로 기본 교과목에 더해 외국어를 가르치는 방법이 효과적이라고 생각한다.

보이즈 스쿨에 다닐 때 성적은 그럭저럭 만족한 수준이었다. 나는 우리 반에서 3등이었다. 1등을 못 한 부분에 대해 변명을 좀 하자면 다른 아이들이 정말 너무 똑똑했기 때문이었다. 나는 학교에서 매년 내는 문예지에 '위대한 파이 차트The Great Pie-Plot'라는 글도 기고했다. 이 문예지에는 학교색인 붉은색과 검은색 장정에 〈더 레코더The Recorder〉라는 제목이 아로새겨져있다. 이외에 학급 대항 토론회에도 몇 번 참여했다. 고교 때 올린 주요 성과로 아리스타Arista에 선정된 일을 빼놓을 수 없다. 아리스타는 뉴욕 전체 고교생을 대상으로 내가 졸업하는 해에 처음 생긴 '우수 학생 단체'였다. 그러나 뭐니 뭐니 해도 고교 학창 시절에서 내가 가장 뿌듯하게 생각하는 성과는 교내 테니스 대회에서 우승한 일이었다. 그해에 나는 일찌감치 테니스팀에 들어가려고 했으나 결국 선발되지 못했다. 이런 사연이 있었기에 테니스팀 주장 제닝스와 겨뤄서 3세트 중 2세트를 따냈을 때는 정말 너무 기뻤다. 토너먼트 방식으로 치러지는 이번 대회에서 제닝스는 세드릭 메이저Cedric Major를 물리치고 올라왔다. 제닝스에게 진 메이저는 나중에 포리스트힐스에서 개최된 재향군인회 주최 전국단식테니스선수권대회National Singles Championship에서 우승했다. 교내 테니스 대회 이후로 실력이 일취월장했기 때문이다. 메이저는 훗날 리하이 밸리 철도 회사의 사장까지 됐지만, 안타깝게도 60세 때 테니스 코트에서 급작스러운 죽음을 맞았다. 학교에서는 다들 나를 공붓벌레로 알고 있어서 운동까지 잘하리라는 생각은 아예 하지 못했다. 하지만 타이밍이 어긋나는 바람에 테니스 대회 우승으로 동급생 사이에서 한껏 내 존재감을 뽐낼 기회를 놓쳐서 너무나 아쉬웠다. 졸업식이 치러지고 난 다음에 테니스 대회가 끝나는 바람에 이 '중대한' 소식을 아무도 듣지 못했다. 실제로 이듬해 가을이 돼서야 우승 메달을 받았다. 우리 학교 체육 감독님이 메달을 전해주면서 이렇게 말했다. "네가 이걸 해냈다고?"

우리는 또 이사를 했다. 이번에는 브루클린에서 브롱크스 켈리가Kelly Street로 갔다. 어이없게도 2년 전과 완전히 반대되는 상황이 전개됐다. 그때는 맨해튼 남부 외곽인 브루클린에 살면서 맨해튼 북부에 있는 학교에 다녔다. 그런데 이제는 브롱크스에 살면서 한참 남쪽인 브루클린 중심부에 있는 학교에 다녀야 했다.

열다섯 살에 발명품 하나를 고안했다. 평생 이렇게 잊을 만하면 한 번씩 머리를 쥐어짜 내 기발한 생각을 하곤 했는데 대부분은 쓸데없는 짓으로 판명됐고 이번 발명품이 그 여러 차례의 쓸데없는 짓 가운데 첫 번째였다. 우리 집 같은 아파트식 공동주택은 방문객이 맨 아래 공동 현관에 달린 초인종을 누르면 주방에서 소리가 울린다. 초인종 소리를 들은 집주인은 버튼을 눌러 아래 문의 빗장을 열고 방문객을 들인다. 우리 집에서는 내가 가장 어리기 때문에 초인종만 울리면 읽던 책을 내려놓고 일어나 버튼을 눌러야 했다. 너무 귀찮고 짜증 나는 일이었다. 내 입장에서 생각하면 '짜증은 발명의 어머니'였던 셈이다. 그래서 초인종과 벨을 전선으로 이어놓아야겠다는 생각을 했다. 초인종 안의 추가 움직여 회로를 차단하면 빗장이 열리는 구조였다.

많은 시행착오를 거듭한 끝에 드디어 현관문 자동 개폐 장치(말은 아주 거창하다!)가 완성됐다. 나는 회로를 차단하는 단선 스위치까지 만들었다. 그래야 가족이 모두 외출해서 문이 열리면 안 될 때 이 장치가 작동을 멈출 수 있기 때문이다. 아니나 다를까 정말로 누군가 현관에서 초인종을 누르자마자 빗장이 움직이면서 문이 열렸다. 그러는 동안 우리는 예전처럼 초인종 소리에 귀 기울였다. 나는 이 발명품이 전 세계 아파트마다 설치되는 장면을 머릿속에 그렸다. 비용은 아주 적게 들 테고 처음에는 우리가 직접 장치를 설치해서 장치 하나당 1달러는 족히 벌 수 있겠거니 생각했다. 그 이후로는 다른 도시에서도 내 발명품을 만들어 사용하는 대가로 막대한 기술 사용료를 지급하지 않겠는가! 우리 가족은 나 같은 몽상가 덕분에 기울었던 가세가 다시 살아나겠지, 아니 예전보다 훨씬 더 큰 부자가 될지도 모른다.

그러나 며칠도 안 돼 이 야무진 꿈은 산산조각이 났다. 무엇이 문제였을까? 무엇보다 기계적 오류가 있었다. 방문객이 아래층 현관 초인종을 누르는 동안에만 빗장이 움직였다. 초인종을 누르고 나서 손을 떼는 순간 빗장의 작동이 바로 멈춰버린다. 방문객이 초인종을 누르자마자 빗장이 작동하니까 바로 초인종에서 손을 떼고는 문을 열려고 손잡이를 잡는다. 아뿔싸! 초인종에서 손을 떼는 순간 철컥하며 움직이던 빗장이 바로 멈춰버리고 문이 다시 잠긴다. 당황한 방문객은 영문을 몰라서 초인종을 다시 누른다. 여러 번 다시 눌러보는데 결과는 마찬가지다. 그러면 우리 중 한 명이 아래로 내려가서 직접 문을 열고 방문객을 맞아야 한다. 겸연쩍은 태도로 자초지종을 설명하면 방문객은 그런 발명품이 있으리라고는 꿈에도 몰랐다고 말한다. 그러나 우리에게는 내가 만든 장치가 어떻게 작동하는지 몰랐다는 사람보다 작동 방법을 알아버린 몇 사람이 더 골칫거리였다. 아파트에 사는 아이들 전부가 이 장치의 작동법을 눈치채기까지는 그리 오랜 시간이 걸리지 않았다. 아이들은 아주 태연하게 우리 집 현관 초인종을 눌렀다. 초인종을 누른 채 다른 손으로는 문손잡이를 잡고 밀어 열고는 자신들의 집으로 달아나버렸다. 그러는 동안 맨 위층에 사는 우리는 초인종이 울렸는데 방문객이 올라오지 않아서 의아해했다. 결국은 어머니도 더는 안 되겠다고 했다. 저 원수 같은 물건을 당장 떼라고 했고 나는 쓰린 마음을 부여잡고 장치를 제거했다. 한참 후에 이 문제를 해결할 다양한 방법을 궁리하기는 했지만, 실제로 다시 만들거나 하지는 않았다.

5

직업전선에 뛰어들다

1910년 6월의 어느 날 새벽 3시 30분이었다. 저지시티의 이리 철도Erie Railroad 터미널은 텅 비어있는 거대한 창고 같은 느낌이었다. 깜깜 절벽 같은 공간에서 어둠에 겨우 익숙해지자 아치형으로 서까래가 놓인 대합실 천장이 어렴풋이 눈에 들어왔다. 한구석에 점처럼 박힌 노란 불빛 하나가 보인다. 문이 조금 열린 공중전화 부스에서 새 나오는 불빛이었다.

이 큰 건물 안에 사람이라고는 공중전화 부스 안에 있는 당시 갓 열여섯 살인 나 혼자뿐이었다. 옛날 방식으로 벽면에서 툭 튀어나온 형태로 비치된 전화기 옆 작은 의자에 불편한 자세로 구부정하게 앉아있었다. 나는 나무 선반에 달린 초록색 등 아래에서 초록색 표지로 된 두꺼운 책을 들고 있었다. 이 책은 문학 전집 제44권으로 프랜시스 베이컨이 쓴《학문의 진보》였다.

잠이 너무 쏟아져 견딜 수가 없었다. 전에는 이렇게 늦게까지 깨어있던 적이 없었다. 억지로 깨어있으려 하는 것 자체가 너무 힘들었다. 어느 하나 잠이 쏟아지지 않게 하는 것이 없었다. 전날 쌓인 피로와 긴장감, 노동시간, 어둠과 고요가 주는 외로움, 따분하고 지루한 책까지 이 모든 것이 마치 잠의 군대처럼 나를 덮쳐 눌렀다. 그러나 나는 깨어있겠다고 굳게 마음먹었다. 그야말로 초인적인 의지력으로 자꾸 감기는 눈꺼풀과 사투를 벌였다. 다시 열차를 놓치면 안 되기 때문이었다. 생각만 해도 어이가 없어 미칠 지경이었다.

출발 시간이 새벽 5시인데 그때까지 아직 시간이 많이 남아있었다. 그래서 전날 오후에 내가 저질렀던 어처구니없는 실수를 다시 곱씹어봤다. 어떻게 그리 바보 같은지, 어찌 그리 숫기가 없는지 정말 답답할 뿐이다.

전날 점심을 먹고 나서 바로 어머니에게 떠난다는 인사를 했다. 여름방학에 제이컵 바먼 씨의 농장에서 인부로 일하려고 뉴욕 뉴밀포드로 떠날 참이었다. 보이즈 스쿨에서 수학을 가르쳤던 위버 선생님이 주선해준 일이었다. 두개모頭蓋帽를 늘 쓰고 다니고 성격도 까다로운 위버 선생님은 도시 청년의 농촌 활동을 적극적으로 돕고 있었다. 농촌에서 생활하며 고된 노동에도 참여하는 일종의 농촌 근로 체험이었다. 워낙 달변이라 선생님 말을 듣다 보니 바로 수긍이 됐다. 그래서 다른 세 명과 함께 농장 견습생으로 참여하기로 했다. 보수는 매달 10달러에 숙식을 제공하는 조건이었다.

7년 전에 아버지를 떠나보내고 홀로 되신 어머니 곁을 떠난 것은 이번이 처음이었다. 다녀오겠다는 인사를 하자 동요하는 빛이 역력했다. 눈에는 눈물이 그렁그렁했지만, 그래도 애써 웃음 지으며 아들을 멀리 떠나보낼 때 으레 하는 말을 어머니도 했다. "몸조심하고 편지 꼭 해야 해!" 나는 너무 무겁지 않게 꾸린 여행 가방을 들고 바쁜 걸음으로 단숨에 세 개 층을 내려갔다. 이렇게 홀로 집을 나서는 그 순간은 다 큰 남자가 된 그런 기분이었다. 내 주머니에는 농장주 바먼 씨가 보내준 밀포드행 열차 승차권과 현금 5달러가 들어있었다.

먼저 지하철을 타고 코틀랜드가Cortland Street로 가서 페리(연락선)를 타고 뉴저지로 간 다음에 이리 터미널에 도착하고 보니 열차가 오기까지 한 시간가량 여유가 있었다. 불편해 보이는 긴 의자 중 한 곳에 자리를 잡았다. 의자에 앉아 가방을 열고 베이컨이 쓴 책을 꺼냈다. 다른 책도 몇 권 챙겼지만, 이 책들은 엄밀히 말하면 교과서에 가까웠다. 보이즈 스쿨 고전어 학과장 라이스가 졸업 선물로 준 그리너프Greenough와 키트리지Kittredge의 《표준 그리스 문법Standard Greek Grammar》과 《그리스 원정기Anabasis in Greek》였다. 학과장 라이스의 베르길리우스 수업은 아주 만족스러웠고 내 성적도 좋았다. 수염이 인상적이고 독일어 억양이 매우 강해서 '긴 여름밤'을 뜻하는 '롱 서머 이브닝long summer evenings'을 독일어식으로 '롱 좀머 이프닝long zommer eefenings'이라고 발음하더라도 워낙 훌륭한 선생님이라서 그리스어 공부를 계속해야겠다는 생각이 들었다. 이런 가벼운 읽을거리와 함께 빨간색 책표지가 인상적인 문고판 《파머의 글씨체 완성법The Palmer Method for Perfect Penmanship》도 가져왔다. 이 책도 선생님이 준 선물이다. 그러나 잘했다며 상으로 주는 선물이 아니라 너무 못하니까 좀 잘해보라는 의미에서 준 책이었다. 학창 시절 내 유일한 약점이 글씨체였다. 그래서 보다 못한 선생님이 읽고 좀 고쳐보라는 뜻에서 내게 이 책을 줬다. 글씨를 정말 못 썼다. 그래도 가족들은 '천재는 악필'이라는 말을 떠올렸는지 "글씨를 못 쓰는 걸 보니 천재가 분명하네!"라는 말로 나를 위로해주기는 했다. 그러나 영어를 담당했던 에드워즈 선생님은 글씨가 엉망이라는 이유로 내 작문 점수를 5점이나 깎았다. 그러면서 다음과 같은 말로 상심한 내게 소금까지 뿌려주셨다. "엉망인 네 글씨를 보느라 고생한 내 눈, 그걸 읽으면서 받은 정신적 스트레스를 생각하면 5점 깎은 정도로는 부족하다, 부족해." 그래도 선생님은 나를 생각해서 이 글씨 교본을 주면서 여름방학을 이용해서 팔꿈치와 어깨가 뻐근해질 정도로 열심히 글씨 연습을 하라고 했다.

베이컨의 책은 서가라고 부르기에도 민망한 수준이 돼버린 우리 집 서가에서 내가 한 번도 읽어보지 않은 유일한 책이었다. 집이 풍족했을 때는 '문학 전집' 전질이 한 권도 빠짐없이 다 있었는데 용돈이 궁한 누군가가 하나씩 내다 팔면서 지금은 거의 다 없어진 상태였다.

대합실 의자에 앉아서 난해하기 이를 데 없는 베이컨의《학문의 진보》와 씨름했다. 그러다 기차 출발 시간이 얼추 다 됐다 싶어 매표창구로 가서 뉴밀포드행 기차는 몇 번 선로에서 출발하느냐고 물었다. 그러자 남자 직원이 좀 퉁명스럽다 싶게 사무적으로 대답했다. "9번 선로에서 5시 12분이요." 이 대답을 듣고 순간 멍한 기분이었다. 바먼 씨가 보낸 편지에는 분명히 4시 30분 열차라고 했기 때문이다. 그러나 숫기가 너무 없던 나는 친절과는 거리가 멀어 보이는 이 직원에게 다시 물어볼 용기가 나지 않았다. 그래서 그냥 돌아서서 다시 자리에 앉아 책을 더 읽으며 기다리기로 했다.

그러다가 4시 30분 직전에 문득 그 직원이 잘못 알았을지도 모른다는 생각이 들었다. 그래서 급히 창구로 가서 다시 한번 물어봤다. 알고 보니 나와 창구 직원 둘 다 멍청한 실수를 했다. 나는 '뉴욕주'를 빼고 '뉴밀포드'라고만 했고 창구 직원은 '펜실베이니아주' 뉴밀포드행 출발 시간을 알려줬다. 사실 뉴욕주 뉴밀포드보다는 펜실베이니아주 뉴밀포드가 더 중요한 곳이라서 그냥 뉴밀포드라고 하면 대개는 후자라고 생각한다. 그렇다. 내가 가야 할 뉴욕주 뉴밀포드행 열차의 출발 시간은 정말로 4시 30분이었다. 겨우 10초밖에 안 남았다.

그래서 황급히 뛰어갔지만 아슬아슬하게 내 앞에서 문이 닫히고 말았다. 다음 열차 출발 시간은 다음 날 새벽 5시였다. 다음 날 떠나는 열차는 우유

수송차로서 도시와 농촌을 오가며 우유를 수송하는데, 이번에는 도시에서 빈 우유 통을 싣고 다시 농촌으로 가는 열차였다. 어쨌거나 나는 앞으로 다시 열세 시간가량을 기다려야 했다. 그동안 무엇을 해야 하지? 집으로 돌아가서 저녁을 먹고 잠깐 눈 좀 붙이다가 올까? 그러나 내 자존심상 그렇게는 할 수 없었다. 그러면 내가 한 실수를 말해야 할 텐데 어머니도 그렇고 일터에서 돌아온 형들도 겉으로야 위로의 말을 건네겠지만, 두고두고 놀림감이 될 것이 뻔하다. 도저히 그렇게는 할 수 없었다.

나 혼자 꿋꿋이 버텨보는 쪽이 훨씬 남자답다는 생각이 들었다. 그래서 이리 페리를 타고 허드슨강을 유람하며 한 시간 이상을 때웠다. 배에서 내리지 않으면 다시 돈을 내지 않고도 계속 탈 수 있었다. 처음에는 뉴욕의 멋진 스카이라인과 수상 유람의 즐거움 그리고 온화한 6월 날씨까지 전부 마음에 들어 기분이 좋았다. 이렇게 출발이 미뤄진 것이 오히려 잘됐다 싶을 정도였다. 그러나 열 번씩이나 왕복하다 보니 감흥도 없어지고 지루하기만 했다. 그러고 나서는 실속 있는 가격으로 저녁 식사를 하고 산책을 좀 길게 한 다음에 대합실에 앉아 졸다가 다시 페리를 타고 대여섯 번이나 또 허드슨강을 왕복했다. 결국은 또 베이컨 책을 들고 나무로 된 긴 의자에 앉았다. 다음 날 새벽 5시인 열차 시간까지 그렇게 버텨보기로 했다.

시간이 많이 남아서인지 나에 관해, 최근에 고등학교를 졸업한 일에 관해, 대학 진학 계획과 내가 꾸는 꿈에 관해 이런저런 생각이 많았다. 내가 저지른 실수가 머릿속에서 떠나지 않아서 억지로 다른 생각을 하다가도 "어떻게 인간이 이렇게까지 멍청할 수 있을까?"라는 생각이 불쑥불쑥 떠올라 속이 상했다. 그래도 지금까지 내가 해낸 일들에 대해 큰 불만은 없었다. 모범생의 전형이었던 나는 모든 과목을 다 잘했고 성적도 우리 반에서 1, 2등을 다툴 정도였다. 당연히 나는 대학 진학을 목표로 했고 이왕이면 컬럼비아대학에 가고 싶었다. 그리고 무엇보다 열두 명을 선정하는 퓰리처 장학생이 정말 되고 싶었다. 대학 학비 전액과 생활비까지 주는 엄청난 혜택 때문에 당연히 다들 이 장학금을 받고 싶어 했다. 그래서 퓰리처 장학생이 되려고 어렵기로 소문이 자자했던 대학입학시험위원회College Entrance Examinations Board: CEEB: 비영리 교육 단체가 주관하는 시험에도 응시했다. 같이 시험을 본 학생 몇몇과 답안을 맞춰본 결과 수백 명 응시자 가운데 그래도 최상위권에 들겠다는 확신이 들었다.

여러 가지로 만족스러웠다. 아버지가 돌아가신 후에 찾아온 곤궁한 생활은 내게 그렇게 큰 영향을 미치지는 않았다. 오히려 가난한 삶은 돈을 귀하게 여기는 태도, 적은 돈을 벌더라도 열심히 일하는 자세, 근검절약하는 소비 자세를 형성하는 데 결정적인 역할을 했다고 본다.

새벽 두 시에 또 한 번 난감한 상황을 맞았다. 갑자기 대합실 전등이 전부 꺼졌고 그야말로 깜깜 절벽인 공간에 나 혼자 남았다. 아침까지는 열차가 한 대도 다니지 않는다. 그러니 아무도 없는 대합실에 불을 환하게 밝혀서 쓸데없이 전기를 낭비할 이유가 없었다. 졸음이 가득한 눈을 한 채 억지로 잠을 쫓으려 무진 애를 썼다. 어둠 속에서 길게 이어진 벽을 따라 정처 없이 걸었다. 그러다 대합실 안에 하나 있는 공중전화 부스를 발견했다. 부스 안에는 전등이 하나 있었는데 다행히 불이 들어왔다. 드디어 구세주를 찾은 셈이었다. 꽤 오래 옆에 끼고 있던 초록색 표지 책, 그러니까 베이컨의 책을 선반에 올려놓고 책장을 다시 펼쳤다. 그리고 자꾸 감기는 눈을 부릅뜨며 베이컨이 말하는 새로운 사상을 흡수하는 데 몰두했다. 잠을 쫓는 일과 이 어려운 책을 읽는 일, 쉽지 않은 두 가지를 다 해내려니 정말 죽을 지경이었다.

잠시 후 주변을 둘러봤다. 좀 전까지만 해도 깜깜하기만 했던 대합실 공간 맞은편으로 회색빛이 희미하게 보이는 듯했다. 새 아침을 여는 여명이 이리 터미널 창문을 두드리고 있었다. 승객 몇 명이 대합실로 들어왔다. 이제는 나 혼자가 아니었고 열차를 다시 놓칠 일도 없었다.

바먼 씨 농장에서 인부로 두 달을 보냈다. 두 달이면 지금(1958년)까지 살아온 내 인생의 0.25%에 불과한 기간이었다. 그러나 이 짧았던 기간에 했던 일들이 수년 동안의 경험보다 내 기억에 더 오래 남아있다. 휴식 시간까지 도저히 못 기다리겠다 싶을 정도로 일 자체가 너무 힘들고 매력도 없었으므로 뉴밀포드에서의 생활이 행복했다고는 못 하겠다. 힘든 일을 하지 않아도 되는 농장주라 해도 다시 농장으로 돌아갈 생각은 추호도 없다. 그러나 농장 생활 속의 그 많은 장면이 내 머릿속에 그다지 괴로운 기억으로 남아있지는 않다. 부당한 취급을 받은 적이 없기 때문이다. 그리고 나는 다른 사람이 못된 짓을 해도 무심하게 내 할 일만 할 정도로 강한 내공을 이미 쌓았기 때문이기도 하다. 고통스러운 경험이었다기보다는 특히나 감수성이 예민한 사춘기 시절 내 생활 방식에 중대한 변화를 가져온 기회였다고 생각한다. 이때의 기억을 꾸준히 그리고 거의 정확하게 떠올려 곱씹어볼 정도로 말이다.

바먼 씨는 예순세 살쯤이었는데 수염이 하얗게 세고 얼굴에 주름도 많아서 나이에 비해 더 늙어 보였다. 1848년에 발생한 정치적 소요 이후 부모님과 함께 독일에서 미국으로 건너왔다고 한다. 남북전쟁이 끝나갈 무렵 열여덟 살이었던 바먼 씨는 북군에 입대했다. 전쟁 당시 실제로 전투에 참여했는지는 잘 모르겠지만, 엄연한 퇴역 군인으로서 매달 연금을 받고 있었으며 이 연금이 현금 소득의 상당 부분을 차지했다. 바먼 씨 농장은 규모가 크지는 않았다. 농가 주택 주변으로 작은 농장이 있고 길 아래쪽 목초지도 바먼 씨 소유였다. 둘 다 이름이 루시인 암소 두 마리와 돼지도 몇 마리 있었고 닭은 꽤 많았다. 농장 일에도 필요하고 운송 수단으로도 없어서는 안 되는 농장의 필수 '자산'이 말이다. 바면 씨도 '찰리'라는 말이 있었다. 가축 외에 다양한 채소와 과일, 가축에게 먹일 목초와 건초용 알팔파도 재배했다. 젖도 짜서 일부는 팔고 나머지로는 주로 버터와 치즈를 만들어 먹었다.

바면 씨 가족은 본인과 재혼한 아내 그리고 학교 선생님으로 일하는 딸 이렇게 세 식구였다. 딸은 첫째 부인과의 사이에서 낳았다고 한다. 두 여성은 내게 아주 친절했지만, 자기들끼리는 사이가 별로 좋지 않았다. 그래서 둘이 다툴 때마다 바면 씨가 중재자로 나서야 했던 일이 한두 번이 아니었다. 식사 시간이면 동네 잡화점을 하는 스네데커 씨도 같이 와서 먹었다. 스네데커 씨는 나이가 꽤 많은 노총각인데 여름 내내 나와는 한두 마디를 주고받았을 정도로 말수가 정말 적은 사람이었다. 그러나 스네데커 씨의 삶이 참 비극적이라는 생각이 들었다. 아마도 이 노총각은 뉴밀포드 출신의 아가씨와 지난 18년 동안 약혼 상태를 유지하고 있는 듯했다. 아내와 자식을 부양하는 데 무리가 없을 정도로 잡화점이 잘되면 그때 결혼하기로 했던 모양이다. 그러나 장사가 잘될 기미가 전혀 안 보이니 결혼은 내년, 내후년 이렇게 자꾸 미뤄졌다. 결국에 약혼녀인 불쌍한 아가씨는 다른 사람과 결혼할 기회를 다 날려버리고 혼기 놓친 노처녀가 돼서 아무 희망 없이 '영원한' 약혼녀 상태로 남게 됐다.

이 마을에서 특별한 작업을 하는 사람들도 이따금 식사 자리에 참석했다. 이 사람들은 밥을 먹고 꽤 많은 식비를 바면 씨한테 냈다. 이들은 식욕이 엄청났다. 내가 밥 먹는 모습을 얕보듯 바라보면서 이렇게 말했다. "아니, 달걀을 겨우 그 정도 먹고도 먹었다고 할 수 있어? 열두 개도 안 되는 달걀을 담자고 접시를 꺼내다니 설거짓거리만 늘지, 안 그래?"

이 집에는 또 정말 이상한 일이 있었다. 눈에 보이지 않는 거주자! 그 사람이 누구인지 나는 오래도록 몰랐다. 그러나 이곳에 도착하고 얼마 지나지 않아서 누군가 분명히 살고 있는 듯한 별채를 사람들이 전부 피해 다닌다는 사실을 알게 됐다.

내가 묵는 숙소는 작은 다락방이었는데 침대와 벽장, 세면대, 석유램프 따위가 갖춰져있었다. 전기도 없고 수도도 없었다. 당시 농가 주택이 거의 그렇듯이 실내에는 화장실이 없어서 옥외 화장실을 사용했는데 이곳에는 시어스로벅Sears Roebuck: 세계적 유통업체 카탈로그가 비치돼있었다. 당연히 자동차도 전화도 없었다.

식수를 포함해 집에서 사용할 물은 주로 내가 농장 마당에 있는 우물에서 길어다 썼다. 이따금 목욕할 때는 석탄 난로 위에 주전자를 얹어 물을 데웠다. 그런 다음 내 숙소에 큰 빨래통을 가져다 놓고 뜨겁게 데운 물을 그곳에 붓고 찬물과 섞어서 썼다.

작업 시간은 꽤 길었다. 새벽 5시 30분이면 바먼 씨가 나를 깨웠다. 그러면 급히 옷을 챙겨 입고 아직 잠이 덜 깬 상태로 졸린 눈을 비비면서 비척비척 마구간으로 갔다. 내 첫 번째 임무는 암소 두 마리의 젖을 짜는 일이었다. 그런 다음에 양껏 아침을 먹었다. 다른 인부가 보기에는 간에 기별도 안 가겠다고 할지 모르나 내 딴에는 아주 배부르게 먹은 셈이었다. 아침을 먹고 나서는 닭과 돼지에게 먹이를 주고 말에게는 마구를 채운 다음에 내가 맡은 작업을 마저 했다. 젖짜기와 가축 먹이 주는 작업을 몇 번 더 하고 나서 저녁 식사를 할 때쯤이면 일과가 끝났다. 주당 60시간에서 65시간 정도를 일했다.

농장에서 배운 것이 많았다. 암소의 젖을 짜내는 일은 보기보다 어려웠다. 젖통 네 개에서 젖을 쥐어 짜내다 보면 12쿼트약 11ℓ를 다 채우기도 전에 손가락에 쥐가 날 지경이 된다. 주의하지 않으면 암소가 우유 통을 걷어 차 엎어버리기 일쑤였다. 말도 신경을 많이 써야 하는 가축이다. 마구를 채우는 일은 정말 너무 복잡했고 먹이도 규칙적으로 넣어줘야 했다. 마구간에 건초도 넣어주고 꼴망태[말 목에 거는 사료 자루]에 귀리도 넣어줬다. 말빗으로 꼼꼼하게 털을 쓸어주는 일도 잊으면 안 됐다. 물론 외양간과 마구간 청소도 수시로 해야 했다. 이 축사 청소만큼은 정말 하기 싫었다. 나 자신이 너무 불쌍하다는 생각이 들자 아우게이아스 왕의 명령으로 외양간 청소를 해야 했던 헤라클레스 신세가 된 기분이었다. 헤라클레스는 강물의 도움이라도 받았지만 나는 뭔가 싫었다.

닭은 연장 창고 위에 마련한 커다란 닭장에서 키웠다. 그래서 닭장에 가려면 긴 사다리를 이용해야 했다. 하루에 두 번 닭 모이통을 들고 사다리를 올라갔다. 사다리에 오르려고 맨 아래 가로장에 발을 대는 순간 무리 중 한 마리가 닭장 안을 막 돌아다니기 시작한다. 그러면 나머지 닭들이 우르르 따라다닌다. 사다리를 오르는 동안 닭장 안에서 이리저리 몰려다니며 소란 떠는 소리가 점점 크게 들린다. 마침내 닭장 문을 열면 그 소리는 더 커져서 귀가 먹먹해진다. 그러고는 닭장 안에서 벌어지는 희한한 광경에 정신이 팔린다. 앞장서서 닭장을 휘젓던 한 놈은 온데간데없고 닭들은 저마다 앞에 있는 닭을 따라가면서 계속 맴돌았다. 이 소동의 원인인 나한테는 손톱만큼도 관심이 없었다. 아니 애초에 자신들이 왜 돌고 있는지조차 까먹은 듯했다. 닭들이 정신없는 맴돌이를 멈출 때까지 기다리는 일은 의미가 없었다. 그래서 닭들이 맹렬한 기세로 내 곁을 지나갈 때 머리 위에다 모이를 뿌려줬다. 한동안 그렇게 돌던 닭 중에서 특히 배가 고픈 닭이 맴돌이를 멈추고 허겁지겁 모이를 쪼아 먹는다. 그러면 다른 닭도 따라서 멈추고 모이를 쪼아댄다. 미친 듯이 내달리던 닭들이 하나둘 멈추고 모이를 먹기 시작한다. 모이통을 모두 비우고 사다리를 다 내려올 때쯤이면 닭장은 다시 조용해진다. 그러나 모이를 줄 때마다 이런 정신없는 광경이 다시 펼쳐졌다.

닭과는 다른 방식으로 돼지도 이해 못 할 멍청한 행동을 하기는 마찬가지였다. 음식물 찌꺼기를 모은 먹이를 끼니마다 큰 통으로 두 통을 먹는다. 내가 여물통 가까이 가자마자 코와 주둥이를 여물통에 처박는다. 먹이를 여물통에 부어야 하는데 돼지들이 죄다 머리를 들이박고 있으니 어쩔 수 없이 그 머리 위에다 먹이를 쏟아부을 수밖에 없었다. 언제 돼지들이 아주 아름답게 보인 적이 있느냐 싶겠지만, 음식물 찌꺼기를 뒤집어쓴 몰골까지 보면 정말 오만 정이 다 떨어질 것이다.

바먼 씨는 농업을 정식으로 공부한 사람이라는 자부심이 강했다. 당시만 해도 상대적으로 동부 지역에는 잘 알려지지 않았던 알팔파를 이 동네에서는 유일하게 재배했던 사람이다. 바먼 씨는 알팔파가 토양에 질소를 공급해주는 데다 동물들 먹이로도 그만이라며 정말 좋은 식물이라고 말했다. 그런데 알팔파는 경사진 땅에 심어야 가장 좋다고 해서 바먼 씨도 경사가 가장 심한 언덕배기에다 심었다. 인부 처지에서 보면 노동강도가 높아진다는 점에서 치명적인 단점이었다. 수확할 때가 돼서 우리는 순둥이 말 찰리가 끄는 풀 베는 기계로 알팔파를 베기 시작했다. 당연히 풀 베는 기계는 언덕 아래로 자꾸 미끄러져 내려갔다. 그래서 여기에 내가 할 역할이 있었다. 바먼 씨가 비교적 편하게 앉아 기계 작동을 하는 동안 땡볕에서 언덕 위아래를 오가며 기계가 미끄러지지 않도록 온 힘을 다해 떠받쳐야 했다.

드넓은 목초지에서 건초를 걷는 일은 그래도 덜 힘들었다. 건초 수레 위에 선 채로 농부가 쇠스랑으로 떠서 던져주는 건초 더미를 잘 받아서 되도록 평평하게 쌓는 일이었다. 그 당시에는 들판에서 일정한 간격으로 건초를 가지런하게 쌓아 올리는 기계가 없었다. 아침과 한낮에 15분씩 휴식을 취할 때가 정말 좋았다. 잎이 무성한 나무 밑 그늘에 앉아서 작은 우유 통에서 시원한 물을 따라 마실 때면 기분이 너무 좋았다. 더 기분 좋은 일은 하루 일을 마치고 건초 수레 위에 편하게 누워 지푸라기를 씹으며 집으로 돌아오는 것이었다. 그러나 그 후에는 전혀 기분 좋지 않은 한 가지 일이 나를 기다리고 있었다. '건초 넣기'라는 작업이었다. 걷어온 건초는 전부 헛간 위 다락방에 쌓아둬야 했다. 바먼 씨가 건초 수레 위에 쇠스랑을 들고 서있으면 나는 건초 보관장으로 통하는 좁은 입구 앞에 선다. 쇠스랑으로 건초를 떠서 내 쪽으로 던지면 나는 건초를 두 팔로 받아서 건초 보관장으로 날라 적당한 곳에 쌓았다. 날씨는 찜통처럼 더웠고 풀풀 날리는 먼지 때문에 숨이 막힐 지경이었다. 이 일은 해도 해도 끝이 나지 않을 것만 같았다. 그러나 드디어 일이 끝났다. 꽉 찬 듯한 보관장에 마지막 건초 더미를 밀어 넣는 순간은 세상을 다 가진 듯 너무 행복했다.

농장은 젊은이가 성에 대해 배울 수 있는 최적의 장소이기도 하다. 농장에서 동물들과 같이 살다 보면 성에 대해 '나는 아무것도 몰라요!'라며 순진한 척하기는 어렵다. 동물을 보면 성에 대해 자연스럽게 알게 되는 부분이 있기 때문이다. 어느 날 큰 루시한테 발정기가 와서 수소와 교배를 시켜야 했다. 그래서 이웃집 소와 교배하기로 하고 날짜를 정했다. 그러나 하필 그날 바먼 씨가 농촌 축제에 참석해야 했다. 그래서 내게 이렇게 말했다. "그렇다면 말이야, 벤! 네가 루시를 존스네로 데려가야 할 것 같아. 네가 할 일은 별로 없어. 그 사람들이 도와줄 거야." 과연 일이 다 잘될지 심히 걱정스러웠다. 그러나 하라는 대로 하는 수밖에 없었다.

다음 날 바먼 씨는 찰리가 끄는 마차를 타고 떠났고 나도 '루시' 목에 맨 짧은 밧줄을 잡아끌며 길을 나섰다. 루시가 유난히 뻗대는 느낌이었다. 그래서 밧줄을 꽉 당겨 끌며 드디어 존스 씨 농장에 도착했다. 존스 씨네 집 현관에 열네 살쯤 돼 보이는 소녀가 흔들의자에 앉아있었다.

소녀가 물었다. "무슨 일이야?"

나는 좀 당황해서 얼굴이 빨갛게 달아올랐다.

"바먼 씨 농장에서, 내, 내가 이 암소를 데리고 왔는데……."

그러자 소녀는 아무렇지도 않다는 듯이 이렇게 말했다. "아하, 수소한테 데려가려고 하는구나. 저기 헛간 쪽으로 가봐."

"그런데 존스 씨는 어디 계시니?" 나는 혼자 어떻게 해야 할지 몰라서 존스 씨를 애타게 찾을 수밖에 없었다.

"아빠는 저 아래 목초지에 가 계시는데? 그래도 상관없지 뭐. 너 혼자 해도 되잖아."

너무도 태연하게 말하는 소녀에게 암소와 수소 교배를 어떻게 시키는지 모른다는 말을 차마 할 수가 없었다. 어떻게든 되겠지 하는 심정으로 루시를 끌고 헛간 쪽으로 갔다. 외양간 안에 정말로 황소 한 마리가 있었다. 금방 봐도 거대한 몸집이 엄청나게 커 보였다. 외양간 안에서 발을 탁탁 구르는데 콧구멍에서 불이 뿜어져 나오는 듯했다. 과장이 아니라 정말 그렇게 보였다. 루시를 울타리에 묶어놓고 주변을 둘러보면서 도움을 줄 사람을 필사적으로 찾았다. 그러나 아무도 눈에 띄지 않았다. 수소를 찬찬히 뜯어보는 내내 두려움과 무력감만 더 심해질 뿐이었다. 그런 상태로 얼마나 오래 그곳에 있었는지는 잘 모르겠다.

결국은 아까 그 소녀와 허리가 둥글둥글한 존스 부인이 나를 구해줬다. 그러나 나는 심한 굴욕감을 느껴야 했다. "이봐요, 젊은 양반. 아무리 봐도 혼자서는 못할 것 같은데? 흥분해서 겅중거리는 저 암소를 데리고 돌아가고 다음에 바먼 씨가 다시 오는 게 나을 듯해."

존스 부인 말이 다 끝나기도 전에 나는 뻗대는 루시를 억지로 끌고 바먼 씨 농장으로 발길을 돌렸다. 황급히 돌아서는 나를 보고 아까 그 소녀가 경멸하듯 쏘아보는 것 같아 뒤통수가 따갑게 느껴졌다. 그러나 수치스럽다는 생각보다 그 자리를 벗어났다는 사실에서 느껴지는 행복감이 훨씬 컸다. 바먼 씨는 일을 제대로 못 한 부분을 나무란다기보다는 재미있다는 듯이 내 설명에 귀 기울였다. 그러고는 자신이 잘못 생각한 점을 인정했다. "너 혼자 그곳에 보낸 건 아무래도 내 실수인 것 같아." 며칠 후에 우리는 다시 존스 씨네로 갔다. 이번에는 나와 바먼 씨, 존스 씨 이렇게 세 사람이 모이는 셈이었다. 루시는 우리가 울타리를 지날 때마다 뛰어오르려 하며 난리를 피웠다. 우리가 외양간에 도착하자 루시는 부끄럼을 타는지 아주 얌전해졌다. 그래서 또 억지로 끌고 가서 교배해야 했다. 이와는 대조적으로 수소는 광분한 상태인 듯 매우 난폭했다. 바먼 씨와 존스 씨 둘이 광분해서 날뛰는 수소의 고삐를 틀어잡았고 나는 마치 신부 들러리처럼 루시와 수소의 교배를 돕는 조수 역할을 해야 했다. 그런데 참으로 유감스럽게도 곁에서 허드렛일만 하다 보니 실제로 두 사람이 교배 작업을 어떻게 하는지 자세히 볼 수가 없었다.

저녁 식사를 마치고 마지막 일까지 마무리하고 나면 램프를 들고 내 숙소로 올라가 공부를 시작했다. 그리스어 문법책을 참고해가면서 《그리스 원정기》를 읽었다. 이 책을 끝까지는 아니지만, 그래도 상당히 많이 읽었다. 고전에 속하는 책이기는 했으나 문학작품을 읽을 때의 감흥은 별로 없었다. 이 책에서 읽은 다양한 일화 중 한 가지는 평생 잊히지 않을 듯하다. 아폴로와 마르시아스가 연주 내기를 했는데 마르시아스가 졌다. 그러자 승자인 아폴로가 패자인 마르시아스의 피부를 벗겼다. 살아있는 사람의 가죽을 말이다. 고대 프리즈frieze: 조각이나 그림으로 꾸민 띠 모양의 벽면 장식 혹은 항아리 장식 그림에서 베낀 듯한데 책 속에는 이 끔찍한 장면을 그린 삽화까지 들어있었다. 깨달음과 절망이 교차하는 순간에 나는 인간의 잔혹함과 악행을 목격하고 그런 극한의 야만성에 치를 떨었다. 진리를 추구하고 미를 사랑했던, '만사에 지나침이 없게 하라'는 이른바 '과유불급'을 삶의 좌우명으로 삼았던 고대 그리스인이 여전히 고통의 심상에 탐닉했다니! 가학적 성향을 품은 이들은 빛과 노래, 기쁨을 관장하는 태양신 아폴로가 살아있는 사람의 가죽을 벗기는 행위를 통해 대리 만족을 느꼈다고도 볼 수 있다. 역사적 관점에서 나는 산 사람의 가죽을 벗겼다는 마르시아스 신화와 죽은 수용자의 가죽을 벗겨 전등갓을 만들었다는 베르겐 벨젠Bergen-Belsen: 유대인 강제수용소의 참상을 분명히 구분했다. 보들레르는 모든 문명인의 이면에서 이런 잔혹한 야만성의 파고를 느끼며 '축제에 향과 맛을 더해주는 피'(〈여행Le Voyage〉 중에서)라는 시구를 썼다.

내가 맡은 허드렛일 중에는 거대한 석탄 난로 안에 쌓인 재를 체로 쳐 거르는 일이 있었다. 농가 뒤에는 이렇게 걸러낸 잿더미가 산처럼 쌓여있었다. 바먼 씨는 잿더미 옆에 아연철로 된 체를 설치하고 크랭크 돌리는 법을 알려줬다. 크랭크를 돌리면 석탄은 통 안에 그대로 있고 잘게 부서진 재만 체를 통해 아래로 떨어진다. 온종일 이 작업을 하는데 쩔쩔 끓는 듯한 땡볕 아래서 일할 때가 대부분이었다. 좀 재미있게 일하려고 체를 꿀벌들이 날아오는 방향으로 세워놓았다. 삽으로 재를 뜰 때마다 헤아릴 수 없이 많은 벌이 내 얼굴 주위에서 윙윙대는 소리가 들렸다. 물론 그 소리와 그 장면이 테니슨이 쓴 다음 시구만큼 매력적이지는 않았다.

> 오래된 느릅나무에서 들리는 비둘기 구구대는 소리
> 그리고 수많은 벌이 윙윙대는 소리

처음에는 불안과 걱정이 컸다. 그러나 금욕주의적 체념 과정을 거치는 동안, 지칠 줄 모르고 분주하게 일하는 이 벌떼와 묘한 동질감을 느끼는 상태에까지 이르렀다. 종국에는 추상같은 바먼 부부의 명령에 거의 맹목적으로 따르는 수준이 됐다.

뉴밀포드에서 내 또래 젊은이를 몇 명 만났고 짧게나마 이들과 시간을 보냈다. 생각할수록 우스운 사건이 하나 기억난다. 이 동네 청년들과 함께 길을 걸으며 뉴욕이 얼마나 멋진 도시인지 설명하는 말을 주저리주저리 늘어놓았다. 자동차도 엄청나게 많아서 뉴욕 사람들은 자동차 따위는 전혀 신기해하지 않으며 아예 관심도 없을 정도라고 한껏 뻐기며 말했다. 공교롭게도 그때 자동차 한 대가 나타나더니 우리 쪽을 향해 전속력으로 달려왔다. 같이 걷던 청년들은 재빨리 옆으로 비켜섰다. 그러나 나는 태연하게 그 길을 따라 계속 걸었다. 자동차는 미친 듯이 경적을 울려대며 아슬아슬하게 내 곁을 스치며 지나갔다. 운전자는 분명히 뭐 저런 미친놈이 다 있나 생각했을 것이다. 나는 정말 미친놈이었다. 적어도 이 일에 관한 한은 미친 게 맞다. 물론 같이 있던 청년들은 내 담대한 행동에 다들 놀라며 감탄하는 눈치였지만 말이다.

바먼 씨가 재배하는 사과나무에는 아주 실한 사과가 열렸다. 지금까지 그렇게 크고 탐스러운 빨간 사과는 본 적이 없었다. 그래서 이 실한 사과를 어머니에게 보내기로 했다. 사과를 상자에 담아 잘 포장하고 겉에 주소를 쓴 다음에 잡화점 한구석에 마련된 우체국으로 가져갔다. 우체국장 역할도 하는 스네데커 씨가 이렇게 물었다.

"어떻게 보낼 거니?"

"잘 모르겠어요. 어떻게 하는 게 제일 좋은가요? 이거 사과거든요."

"사과라! 사과를 보내려면 제1종 우편으로 보내야 해. 안 그러면 다 썩을 걸? 그런데 요금이 일반 우편보다 다섯 배나 비싸."

내 지성, 효심, 관대함이 모조리 시험에 든 상황이었다. 나는 힘주어 말했다. "1종으로 해주세요." 89센트면 꽤 많은 돈이었다. 어머니는 부모를 생각하는 내 마음에 감동했다는 내용으로 편지를 보내왔다. 그러나 사과가 도착했을 때 보니 상태가 과히 좋지 않았고, 겨우 이 정도 결과물을 위해 그 비싼 요금을 낸 것은 너무 경솔한 결정이 아니었을까 생각한다고 덧붙였다.

얼마 후 어머니가 진짜로 나를 만나러 왔다. 어머니는 해마다 짧은 여름휴가를 다녀오곤 하는데 이번에는 내가 일하는 바먼 씨 집에서 일주일 동안 머물겠다는 묘수를 생각해냈다. 물론 숙박 요금을 내는 손님으로 말이다. 바먼 씨네는 숙박비 8달러를 받고 기꺼이 어머니를 손님으로 맞았다. 어머니는 8월 초에 도착했다. 우리 모자는 정말 행복한 재회를 했다. 어머니는 바먼 씨 가족과 금방 친해졌다. 한 달을 머문 나보다 여기 온 지 며칠밖에 안 된 어머니가 이 집 가족 사정을 더 잘 알게 됐다.

실제로 어머니는 사람들이 피해 다닌다는 그 별채의 비밀을 풀었다. 별채에 사는 사람은 간질을 앓는 바먼 씨의 여동생이었다. 간질 환자를 왜 격리해놨는지에 대해서는 추측만 할 수 있을 뿐이다. 당시에는 이렇게 외딴 곳에 격리하는 방식이 간질 환자를 다루는 가장 대중적인 그리고 나름대로 입증된 방법이었던 듯하다. 그런 상황에서 어머니가 그곳에 찾아가 흔들의자에 앉은 노부인과 자연스럽게 대화를 나누는 모습을 보고 내가 얼마나 놀랐을지 짐작이 가는가! 어머니 말로는 간질 환자라는 이 노부인이 정상인과 다름없이 또박또박 말을 아주 잘했다고 한다.

어느 날 나는 빅터 형의 편지를 한 통을 받았다. 기쁜 마음을 가득 담아 퓰리처 장학생 선발 시험 결과를 알리는 내용이었다. "만세, 만만세! 너 됐어, 됐다고! 너 7등이래."

뉴욕시 전체 공립 고등학교를 대상으로 한 장학생 후보군 중에서 다양한 심사를 거쳐 약 20명에게 퓰리처 장학금을 수여한다. 내가 1등이나 2등 아니 3등만 돼도 정말 짜릿할 것만 같았다. 그러나 7등 정도도 안정권으로 보였고 다들 그 성적이면 걱정하지 않아도 된다며 나를 안심시켰다. 성적 기준으로는 안정권이 맞았다. 퓰리처 재단 사람들이 우리 집으로 찾아왔고 화기애애한 분위기에서 어머니와 인터뷰를 했다. 그리고 나와의 인터뷰는 내가 뉴욕으로 돌아오자마자 하는 것으로 약속이 잡혔다.

드디어 8월 28일이 됐고 나는 바먼 씨 가족에게 아쉬운 마음을 담아 작별 인사를 했다. 물론 울지는 않았다. 집으로 갈 때는 열차를 놓치지 않았다. 바먼 씨가 역까지 바래다줬다.

뉴욕으로 돌아오자마자 퓰리처 장학생 인터뷰를 하러 파크 플레이스에 있는 월드 빌딩으로 갔다. 내 담당 심사관은 퓰리처가 만든 신문의 편집장 쯤 되는 사람이고 위대한 신문왕 퓰리처의 유지를 받들어서 설립한 장학금위원회 위원장이기도 한 앨프리드 함스워스Alfred Harmsworth였다. 나는 무척이나 떨리고 긴장됐지만, 함스워스 씨가 편하게 말할 수 있는 분위기를 만들었다. 그래서인지 어느새 나는 내 관심사와 포부 등을 자신 있게 말하고 있었다. 가장 좋아하는 책이 무엇이냐고 물어보기에 에드워드 기번의 《로마제국 쇠망사》라고 대답했다. 처음부터 끝까지 지루할 틈이 없을 정도로 흥미진진하게 읽은 책이었다. 함스워스 씨는 내 말에 크게 감명받은 듯이 책을 끝까지 재미나게 읽었다는 학생은 내가 처음이라고 말했다. 인터뷰는 아주 잘됐다. 적어도 내 생각에는 그랬다. 그래서인지 어머니와 형들에게 인터뷰에 관해 이야기하는 내내 애써 자제하는데도 결과를 자신하는 티가 팍팍 났다.

재단 측에서 지시한 대로 일주일 후에 심사 결과를 알아보려고 함스워스 씨 비서에게 전화를 걸었다. 그런데 무뚝뚝한 대답이 돌아왔다. "유감입니다만 선발이 안 됐습니다." 상심이 커서인지 한동안 말문이 막혔다. 잠시 후 풀 죽은 목소리로 이렇게 물었다. "프레드(프레더릭) 그린먼은 어떻게 됐는지 여쭤봐도 될까요?", "그린먼이요? 아, 네 그린먼은 장학생으로 선발됐네요.", "아, 잘됐네요. 감사합니다." 통화는 이렇게 끝이 났다.

실망을 넘어 절망감이 밀려왔다. 치명상을 입은 기분이었다. 내 삶에서 모든 영광과 희망이 갑자기 사그라졌다. 퓰리처 장학금은 지금 기준으로 보면 그렇게 큰 금액은 아니다. 장학생에게 대학 등록금으로 매년 150달러를 4년간 지원했다. 게다가 학교가 멀어서 집을 떠나 자취 생활을 해야 하는 학생에게는 생활비로 연간 250달러를 추가로 지원했다. 당시에는 그 정도 금액으로도 일류 대학에 다닐 수 있었다. 주저하지 않고 그 대단한 하버드를 선택한 프레드 그린먼처럼 나도 하버드를 지원해 프레드와 당당하게 겨뤄보고 싶은 마음 굴뚝같았지만, 어머니는 내가 그렇게 오랫동안 집을 떠나 생활하는 것을 원치 않을 터였다. 그래서 집에서 통학이 가능한 컬럼비아에 지원하기로 마음먹었었다. 그런데 지금 이 모든 계획이 다 틀어져버렸다. 하버드도 컬럼비아도 다 물 건너갔다.

이 불행한 소식에 어머니와 형들도 나만큼 실망했다. 실망은 나랑 똑같이 했는데 화는 나보다 훨씬 더 많이 냈다. 내 친구 몇 명까지 포함해 나보다 못한 학생도 선발이 됐는데 무려 7등이나 한 아들이 떨어졌다는 사실이 말이 되느냐며 분개했다. 터무니없는 소리로 들리겠지만, 어머니는 이 불행을 가구 탓으로 돌렸다. 여러 번 이사하면서도 루이 14세 풍 의자와 소파 그리고 고풍스러운 가구 몇 가지는 아직 남아있었다. 엄청나게 낡긴 했으나 호화로운 분위기는 여전했다. 퓰리처 장학생은 경제 사정뿐 아니라 성적과 인성까지를 고려해 선발했다. 어머니 생각은 이랬다. 우리 집 형편이 어렵다고 그렇게 말했는데도 장학금 없이도 스스로 학비를 해결해가며 대학에 다닐 수준은 된다고 심사관이 판단한 게 틀림없다는 것이다. 어머니의 추측이 맞는다면 심사관이 정말 잘못 생각한 것이다.

그러나 내 생각은 좀 달랐다. 아무래도 내 인성 부분에서 문제를 찾아냈다는 생각이 들었다. 나는 프랑스어로 '나쁜 습관mauvaises habitudes'이라고 말하는 이른바 '자위' 습관을 버리지 못하고 있었다. 나 자신이 청교도적 금욕주의에 침잠해있던 상태고, 그 당시 의학 관련 간행물은 자위행위를 부정적으로 보는 의견이 주류를 이루는 상황이었다. 의학적으로 또 윤리적으로 자위를 배척하는 강한 분위기에서 이 습관을 유지하는 그 자체가 내게는 엄청난 긴장 요소였다. 함스워스 씨는 남다른 통찰력으로 꼭꼭 숨겨뒀던 내 이런 정신적 고민과 갈등을 간파했음이 틀림없다고 생각했다. 그래서 이 부분에서 나보다 훨씬 더 나은 학생을 장학생으로 선택했다는 생각이 들었다. 사실 이런 내 판단은 어머니가 주장하는 '가구' 탓보다 더 터무니없었다. 1911년 2월 12일 에이브러햄 링컨 생일 기념일을 맞아 링컨의 기개와 결기를 되새기면서 문득 나 자신을 돌이켜보게 됐다. 그래서 자위 생각이 날 때마다 그리고 이 유혹에 마음이 흔들릴 때마다 링컨을 생각해보기로 했다. 이 방법이 효과가 있었고 결국 이 습관을 끊어낼 수 있었다.

장학생 선발 탈락의 충격이 얼추 가시자 어머니는 곧바로 강단 있고 현실적인 본모습으로 돌아갔다. 컬럼비아에 갈 수 없다면 고맙게도 학비가 무료인 뉴욕시티칼리지CCNY로 갈 수밖에 없었다. 그리고 필요한 용돈을 벌려면 방과 후에 할 수 있는 일자리를 찾아야 한다. 그래서 CCNY에 입학 등록은 했지만, 마음이 영 울적했다. 왜일까? 솔직히 말해 순전히 내 속물근성 때문이었다. CCNY는 하버드나 예일, 컬럼비아 같은 이른바 일류 대학만큼 뛰어난 교수가 많지 않았다. 사실이 그랬다. 그러나 교과과정 자체는 아주 좋아서 훌륭한 졸업생을 많이 배출했다. 졸업생 중에는 우리가 알 만한 유명 인사가 꽤 많았다. 하지만 학비가 무료이니만큼 재학생 상당수가 상대적으로 사회적 지위가 낮고 품격이 떨어지는 저소득층 출신이었다. 게다가 유대인이 압도적으로 많았다. 컬럼비아가 아니라 CCNY로 간다는 말은 이런 열등한 상태를 받아들이고 패배를 인정한다는 의미였다. 가능한 한 객관적으로 이 문제를 들여다보면, 내가 이처럼 마땅치 않아 보이는 결론을 내린 현실적 이유가 몇 가지 있었다는 점을 인정해야 할 듯하다. 일류 대학 졸업생에 비해 CCNY 졸업생은 직업 영역과 사회생활 측면에서 다소 불이익을 당한다고 생각한다. 이런 태도는 사실 1911년 당시 미국 사회의 전반적 분위기였던 속물근성과 일맥상통한다. 나 역시 이 같은 왜곡된 가치관을 받아들였던지라 일류 대학에 가지 못한 사실 때문에 모멸감이 더 컸다.

CCNY에 다니기가 너무 싫었다. 처음부터 마지못해 다니는 곳이라서 이 학교에 관련해서는 무엇 하나 마음에 드는 구석이 없었고 매사 불만스럽기만 했다. 그러던 어느 날 사물함을 잠그지 않았더니 아니나 다를까 책 두 권이 없어졌다. 분실한 책값을 내가 배상해야 했다. 맥이 탁 풀렸고 화도 났다. 돈 나올 구멍도 없었다. 자포자기 심정으로 나는 극단적인 결정을 내렸다. 대학을 그만두고 직장을 구하기로 했다.

맨 처음에 구한 직장에서는 전자식 초인종 버튼을 조립하는 일을 했다. 여섯 명 정도 되는 청년이 탁자 주위에 빙 둘러앉았고 탁자 위에는 조립 부품이 종류별로 담긴 바구니가 여럿 놓여있었다. 몇 가지 지시 사항을 들은 후 부품을 조립하는 단순한 동작을 익혔고 이내 어엿한 작업 조원이 됐다.

일은 아침 7시에 시작해서 저녁 5시 30분까지 했고 점심 및 휴식 시간은 45분이었다. 그때 나는 일주일에 55시간을 일했던 것 같다. 굳이 몇 번인지 헤아릴 생각은 않으나, 일주일 내내 똑같은 단순 작업을 얼마나 반복했는지 모른다.

일하는 동안 단순 작업의 무료함을 달래려고 시를 암송했다. 다행히 그레이Thomas Gray의 〈비가An Elegy Written in a Country Church Yard〉를 비롯해 《루바이야트》이란 시인 오마르 하이얌의 4행 시집, 〈아에네이드Aeneid〉베르길리우스의 서사시까지 그동안 외워둔 시가 한 트럭이었다. 다른 사람들과 멀찌감치 떨어져 앉아서 이 위대한 시들을 벗 삼아 손가락을 분주히 움직이면서 단순하기 그지없는 작업을 계속했다.

오래지 않아, 그러니까 한 2주일쯤 됐는데 초인종 버튼을 조립하는 이 단조로운 작업에 신물이 났다. 더는 못하겠다 싶어서 〈선데이타임스Sunday Times〉 '청년 구인' 광고란을 다시 훑어봤다. 그러다 뉴욕 중심가에서 멀리 떨어진 풀턴가Fulton Street 95번지 전화 설비 업체에서 사람을 구한다는 광고가 눈에 띄었다. 주급 5달러라는 급료 조건에 구미가 당겼다. 그래서 월요일 아침 일찍 전화 설비 업체로 갔다. 회사 분위기는 어수선하고 지저분했다. 나처럼 일자리를 구하러 온 사람이 여럿 있었다. 조금 있으니 이곳 사장 레플러 씨가 들어왔고 모인 사람들을 대상으로 면접을 시작했다. 내게 학력이 어떻게 되느냐고 물었고 고등학교를 졸업했다고 하니 관심을 보이는 듯했다. 그러고는 어떤 경험을 했는지 또 기계를 다룬 경험은 있는지, 특히 천공반穿孔盤: 구멍 뚫는 기계을 다룰 수 있는지를 물었다. 다룰 수 있다고 대답하자 채용하겠으니 다음 날부터 출근하라고 했다. 근무시간은 아침 7시 30분부터 오후 6시까지였다. 지하철을 타고 일터까지 가는 시간이 전보다 더 오래 걸리기는 했지만, 전과 똑같은 시간에 일어나도 지각할 일은 없었다. 문제는 퇴근 시간이었다. 우리 집 저녁 시간인 7시가 다 돼서야 집에 도착했다.

레플러 씨는 나 말고도 네 명을 더 채용했다. 그러다 보니 너무 많은 사람이 이 작은 공장 안에서 복닥거리는 모양새였다. 이 사람들 전부를 끝까지 데리고 가지는 않겠구나 싶었다. 나보다 나이가 많은 세 사람 중 한 명이 이곳에서는 연중행사처럼 사람을 이렇게 많이 뽑아서 작업한다고 설명해줬다. 재고 비축용 부품을 대량으로 조립해야 했던 상황이라 사람을 뽑았고 그래서 아무리 길어봤자 이 작업이 끝날 때까지만 우리를 고용한다는 이야기였다.

레플러 전화 설비 회사는 작은 건물의 한 개 층만 쓰는데 다양한 기계가 가득한 공장 안에서는 셀 수 없이 많은 제조 공정이 분주하게 이뤄지고 있었다. 최종 생산물은 개인용 전화 설비 기기였다. 이들 제품 대부분은 당시 파크로, 5번로, 웨스트엔드로, 리버사이드 드라이브 등지에 건설 중인 대형 아파트에 설치됐다. 로비에 설치하는 교환대와 각 세대용 전화기 그리고 이들 장치를 연결하는 데 필요한 정교한 배선 작업 등이 이 설치 작업에 포함됐다. 이곳에서 일종의 수습 직원으로 일하고 나서 한참 세월이 흐른 후에 앞에 열거한 지역에 거주하는 친구들 집에 방문할 때 로비의 전화교환기에 붙어있는 레플러 명판을 확인하고 나면 내 손을 거친 제품일 수도 있겠다고 생각했다.

레플러 사장이 견지하는 지론이 하나 있었다. "내 손으로 할 수 있는 일을 다른 사람에게 맡기면서 쓸데없이 돈 쓰지 마라." 이 지론에 따라 사장은 미가공 상태의 가장 값이 싼 부품을 구매한 다음에 자르고, 구멍 뚫고, 갈고, 모양을 만들고, 조립하는 등의 과정을 거쳐 완성 부품을 만들어냈다. 전화기에서 벨 소리를 내는 장치도 부품을 직접 구해다 만들었다. 우선 긴

쇠막대를 구매한 다음에 벨 심 크기로 잘랐다. 그다음에는 고리 모양으로 만든 판지를 벨 심 양편에 끼워 얼레를 만든다. 그러고 나면 우리가 특수 줄감개를 이용해 구리 선을 이 얼레에 감았다. 벨 심에 붙이는, 추 끝에 달리는 동그란 작은 구슬을 포함해 벨과 관련한 다른 부품도 전부 이 공장에서 만들었다. 이보다 더 무거운 금속 부품은 선반으로 가공했고 다른 부품은 불에 달궈 두드리며 모양을 잡았다. 경질고무로 된 누름 버튼은 연마기로 광택을 냈고 정교한 배선 장치도 조립했다. 래커 칠을 한 명판에 각종 명칭을 찍었고 글씨가 도드라져 보이도록 흰색 회반죽을 메워 넣었다. 게다가 송화기 진동판에 금 박막까지 발랐다.

이상의 작업을 꽤 잘 해냈다고 자신 있게 말할 수 있으며 그런 나 자신에게 자부심을 느꼈다. 처음에는 손동작도 서툴렀고 수공구와 동력 기계에 대해 거의 알지도 못했다. 그러나 작업을 계속하면서 요령을 배웠고 손도 눈도 빠릿빠릿해졌다. 이 일을 하면서 전화 설비의 작동과 관련한 기계와 전기 문제에 관심이 생겼다. 그래서 전화 설비 기기 설치 작업에 사용하는 복잡한 설계도에 관한 공부를 시작했다. 내 진가를 발휘할 기회가 드디어 왔다. 마침 레플러 사장이 자리를 비운 사이에 전기 공사를 하는 사람이 다급하게 전화를 걸어서는 배선 장치에서 발생한 복잡한 문제에 관해 물었다. 이미 공부를 했던 나는 설계도를 보면서 상황을 설명할 수 있었다. 이 일 이후로 나는 레플러 사장의 총애를 받았다.

어머니에게 약속한 대로 지난가을에 컬럼비아 측에 편지를 보내 2월 학기 장학금을 신청해도 되는지를 물었다. 학기 중간에는 장학금을 지급하지 않는다는 답이 돌아왔다. 그러나 1911년 가을 학기 장학금은 당해 봄에 신청할 수 있다고 했다. 그래서 4월 초에 장학금을 신청했다. 며칠 만에 컬럼비아대학의 프레더릭 케펠Frederick F. Keppel 학장이 쓴 답신을 받았다. 그런데 나로서는 좀 이해가 가지 않는 내용이었다. 내가 신청했던 장학금을 받을 수 없지만, 다른 상의할 일이 있으니 편한 시간에 만났으면 좋겠다고 했다. 학장 비서와 약속 시간을 잡으라는 말인가? 그래서 일단 전화를 걸어 나는 오후 6시에야 일이 끝나는데 잘하면 한 시간 일찍 나올 수 있을 것 같다고 설명했다. 케펠 학장은 그러면 다음 날 6시쯤 자기 집에서 만났으면 한다고 말했다. 대체 무슨 일이기에 이렇게까지 하지?

다음 날 오후에 기름때가 낀 손을 윤활유로 열심히 문질러 닦고는 풀턴가에서 웨스트사이드 지하철을 타고 116번가에서 내렸다. 그리고 역에서 그리 멀지 않은 학장님 집까지 걸어서 갔다. 두근거리는 마음으로 초인종을 눌렀다. 사모님이 문을 열어주고 2층 서재까지 안내해줬다. 서재에 있는 벽난로에서 장작이 타고 있었다. 사모님은 학장이 곧 나올 테니 조금만 기다리라고 했다. 몇 분이 지나자 키가 크고 잘 생겼으며 고급스럽게 옷도 잘 차려입은 학장이 들어왔다. 사무적인 태도에 간간이 미소를 보이는 매력적인 인물이었다. 차가 나왔다. 문득 손톱 밑에 아직 남은 기름때와 허름한 작업복 차림인 내 초라한 행색이 마음에 걸렸다. 잠시 차를 마시는 동안 케펠 학장은 내가 하는 일에 대해 물어보면서 기분 좋게 대화를 이끌었다. 그러고 나서 본론으로 들어갔다.

"우리 학교 교무처가 지금 자네 문제로 몹시 난감한 처지에 놓여있네. 나 역시 당황스럽기는 마찬가지고. 나는 교무처장을 하다 학장이 된 사람이고 그때 일과 나도 무관하지 않기도 하고 말이지."

무슨 영문인지 도통 모르겠고 너무 긴장된 나머지 아무 말도 나오지 않았다.

학장은 계속 말을 이었다. "그로스바움 군, 이게 어떻게 된 일이냐 하면 작년에 자네가 장학금을 탔어야 했다는 말이야. 자네가 장학생이었는데 실수가 생기는 바람에 장학금을 자네에게 주지 못했네."

나도 모르게 이런 말이 튀어나왔다. "아니, 아니 어떻게 그런 일이 있을 수 있나요?"

"자네 형인지 사촌인지 잘 모르겠는데 아무튼 루이스 그로스바움 군이 우리 학교에서 3년 동안 퓰리처 장학금을 받으며 공부했네. 자네에게 장학금을 주기로 돼있었는데 교무처에서 그만 두 사람 이름을 혼동하는 실수를 저질렀네. 이미 장학금을 받은 사람에게는 장학금을 줄 수가 없어서 자네 바로 다음 순위자에게 장학금을 줬다네."

내가 받아야 했을 장학금은 학비 전액을 지원하는 '컬럼비아 동문 장학금Columbia Alumni Scholarship'으로, 대학입학시험위원회가 주관하는 시험에서 우수한 성적을 낸 학생 가운데 컬럼비아에 지원한 사람에게 매년 지급한다는 설명도 덧붙였다. 나보다 성적이 좋았던 여섯 명 모두 이 장학금을 받았거나 다른 대학에 지원했다. 학장은 내게 컬럼비아대학에 올 생각이 아직 있다면 다음 가을 학기에 동문 장학금을 지급하도록 하겠다고 말했다. 산산이 부서진 꿈이었던 퓰리처 장학금에 못지않은 지원 규모였다.

설명을 다 듣고 나서는 겨우 이 말밖에 할 수 없었다. "흥미롭다고 해야 할지 뭐라 해야 할지 잘 모르겠네요. 그러나 그 때문에 저는 1년을 허비했어요."

이 말에 학장이 이렇게 답했다. "그렇지, 그렇지. 터무니없는 실수를 저질렀지. 정말 미안하고 뭐라 할 말이 없네. 그런데 자네는 올해 몇 살이지?"

그래서 조금 있으면 열일곱 살이 된다고 말했다.

"음, 그러면 전혀 미안해하지 않아도 되겠네. 1년 전에 대학 생활을 시작했으면 나이가 어려서 아마 대학 생활의 진정한 가치를 마음껏 누리지 못했을 테니 말이야. 전화 설비 일을 했다고 했나? 그거야말로 자네 인생에서 가장 귀한 경험이 될 걸세. 그런 경험 덕분에 자네와 나이가 같은 다른 학생보다 훨씬 능력 있고 훨씬 더 성숙한 사람이 될 거야. 어쨌거나 자네가 열심히만 하면 3년 만에 학사 학위를 딸 수도 있지."

학장과의 면담은 이렇게 끝이 났다. 나는 벅찬 가슴을 안고 집으로 돌아왔다. 이 소식에 가족들은 환호성을 지르며 기뻐했다. 그러나 어머니는 기쁨의 눈물을 연신 훔쳐내면서도 원망의 말을 계속 내뱉었다. "망할 놈들! 절대 용서 못 해. 내 아들 마음을 그렇게 아프게 한 놈들을 어떻게 용서해?"

6

컬럼비아대학교 시절

1911년 9월에 동문 장학생으로서 드디어 컬럼비아대학에 입학했다. 고등학교를 두 곳이나 다니며 부지런히 공부했기 때문에 고교 때 이수한 학점이 대학에서 한 학기를 다니며 땄을 학점을 벌충하고도 남았다. 또 가외로 공부를 더 많이 한 덕분에 배치 고사에 충분히 합격할 수 있었다. 따라서 '타교 이수 과목 인정' 수준이 최고인 단계에서 대학 생활을 시작했다. 대학을 졸업하려면 총 120학점을 이수해야 하는데 한 학기 동안 주당 한 시간 수업을 받으면 1학점이 된다. 나는 3년 만에 졸업하겠다는 목표를 세우고 열심히 매진했다. 실제로 2년 반 만에 졸업장을 받았다.

오래전에 프랭크 메리웰이 주인공으로 등장하는 책에 심취해 여러 권을 아주 열심히 읽어서인지 대학 생활에 대한 환상 같은 것이 있었다. 예일대학생 메리웰은 학교를 아주 오래 다녔다. 도대체 전부 몇 학기를 다녔는지 손가락으로 다 꼽을 수도 없을 지경이었다. 그렇게 예일대 '터줏대감' 노릇을 하면서 학부에서 할 활동은 공부 빼고는 다했다 해도 과언이 아니었다. 아마도 대학 생활을 그렇게 오래 한 이유가 여기에 있었다고 본다. 어쨌든 나는 이 책의 영향으로 가장 찬란한 젊은 날이 대학 시절이라고 늘 생각해 왔다. 공부, 우정, 연애, 운동 그리고 다방면에 걸친 온갖 재미나는 삶이 어우러진 정말 행복한 인생의 한 자락이라고 그렇게 생각했다. 그러나 나의 대학 생활을 되돌아보면 그렇게 행복했던 기간이 있었나 싶다. 정말로 그렇게 찬란했던 순간이 별로 기억이 안 난다.

꿈속에서 자꾸 그때 기억이 되살아나는 걸 보니 가장 인상적인 대학 생활은 무의식 속에만 존재하는가 보다. 보통은 머릿속에 생생하게 남아있던 꿈속 장면도 깨고 나면 거의 다 사라진다. 그래서 잠에서 깨고 나서도 기억에 생생히 남아있는 꿈은 별로 없었다. 그러나 컬럼비아대학을 졸업하고 53년이 지나는 동안 정말 자주 떠오르는 꿈이 하나 있다. 꿈속의 나는 대학생이다. 강의를 들으러 가는 중이다. 그런데 강의 시간표를 챙기지 못해서 어디로 가야 할지 몰라 당황스럽다. 그래서 위층 아래층을 오르락내리락하고, 강의실 여기저기를 들락날락하며 내가 가야 할 강의실을 찾아 헤맨다. 조금 다른 꿈에서는 내가 강의실 안에 있다. 그런데 이번에는 수업 준비를 안 해 왔다. 꿈속에서 나는 교수님이 시를 외우라고 시키면 어떻게 해야 하나 가슴을 졸이며 앉아있다. 뭔가를 해서 문제를 해결해보려 하는 순간 매번 꿈에서 깨기 때문에 꿈속에서는 이 두 가지 문제가 절대로 해소되지 않는다. 정신분석 전문가라면 무의식에서 나오는 이런 메시지가 어떤 의미인지 알려줄지도 모르겠다. 그러나 이 꿈속 장면은 대학 다닐 때 실제로 발생한 사건도 아니었다.

대학 생활 시작부터 잘 풀리지 않았다. 1학년 때 이수해야 할 필수과목 가운데 하나가 서유럽 역사를 다룬 역사 A였다. 다른 대다수 학생과 달리 타운센드 해리스 홀에 다닐 때 서유럽 역사는 이미 다 배웠기 때문에 이 과목을 다시 파고 싶은 생각이 없었다. 그러나 중간고사에서 C2 학점을 받고 나니 갑자기 정신이 번쩍 들면서 오기가 생겼다. 결국은 기말고사에서 학점을 만회했고 이후 이 과목은 물론이고 B 학점 밑으로 떨어진 과목은 하나도 없었다. 지금 생각해보면 그때 내 성적은 생각보다 아주 괜찮은 수준이었다. 학부를 2등으로 졸업하면서 졸업식 때 차석 학생으로서의 자부심이 느껴지는 대우를 받았다. 돌이켜보면 참 대단하다는 생각이 든다. 이수과목이 그렇게 많고 아르바이트도 한두 개가 아니었는데도 어떻게 그런 성적을 올렸는지 나 자신도 놀라울 정도였다.

프랑스어는 주르댕 교수한테 배웠다. 그는 문화적 개방성, 종교적 회의론, 상스러운 농담을 즐기는 취향 등 이른바 프랑스적 특성이 잘 버무려진 듯한 사람이었다. 지성으로 나를 매료시키는 교수가 있다는 것 자체가 나로서는 신기한 경험이었다. 주르댕 교수는 빅토리아시대 윤리관에 찌든 내게 하나의 문화적 충격이었고 일찌감치 나와 친해진 사람이었다. 그는 재미프랑스인교수협회 간사를 맡고 있어서 1년에 몇 번씩 단체 안내문을 발송해야 했다. 고맙게도 주소 인쇄기Addressograph를 돌리고 안내문을 접어 봉투에 넣는 작업을 내게 맡겼다. 이 일을 하고 시간당 1달러나 받았으니 보수가 아주 짭짤한 편이었다. 협회 모임에 무료로 참가할 수 있는 혜택도 누렸다. 1914년 제1차 세계대전이 발발한 직후인 어느 날 저녁에 이런 모임이 있었다. 이날 저 유명한 가수 이베트 길베르Yvette Guilbert가 극작가 에드몽 로스탕Edmond Rostand이 쓴 전쟁 시를 낭송했다. 길베르는 그 당시에 나이가 좀 있었지만, 붉게 빛나는 머리카락과 열정이 담긴 낭랑한 목소리가 아주 인상적이었다. 세월이 좀 흐른 후 나는 제임스 허니커James Huneker의 《페인티드 베일Painted Veils》에서 그리니치빌리지Greenwich Village: 뉴욕 예술가, 학생, 작가 중심 거주 지구의 밤을 묘사하는 대목을 읽었다. 견줄 사람이 없을 정도인 당대 최고의 낭송자 이베트 길베르가 보들레르의 불후의 명시 〈발

코니Le Balcon〉를 읊는 장면이었다. 툴루즈 로트레크와 마르셀 프루스트가 말한 바로 그 길베르였다. 나도 길베르가 시 낭송하는 소리를 들었다!

어느 날 저녁에 주르댕 교수가 저녁 식사를 같이하자며 집으로 나를 초대했다. 식사를 마친 후 주르댕은 프랑스 풍자 작가 라블레의《가르강튀아와 팡타그뤼엘》 제1권의 주인공인 거인국 왕자 '가르강튀아'가 자신에게 맞는 거대한 화장지를 찾아다니는 대목을 큰 소리로 읽어주면서 사모님과 나를 웃기려 했다. 교수 본인이 그 내용을 읽으면서 배꼽 빠지게 웃으니 사모님도 간간이 억지웃음을 지어 보였다. 그러나 나는 당황스럽기만 할 뿐 전혀 웃기지 않았다. 적어도 나는 이런 지저분한 소재에 무슨 희극적 요소가 있는지 모르겠고 애초에 배설물과 관련한 유머가 왜 재미있는지 당최 알 수가 없었다. 고도로 정제된 음담패설이 차라리 낫지 싶었다. 실질적으로 인간 생활에서 섹스만큼 중요하고 다면적이며 아찔한 전율을 느끼게 하는 행위도 없을 테니 말이다. 따라서 섹스 유머는 사람들에게 수치심을 느끼게 하지 않으면서 웃음을 유발하는 변칙적이고 파격적이며 터무니없고 황당하면서도 기발한 그러면서 도발적인 웃음 소재로 안성맞춤이라는 생각이다.

카미유 퐁텐도 프랑스어 교수였는데 이 분은 내게 프랑스어교수협회가 주관하는 연례 전국 프랑스 문학 경진 대회에 한번 나가보라고 했다. 동부 연안 지역 대회는 바너드 칼리지에서 열렸다. 그래서 나는 처음이자 마지막으로 여대 문턱을 넘어봤고 역시 처음이자 마지막으로 여대생과 한 강의실에 있어봤다. 실제로 이번 대회 참가자 대부분이 여대생이었다. 시험은 작문과 번역 두 부문으로 나눠 치러졌다. 그때 프랑스어 작문 주제가 무엇이었는지는 잘 기억나지 않는다. 그러나 번역 소재로 나온 원문은 절대 잊지 못한다. 첫 단어 몇 개에서 번역 실수를 저질렀기 때문이다. 그때 나온 원문은 르낭Renan의 저 유명한 수필 〈아크로폴리스에서의 기도Prière sur l'Acropole〉였다. 그런데 실수를 했는데도 번역 부문에서 3등을 했고 작문에서는 선외가작選外佳作: 입선은 안 됐으나 꽤 훌륭하다는 의미이라는 성적표를 받았다.

퐁텐 교수는 대회에서 좋은 성적을 낸 내가 무척 자랑스럽다고 말했다. 얼마 후에 부상副賞이 도착했다. 평범한 수준의 가죽으로 제본된 프랑스어 책 두 권이었다. 최고급 가죽 느낌은 전혀 아니었으나 그래도 글씨는 제대로 새겨져있었다. 교수는 학생들이 보는 앞에서 이 부상을 내게 전달하면서 과하다 싶게 축하해줬다. 어색해서 죽을 뻔했으나 몹시 기뻐하는 모습으로 이에 호응할 수밖에 없었다. 강의가 끝난 후 퐁텐 교수가 내게 잠깐 남아달라고 했다. 그러더니 책상 서랍에서 최고급 만년필을 꺼냈다. 그리고 본인도 부상을 보고 좀 당황했다는 듯이 경진 대회에서 내가 얼마나 대단한 일을 했는데 책 두 권은 이에 대한 보상으로 턱없이 부족한 수준이라고 말했다. 학생들이 만년필 선물을 자주 하는데, 다 사용하지 못할 정도로 만년필이 많다고 했다. 그래서 개인적으로 만년필을 상으로 주고 싶은데 괜찮겠느냐고 물었다. 나는 교수님의 자상한 배려에 감동했다. 그러나 그동안 작은 소지품을 하도 많이 잃어버렸던지라 이 만년필도 잃어버리면 어쩌나 걱정이 됐다.

대학생 때 거의 전문가 수준에 버금갈 정도로 독일 문학작품을 참 많이 읽었다. 윌리엄 애디슨 허베이 교수가 담당하는 과목을 들었는데 여기서는 독일을 대표하는 문호 괴테, 실러, 레싱의 작품을 다뤘으며 나는 이 과목에서 A1이라는 전무후무한 성적을 올렸다. 이 과목에서 특히 잘 해낸 과업은 괴테의 〈타우리스의 이피게니아〉와 에우리피데스의 〈이피게니아〉를 비교 분석한 일이었다. 이외에 프레더릭 호이저 교수가 담당하는 헤벨Hebbel과 클라이스트Kleist, 그릴파르처Grillparzer에 관한 강의도 들었다. 졸업 후인

1915년에 호이저 교수를 찾아갔었다. 그때 독일에 대한 국경 봉쇄로 위 세 작가의 작품을 들여올 수 없어서 강의를 진행하기 너무 어렵다고 말했다. 이 말을 듣고 헤벨과 레싱의 작품 전집을 학교 도서관에 기증했다. 내가 정말 아끼는 소중한 '재산'이라서 솔직히 서운한 마음이 없지 않았다.

그러나 결국에는 독일 문학에 대한 흥미가 완전히 사라지고 말았다. 세계대전이 발발하기 전에는 이른바 '독일 정신'으로 대표되는 독일인의 정신적 자산을 찬미하고 흠모해 마지않았다. 아직 성숙하지 않은 내 정신에 과학적 효율성과 시적 감수성이 적절히 어우러진 독일 '정신'이 매력적으로 다가올 수밖에 없었다. 나는 이렇게 독일 문화에 콩깍지가 씐 상태였다. 그래서 독일인의 허세와 윗사람에게 아부하고 아랫사람을 괴롭히는 야비한 태도에는 애써 눈을 감거나 쉽게 용서하고 넘어가려 했다. 그러나 1914년부터 1918년까지 이어진 전쟁의 참상을 겪으면서 그 잘난 독일의 '민족정신'이랄까 '민족성'에 격한 혐오감이 느껴졌다. 그래서 결국 한때 깊이 빠져있었던 독일어와 독일 문학에 완전히 등을 돌려버렸다. 확실히 그렇다고는 못하겠으나 피히테의 불합리성 그리고 《황태자의 첫사랑》에 나온 '옛 하이델베르크'에 대한 달콤한 추억 이면에 암울하게 드리운 히틀러와 강제수용소의 그림자가 느껴졌기 때문인지도 모르겠다.

내가 가장 좋아하는 과목 중 하나였던 라틴어는 대학에 가서까지 공부하지는 않기로 했다. 그저 집에서 심심할 때 호라티우스, 카툴루스, 루크레티우스를 읽었다. 평소에 하면 될 일을 굳이 수업까지 받을 필요가 있을까 싶었다. 독서를 통해 이들을 비롯해 다른 작가도 잘 알게 됐고, 덕분에 호라티우스는 내게 아주 친숙한 작가가 됐다. 그런데 대학에서 라틴어 과목을 수강하지 않기로 한 결정이 묘한 결과를 낳았다. 졸업 때 문학사 학위를 받을 수 없었다. 당시에는 문학사 학위를 따려면 대학 라틴어 수강이 필수였다. 그래서 문학사 대신 이학사 학위를 받았다. 과학 관련 과목은 하나도 듣지 않았는데 이학사라니! 수학은 전공과목이라서 들었고 물리학과 화학은 고등학교 때 이수한 학점으로 이학사 취득 요건을 충족했다. 케펠 학장을 우연히 만났는데 내가 이 학교의 오랜 전통을 깼다며 가볍게 나무랐다. "지금까지 컬럼비아대 이학사에 관해 다들 인정하는 분명한 사실이 하나 있지. 이학사 학위 취득자 가운데 라틴어를 할 줄 아는 사람은 없다는 사실 말이야. 그런데 이번에 자네 때문에 이게 깨져버렸네."

수학은 내 전공이었기 때문에 관련 과목을 많이 들었다. 가장 기억에 남는 교수는 허버트 호크스였다. 전쟁부군대를 관할하는 행정기관인데 이후 육군부와 공군부로 분리됨 차관보로 간 케펠 학장 후임으로 호크스 교수가 새 학장이 됐다. 나는 수학 학회Mathematical Colloquium에 논문 두 편을 제출했다. 두 편 다 썩 훌륭하다고는 볼 수 없었다. 그중에서도 첫 번째 논문은 더 가관이었다. 또 이 때문에 아까운 돈까지 날렸으니 피해가 '막심'했다. 이는 기하학 공리에 관한 논문이었다. 진위를 다툴 필요 없이 '자명하지만 증명할 수 없는' 진리가 바로 '공리'라고 배웠다. 나 자신을 '작은 데카르트'라고 간주하면서 '직선은 두 점 사이를 가장 짧게 연결한 선'이라는 공리를 증명해냈다고 생각했다. 호크스 교수는 의미 있는 증명이라고 생각했고 그래서 학회에 제출해보면 어떻겠냐고 했다. 그런데 유클리드 본인이 이 공리에 관해 언급한 내용을 뒤늦게 알게 됐다. 대학 도서관에 소장된 유클리드 기하학 주석본에서 이 '직선 공리'에 대해 훗날 수학자들이 각기 다른 네 가지 방법으로 증명해놓았다는 사실을 알았다. 위대한 업적을 세워 학계 거물로 우뚝 서겠다는 내 젊은 날의 꿈이 산산조각 나는 순간이었다. 그래도 한 가지 위로가 되는 부분이 있었다. 내 증명 방식이 책에 나온 네 가지 방식과 달랐다는 점이다. 호크스 교수도 이 부분이 중요하다고 보고 학회에 보고할 가치가 있다고 느낀 모양이었다.

그래서 논문 제출 계획을 계속 진행하기로 했다. 학교 도서관에서는 귀한 유클리드 기하학 제1권을 볼 수 있도록 특별 허가를 내줬다. 마침내 학회에서 책에 소개된 다른 증명 사실을 언급하면서 논문 내용을 발표하고 나서 도서관에서 빌린 그 책을 가지고 집으로 돌아왔다. 그런데 그만 깜빡 잊고 책을 지하철에 두고 내렸고 다시 찾지 못했다. 이제 한 권이 빠졌으니 회복 불가능한 수준으로 전집의 가치를 상실한 셈이었다. 도서관 측은 전집 가격에 훨씬 못 미치는 15달러를 물어내는 선에서 정리하자고 했다. 가난한 독학생인 나로서는 이마저도 큰 타격이었다. 속이 쓰린 나는 이렇게 중얼거렸다. "영광의 길인 줄 알았는데 결국 구빈원으로 이어질 뿐이로구나 그레이의 〈비가〉에 나오는 대목 중 '무덤' 대신 '구빈원'을 써가며 한탄함."

나는 철학에도 관심이 아주 많았다. 신입생의 필수과목이라 1학년 때 형식논리학을 들었다. 이후 프레더릭 우드브리지 교수의 철학사를 수강했다. 우드브리지 교수는 일주일에 한 시간씩 엄청나게 몰린 학생들 앞에서 강의를 했다. 수강생이 너무 많아서 두 번째 시간에는 반을 나눈 후 젊은 조교가 각 반을 맡는 식으로 진행했다. 강의가 진행되는 동안 학생들이 숨죽인 채 몰두할 정도로 우드브리지는 그야말로 명강사였다. 칸트 이야기를 할 때 다음과 같은 말로 강의를 시작했던 기억이 아직도 생생하다.

> 임마누엘 칸트는 후세 철학자들에게 가장 광범위한 영향을 미친 인류 역사상 가장 위대한 철학자 가운데 한 사람이다. 그러나 가끔 칸트가 이 세상에 태어나지 않았으면 좋았겠다 싶을 때가 있다.

한번은 우드브리지 교수가 어떤 말을 인용해 강의를 시작한 적이 있었다. 순간 전율이 느껴졌다. 바로 내가 한 말이었기 때문이다. 데카르트에 관한 강의였는데 특히 정신과 육체는 두 개로 분리된 우주라는 데카르트의 이원론에 관한 내용이었다. "데카르트에 관한 강의를 준비하다가 여러분 중 한 학생이 이원론에 관해 쓴 구절 하나가 계속 뇌리에 맴돌아서 오늘 여기서 소개할 생각이라네. 그 학생은 이렇게 썼지. '데카르트가 두 개로 갈라놓은 것을 그 누구도 다시 묶지 못한다.'"

영어는 소설 부문 강의로 유명했던 브랜더 매슈스Brander Matthews 교수한테 배웠다. 그때 매슈스 교수는 정년이 임박한 시점이었다. 컬럼비아대학 캠퍼스에 자신의 이름을 딴 '브랜더 매슈스 극장'이 있어서 영원히 기억할 유명 명사로 남게 됐다. 가지런히 정돈한 턱수염과 구레나룻 덕분에 전체적으로 사자 느낌이 나는 얼굴이었다. 또 엄청나게 유명한 교사이자《트로이 헬렌의 사생활The Private Life of Helen of Troy》의 작가이며, 훗날 줄리아드 음악 학교 학장이 된 음악가 존 어스킨John Erskine한테도 배웠다. 언젠가《폭풍의 언덕》에 관해 쓴 내 소논문을 보고 관찰력이 뛰어나다며 칭찬해준 적이 있었다. 그때 나는 폭력성이 드러나는 이 소설이 섬뜩한 분위기를 자아내는 이유 가운데 하나는 경찰이나 기타 사법 집행 담당자가 전혀 등장하지 않는, 영국답지 않은 기이한 장면 때문이라는 의견을 피력했다. 어스킨 교수는 매우 참신한 관점이라며 이 걸작을 연구하는 데 중요한 역할을 할 것 같다고 말했다.

또 다른 훌륭한 교수이자 작가인 칼 밴 도런Carl Van Doren 밑에서도 공부했다. 내가 처음으로 쓴 짧은 연애 시를 교수님께 보여줬다. 시는 그야말로 하기 싫어도 매일 해야 하는 면도처럼 내 삶 속으로 들어왔다는 말이 딱 맞다. 그런데 시적 재능은 없었던 모양이다. 도런 교수는 내가 쓴 시구를 가다듬으려 꽤 애를 썼다. 교수님의 손길이 절실히 필요할 만큼 고칠 부분이 많았다는 의미가 아니었을까! 내가 졸업한 후인 1914년 여름에 도런 교수는 명문 여자 고등학교인 브라이얼리 스쿨Brierly School의 교장이 됐다. 어느 날 내게 연락을 해온 도런은 그 학교에서 영어 교사로 일해볼 생각이 없느냐고 물었다. 환경도 좋고 급료나 승진 조건도 다 좋았다. 이 제안을 받고 고민을 좀 했으나 결국 거절했다. 지금 생각해도 그때 왜 그랬는지 잘 모르겠다. 그 이후로 스무 살밖에 안 된 숫기 없는 청년이 나이 차이도 별로 안 나는 여학생들 앞에서 영어를 가르치는, 아니 가르치려고 애쓰는 장면을 상상해볼 때가 여러 번 있었다. 왜 그런 상상을 하게 됐을까? 1937년에는 예전보다 많이 늙은 밴 도런 교수를 다시 만났다. 교수님 딸과 내 딸이 같이 링컨 스쿨Lincoln School을 졸업했기 때문이었다. 그리고 1967년인 지금 또 한 번 밴 도런 교수를 생각하게 된다. 이번에는 도런 교수 조카가 TV 퀴즈 프로그램에 참여해 우승하면서 어마어마한 상금을 받게 됐는데 이 과정에서 몹쓸 공모가 이뤄진 정황이 드러났기 때문이다. 사람들은 그렇게 누군가의 삶 속에 나타났다가 사라지고 또다시 나타난다.

컬럼비아대학 교수 중에서 나와 가장 친하고 또 가장 도움이 됐던 사람은 영어 교수였는데 막상 내가 대학에 다닐 당시에는 특별히 중요한 사람이 아니었다. 바로 앨저넌 뒤비비에 타신이었다. 타신은 하버드대학을 졸업했는데 연극에 관심이 생겨 저 유명한 줄리아 말로Julia Marlowe가 이끄는 극단에 들어가 수년 동안 순회공연을 다녔다. 희곡도 많이 썼는데 상업적 무대용으로 제작된 적은 없었다. 타신이 맡은 과목은 구술口述 영어였다. 이 시간에 학생들은 영어 한 구절을 읽고 명확하게 설명한 다음에 그 내용에 관해 논쟁을 벌인다. 이외에 '일일 주제'라는 과목도 담당했는데 나는 이듬해에 이 과목을 수강했다. 강의가 있는 날에는 항상 전날 알려준 주제로 1쪽 분량의 작문을 해야 했다. 정말 고역이었지만, 영작문 실력을 올리는 방법으로는 그만이었다.

타신은 내 작문을 대체로 마음에 들어 했다. 학기 중간쯤에 내게 1쪽 분량으로 여러 인물을 대상으로 한 인물 탐구 시리즈를 한번 써보라고 했다. 그래서 어머니, 두 형, 사촌 형 루이 그리고 당시 내 여자 친구였던 알다 등 내가 잘 아는 사람들에 관한 글을 썼다. 어느 날 타신이 나를 교수실로 불렀다. 그러더니 아주 진지하게 내게 물었다. "이런 인물 묘사가 전부 네 작품이란 말이야?" 이 말에 어이가 없기도 하고 좀 당황스러워서 바로 대답했다. "당연하지요." 그랬더니 이런 대답이 돌아왔다. "흠, 그렇다면 자네한테 엄청난 재능이 있다고 말할 수밖에 없겠네. 자네 또래 중에 이렇게 통찰력 있게 또 이렇게 간단명료하게 글을 쓰는 사람은 처음 봤다니까." 정말 잘 쓴 글이었다. 그러나 여기까지였다. 인물 묘사 기술을 여기서 더 갈고닦지는 않았다. 나중에 우리는 친한 친구가 됐고 그 후로는 좋을 때나 나쁠 때나 늘 함께하는 경제적 동반자 관계로 남았다.

내 대학 생활의 최고 정점은 이른바 '영어 · 역사 · 철학 세미나'에서 찍었다고 해도 과언이 아니다. 우등생으로 구성된 소집단이 2주일에 한 번씩 모여 어스킨, 우드브리지 그리고 저명한 역사학자 제임스 하비 로빈슨James Harvey Robinson의 지도로 일정한 주제를 놓고 토론을 벌였다. 공부에 도움이 많이 되는 정말 유익한 경험이었다.

대학 때는 친한 친구가 없었다. 친구가 없었다기보다는 친구를 사귀지 않았다고 해야겠다. 공부하고 일하느라 바빠서였을까? 아니면 친구를 사귀지 말아야 할 특별한 이유가 있었을까? 당연히 후자다. 그 똑같은 이유가 이후 삶에도 계속 영향을 미쳤으니 말이다. 사람을 잘 사귀지 못한다거나 그런 문제는 없었다. 실제로는 내게 먼저 다가온 사람도 꽤 있었다. 학생 몇 명이 내게 유대인 남성 사교 클럽인 제타 베타 타우Zeta Beta Tau에 가입하라고 권유한 적도 있었다. 그때 나는 사교 클럽에서 활동할 시간도 돈도 없어서 가입은 곤란하다고 말했다. 클럽에 가입하면 가뜩이나 부족한 시간을 짜내야 하고 없는 돈은 어딘가에서 빌려야 하지 않겠는가!

대학에 다니던 1911년 9월부터 1914년 6월까지 나는 온갖 아르바이트를 다 했다. 두 형이 생활비를 보태고 있었기 때문에 내가 쓸 용돈과 학비 외 다른 비용은 내가 벌어 써야 했다. 1학년 때는 바워리가Bowery Street와 차이나타운 근처 파크로Park Row에 있는 극장에서 매표원으로 일했다. 평일에는 오후 5시부터 10시 30분까지 일했고 일요일에는 격주로 12시간 동안 근무했다. 급료는 주당 6달러였는데 60센트는 교통비로 나갔다. 극장에서 일하는 것은 이번이 두 번째였다. 1910년에 보드빌하우스vaudeville house: 영화가 아니라 쇼 중심 극장으로서 노래·춤·곡예·촌극 등 다양한 볼거리 공연이 이뤄짐인 프로스펙트 극장에서 안내원으로 일한 것이 첫 번째였다.

과거를 회상하는 글을 쓰면서 최대한 솔직해지려고 노력하는 중이기 때문에 다시 떠올리기 부끄러운 일이라도 숨김없이 밝혀야 도리라고 생각한다. '횡령'이라고 하면 좀 거창하기는 한데 아무튼 그런 유형에 속하는 짓을 저질렀었다. 오랫동안 내 일을 하면서 돈에 관한 한 아주 청렴하다는 평판을 받아왔다. 그러나 이런 평판을 받을 자격이 있는지 생각하면 솔직히 찜찜한 부분이 없지 않다. 내 평생 청렴과 정직이라는 정도正道에서 벗어난 적이 세 번 있었다. 첫 번째는 내가 아주 어렸을 때였다. 아주 엄격했던 가정교사가 사탕을 조금씩 나눠줬는데 나는 늘 그 사탕이 더 먹고 싶었다. 그래서 가끔 어머니 지갑에서 동전을 훔쳐서 자판기로 달려가 사탕을 사 먹었다. 어느 날 또 어머니 지갑에서 동전을 하나 빼서 자판기로 달려가 사탕을 뽑으려고 구멍에 동전을 넣었다. 그런데 동전이 구멍에 맞지 않는지 들어가지 않았다. 할 수 없이 동전을 집에 다시 가져왔다. 정말 이상했는데 알고 보니 그 동전은 1센트짜리가 아니라 5달러짜리 금화였다. 어머니는 지갑에 있던 금화가 없어져서 화가 머리끝까지 났었는데 어느새 금화가 지갑에 다시 들어있어서 어찌 된 영문인지 모르겠다며 몹시 당황하는 눈치였다. 1900년 당시에는 지갑에 금화를 넣고 다니는 사람이 꽤 있었기 때문에 전혀 이상한 일이 아니었다. 내가 1센트가 아니라 5달러를 훔쳤다는 생각에 정신이 번쩍 들었고 그 이후로 다시는 어머니 지갑에 손을 대지 않았다.

두 번째는 프로스펙트 극장에서 일할 때였다. 이곳에서 안내인으로 일하면서 웃돈을 좀 받고 정해진 자리보다 더 좋은 자리로 안내한 적이 있다. 큰돈은 아니었지만, 어쨌든 뇌물은 뇌물이고 부정한 짓임에는 분명했다. 그래서 양심에 찔려 내내 괴로웠다. 열 명 입장권으로 열한 명을 들여보낸 적도 있었다. 하면 안 되는 일인 줄 알면서도 돈이 정말 급할 때 이 방법으로 공금을 좀 떼어먹었다. 그러고 나니 마음이 영 불편해서 바로 그만뒀다. 이 또한 영영 잊히지 않는 부끄러운 실수였다.

마지막 횡령 사건은 내 일과 관련이 있었다. 사실 업계 관행상 별문제 없는 일일 수 있으나 윤리적으로 영 켕기는 일이었다. 내가 운영하는 투자 회사가 관심을 둔 회사가 하나 있었는데 주 당국이 도로 건설 목적으로 이 회사가 보유한 토지 일부를 수용했다. 그래서 우리가 일정한 보상금을 받게 돼있었다. 그런데 해당 주 정부는 말하자면 정당 세력이 좌지우지하는 상황이라서 조속한 시일 안에 만족할 만한 보상을 받으려면 보수를 넉넉히 주고 그런 업무에 '적합한' 법률 회사에 의뢰해야 한다고들 했다. 이와 비슷한 처지에 있는 회사가 거의 그렇듯 우리도 그런 현실적 관행에 따르기로 했다. 그런데 내 사업 파트너가 우리가 의뢰한 변호인단에 속해있었다. 그래서 나중에 '업무 추진자' 역할을 한 대가로 이 파트너도 보수를 받았다. 처음부터 파트너와는 수익금을 분배하기로 합의가 된 상태였기 때문에 자신이 받은 몫의 절반을 내게 주겠다고 했다. 그 돈을 받지 말았어야 했는데 그만 받고 말았다. 그 이후로 계속 후회했다.

내게 이런 약점이 있기 때문에 친척이나 친구, 동료 혹은 직원이 행한 횡령에 대해 모질게 대하지 못하고 오히려 상당히 관대한 편이었다. 기본적으로는 그런 행위를 절대 용납하지 않았지만, 그렇다고 해서 그런 일을 저지른 사람을 천하의 악인 취급하며 경멸하거나 하지는 않았다. 재정적으로 너무 쪼들려서 그런 일을 하는 사람이 있기 때문에(실제로도 이런 사례가 종종 있음) 비난보다는 동정하는 마음이 더 생겼다. 그러나 습관이나 욕심, 괴팍한 성격 때문에 부정한 짓을 하는 부자 그리고 자신의 지위를 남용해 신뢰와 명예를 땅에 떨어뜨리는 사람에 대해서는 경멸밖에 느껴지지 않는다. 일례로 1925년부터 1932년까지 뉴욕 시장에 재임했던 지미 워커Jimmy Walker의 행동에는 환멸을 느낄 뿐이다. 몰락 이후 얻은 대중적 인기나 사후 대단한 인물로 추앙받는 상황을 보면서 같은 인간으로서 자괴감이 들 정도였다.

1학년이 끝나갈 무렵인 6월 초에 친구가 극장 앞을 지나다가 잠시 멈춰 나와 이야기를 나눴다. 괜찮은 일자리를 잡아서 이제 막 일을 시작했다고 했다. 주간에는 월 40달러를 받고 야간에는 월 50달러를 받는 조건이라고 했다. 그러면서 대학생을 더 뽑으니 지원해볼 생각이 없느냐고 물었다. 당연히 구미가 당겼다. 간단한 면접을 마친 후 야간 근무조로 일하기로 했다. 일주일에 6일 동안 오후 4시부터 자정까지 일하는 조건이었다. 내가 근무할 회사는 U.S. 익스프레스 컴퍼니였고 상사는 M. A. 피셔라는 유능한 전문가였다.

결과적으로 이 일이 내가 전문 직업인으로 성장하는 데 중요한 역할을 했다. 당시 주간통상위원회Interstate Commerce Commission: ICC가 완전히 새로운 전국 운송료 책정 기준을 확정했다. 기존의 역驛 간 요율 체계에서 이른바 운송 단위block별 요율 체계로 변경한다는 방침이었다. 업계에서는 새로운 기준을 적용하면 사업 기반 자체가 무너진다고 주장하며 당국의 정책에 거세게 반발했다. 업계는 이런 주장을 뒷받침하고자 하루 동안의 운송 물량을 기준으로 개별 운송물 각각에 새로운 기준을 적용했을 때 영업이익이 얼마나 감소하는지를 보여줄 증빙 자료를 분주하게 준비하는 중이었다.

애덤스, 아메리칸, 서던, 웰스파고 등 4개 대형 화물 운송 회사는 기존 방식 그대로 수작업으로 증빙 자료를 준비하고 있었다. 그러나 피셔 씨는 홀러리스 혹은 천공카드라고 하는 새로운 방식을 도입해 복잡한 자료를 신속하게 분류하고 도표화하는 작업을 진행했다. 그때는 재정 기반도 취약하고 평판도 좋지 않았던 컴퓨팅-태뷸레이팅-레코딩 코퍼레이션이라는 회사에서 홀러리스 기계Hollerith machine: 천공카드 자료 처리 장치를 임대해서 썼다. 당시 이 회사 주식은 휴지 조각이나 다름없었고 시가총액이 300만 달러에 불과했다. 그런데 10여 년 후 인터내셔널 비즈니스 머신International Business Machines: IBM으로 사명을 변경한 이 회사가 훗날 뉴욕증권거래소에서 거래되며 시가총액이 수십억 달러에 달하게 될 줄은 꿈에도 몰랐다.

U.S. 익스프레스는 워싱턴가 76번지에 사무실을 임대해 이번 프로젝트를 진행했다. 팀원들은 예전 자료를 천공카드에 기록한 다음에 카드를 분류기에 돌려서 새로운 요율과 영업이익을 산출하고 그 결괏값을 표로 정리하는 훈련을 받았다. 주간州間 화물과 주내州內 화물의 차이 등 이 작업에는 고려해야 할 복잡한 요소가 아주 많았다.

손과 몸을 써서 하는 이른바 육체노동은 본질적으로 매우 단조로운 작업이었지만, 전반적으로 이 작업 자체가 흥미로운 부분이 많다는 사실을 깨달았다. 함께 일하는 동료 중 한 명은 같은 과 친구인 루 번스타인이었는데 이 친구도 이 작업에 흥미가 생긴 모양이었다. 나와 번스타인은 상사인 피셔 씨와 이 작업에 관해 이런저런 이야기를 많이 나눴다. 그런데 자기 생각에 관심을 보이며 동조해주는 우리가 마음에 들었는지 어느 일요일 오후에 우리 둘을 집으로 초대까지 했다. 이 자리에서 우리 세 사람은 이번 프로젝트에 관해 많은 이야기를 나눴다. 그런데 이 만남과 대화가 우리 두 사람과 피셔 씨에게 전혀 예상치 못한 결과를 가져다줬다.

1912년 9월이 됐고 나는 2학년이 됐다. U.S. 익스프레스는 계속 다녔다. 그래서 일주일에 21시간 강의를 듣고 과제를 하면서 오후 4시부터 자정까지는 그곳에서 일했다. 번스타인이 야간 근무로 옮기면서 우리 두 사람은 전보다 더 밀접한 상태에서 협력 작업을 계속했다. 그러던 어느 날 밤에 놀라운 소문이 돌았다. 피셔 씨가 자신의 보좌 역이 사규를 위반한 문제로 감사관과 언쟁을 벌이다가 회사를 그만두게 됐다는 이야기였다. 우리는 고도의 전문성이 필요한 이 프로젝트가 앞으로 어떻게 될지 걱정스럽기도 하고 궁금하기도 했다. 그러나 오래 궁금해할 필요는 없었다. 감사관인 테이트 씨가 늘 그렇듯 술에 취한 채로 우리 사무실로 들어왔다. 그러고는 그로스바움과 번스타인이 누구냐고 물었다. 그래서 우리라고 말하며 테이트 씨에게 갔다. 그랬더니 우리 두 사람이 이번 프로젝트에 관해 잘 알고 있다는 말을 들었다고 했다. 그 말이 사실이냐고 물었다. 굳이 겸손을 떨 이유가 없다는 생각에 그렇다고 대답했다. 그러면 야간 근무가 끝난 후에 자신의 사무실로 와주지 않겠느냐고 했다.

그날 밤 테이트 씨 사무실에서 짧지만 가슴이 두근거릴 만한 대화를 나눴다. 피셔 씨가 하던 일을 맡아서 이 프로젝트를 총괄해줄 수 있겠느냐고 물었다. 그래서 우리는 당연히 그렇게 하겠다고 답했다. 그러자 테이트 씨는 다음 날 저녁까지 이 프로젝트의 진행 과정을 단계별로 정리해서 보고할 수 있겠느냐고 물었다. 할 수 있다고 대답했다. 그러자 다시 내게 휴학을 하고 주간 근무로 옮긴 다음에 이 프로젝트의 총괄 책임자 역할을 해줄 수 있겠느냐고 물었다. 휴학 문제는 케펠 학장과 상의해봐야 한다고 말했고 보수도 적정 수준이 돼야 한다고 답했다. 다음 날 오후 10시에 다시 만나서 프로젝트 진행 보고서, 휴학에 대해 학장과 상의한 결과, 원하는 보수 수준 등의 문제를 마무리 짓기로 했다.

다음 날은 그야말로 꿈결처럼 하루가 지나갔다. 그 일을 케펠 학장에게 이야기했더니 학장이 더 적극적이었다. 케펠 학장은 예전부터 대학생이 이런 일에 뛰어들어야 한다는 주의였던지라 내가 그 일을 맡는 것 자체가 학장에게도 도움이 되는 상황이었다. "당연히 해야지, 벤. 휴학하게. 기말시험에서 낙제만 받지 마. 그러면 휴학을 하더라도 현재 수강하는 과목의 학점을 인정받을 수 있도록 조치해볼 테니까." 이렇게 해서 휴학 문제는 말끔히 해결됐다. 우리 둘은 이제 프로젝트 보고서를 작성하기 시작했다. 이 작업이 얼추 마무리되자 마지막 단계에서 커다란 판지에다 줄까지 정성스럽게 치면서 프로젝트 내용을 단계별로 정리해 적었다. 물론 글씨는 번스타인이 아주 깔끔하게 잘 썼다. 천하의 악필인 내가 글씨를 썼더라면 무슨 일이 벌어졌겠는가. 그리고 완성한 차트 맨 아래에 다음과 같이 쓰고 밑줄을 두 개나 쳤다. "모든 단계를 점검하고 또 점검해서 정확성을 기한다."

밤 10시가 되자 차트를 들고 바로 테이트 씨 사무실로 갔다. 테이트 씨는 예상대로 이 차트를 대충 훑어봤다. 이 프로젝트의 세부 사항을 잘 모르니 당연한 일이었다. 그러나 전체 프로젝트를 단계별로 명확하게 논리적으로 구성해 배열한 부분이 마음에 들었던 모양이다. 이중 점검으로 정확성을 기한다는 대목에 특히 흡족해했다. 우리를 보고 안도하는 빛이 역력했다. 이 프로젝트의 성공 여부에 자신의 자리도 걸려있다는 느낌이 들었다. 테이트 씨는 전날 했던 질문을 다시 던졌고 우리는 답을 했다. 그러고 나서 내게 물었다. "그래서 급료는 얼마를 받고 싶은가?" 나는 테이트 씨의 눈을 보면서 이렇게 말했다. "지금 받는 돈의 두 배는 주셔야 해요." 그러자 더 생각해보지도 않고 바로 이런 답이 돌아왔다. "그러지." '아차!' 싶었다. 월 100달러라니. 너무 적게 불렀다는 생각이 들었으나 바꾸기에는 이미 늦었다. 번스타인은 이전 급료에서 50% 인상해 월 75달러를 받기로 했다. 그러나 급료는 나보다 덜 받는 대신에 휴학은 하지 않아도 됐다.

이런저런 사항에 대한 합의가 이뤄지자 테이트 씨는 전보다 더 안도하는 모습이었다. 실제로 과하다 싶을 정도로 우리에게 감사함을 표했다. 내 어깨에 팔을 두르며 한껏 친근감을 표하면서 이렇게 말했다. "벤, 자네가 내게 해주게 될 일을 절대 잊지 않을 거야. 아무 걱정하지 말게. 일을 마치고 학교로 돌아가면 무사히 졸업할 수 있을 걸세. 내 장담하지." 나가려고 돌아섰는데 테이트 씨가 내게 이렇게 물었다. "그런데 참, 벤 자네 몇 살이지?" 그 순간 이제 막 열여덟 살이 됐다는 말을 차마 할 수가 없었다. 그래서 거짓말을 해버렸다. 그때도 그렇고 그 이후로도 좀처럼 없는 일이었지만, 어쨌든 나는 그때 열아홉 살이고 조금 있으면 스무 살이 된다고 얼버무렸다. 그러자 테이트 씨는 고개를 가로저으며 꼬맹이치고는 엄청난 급료를 받게 됐다고 중얼거렸다. 혀까지 끌끌 찼는지 어쨌는지는 모르겠으나 내가 느낀 분위기는 그랬다. 입에 침이 마르도록 고맙다고 그렇게 난리더니 그 감사한 마음이 채 5분을 못 가고 벌써 심드렁하다니!

최종적으로 테이트 씨의 제안을 받아들이기 전에 피셔 씨에게 그런 상황을 전했는지는 잘 기억나지 않는다. 그러나 미결로 남아있는 문제 때문에 얼마 후 피셔 씨를 만났는데 매우 친절하게 대해줬다. 하지만 속마음도 과연 그랬을까?

얼떨결에 맡은 '높은' 자리에 4개월 반 동안 앉아있었다. 번스타인과 나는 기술적인 부분은 능했지만, 프로젝트 전체를 잘 이끌어나갔다고 보기는 어렵다. 원래 카드에 기록되지 않았던 특정 화물을 하위 블록으로 처리해 기록하고 분류하는 새로운 방법을 고안해 칭찬을 들었다. 그러나 수많은 직원을 지휘하고 통솔해야 하는 관리자로서는 성숙함과 임기응변이 많이 부족했다. 우리가 이 직책을 맡은 다음 날 새로운 인물 두 명이 등장했다. 회계부에서 차출된 그라이너와 라이언이라는 직원이었는데 둘 다 꽤 명석해 보였다. 두 사람은 이 프로젝트에 관해서 하나부터 열까지 철저히 파악해 업무 전체를 확실하게 인계받을 목적으로 투입된 듯했다. 우리로서는 뒤통수 맞는 기분이었지만, 테이트 씨로서는 아주 잘한 조치였다.

그 이후 속이 부글부글 끓을 일이 발생했다. 플랫 부사장이 프로젝트 진행 속도가 왜 이리 더디냐며 불만을 표하자 테이트 씨는 현행 2교대가 아니라 3교대로 근무하라면서 나도 총 3개 근무 중 2개 근무를 소화해야 한다고 했다. 그러니까 오전 8시부터 오후 4시까지 근무하는 외에 밤 12시부터 다음 날 아침 8시까지 일하는 심야 근무 조까지 맡으라는 의미였다. 그러면 하루 중 남은 여덟 시간 동안 저녁 식사도 하고 잠도 자고 휴식도 취하고 다 해야 한다. 어쨌거나 젊은 나이였으니 어떻게든 할 수는 있었다. 그러나 매일 브롱크스까지 가서 잠을 자고 나오는 일은 아무리 봐도 무리였다. 그래서 당분간 코틀랜드가에 있는 여관에서 묵기로 했다.

오후 4시에 주간 근무를 마치고 나면 밥을 좀 먹고 11시 30분에 깨워 달라고 일러놓고는 새벽 5시쯤에 거의 기어들어 가다시피 침대에 올라 잠을 청했다. 자정이 다 돼 칠흑 같은 어둠 속에서 또 근무를 시작해 중간에 40분씩 두 번 쉬고 하루 열여섯 시간을 일했다. 회사 규정상 시간 외 근무시에는 정규 급료의 50%를 추가 수당으로 지급했다. 그래서 처음 15일 동안의 급료를 계산해보니 월 250달러에 해당하는 금액이었다. 1914년 이전의 급료 기준으로는 상당한 액수였다. 테이트 씨는 이 부분이 영 찜찜했던 모양이다. 회사에서 중요한 일을 하는 다른 직원이 나보다 급료가 적으면 이들 사이에서 분명히 불만이 터져 나온다면서 심야 근무에 대해서도 정규 급료를 받는 것으로 하면 좋겠다고 말했다. 그래서 그렇게 하겠다고 했다. 그런데 이 새로운 합의 사항도 2주일을 버티지 못했다. 심야 근무 조는 업무 능력이 너무 떨어졌다. 아마도 내 관리 능력이 부족해서가 아닐까 생각하는데 어쨌든 그래서 잘해놨다 싶은 작업도 잦은 실수 때문에 다 헛수고가 됐다. 이 실험적 시도는 결국 실패로 끝났다. 나는 다시 월 100달러를 받던 이전의 근무 생활로 돌아갔다. 어머니는 이런 변화를 반겼다.

일이 진행될수록 그라이너와 라이언팀은 점점 더 많은 권한을 행사하려고 했다. 프로젝트가 막바지에 이를 무렵에는 이 두 사람이 실질적인 총괄 책임자 역할을 했고, 번스타인과 나는 이따금 몇 가지 기술적 문제가 발생할 때 필요한 조언을 해주는 정도에 그쳤다. 1월 말이 되자 모든 작업이 얼추 마무리됐고 마지막으로 수치 자료를 정리하고 최종 결론을 도출하는 일만 남았다. 나는 마지막 급료를 받고 싸늘한 분위기 속에 작별 인사를 나누고는 그곳을 떠났다. U.S. 익스프레스 컴퍼니와의 관계에 대해서는 나중에 좀 더 이야기하겠다.

이곳에서 일하던 마지막 한 달 동안은 시간적 여유가 있어서 복학 준비를 할 수 있었다. 휴학할 때 당시 학점을 인정해주겠다던 케펠 학장 말이 생각나서 영어와 프랑스어, 독일어, 수학 등 몇 과목은 기말고사를 쳐보기로 했다. 휴학하기 전에 기초 경제학을 선택해서 강의를 몇 주 동안 들었는데 이 '우울한 학문'에 도통 관심이 생기지 않았다. 그래서 복학해서는 다시 듣지 않기로 했다. 그런데 살다 보니 영 관심도 없었던 경제 분야에서 밥벌이를 하고 있으니 삶이란 참 아이러니하다. '금융' 분야에서 일하고 있고, 대학 두 곳에서 이 과목을 가르치는 교수가 됐으니 말이다.

우리 가족은 경제적으로 또 한 차례 어려움을 겪었다. 큰형 레온은 도자기를 만드는 워너메이커즈에서 영업 사원으로 일했는데 오래전부터 이보다 더 나은 일을 하고 싶어 했다. 이런 열망이 워낙 강해서인지 한참 뜨고 있던 영화 산업에 관심이 많았다. 형은 롱아일랜드 자메이카에 있는 소극장을 1,500달러에 매입하려고 했다. 당시 아주 작은 마을에 불과했던 곳에서 무슨 영화관 운영인가 싶지만, 어쨌든 형은 그렇게 하고 싶어 했다. 어머니는 바르샤바에서 부유하게 사는 여동생한테서 1,000달러를 빌렸고 나도 U.S. 익스프레스에 다니면서 모은 돈을 보탰다. 그러나 형 사업은 그야말로 폭삭 망했고 단 두어 달 만에 투자한 돈도 다 날렸다. 너무 젊은 나이에 경험도 없이 뛰어들었으니 실패는 어쩌면 예견된 일이었는지도 모르겠다.

이제 나는 돈도 없고 일자리도 없었다. 그래서 곧바로 테이트 씨에게 내 사정을 알리고 도움을 청하는 내용의 편지를 썼다. 전에 내가 복학해서 대학을 무사히 졸업할 수 있도록 편의를 봐주겠다고 했으니 그 약속을 지키는 의미에서라도 시간제 일자리를 줬으면 한다고 말했다. 그랬더니 테이트 씨 비서가 내 사정이 딱하기는 한데 회사 규정상 시간제 직원은 고용할 수 없어서 곤란하다는 뜻을 알려왔다. 이 씁쓸한 경험을 통해 큰 교훈을 얻었고 이후로는 나를 도와주겠다는 말뿐인 막연한 약속에 절대 기대지 않았다. 여기저기 일자리를 찾아 나섰으나 헛수고였다. 그러다 막다른 골목에서 지푸라기라도 잡는 심정으로 사진 촬영 할인권을 파는 방문판매원 일을 해보기로 했다. 나로서는 이보다 치욕적이고 이보다 더 자괴감이 느껴지는 일자리가 또 있을까 싶었다. 이런 일까지 해야 하는 내 신세가 너무 처량했다. 집마다 찾아다니며 현관 초인종을 누르면 집안일을 하다 허둥지둥 나온 주부가 잔뜩 짜증이 난 얼굴로 무슨 일이냐는 듯 나를 쳐다봤다. 하나라도 팔아보려고 열심히 설명하려 하는데 내 말이 다 끝나기도 전에 문을 꽝 닫고 들어가버리는 사람이 태반이었다. 한나절 내내 발품을 팔고 다녔는데도 하나도 못 팔고 빈손으로 집에 돌아올 때가 많았다. 이 일은 여간한 강심장이 아니면 절대 할 수 없는 일이다. 나처럼 숫기 없는 사람은 엄두도 못 낼 일이었다.

어느 날인가 이날도 하나도 못 팔고 터덜터덜 걸어서 집으로 돌아와서는 침대에 쓰러져 울음을 터뜨렸던 기억이 난다. 어머니가 조용히 침실로 들어오더니 내 어깨에 팔을 두르고 앞으로 나아질 거라며 위로해줬다. 어머니의 위로가 큰 힘이 됐고 어떻게 해야 할지가 분명해졌다. 테이트 씨가 약속을 지키지 않았다는 점을 생각하고 이번에는 부사장인 플랫 씨에게 편지를 썼다. 그리고 전과 달리 부탁하는 투가 아니라 당당하게 권리를 주장하듯 또박또박 내 생각을 전했다. 이 작전이 통했다. 플랫 씨는 원칙적으로는 불가한 일이나 특수한 상황임을 고려해 특별히 사규상의 예외를 인정해주겠다고 했다. 그래서 월 25달러를 받으며 하루 중 절반만 근무하는 조건으로 화물 송장을 점검하는 일을 하게 됐다. 여름방학에는 전일제로 근무할 수 있었다. 일이 이렇게 풀리자 내 삶이 통째로 구원받은 느낌이었다.

일 자체는 너무 단조로웠다. 그러나 지루함을 달랠 방법을 금방 찾아냈다. 무료함을 달래는 데는 역시 시 쓰기가 최고였다. 아침에 초고를 쓰고 오후 내내 잘 다듬어서 하루에 한 편씩 꼭 써보려고 했다. 대부분이 연애시였다. 이탈리아 시인 프란체스코 페트라르카가 평생 연모했던 여인 라우라를 향해 수많은 연애 시를 지었듯이 그때 내가 좋아했던 알다를 생각하며 연애 시를 많이 썼다. 그때 썼던 시는 다 없어졌지만, 내 마음에 쏙 드는 시구 하나는 지금도 기억에 생생하게 남아있다. "희망이 묻혀있는 무덤의 비명碑銘, 그 비명을 '희망'이 쓴다."

어느 날인가 송장 점검하랴 시 쓰랴 한창 바쁜 와중에 내가 일하는 커다란 작업실에서 웅성거리는 소리가 났다. 회사 간부들이 우르르 들어왔는데 그중에는 깐깐하게 생긴 작달막한 남자도 끼어있었다. 우리가 모르는 사람이었다. 그 사람이 누군지는 금방 드러났다. 최근에 사장으로 선임된 로버츠 씨라고 했다. 이사회에서 사업을 정리하기로 했고 그 일을 추진하려고 영입한 사람이었다. 가만히 보니 로버츠는 줄줄이 늘어선 타구唾具: 가래나 침을 뱉는 용기에 눈길을 주고 있었다. 이런 일을 하는 곳에서 타구는 장부만큼이나 필수적인 물품이었다. 사실 사무직원 거의 전부가 입담배를 씹어댔다. 로버츠가 타구를 보며 '아, 구역질 나!'라고 내뱉는 말이 내 귀에 들렸다. 바로 다음 날 위에서 담배도 씹지 말고 타구도 전부 치우라는 지시가 떨어졌다. 한마디로 로버츠는 직원을 못살게 구는 상사였다.

로버츠가 사장이 되고 3년이 지났는데 사업 정리 작업은 여전히 진행 중이었다. 이후 나는 대학을 졸업하고 뉴욕증권거래소 회원사에서 일했다. 어느 날 상사가 내게 말했다. "벤, U.S. 익스프레스가 리하이밸리 철도 회사의 우선 채권 10만 달러어치를 아직 소유하는 거로 아는데 말이야. 자네가 가서 사장한테 얼마면 팔겠느냐고 한번 물어봐." 지금 이렇게 전과 다른 처지가 돼서 로버츠를 만난다고 생각하니 나도 모르게 어깨에 힘이 들어가는 기분이었다. 좀 들뜬 마음으로 모자를 눌러쓰고 로버츠를 만나러 갔다. 사장실에 들어간 나는 월가 증권 회사 직원이라는 직함을 달고 '칙사' 대접을 받는 그 상황을 은근히 즐겼다. 리하이밸리 채권 이야기를 꺼내자 로버츠는 매도할 의향이 있다면서 요즘 시세가 어떻게 되느냐고 물었다. 그런데 이 노릇을 어쩌면 좋은가! 이곳에 오기 전에 채권 시세부터 알아봤어야 했는데 괜한 허세를 떨 생각에 정신이 팔려서 너무도 기본적인 이 절차를 까먹고 말았다. 순간 당황한 나는 우리 회사에서 특별 시장조사를 다시 해봐야 한다면서 대충 얼버무리고는 황급히 일어서서 나왔다. 그때 로버츠가 우리에게 채권을 팔았는지 어쨌는지는 기억나지 않는다. 그러나 그날 이후로 업무 관련 면담을 할 때는 사전 준비를 철저히 하고 난 다음에야 비로소 만나 일을 진행했다.

이로부터 7년 후에 로버츠를 다시 만났다. 당시 나는 주로 저평가된 증권을 취급하는 분야에서 사업적 기회를 모색했다. 청산 절차를 진행 중인 기업 가운데 현 시장가를 훨씬 웃도는 수준의 수익을 낼 가능성이 보이는 종목에 특히 관심을 기울였다. U.S. 익스프레스 주식이 바로 여기에 해당했다. 청산이 마무리되지 않은 채 오랫동안 시간만 질질 끌었지만, 수익이 날 가능성이 보였다. 그래서 결국 투자를 결심하고 이 회사의 주요 주주가 됐다. 1913년 당시 화물 송장을 점검하던 하찮은 직원이 주요 주주가 된 이 상황은 상전벽해가 따로 없을 엄청난 변화임이 틀림없다. 어쨌거나 이번에는 주요 주주 신분으로 로버츠를 찾아가서 다음번 현금 분배 날짜와 정확한 금액을 물어봤다. 조만간 현금 분배가 이뤄지리라 봤기 때문이다. 로버츠도 나만큼이나 많이 변했다. 소싯적을 곱씹으며 하루 시간 대부분을 보내는 쪼그라든 노인 그 이상도 이하도 아닌 모습이었다. 그 노인이 수년 전에 현금 350만 달러에 렉터가Rector Street 2번지 U.S. 익스프레스 사옥을 팔았던 이야기를 주절주절 늘어놨다. 계약서를 쓰던 날 수표가 오갈 때 이 의자에 누가 앉았고 저 의자에는 또 누가 앉았다는 둥 시시콜콜한 이야기까지 열심히 풀어놓았다. 이 노쇠한 수다쟁이 노인네가 1913년 여름에 우리 작업실로 성큼성큼 걸어 들어와 주변 사람들을 한껏 움츠러들게 했던 바로 그 사람이었단 말인가? 월가에서 일하면서 사람이 그리고 기업이 몰라보게 변하는 모습을 참 많이 봐왔다. 그러면서 기업의 역사와 그 기업을 운영하는 사람의 인생사 간에는 큰 차이가 있다는 사실을 깨달았다. 사람이나 기업이나 시간이 흐르면 노쇠해 힘이 달리면서 지배적 위치에서 밀려나기는 마찬가지다. 그러나 기업은 아무리 노쇠해도 싱싱한 피를 수혈하면 다시 '회춘'할 수 있다. 그러나 사람은 다르다. 기업을 좌지우지하던 사람도 일단 늙으면 그것으로 끝이다.

나는 육군 장교 자녀를 가르치는 일도 했는데 내가 가르친 학생 중에는 가족과 함께 거버너즈섬에 살았던 저 유명한 레너드 우드 장군의 아들도 있었다. 우드는 1920년에 시카고에서 열린 전당대회에서 공화당 대선 후보 지명이 유력했던 인물이었다. 그런데 몇 표가 모자라 과반수 득표를 하지 못했고 결국은 뜻밖의 유력 경쟁자 워런 하딩Warren Harding 상원 의원이 최종 후보자가 됐다. 나는 멋진 서재에서 우드 장군을 만났는데 품격 있는 대화와 반듯한 태도에 깊은 인상을 받았다. 그러나 안타깝게도 자녀들은 훌륭한 아버지와 품위 있는 어머니만큼 내 관심을 끌지는 못했다.

일주일에 네 번 사우스페리 부두에서 출발하는 특별 페리를 타고 맨해튼을 떠나 거버너즈섬으로 갔다. 군 장교와 나를 포함한 초대 손님들은 상갑판에 마련된 꽤 호화로운 선실을 이용한 반면에 일반 사병은 하갑판에 설치된 나무 벤치에 앉아서 갔다. 어느 날 상갑판에 혼자 있다 보니 너무 무료해서 아래 갑판으로 내려가 사병 두어 명과 이야기를 나눴다. 다음 날 미첨 대령이 내가 그의 아들을 가르치는 공부방으로 들어왔다. 그러더니 페리 하갑판에서 내가 사병과 이야기하는 모습을 봤다고 말했다. 그런데 이는 군령 위반이라며 다시는 그렇게 하지 말라고 단단히 주의를 줬다. 이는 1913년 당시 미 육군이 엄격히 준수하는 관행이었다.

그동안 해봤던 숱한 아르바이트 중에서 그다지 성공적이지 못했던 일 가운데 하나는 내가 '셔츠 판지 사업Operation Shirtboard'이라 이름 붙인 일이었다. 4학년 때였는데 컬럼비아대학 취업 정보실에서 내게 부크먼 씨를 한 번 만나보라고 했다. 세탁소에서 셔츠를 접을 때 안에 끼워 넣는 직사각형 판지를 광고판으로 활용하는 방안을 생각해낸 사람이라고 했다. 그러니까 잡지 광고 지면을 광고주에게 팔듯이 셔츠에 끼우는 판지를 광고 지면처럼 활용해 광고주를 모집하겠다는 생각이었다. 그런데 광고주를 모집하려면 먼저 광고가 실린 판지를 셔츠에 끼워 넣겠다는 세탁소부터 되도록 많이 모집해야 한다. 잡지 발행 부수가 많을수록 광고주 모집이 더 수월한 상황과 비슷하다고 보면 된다. 보통 1,000장당 1.4달러인 판지 가격을 1달러에 공급하겠다는 '미끼'를 던져 세탁소를 설득하기로 했다. 세탁소도 뭔가 이득이 있어야 여기에 응하지 않겠는가! 내가 할 일은 가능한 한 광고 판지를 끼워줄 세탁소를 많이 확보하는 일이었다. 그리고 세탁소 한 곳을 모집할 때마다 15센트를 받기로 했다. 부크먼 씨는 광고가 들어간 셔츠 판지 견본이라며 세 가지 색상의 애로우 칼라 맨Arrow collar Man: 당시 엄청난 인기를 누리던 가상의 '애로우 셔츠' 남성 광고 모델 사진이 들어간 전차 광고 판지를 내게 줬다. 세탁소를 돌아다니며 부크먼 씨가 견본으로 준 애로우 칼라 맨 광고 판지를 보여주면서 우리와 회원사 계약을 맺으면 이렇게 생긴 셔츠 판지를 시중가보다 싸게 구매할 수 있다며 세탁소 주인을 열심히 설득했다. 그러나 막상 광고를 실은 셔츠 판지가 나왔을 때 보니까 품질이 형편없었다. 멋들어진 애로우 칼라 맨까지는 바라지도 않았다. 부크먼 씨가 내놓은 셔츠 판지에는 세 가지 색상은커녕 검은색 하나로 된 작은 동네 광고가 어수선하게 들어있었다.

내가 찾아갔던 세탁소 중에서 상당수가 회원사 계약에 서명한 것을 보면 내 성실함과 순수한 열정이 통했다는 의미가 아닐까? 아니면 세탁소로서는 생돈이 들어갈 일이 없으니까 그냥 회원사 계약을 맺었을지도 모를 일이다. 그러나 내 설득이 전혀 통하지 않았던 경우도 있었다. 세 번째로 찾아갔던 세탁소는 주인이 중국인이었다. 장황한 내 설명을 무덤덤하게 듣고 있던 주인이 애로우 칼라 맨 판지를 흥미로운 듯 살펴보더니 두 장짜리 계약서를 읽고 나서 다시 돌려주면서 이렇게 말했다. "우리 세탁소는 그런 셔츠 판지를 안 쓴다네."

얼마 후 부크먼 씨가 나를 사무실로 불렀다. 세탁소 모집 일은 아주 잘 해냈으니 이보다 훨씬 더 중요한 일을 해서 본격적으로 돈을 벌어야 하지 않겠느냐고 했다. 1차 세탁소 모집이 얼추 마무리됐으니 이제 진짜로 중요한 2차 업무, 즉 광고주를 모집하는 일을 시작했다. 셔츠 판지에 광고하라고 광고주를 설득하는 일이었다. 처음에 나는 125번가에 있는 대형 소매점 블럼스타인즈를 공략했다. 쉽지는 않았으나 어찌어찌해서 광고 담당자 사무실로 들어가는 데는 일단 성공했다. 뭔가 말을 시작하기도 전에 그쪽에서는 들어볼 생각도 안 하고 바로 말을 잘랐다. "관심 없어요." 그래도 계속 말을 해보려고 했다. "관심 없으니 당장 나가!" 말투가 거칠어졌다. 항의 차원에서라도 뭔가 한마디 해야겠다고 생각했다. 그랬더니 바로 이런 답이 돌아왔다. "곱게 제 발로 걸어 나갈래? 아니면 내가 끌어낼까?" 하는 수 없이 그냥 나왔다. 해보겠다는 열의가 급격히 사그라지는 느낌이었다. 그렇게 몇 곳을 더 돌아다녔으나 다 거절당했다. 기세가 팍 꺾인 나는 다음 날 부크먼 씨에게 전날 일을 보고했다. 부크먼 씨는 뭔가 달관한 듯한 태도로 내 말에 귀 기울였다. 내 나이를 생각하면 광고를 수주할 능력을 기대하기에는 무리가 있었다고 생각하지만, 그래도 세탁소 모집 일은 아주 잘 해

내지 않았나! 그 정도는 얼마든지 할 수 있다. 그렇게 애써 나 자신을 위로 했다.

당시 내게는 이성 관계에 약간의 문제가 있었다. 지적인 면에서는 조숙하다고 할 수 있으나 이성이나 연애 면에서는 미숙하기 그지없었다. 열세 살 때 헨리 필딩Henry Fielding이 쓴《톰 존스의 모험》을 읽고 있는데 내게 프랑스어를 가르쳐줬던 콘스턴스 플라이쉬만이 어머니에게 하는 소리가 들렸다. "벤이 읽기에 저 책은 너무 외설스러운 거 아닌가요?" 그랬더니 어머니는 아주 확신에 차서 이렇게 말했다. "아이, 우리 벤은 그런 거 잘 몰라." 이런 문제에 관한 한 사실 부모는 자식에 대해 무지한 편 아니던가! 어머니 역시 막내아들이 성에 관한 부분을 빼놓고는 뭐든지 다 빨리 배운다는 착각에 빠졌었다고 본다. 어머니의 순진한 확신과는 달리 나도 성 문제에 호기심이 많은 또래 남자아이들과 별반 다르지 않았다. 이 분야에 관한 책은 오히려 다른 아이들보다 더 많이 읽었기 때문에 성 관련 지식이 누구보다 해박한 편이었다. 그러나 실제 연애 혹은 성 경험은 또래보다 한참 뒤졌다. 시쳇말로 '성을 책으로 배운' 사람이 바로 나였다.

또래보다 성적으로 미숙했던 이유를 생각해보면 선천적인지 후천적인지는 잘 모르겠으나 언어적으로 상당히 까다로운 성향도 여기에 한몫했다고 본다. 친구들이 상스러운 말을 뱉을 때마다 너무 불편했다. 내 입에서 그런 말이 나온 것처럼 얼굴이 화끈거려서 나는 도저히 입이 떼어지지 않았다. 성향상으로도 그렇고 사용하는 단어 하나하나에 신중을 기하는 자세가 거의 습관으로 굳어졌다. 여자 앞에서 부끄럼을 잘 타는 숫기 없는 남자였다는 점도 또 한 가지 이유가 됐다. 학교 다닐 때 여학생과 한 반에서 공부해본 적이 없었다. 대학생이 될 때까지 내가 경험한 이성 관계라고는 아주 어렸을 때 콘스턴스에게 느낀 풋사랑 그리고 바이올렛 개스너라는 여학생에 대해 품었던 소심한 관심이 전부였다. 그러나 이성에 대한 이런 비정상적 태도가 영원히 계속될 수는 없다. 아니, 그래서는 안 된다. 내 태도에 변화가 생긴 계기는 큰형 레온이 마련했다고 봐야 한다. 나와 달리 형은 여자를 다루는 솜씨가 보통이 아니었다. 자신감이 넘쳤고 말도 아주 잘했으며 연애 시를 인용하는 기술도 도가 텄다. 혼자 다 감당하지 못할 정도로 여자들이 많아서 몇몇은 동생인 내게 소개해주기까지 했다. 실제로 형이 여자 친구와 대화를 나눌 때 내가 화젯거리로 종종 등장했다. 형은 동생이 천재라고 자랑했던 모양이다. 형 말대로면 나는 '천재에 가까운' 수준이 아니라 '그냥 천재'였다. 하도 동생 자랑을 해대니 그 '천재' 좀 보고 싶다는 여자들이 많았다. 그러면 형은 또 흔쾌히 같이 보자고 했다.

사촌 누나 헬렌의 소개로 로즈라는 소녀를 만났다. 그러나 코니아일랜드Coney Island: 브루클린 남부에 있는 유원지 겸 놀이공원에서 놀이 기구를 탈 때 내 팔로 로즈의 허리를 슬쩍 감아 안을 수도 있었는데 이럴 때조차 감히 손을 내밀지 못했다. 로즈는 다른 남자와 결혼했지만, 그때의 기억이 내가 쓴 시에 남아 있다. 그때 쓴 시는 '번역과 시Versions and Verse'라는 제목을 떡하니 붙여놓은 가제식加除式: 한 장 한 장 끼웠다 뺐다 할 수 있는 방식 시작詩作 노트에 아직도 있다. 형은 또 백화점에서 축음기 음반을 판매하는 예쁜 여자 친구를 만나러 갈 때도 나를 데려갔다. 형은 오페라에 푹 빠져있었다. 덕분에 나도 오페라에 관심이 생겼다. 그 여자 친구의 환심을 충분히 샀다고 생각한 형은 토요일 오후만 되면 음반 매장으로 가서는 맛보기로 들려주는 이른바 시청試聽 음악을 듣는다는 명목으로 오페라 전곡을 공짜로 듣곤 했다. 물론 그렇게 듣고 음반은 사지 않았다. 그 젊은 아가씨는 매력도 있고 형한테 뭔가를 바라는 듯 보였으나 안타깝게도 음반에만 정신이 팔려 제 사심만 채우는 형한테 이용만 당하는 그런 느낌이 들었다.

어쨌거나 이런 만남은 좀 더 진지한 이성 교제를 위한 하나의 준비 과정이었다. 형은 사실 브루클린 배스비치에 살았던 실비아 머주어에게 관심이 있었다. 그런데 실비아가 다른 남자와 약혼하자 그때 겨우 열여섯 살이던 실비아의 여동생 헤이즐에게 공을 들이기 시작했다. 한마디로 헤이즐은 '다 갖춘' 여성이었다. 예쁘고 똑똑한 데다 매우 차분하고 여러 방면에서 상식과 지식을 두루 갖추고 있었다. 열정적이고 포부도 컸으며 동네 아이들과 몇몇 어른에게 춤과 웅변술을 가르쳐서 돈도 꽤 벌었다. 아량도 있고 어려움에 처한 사람을 도와줄 줄도 아는 마음씨 좋은 여성이었다. 그냥 모든 면에서 참 괜찮은 사람이었다. 한 가지 흠이 있다면 장점이 너무 많아서 자신감이 너무 과하다는 부분이었다. 부족함이 없는 거의 완벽한 사람이라는 자기 확신이 너무 강했다.

그래서인지 형은 천재로 소문난(스스로 소문을 낸 부분이 더 컸지만) 동생을 자랑삼아 헤이즐에게 소개하고 싶은 마음이 굴뚝같았던 모양이다. 게다가 브롱크스에서 브루클린까지 거리가 꽤 멀어서 혼자 가려면 너무 지루했다. 나랑 같이 가면 말동무도 되니 일석이조가 아니겠는가! 그래서 어느 일요일에 형을 따라나섰고 헤이즐이 사는 작은 목조 주택에 도착했다. 헤이즐이 나와서 반갑게 우리를 맞이했다. 살집이 좀 있어서 통통한 편이었으나 보기에 나쁘지 않은 수준이었고 어깨 뒤로 찰랑거리는 짙은 갈색 머리카락 때문인지 얼굴이 굉장히 앳돼 보였다. 우리 둘은 서로에게 상당한 관심을 보였다. 그래서 머주어 씨네 집에 자주 가게 됐다. 형과 같이 갈 때도 있었고 나 혼자 갈 때도 있었다. 형제가 한 여자를 사이에 두고 구애를 펼치는 꼬락서니를 사촌 형 루이가 눈치채고는 틈만 나면 우리를 놀려댔다. 몇 달 후 헤이즐은 자신이 가르치던 아이들의 학예회 준비로 분주했다. 무대에 올릴 가면극 대본은 내가 썼다. 밀턴의 《코머스Comus》와 같은 장르로 제목은 '요정의 축제A Fairy Festival'라고 붙였다. 헤이즐은 여기에 음악을 넣는 작업을 했다. 이 가면극은 일곱 살 난 여자아이가 다음과 같은 서사를 읊으며 시작했다.

> 한적한 시골 마을 벤슨허스트에서 멀리 떨어진 곳에
> 그리고 깊은 잠에 빠진 그 옛날 배스비치에
> 즐거운 요정의 나라가 있다네…….

헤이즐은 이 거창한 행사를 치르려고 과거와 현재 남자 친구 심지어 미래 남자 친구가 될지 모르는 사람까지 죄다 불러 모았다. 이렇게 모인 헤이즐의 전·현 남자 친구들이 안내인, 입장권 판매원, 무대장치 담당자 등등의 역할을 도맡았다. 헤이즐은 큰형도 모자라 작은형 빅터까지 동원했다. 빅터 형에게 있는 아마추어 무대 공연자로서의 재능을 포함해 헤이즐은 누구에게 어떤 일을 맡겨야 하는지를 전부 다 알고 있는 듯했다. 이날 밤 공연의 하이라이트는 키가 크고 호리호리한 빅터와 키가 유독 작은 여섯 살짜리 소년이 그때 한창 유행하던 앨 졸슨Al Jolson의 곡을 듀엣으로 부르는 장면이었다. "다 큰 아가씨들이 아이처럼 행동하면 사랑에 빠져버리지. 그냥 그뿐이야." 노래가 끝나자 박수갈채가 터져 나왔다. 그러나 내키지 않는 자리라 억지로 끌려 나온 사촌 형 루이는 심드렁한 표정을 지었을 뿐이었다. 왜일까? 삼 형제가 어리디어린 여자애 한 명한테 휘둘리는 모양이 영 보기 싫었던 모양이다. 그로스바움 가문의 남자 셋이 여자애 손아귀에서 놀아나는 꼴이야말로 가문에 오점을 남기는 일이었다. 그러나 그런 루이도 헤이즐 '기사단'의 일원이 되는 데 그리 오랜 시간이 걸리지 않았다.

열아홉 살이 됐을 때 좀 더 진지한 연애를 경험했다. 루 번스타인을 통해 알다 밀러를 알게 됐다. 알다는 헤이즐만큼 예쁘지는 않았지만, 활기 넘치고 호감 가는 얼굴이었다. 특히 법률사무소에서 타자수도 겸하며 비서로 일했다. 기술적인 일을 끊임없이 다루다 보니 여러 방면에서 식견이 넓어졌다. 알다를 생각하면 항상 깊이 사랑했던 마음과 함께 왠지 모를 가책과 회한이 좀 느껴진다. 우리 두 사람은 급속히 가까워졌다. 만난 지 얼마 되지 않았는데 우리 둘은 일과를 마친 후 집으로 돌아가는 길에 역에서 거의 매일 만났다. 알다네 집에 뒤뜰이 있었는데 큰 나무에 그네가 하나 매달려있었다. 폭은 그렇게 넓지 않아서 어른 두 명이 붙어 앉으면 딱 맞을 정도였다. 라일락 향기가 은은하게 퍼지던 어느 날 저녁에 둘이 그네에 붙어 앉아 그 분위기에 어울리지도 않는 엉뚱한 이야기를 했던 기억이 난다. 칸트가 어쩌고저쩌고 쓸데없는 말을 했던 것 같다. 어쨌거나 이날 알다가 내 볼에 손을 대더니 내 얼굴을 자신 쪽으로 돌리려 한다는 느낌이 들었다. 워낙에 둔한 사람이라서 알다가 키스하고 싶어 한다고 깨닫기까지 좀 시간이 걸렸다. 그러나 아무리 둔해도 끝까지 모를 수는 없었으리라.

이 일이 있고 나서 우리 둘은 깊은 사랑에 빠졌다. 연애하는 동안은 즐겁기도 하고 또 한편으로는 혼란스럽기도 했다. 신체 건강한 남녀이다 보니 만날 때마다 둘이 하나가 되고 싶은 충동이 자꾸 일었다. 물론 그런 본능에 따르지는 않았다. 둘 다 품위를 중시하며 신중하게 행동하는 사람이었고 본능에 따른 그런 행동은 볼썽사납다는 생각이 강했기 때문이다. 그렇게 끝까지 마지막 선은 넘지 않았으나 우리 둘이 그와 비슷한 경험을 하기는 했다. 물론 자세한 내용은 독자의 상상에 맡긴다. 그런데 나는 사실 그 행동이 부끄러웠다. 그래서 알다 때문에 억지로 그렇게 됐다는 생각에 공연히 부아가 치밀었다.

어느 일요일 오후에 알다네 집에 또래 친구들이 모였다. 이때 알다가 내 무릎 위에 앉았다. 둘이 있을 때는 알다의 이런 행동을 좋아했지만, 다른 사람들 앞에서 대놓고 이렇게 하니까 내가 웃음거리가 된 기분이었다. 그러더니 다른 사람에게 다 들리도록 이렇게 말했다. "벤, 나 사랑하지 않아?" 그래서 나는 소리를 죽여 대답했다. "당연히 사랑하지." 그랬더니 아주 거슬리는 목소리로 또 이렇게 말했다. "그러면 이 세상에서 누구보다 나를 사랑한다고 말해줘.", "알았어, 알았다고. 알다, 이 세상 그 누구보다 알다 너를 사랑해."

다음 날 밤에 나는 알다에게 진지한 어조로 장문의 편지를 썼다. 나는 아직 대학생이고 졸업한 후에는 로스쿨에 들어가서 3년은 더 공부해야 한다고 말했다. 공부를 마치면 취직도 해야 하고 또 한 가정을 꾸릴 정도로 경제력을 갖출 때까지는 결혼도 못 할 텐데 이런 내가 진정한 사랑 운운할 자격이 되는지 모르겠다고 했다. 결혼할 처지도 못 되는데 계속 만나면 사랑은 깊어지고 그럴수록 서로를 더 원하게 되지 않겠는가! 욕망은 점점 더 커지는데 해결할 방법도 희망도 없다. 젊은 혈기에 머릿속은 온통 알다 생각뿐이라 공부도 잘 안 된다고도 썼다. 이런 사정을 설명하고 변명 아닌 변명을 늘어놓은 끝에 가슴 아프지만 결론을 내기로 했다고 말했다. 이쯤에서 그만 만나자고 했다. 헤어지는 편이 우리 두 사람에게 최선이라고 말이다.

세월이 지나고 경험도 어느 정도 쌓인 지금에 와서 생각해보면 도대체 그때 왜 그랬는지 모르겠다. 대체 무슨 근거로 그런 편지를 썼는지 기억도 안 난다. 알다와 내가 육체적인 애인 관계가 될 수 있다는 생각을 그때는 하지 못했다. 귀하게 대우해야 할 여성과 잠자리를 하거나 가족을 부양할 능력을 갖추지 못한 상태에서 결혼하는 일 자체가 도둑질이나 술주정과 다를 바 없다고 생각했다. 포부가 큰 점잖은 젊은 남성이라면 절대로 생각할 수 없는 일이었다. 알다가 답장을 보내왔다. 서운할 만도 한데 알다는 원망의 말 한마디 없이 그저 내 성공을 빌어주며 내내 행복하게 살기 바란다고 했다.

알다와의 만남과 사랑 그리고 이후 한 여성과 가볍게 사귄 연애 경험을 바탕으로 결국 내 젊은 시절 연애의 정점을 찍으며 결혼까지 하게 될 여성을 만났다. 그 여성이 바로 헤이즐이었다. 헤이즐과 결혼하고 다섯 아이를 낳았으며 그렇게 성공도 실패도 함께하는 가정을 꾸렸었다. 그러나 결국은 이혼으로 우리 관계에 종지부를 찍었다. 오늘 아침에 우연히 조지프 콘래드의 《어둠의 심연》을 읽었는데 말로Marlow의 심오한 통찰이 새삼 가슴에 와닿았다.

> 인생이란 얼마나 우스운가! 아무 의미도 없는 논리를 끊임없이 늘어놓는다. 그런 헛수고를 해봐야 자기 자신에 대해 조금 더 알게 될 뿐이고 그마저도 항상 뒤늦은 깨달음일 테니, 억누를 수 없는 회한만 가득한 인생이구나!

헤이즐과 나는 서로에게 많은 것을 줄 수 있는 아주 이상적인 짝이었지만, 둘 다 자기 자신을 잘 모른다는 큰 흠이 있었다. 결국은 관계 파탄의 원인이 된 이 흠을 안고 결혼 생활을 시작한 셈이었다.

헤이즐은 보스턴에 있는 에머슨 스쿨Emerson School에서 1년간 근무하다 배스비치로 돌아왔다. 집으로 돌아오자마자 나를 포함한 옛 연인들과 어울리기 시작했다. 그러면서 헤이즐은 차츰 나를 마음에 두기 시작했다. 그러나 서두르지는 않았다. 아주 신중하게 자신이 원하는 남자는 나라는 확신을 점점 굳혀가면서도 내게 섣불리 같은 마음을 강요하려 하지는 않았다.

그저 나도 자연스럽게 그런 확신에 동화되기를 기다리는 듯했다. 한마디로 이는 시간과 기술이 필요한 전략이었다. 알다처럼 사람들 앞에서 사랑 고백을 강요하는 식으로 나를 난처한 상황에 몰아넣지도 않았고 둘이 있을 때도 가슴 떨리는 고백 따위도 하지 않았다. 우리 둘에게는 그저 적당한 때가 오려니 생각하며 기다리는 것이 최선이었다.

1914년 봄에 대학을 졸업하고 직업전선에 뛰어들었다. 1914년 여름은 누가 봐도 직장 생활을 시작하기 쉽지 않은 시기였음에도 일단 나는 그렇게 했다. 제1차 세계대전이 발발했고 그 여파로 뉴욕증권거래소가 폐쇄된 상태였지만, 그래도 나는 월가로 방향을 잡고 꿋꿋이 버티기로 했다. 여기서는 주당 10달러밖에 못 벌었다. 그러나 아르바이트로 거버너즈섬에 거주하는 군 장교들의 자녀를 가르치고, 야간학교에서 외국인에게 영어를 가르쳐서 부족한 비용을 충당했다. 야간학교 영어 교사 일은 나로서는 교수법敎授法을 적용해 가르쳐본 첫 번째 경험이었다. 이때 우리는 특정 단어에 적합한 행동을 결합해 자연스럽게 단어를 배우는 이른바 '구앵Gouin 교수법''프랑수아 구앵François Gouin'이 일련의 문장을 문법 규칙을 설명하지 않은 채 현실 맥락에서 해당 언어로 가르치는 일종의 '시리즈 교수법Series method'임을 활용했다. 예를 들어 첫 시간에 선생님이 '창문을 연다I open the window: 아이 오픈 더 윈도우'라는 문장을 또박또박 발음한 다음에 곧바로 진짜 창문을 여는 행동을 한다. 그러면 학생들이 이 문장을 따라서 읽는다. 물론 처음이라서 정확한 발음은 아니고 대충 "칭문을 윤다I oopen ze vindow: 아이 오오펜 즈 빈도우" 정도로 발음한다. 그러고는 선생님처럼 다들 일어나서 직접 창문을 열고 시원한 바람이 교실 안으로 들어오게 한다. 찰스 디킨스의 《니콜라스 니클비》에 나오는 두더보이즈홀Dotheboys Hall의 교수법보다 낫다는 생각이 들었다. 내 기억으로 두더보이즈홀에서는 교장 왝포드 스퀴어즈가 대충 이런 식으로 철자법을 가르쳤다. "자, 따라 해봐. 계단[Winder: 와인더]! 더블유-아이-엔-디-이-알-. 자, 존슨! 너는 오후에 교실 '계단' 좀 닦아라. 안 그러면 혼쭐을 낼 거야."

1914년에 우리 가족은 헌츠 포인트 팰리스라고 하는 꽤 고급스러운 아파트 단지로 이사하면서 모처럼 생각지도 못했던 호사를 누렸다. 이런 꿈같은 일이 어떻게 가능했을까? 간단하다. 선호도가 좀 낮은 침실 다섯 개짜리 아파트 가운데 한 채는 월 45달러만 주면 임대할 수 있었다. 켈리가에 있는 우리 집 월세에 10달러만 더 보태면 되는 금액이었다. 그때 나는 아르바이트를 포함해 일을 세 개나 하면서 주당 28달러를 벌었고 여기에 형들이 보태주면 월 45달러 정도는 감당할 수 있었다. 그로스바움 가족이 이렇게 크고 번듯한 집에서 다시 살 수 있다는 사실에 얼마나 큰 자부심을 느꼈을지 한번 상상해보라. 차양이 멋들어지게 드리워진 건물 현관에 제복을 근사하게 차려입은 수위가 입주민을 깍듯하게 맞이한다. 승강기도 여러 대고 잘 정돈된 테니스 코트도 다섯 개나 갖춰져있었다. 말 그대로 '궁전'이 따로 없는 으리으리한 집에서 다시 살게 된다니 정말 꿈만 같았다. 아주 오래전에 남부러울 것 하나 없이 호화롭게 살았던 경험이 있다고 해서 새롭게 찾은 이 호사가 무덤덤하게 느껴지리라 생각한다면 오산이다. 오히려 그래서 더 흥분되고 더 신이 났다. 사실 이 부분이 좀 문제이기는 했다. 잘 살다가 망해본 경험이 있다면 다시 누리게 된 이런 호사가 영원하지 않다는 점을 더욱 자각해야 했다. 그래서 일순간의 성취감에 도취해 경거망동하지 말아야 했는데 아쉽게도 나를 포함해 우리가 그럴 정도로 정신 수양이 잘된 가족은 아니었던 모양이다.

컬럼비아대학 로스쿨에서 공문을 한 장 받았다. 내가 전액 장학금을 받게 됐으니 수령 의사가 있는지 여부를 일주일 내로 알려달라는 내용이었다. 분명히 좋은 소식이기는 했으나 한편으로 고민이 됐다. 항상 생각해왔던 대로 변호사라는 전문 직업인의 길로 정말 들어서도 될까? 지금 월가 일이 특별히 문제가 되지는 않았다. 이 분야에서 큰돈을 버는 상황도 또 자리를 확고하게 잡은 상황도 아니니 이 정도 희생은 감수하고 일자리를 포기해도 상관은 없었다. 게다가 금융 분야 일이 내 적성에 딱 맞는지도 아직 잘 모르는 상태였다. 그러나 3년간의 공백이 문제였다. 로스쿨을 선택하면 직장 생활도 그렇고 결혼도 최소한 3년 뒤로 미뤄야 한다. 그래서 헤이즐과 이 문제를 상의했다. 대놓고 이래라저래라 하지는 않고 말끝을 흐렸지만, 말하는 투로 봐서는 이제 또 3년은 우리에게 꽤 긴 시간이고 내 능력이 워낙 뛰어나니까 지금 하는 일을 계속해도 크게 성공하지 않겠냐는 속마음을 내게 전하는 듯했다. 아무튼 헤이즐은 꼭 집어서 어떻게 하라는 말은 하지 않았지만, 그 의중을 짐작한 나는 헤이즐이 원하는 대로 했다. 사실 나도 그쪽을 원했다. 그래서 로스쿨 측에 정말 감사한 일이기는 하나 장학금 수령은 포기하겠다는 내용의 편지를 써 보냈다. 그리고 케펠 학장에게도 사정을 알렸다(헤이즐 이야기는 빼고). 학장은 증권거래소가 열리지 않는 상황이라 그동안 수준 미달인 사람들이 많이 정리됐으니 나처럼 능력 있는 사람에게는 오히려 기회가 될 수 있다며 내 뜻을 존중해줬다.

헤이즐과 나는 곧바로 결혼 약속을 했다. 정확한 날짜는 기억나지 않지만, 그때 그 장면은 기억이 난다. 극장에서 나와 헤이즐을 집에 데려다주는 중이었다. BMTBrooklyn-Manhattan Transit: 브루클린-맨해튼 교통 공사 노선의 한 역에서 벤슨허스트행 열차를 갈아타려고 한참을 기다려야 했다. 먼저 헤이즐에게 내 그리움과 열망의 대상이며 아주 많이 사랑한다고 말했다. 헤이즐도 나를 많이 사랑한다고 했다. 사실 내가 어떤 결정을 내리더라도 기다릴 생각이었다고 했다. 우리는 매우 행복했지만, 마냥 들떠있을 상황은 아니었다. 헤이즐은 우리가 결혼하기로 한 약속은 당분간 아무에게도 알리면 안 된다고 당부했다. 헤이즐의 어머니(레온 형은 그녀를 '용'이라고 불렀음)와 그 집안에서 영향력이 컸던 맥스 외삼촌의 반대가 불을 보듯 뻔하기 때문이란다. 온 동네 사내들이 탐내는 귀하디귀한 헤이즐이 대학을 갓 졸업한 애송이와 결혼한다니 지나가던 개가 웃을 일이라며 둘이서 난리굿을 벌이는 모습이 눈에 선하다고도 했다. 헤이즐의 아버지는 '밀러 교황'이라 불릴 정도로 점잖은 '선비' 스타일이라서 크게 신경 쓰지 않아도 됐다. 헤이즐은 무슨 일이 있어도 집안 반대 문제는 자신이 해결하겠다고 했고 나도 그 말을 믿었다.

우리는 1916년 여름까지 1년 6개월 동안 결혼 약속을 비밀로 했다. 그러는 동안 헤이즐은 수많은 구애자를 물리치고, 훌륭한 신랑감을 찾아주겠다는 일념을 버리지 않는 어머니를 상대하느라 온갖 계략을 짜내며 고군분투했다. 그런 구애자 중에는 카이세도라는 남성도 있었는데 남미 출신답게 열정 가득한 다혈질 청년이었다. 좋은 짝을 찾겠다는 어머니의 극성 때문에 여러 사건을 겪어야 했는데 그중 하나가 나로서는 정말 치욕스러운 경험이었다. 어느 날 머주어 부인(헤이즐의 어머니)이 아주 훌륭한 신랑감을 찾아낸 모양이었다. 네이선 구트만이라는 청년이었다. 그는 아버지와 함께 여성 스웨터 관련 일을 하는데 사업이 꽤 잘된다고 했다. 헤이즐 모녀는 1915년 부활절 주간을 뉴저지주 레이크우드에서 보낸다는 계획을 세웠다. 나도 같이 가면 안 되겠냐고 했더니 그러면 복잡한 문제가 생길 수도 있다며 난색을 표했다. 그러나 남자 친구티를 내지 않고 그냥 사촌인 척하면 괜찮을지 모르겠다고 했다. 나는 별생각 없이 그렇게 하겠다고 했다. 그런데 막상 레이크우드에 도착해 보니 구트만은 완전히 칙사 대접을 받고 있었다. 그런데 머주어 부인은 나한테는 정말로 헤이즐의 사촌 대하듯 건성으로 인사는 했는데 노골적으로 불쾌한 낯빛을 드러냈다.

물론 나는 이런 꼴사나운 연극에 진저리가 쳐졌지만, 헤이즐의 난감한 처지를 충분히 이해하기에 내 불편한 심기를 드러내지는 않았다. 서로를 강하게 원하는 청춘 남녀가 거의 매일 만나다시피 하면서 당시 윤리 기준에 따라 성적 충동을 계속 억제하고, 게다가 두 사람 성격이 완벽하게 맞아떨어지는 것도 아닌 상황에서 이 관계를 끌고 가기에 1년 6개월은 만만치 않게 긴 시간이었다. 헤이즐은 매우 상냥했지만, 또 한편으로는 강철처럼 강인하고 다른 여성에 비해 소유욕도 매우 강했다. 반면에 나는 표면적으로는 유순하고 태평한 스타일이었다. 좋게 말하면 융통성 있고 나쁘게 말하면 좀 우유부단한 그런 면이 있었다. 그러나 속으로는 헤이즐의 남다른 소유욕과 지배욕이 영 부담스러웠다. 게다가 나는 가끔 멍하니 딴생각할 때가 있고 사소한 문제는 거의 신경 쓰지 않는 편인 데다 영국인 특유의 내성적인 면이 있었다.

그러다 보니 크고 작은 오해로 서로 충돌할 때가 많았다. 그만 만나자고 한 적이 한두 번이 아니었다. 그러나 사랑싸움은 칼로 물 베기라고 했던가! 다툼은 잠깐이고 언제 그랬냐는 듯 또 만나곤 했다. 그런데 '칼로 물 베기'가 아니었던 정말 큰 다툼도 있었다. 보트를 타려고 헤이즐을 호수로 데려갔었다. 그런데 갑자기 내가 자신을 사랑하지 않는 것이 분명하다고 쏘아붙였다. 암울한 두 사람의 미래를 생각하면 더는 살아있을 이유가 없다며 그냥 물에 빠져 죽어버리겠다고 엄포를 놨다. 그렇게 폭탄 발언을 하고는 옷을 다 입은 채로 바로 물속으로 뛰어들었다. 말릴 새도 없이 순식간에 벌어진 일이었다. 헤이즐은 원래 수영을 잘했기 때문에 물에 떠있는 데는 문제가 없었다. 나는 있는 힘껏 노를 저어 헤이즐 곁에 되도록 가까이 다가갔다. 제발 진정하고 나를 한 번만 더 믿어달라고 애원했다. 그렇게 몇 분을 달래고 또 달랜 후에야 헤이즐이 보트로 올라왔다. 그리고 우리 사랑을 이어갈 기회를 한 번만 더 주겠다고 했다.

그해 늦여름에 헤이즐에게 정식으로 청혼했다. 밀러 가문의 3대장인 헤이즐의 아버지, 어머니 그리고 외삼촌 앞에서 따님과 결혼하고 싶다고 말했다. 헤이즐은 자기 방에 가 있겠다고 말은 했지만, 실제로는 계단 맨 위에 앉아 귀를 쫑긋 세우고 우리가 무슨 말을 하는지 듣고 있었다. 우리가 서로 얼마나 사랑하는지에 관해서는 간략하게 설명했고 경제적인 부분이나 내가 하는 일의 전망 등에 관해서는 좀 자세하게 설명했다. 당시에는 이런 부분이 매우 중요했다. 머주어 부인은 머지않아 이런 일이 있으리라 예상은 했었지만, 내가 너무 어리다는 점이 영 마음에 걸렸다고 했다. 실제로 내게 정기적으로 면도를 하느냐고 물어볼 정도였다. 이 점에 관해서는 걱정하지 않도록 충분히 설명했다. 그러자 더는 반대하지 않았다. 우리는 이런 날을 대비해 아껴놓았던 샴페인 한 병을 꺼내 축하를 했다. 그해 11월에 약혼식을 했고 이듬해 6월에 드디어 결혼식을 올렸다. 그러나 결혼을 두어 달 앞둔 시점에 미국이 제1차 세계대전에 참전을 결정하면서 개인적으로 시련을 겪게 된다.

Benjamin Graham

2부

월가의 역사를 쓰다

7

월가로 가다

졸업을 앞둔 한 달 동안 정말 많은 일이 일어났다. 첫 번째로 철학과 학과장 우드브리지 교수가 교수 클럽에서 점심이나 같이 먹자고 했다. 그리고 그 자리에서 내게 철학과 교수직을 제의했다. 또 얼마 지나지 않아 수학과의 호크스 교수도 내게 같은 제의를 하며 대학에 남아달라고 했다. 게다가 어스킨 교수마저 이야기 좀 나누자며 나를 교수실로 불러 어안이 벙벙할 정도였다. 영문과 교수가 내 적성에 맞아 보이는데 교수진에 합류하면 어떻겠냐고 했다. 사실 교수직은 초봉도 얼마 되지 않고 승진도 더딘 편이지만, 이 부분을 상쇄하고도 남을 만큼 만족감이 큰 직업이다. 망설이는 내게 확신을 불어넣어 주려는 듯이 강사로 출발해 대학교수 생활을 이어간 일, 경제적 기반 없이 일찍 결혼해서 어려움을 겪었던 일 등 여러 가지 개인사를 들려줬다.

한꺼번에 교수 제의를 이렇게 많이 받아서 뿌듯하기도 하고 얼떨떨한 기분이기도 했다. 케펠 학장을 찾아가 상황 설명을 하고 조언을 구했더니 서두를 일이 아니니 더 생각해보고 결정하라고 했다. 평소에도 케펠 학장은 뛰어난 학생이 학교에 남는 것도 나쁘지 않지만, 그보다는 상아탑을 벗어나 실전 경제계로 진출해 제 몫을 다하는 쪽에 더 무게를 두는 편이었다. 결과적으로 케펠 학장의 관점과 조언은 내 진로에 적지 않은 영향을 미쳤다고 본다.

며칠 후 학교에서 만난 케펠 학장이 내게 이렇게 말했다. "어제 전화했는데 통화가 안 되더군. 아, 참 아쉽네. 정말 좋은 기회였는데."

"대체 무슨 일이었는데요?"

"자네도 알지? 《위대한 환상The Great Illusion》의 저자 노먼 에인절Norman Angell 경 말이야. 그분이 어제 여길 들렀어. 유럽 전역을 돌아다니며 새로운 평화 운동을 벌인다고 하시더군. 오늘 아침에 유럽으로 떠날 예정인데 동행할 조수가 필요하다고 하시기에 자네를 추천했지. 그런데 하필 어제 자네랑 연락이 안 돼서 그냥 떠나셨어."

작가 겸 대중 연설가로 유명한 인사와 평생 다시없을 아주 특별한 여행을 할 기회를 놓쳤다고 생각하니 너무 아쉬웠다. 그러나 전화를 못 받아 생긴 이 아쉬웠던 순간이 어떤 결과로 돌아왔는지를 돌이켜보면 사람의 운명이 참으로 묘하게 흘러간다는 생각이 새삼 든다. 이로부터 약 두 달 후에 제1차 세계대전이 발발했다. 내가 만약 에인절 경의 조수가 됐다면 그때 분명히 영국에 있을 터였다. 내 국적이 영국이었으니까 군 소집 명령을 받을 테고 얼마 지나지 않아 '플랑드르 들판'에서 치른 전투에도 투입됐을지 모른다.플랑드르 들판은 제1차 세계대전 격전지 중 한 곳이며 전쟁이 한창이던 1915년에 프랑스 북부 플랑드르 들판에 피어난 양귀비꽃을 보고 캐나다군의 군의관 '존 맥크레John McCrae' 중령이 <플랑드르 들판에서In Flanders Field>라는 시를 썼는데, 시를 좋아하는 그레이엄이 혹시 이 시의 영향으로 플랑드르 전투를 언급한 게 아닐까 생각해 본다. 평화 임무를 띠고 유럽을 찾았는데 난데없이 전쟁에 휘말릴 뻔하다니, 참으로 아이러니하지 않은가!

프레디 스웨이드라는 친구가 있었는데 작은 광고 대행사를 운영했다. 나보고 카피라이터를 하면 잘할 것 같은데, 와서 한번 해보지 않겠느냐고 했다. 급료는 얼마 안 되지만 시험 삼아 해보자고 했다. 종강하고 나서 졸업식까지 시간이 좀 있기 때문에 흔쾌히 그 제안을 받아들였다. 이곳의 주요 고객(광고주)은 불연성 세정제로 유명한 카보나였다. 일단은 그럴듯한 광고 문구와 기타 광고와 관련한 여러 아이디어를 열심히 생각해보기 시작했다. 맨 처음에 만든 문구는 이랬다. "카보나, 모든 얼룩을 단숨에 싹!" 이와 비슷한 문구를 몇 개 더 만들어내다가 드디어 내 마음에 쏙 드는 '걸작'을 하나 건졌다. 내 딴에는 이보다 더 좋을 수 없는 '작품'이라고 생각했는지 지금도 기억이 날 정도다.

위노나 출신 젊은 아가씨
카보나가 뭔지 몰라요, 들어본 적도 없대요.
청소를 시작했네요.
벤젠 한 통으로요.
부모님이 보고 안타까워하네요.

오행시 형식으로 만든 이 광고 문안을 스웨이드에게 보여줬다. 그랬더니 광고인 특유의 격렬한 반응을 숨기지 않았다. 잔뜩 흥분한 상태로 모자를 눌러 쓰고는 카보나의 웨인스타인 사장에게 이 문안을 보여주러 황급히 사무실을 나섰다. 나는 초조하게 결과를 기다렸다. 30분쯤 후에 스웨이드가 어깨가 축 처진 채로 돌아왔다.

"왜, 뭐가 잘못됐어? 웨인스타인이 이 문안이 마음이 안 든대?"

"젠장, 이걸 보더니 배꼽 빠지게 웃더라고. 그러더니 이걸로는 안 되겠다는 거야."

"아니 왜?"

"그쪽이 원하는 광고 콘셉트는 사람들이 광고를 보고 '카보나를 안 쓰면 큰일 나겠구나!' 그런 조바심을 내게 해서 자기네 제품을 사서 쓰게 하는 거래. 근데 이 광고 문안을 보면 웃음부터 나와서 나머지 정보의 신뢰까지 해친다나? 최악이야, 벤. 내가 보기에는 최고인데 말이야."

광고주인 웨인스타인의 판단이 광고장이인 스웨이드의 판단보다 더 나은지 어떤지 나는 잘 모른다. 그러나 일단 나는 실망이 아주 컸다. 그래서 적어도 광고 문구를 작성하는 일보다 더 신뢰할 만한 일자리를 찾아야겠다는 생각이 강하게 들었다.

나는 컬럼비아대학에서 주는 '수학상' 후보에 올랐다. 수상자에게는 매년 150달러를 주는데 그때만 해도 이 정도면 적지 않은 돈이었다. 내 생각에 경쟁자는 한 다섯 명 정도라고 봤다. 우리 집안에서는 사촌 형 루이가 졸업반 때 이 상을 탔다. 그래서 이번에도 당연히 그로스바움 집안인 내가 수상자로 유력하다고들 했다. 루이의 형 윌프레드는 내가 상을 탄다는 데 100달러를 걸 정도로 수상을 장담했다. 다들 너무 확신에 차있어 부담스러웠다. 그래서 내 실력을 과대평가하거나 다른 학생의 실력을 과소평가하지 말아 달라고 부탁했다. 실제로 이 해에는 유난히 수학을 잘하는 학생이 많았다. 아쉽게도 수학상은 내 친구 J. J. 탄졸라가 탔다. 죽으나 사나 수학만 파고드는 친구였고 결국 나중에 수학 교수가 됐다. 상을 놓쳐 크게 실망했지만, 그래도 내가 2등이라는 사실로 위안을 삼았다.

졸업식 때는 대학 전 학년 평균 학점이 가장 높은 학생에게 성적 최우수상을 수여하는데 이번에도 최우수상을 놓쳤지만, 역시 차점자였다는 부분으로 그럭저럭 만족했다.

몇 차례 최고에 오르지 못한 결과가 아쉬웠는데 그래도 '파이 베타 카파Phi Beta Kappa' 회원이 돼서 너무 뿌듯했다. 누구나 갈망하는 명예로운 지위라 이후 내 삶에 긍정적인 영향을 미쳤다. 그런데 또 한 가지 아쉬운 일이 있었다. 우연인지 운명의 장난인지 아무튼 묘한 상황이 내 행운을 또 한 번 앗아 갔고 하도 여러 번 당하다 보니 그런 상황에 점점 익숙해지면서 이후로는 그냥 그러려니 하는 심정이 됐다. 수학과 교수단에서 '시그마 자이Sigma Xi' 회원으로 나를 추천하려 했다고 한다. 인문학 부문에 파이 베타 카파가 있다면 공학 부문에는 이 시그마 자이가 있었다. 처음 의도대로 추천만 받았다면 틀림없이 회원이 됐으리라 생각한다. 그런데 교수단에서 내가 졸업에 필요한 과정을 다 이수했다는 사실을 모른 채 다음 해에 졸업하는 줄 착각하고 이번에 말고 다음 연도로 추천을 미뤘다고 한다. 착오는 바로 잡았으나 때는 이미 늦었다. 교칙상 졸업 후에는 회원 선정이 안 되기 때문이다. 이런 착오가 있었다는 사실을 나중에야 호크스 교수한테 듣고 알았다.

졸업식 직전에 케펠 학장이 나를 또 호출했다. 뉴욕증권거래소 회원인 증권 중개업자가 변변찮은 아들 녀석 성적 문제 때문에 학장을 만나러 온 모양이었다. 그런데 면담 과정에서 학장에게 채권 판매원을 채용하려는데 괜찮은 학생이 있으면 추천해달라고 했다. 그래서 케펠 학장은 뉴버거라는 이 사람에게 나를 적극 추천했다고 한다. 학장은 대학 졸업생에게 월가가 분명히 좋은 기회를 제공하리라 확신하면서 교수보다는 이쪽 일을 진지하게 고민해보라고 내게 권했다. 그래서 뉴버거 씨를 만나보기로 했다. 약속 시간은 뉴버거 씨가 거래소에서 돌아오는 오후 3시 15분으로 잡았다. 회사명은 '뉴버거, 헨더슨 & 러브Newburger, Henderson & Loeb: 이하 'N. H. & L.''였고 주소는 브로드웨이 100번지였다.

조금 일찍 도착한 나는 트리니티 교회 건물 중 시계가 박힌 첨탑 앞에서 서성거리며 시곗바늘이 3시 10분을 가리키기를 기다렸다. 드디어 10분이 되자 길 건너 맞은편 건물로 들어갔다. 뉴버거 씨 회사는 이 아메리칸 슈어티 빌딩 1층에 있었는데 생각보다 비좁은 느낌이었다. 안내를 받아 'Mr. S. N.'이라고 쓰인 새뮤얼 뉴버거 씨 사무실로 들어갔다. 뉴버거 씨는 얼굴은 잘생겼는데 좀 뚱뚱했고 백발이 매우 인상적이었다. 실제 나이는 쉰 초반이었는데 훨씬 나이 들어 보였다. 의례적인 인사를 나눈 뒤 동생인 앨프리드 뉴버거한테 가서 면접을 보라고 했다.

앨프리드 뉴버거는 형 새뮤얼처럼 키가 크고 잘생겼는데 머리가 백발은 아니고 반백 정도였다. 알고 보니 앨프리드가 이 회사의 실세였고 사실상 대표이사 역할을 하고 있었다. 말투에서는 상당한 열정과 권위가 느껴졌다. 먼저 내게 경제학은 공부해봤냐고 물었다. 그래서 사실대로 경제학 과목은 듣지 않았다고 말하고 U.S. 익스프레스 컴퍼니에서 아르바이트를 한 적이 있는데 그 영향이 컸다고 대답했다. 그러나 주식과 채권은 구별할 줄 안다고 말하자 흡족해하는 눈치였다. 전문성이 많이 부족하지만, 학장의 추천도 있고 하니 일단 채용해보겠다고 했다. 그리고 현재 재정 상태는 어떠냐고 물었다. 형편이 좋지 않다고 했다. 더 정확하게 말하면 당장 돈을 벌어야 생활이 가능한 상태라고 대답했다. 그랬더니 이렇게 말했다. "흠, 우리는 원래 신입한테는 주당 10달러를 주는데 자네 사정이 딱하니까 특별히 주당 12달러를 주는 거로 하지. 경험이 좀 쌓이면 채권 판매를 통해 제대로 밥값을 할 수 있게 되겠지." 월가에서는 잘만 하면 큰 기회를 잡을 수 있다고 했다. 꿈도 못 꿀 큰돈을 버는 곳이 월가라는 말은 소문으로나 들었을 뿐이고 그런 일은 소설 속에서나 가능한 일인 줄 알았는데 정말 그렇다고 하니 의외다 싶었다. 그러면서도 그런 꿈같은 일을 나도 경험하고 싶은 욕구가 솟구쳤다. 그래서 제시한 고용조건을 받아들이고 그다음 주부터 일하기로 했다. 나가려고 일어서는데 앨프리드 씨가 긴 손가락을 허공에서 까딱거리며 꽤 진지한 어조로 이렇게 말했다. "이보게 젊은이, 마지막으로 경고 하나만 하지. 투기는 절대 하지 마. 그러면 다 잃는 거야. 명심하게." 이런 경고와 더불어 몇 가지 주의사항과 함께 면접이 끝나면서 근로협상은 마무리됐다. 이렇게 내 평생 직업이 정해졌다.

일단 처음 몇 주일 동안은 비영업 부문이자 업무 지원 부서back office: 증권 거래 이후의 작업을 처리하는 등 후방에서 일선 업무를 지원하는 부서인 사무 지원 부서에서 업무 보조와 잔심부름을 하는 일종의 사환使喚으로 근무하면서 밑바닥부터 일을 배우라고 했다. 그다음에는 채권부로 가서 채권 판매 방법을 배우기로 돼 있었다. 당시 월가는 지금처럼 그렇게 능률적으로 움직이는 체계가 아니었다. 매매 전표 교환(대조), 증권 교부 및 인도, 수표 지급보증, 기타 이와 비슷한 전달 업무가 경계 없이 뒤섞여 이뤄지고 있었다. 처음에는 각종 증권 및 서류 교부 부서 그다음에는 주문 부서 그리고 이후에는 회계부로 옮겨가면서 일을 많이 배웠다.

근무 첫 주에 사환으로 일할 때 회계부 직원이 수표 한 장을 주면서 내셔널시티뱅크에 가서 지급보증을 받아오라고 했다. "이 은행 어디 있는지 알지요?" 수표에 월가 55번지라고 적힌 주소를 봤기 때문에 당연히 안다고 대답하고 밖으로 나갔다. 월가 49번지를 지나자 큰 건물이 나오기에 이곳이 내가 찾는 은행이 틀림없다고 생각했다. 그러나 다시 확인해보고 싶어서 벽면 어디에 회사명이나 주소가 적혀있는지 찾아봤다. 두리번거리며 건물 주변을 두 번이나 돌며 찾아봤는데 어디에도 명판이 없었다. 그래서 스스로 찾는 일을 포기하고 다른 사람에게 은행이 어디 있는지 물어봤다. 그런데 내가 빙빙 돌며 찾던 그 건물이 내셔널시티뱅크가 맞았다. 워낙 유명한 곳이라 굳이 명판을 달 필요가 없다고 생각했던 모양이다.

무엇보다 일이 진행되는 과정을 보면서 큰돈을 다루는 곳인데 업무 처리 방식이 너무 허술해서 놀랐다. 수표 지급보증 작업이 끝나면 수표를 돌려주려고 창구 직원이 고객을 호출한다. 그런데 이때 고객명인 '뉴버거'나 수표에 적힌 단어를 아무것이나 막 부른다. 사환이 창구로 가서 "뉴버거 씨 수표요."라고 말하면 50만 달러(이 정도 금액이었다고 기억함)가 지급보증돼있는 수표를 내준다. 그런데 이런 거액 수표를 건네면서도 받는 자의 신원을 확인하지도 않는다. 이보다 더 놀라운 점은 이런 기명증권을 아무렇게나 막 취급한다는 사실이었다. 어느 날인가 증권 교부 업무를 맡은 내가 승강기 쪽으로 갔다. 그때 나처럼 사환 일을 하는 사람이 다가와 이렇게 말했다. "사토리어스 씨한테 가는 거지?", "응, 그런데?", "그럼 이것도 좀 갖다줄래? 부탁해!" 그러더니 다짜고짜 증권 한 다발을 내 손에 쥐여주고는 총총히 사라졌다. 그런데 이렇게 터무니없이 어설프게 처리되는데도 중간에 분실되는 수표나 증권이 거의 없었다. 그러나 그 후 증권 교부 방식이 크게 개선됐다. 이는 너무 당연한 일이었다.

증권 중개업을 하면서 큰돈은 아무렇지도 않게 다루는 부자들이 적은 돈에 벌벌 떠는 모습을 보고 많이 놀랐다. 이따금 대표실에 들어가면 앨프리드 뉴버거 씨가 개인 경비를 처리하려고 수표를 나눠 봉투에 넣는 모습을 종종 봤다. 이때 뉴버거 씨는 주주총회 참석 위임장 발송용으로 각 기업에서 보낸 봉투를 재활용했다. 봉투에는 물론 우표와 함께 해당 기업의 주소가 적혀있다. 앨프리드는 기업 주소 부분에 줄을 긋고 새 주소를 다시 쓰는 방법으로 우푯값 2센트를 아낀다. 이렇게 재활용하면 되는데 봉투와 우푯값을 낭비할 필요가 있느냐면서 이런 작업에 꽤 만족한 듯했다. 그냥 부자도 아니고 엄청난 부자라는 사람이 이렇게 푼돈에 벌벌 떠는 모습에 충격을 받았다. 아니 좀 화가 났다. 평소 번쩍이는 지성과 뛰어난 통찰력에 매료돼 앨프리드를 존경하는 마음이 컸기 때문에 그런 모습이 더욱 실망스러웠다. 그래서 속으로 이런 생각을 했다. '하루에 수백만 달러를 만지는 사람이 우푯값 2센트 아끼겠다고 저리 궁상을 떨 수가 있나?' 동전 한 푼이 아쉬운 나 같은 사람이라면 또 모르겠다. 그러나 이때 나는 아무리 궁해도 남들 눈에 저런 모습으로 비치지는 말자고 굳게 다짐했다.

이런 부분에 대한 깨달음과 자기반성이 있고 난 뒤 50여 년이 흘렀다. 그렇게 시간이 흐르는 동안 내 형편은 아주 좋아졌다. 아니, 좋아진 정도를 넘어 나를 고용했던 월가 사람들보다 훨씬 큰 부자가 됐다. 짧지 않은 시간을 보내다 보니 돈에 대한 부자들의 심리를 더 잘 이해할 수 있게 됐다. 사실 이런 주제를 다룬 글은 거의 없었다. 이에 대한 기본적인 생각은 이렇다. 돈에 대한 태도는 타고난 기질, 생활환경, 특별한 경험 등에 따라 비교적 어린 시절에 결정된다. 낭비 성향을 타고난 사람은 줄곧 그런 성향이 유지된다. 그리고 수중에 돈이 한 푼도 없다든지 하는 불가항력적 제약 요인이 아니면 여간해선 그 태도가 바뀌지 않는다. 낭비 성향을 타고난 사람인데 어렸을 때는 가난했다가 나중에 부자가 되면 오랫동안 억눌렸던 낭비 본능이 마침내 분출되면서 흥청망청 써대는 사람으로 금방 바뀐다. 이런 사람은 태어난 순간부터 부자로 살았던 사람처럼 돈을 마구 써재껴도 마음이 전혀 불편하지 않다.

그러나 돈과 관련해 그처럼 극단적인 성향을 타고나는 사람은 극소수다. 대다수는 그런 유전적 제약 없이 태어난다. 이런 유형의 아이들이 보이는 돈에 대한 태도와 행동은 성장 환경에 좌우된다고 봐야 한다. 부유한 가정 환경이라 하더라도 부모를 비롯한 주변 사람이 솔선수범이나 훈계를 통해 절약하는 습관을 가르치면 성장해서도 이런 습관이 몸에 배게 된다. 어렸을 때는 주로 일주일마다 주는 용돈처럼 비교적 적은 돈으로 이런 습관을 배운다. 그런데 나중에 막대한 재산을 상속받으면 적은 돈을 아끼는 습관과 큰돈을 쓰는 행동 사이에 불균형이 생기기 쉽다. 그래서 이런 사람들은 푼돈에는 지나치게 인색한데 큰돈에는 유난히 관대해 아무 생각 없이 펑펑 쓸 때가 많다. 물론 부유한 집안에서 태어났는데 부모가 절약하는 습관을 특별히 강요하지 않는 아주 자유로운 환경에서 자란 사람은 자신의 생활환경에 맞는 소비 활동을 하며 무리 없이 잘 산다.

부자는 진짜 구두쇠, 싸게 사는 것에 집착하는 사람, 조건화(습관화)된 구두쇠 등 크게 세 유형으로 구분해서 보면 꽤 도움이 된다. 진짜 구두쇠는 항상 탐욕스럽다. 즉, 별로 필요하지 않은데도 악착같이 재산을 모으고 많은 돈이든 적은 돈이든 돈 쓰는 일 자체를 병적으로 싫어한다. 두 번째는 성공한 사업가 중에 이런 유형이 많은데, 지나칠 정도로 열심히 일하면서 습관처럼 돈을 더 모으려고 한다. 이런 유형은 사업가 관점에서 협상할 때 값을 사정없이 깎으려 하고 무조건 '최저가 구매'를 외치는데, 이런 업무상의 태도를 개인적 소비 활동에도 그대로 적용하는 경향이 있다. 그러나 본질적으로 이들은 절대 구두쇠는 아니다. 높은 생활수준을 유지하려 하고 롤스로이스와 대형 요트 혹은 멋진 보석을 소유하는 데서 행복감을 느끼는 사람들이기 때문이다. 단지 이들은 값싼 화장지든 거액이 필요한 롤스로이스든 무조건 할인된 가격에 사야 직성이 풀리는 사람들일 뿐이다.

그러나 가장 흥미로운 부자 유형은 세 번째에 해당하는 사람들이다. 이해 불가한 수준의 가장 복잡하고 모순된 행동을 보이기 때문이다. 가난한 집에서 태어났거나 나처럼 원래 잘살았는데 중간에 망해서 어린 시절을 곤궁하게 보낸 사람이 여기에 해당한다. 돈이 귀하다 보니 동전 한 푼도 허투루 보지 않게 된다. 반호튼Van Houten: 네덜란드의 초콜릿 회사 초코칩을 담았던 원통형 용기가 아직도 기억난다. 동전을 집어넣기 딱 좋은 구멍이 있어서 여기에 동전을 넣고, 생각날 때마다 통을 꺼내 얼마나 모았는지 세보곤 했다. 성인이 된 이후로는 어린 시절에 형성된 이런 강력한 습관이 잠재의식 속에 자리 잡아서 너무도 비합리적이며 가끔 수치스러운 행동도 하게 된다. 그러나 이런 습관은 비싼 선물이나 큰 지출이 아니라 아주 사소한 지출과 관련한 행동에 영향을 미칠 뿐이다. 어린 시절에 형성되는 습관은 기껏해야 1달러 혹은 2, 3달러짜리 물건과 관련이 있다. 1,000달러 아니 100달러라도 어린이의 세계에서는 경험할 수 없는 너무 큰돈이라서 그렇게 큰 금액과 관련한 습관은 형성되지 않는다.

그래서 나처럼 어렸을 때 가난했다가 다 커서 부자가 된 사람은 소비 활동에서 이해하기 어려운 모순된 행동을 하게 된다. 큰돈이 나갈 때는 별일 아닌 듯 펑펑 써재끼면서 푼돈에는 벌벌 떤다. 나는 이처럼 궁상스러운 인색함이 튀어나오려 할 때마다 이런 마음을 상쇄시키는 두 가지 요소에 의존해 자제심을 발동시키곤 한다. 첫째, 내게 그런 문제가 있음을 인식하고 내 지성과 의지력을 최대한 발휘해 그 문제를 극복하기로 한다. 둘째, 나는 일상생활에서 하는 내 행동이 다른 사람에게 어떻게 보일지에 상당히 민감하다. 이런 예민함이 특별히 나쁜 것인지 어떤지는 잘 모르겠다. 그러나 작은 행동 변화를 일으키는 데는 이런 특성이 도움이 됐다. 즉, 다른 사람의 반응을 보고 내 인색한 행동을 자제하게 됐다. 동네 사람이 푼돈에 벌벌 떠는 내 모습을 본다고 생각하면 너무 창피해서 그런 구두쇠 충동이 쏙 들어간다.

혼자 있으면 마음이 풀어져서 어렸을 때 굳어진 습관이 고개를 쳐들고 나는 또 구두쇠 같은 행동을 한다. 자제심을 잃고 다시 이런 행동을 하고 나면 영락없이 그 행동을 '합리화'하기 바쁘다. 예를 들어 뉴욕에서 다른 사람과 같이 있을 때는 항상 택시를 타지만, 나 혼자일 때는 가끔 지하철을 이용한다. 이럴 때 내가 자주 대는 핑계가 두 가지 있다. 하나는 교통이 너무 혼잡해서 길이 막힐 때는 택시보다 더 빠르니까 지하철을 탄다고 말한다. 또 하나는 택시 안에서는 신문이든 책이든 뭘 읽을 수가 없어서 지하철을 탄다고 말한다. 너무 심하다 싶겠지만, 사실 어떤 때는 신문마저 안 사려 한다. 들고 다니기 귀찮아서 그렇다는 핑계를 대면서 말이다. 담배도 안 피우고 술도 배우지 않은 이유는 아마도 이렇게 잔돈푼 쓰는 일을 극단적으로 꺼리는 성향 때문인지도 모른다.

월가에 처음 발을 들인 사람이 대개 그렇듯이 나도 '커브 마켓Curb Market'이라는 장외시장에 관심이 갔다. 커브 마켓은 아주 오래전부터 브로드가Broad Street 외곽으로 335m^2 정도 되는 공터에 자리 잡았는데 번듯한 건물이 아니라 밧줄로 대충 둘러친 공간에 형성된 야외 시장이었다. 장외 주식 중개인들은 비가 오나 눈이 오나 이곳에 모여 주식 매매에 열을 올렸다. 비가 많이 오는 날이면 전부 비옷을 챙겨 입었고 추운 겨울날이면 방한 귀덮개를 하고 나왔다. 그리고 눈에 잘 띄는 색깔의 모자를 쓴 사람이 많았다. 창틀에 걸터앉아 옥외 시장을 내다보며 복잡한 수신호로 서로 의사소통하는 주문 담당원이 해당 중개인을 금방 알아볼 수 있게 하려는 목적에서였다. 장외시장은 중요성이나 규모 면에서 뉴욕증권거래소와 비교가 안 되지만, 온갖 유형의 투기형 저가 종목은 물론이고 유명 기업을 비롯해 수많은 군소 기업이 등록돼있었다. 이따금 매매 폭주로 하루 거래량이 수백만 달러에 달할 때도 있었다. 증권시장이 맞나 싶을 정도로 어설프고 모든 일 처리 과정이 엉성해 보였으나 그래도 꽤 효율적으로 운영됐다. 이로부터 약 10년 후에 이 장외시장은 트리니티 교회 묘지 서쪽에 들어선 대형 신축 건물로 이주하면서 장내시장이 됐다. 여기서 또 20년이 흐른 뒤에는 과할 정도로 겸손한 명칭이었던 '뉴욕 장외 증권시장New York Curb Market'에서 한껏 허세가 느껴지는 '아메리칸 증권거래소American Stock Exchange: AMEX'로 다시 바뀌었다. 그러나 증권업계 '선배'들은 빨간 모자를 쓰고 브로드 가를 누비던 예전 풍경에 향수를 느끼며 허세가 줄줄 흐르는 '아멕스AMEX'보다는 계속 '커브Curb'라는 명칭을 고집할 듯하다.

사환 노릇을 하며 4주일을 보낸 후 채권부로 옮겼다. 채권부는 커다란 개방형 사무실에 있었는데 좁다란 복도를 경계로 맞은편에는 객장客場과 시세 상황실이 있었다. 내가 오기 전까지 채권부에는 직원이 두 명 있었다. 둘 다 젊은 청년이었는데 대학을 졸업한 지 몇 년 됐으니 채권 판매 경험은 나와는 비교가 안 되는 수준이었다. 한 사람은 이 회사 파트너인 제이크 러브의 조카 대니얼 러브였다. 러브는 좀 어두운 분위기에 어깨가 굽어 보였고 항상 진지한 얼굴로 열심히 일했다. 다른 한 사람은 해럴드 라우스였는데 모든 면에서 러브와는 영 딴판이었다. 일단 키가 컸고 체격도 다부졌으며 금발 머리에 생기기도 잘생겼다. 게다가 우스운 말도 잘하고 아무튼 바람둥이 스타일이었다. 자신의 좌우명은 "남한테 시킬 수 있는 일은 절대 직접 하지 않는다."라고 대놓고 말하는 사람이었다. 실제로 거의 모든 일에서 이 '좌우명'을 성공적으로 써먹었다. 얼마 안 가서 내게도 자신의 좌우명을 들이밀었다. 라우스는 정말 자신이 할 일을 다른 사람이 하게 하는 묘한 재주가 있었다. 참으로 뻔뻔하다고 생각했다. 그러나 인생사란 참 알다가도 모른다더니 공교롭게도 이 두 젊은이의 운명이 이상하게 흘러갔다. 분위기가 좀 어둡기는 해도 헌신적이고 성실했던 대니얼 러브는 이 회사에 다니는 아일랜드계 전화교환원과 결혼했다. 이후 1920년대 증시 호황 때 투기 종목에 손댔다가 전 재산을 날렸다. 반면에 무언가를 열심히 한 적이 없고 늘 건들거리기만 했던 해럴드 라우스는 유명 증권 회사의 파트너가 됐다. 열심히 일하는 자가 성공한다는 진부한 격언이 무색해지는 순간이었다. 세상은 불공평하다는 말도 떠오르고 아무튼 아이러니한 현실이 좀 씁쓸했다.

내가 할 일은 두 가지였다. 첫 번째로는 채권에 관해 전부 알아야 하고 두 번째로는 가능한 한 이 부서에서 쓸모 있는 사람이 돼야 했다. 대니얼과 해럴드는 고객 유치 목적으로 추천 종목 목록을 잠재 고객들에게 거의 매일 보내다시피 했다. 내 주 업무는 이 목록에 있는 각 채권을 설명하는 일종의 요약 자료를 만드는 일이었다. 나는 쉬는 시간에도 업무를 익히는 데 몰두했다. 작은 가제식 노트를 항상 가지고 다녔는데 내가 기억하기 좋은 형식으로 각 페이지에다 발행 채권에 관한 중요 사항을 적어놓았다. 세월이 많이 흘렀는데도 검은색 노트 모양과 그 안에 적었던 몇 가지 항목이 아직도 기억난다. 첫 페이지에는 이렇게 쓰여있었다. "애치슨, 토페카 & 산타페, 일반 4s, 1995년 만기: 1억 5,000만." 이런 식으로 발행 채권이 100개나 적혀있었다. 각 채권의 발행 규모, 금리, 만기일, 선취권 순위 등을 전부 외웠다. 자료가 필요하면 관련 설명서나 내가 만든 노트를 찾아보면 되는데 굳이 그걸 왜 다 외웠는지 지금은 잘 모르겠다. 아마도 내 허영심의 또 다른 발로로서 잘난 체하고 싶은 마음을 이렇게 드러내지 않았나 싶다. 어쨌거나 채권 공부가 잘돼가고 있다고 생각했는데 어느 순간에 보니 그렇게 외우며 공부한 내용이 머릿속에서 정리가 안 되고 뒤죽박죽 상태가 됐다. 이렇게 해서는 안 되겠다 싶어서 외우기를 그만두기로 했다. 그런데 놀랍게도 몇 달이 지나고 나니 그렇게 헷갈렸던 수치가 저절로 머릿속에서 정리돼있었다. 덕분에 나는 회사에서 '걸어 다니는 철도 채권 안내서'로 통했다.

1914년 7월에 오스트리아 왕가의 황태자가 보스니아 사라예보에서 암살당했다. 이 사건으로 오스트리아와 세르비아 간에 긴장감이 고조되면서 일촉즉발의 위기 상황으로 치달았다. 그런데 뉴욕 증권시장은 긴장 상태에 놓인 유럽에 크게 관심을 두지 않았다. 수년 전에 아가디르 사건Agadir Incident: 모로코 이권을 둘러싼 전쟁 발발 위기. 1911년 7월 프랑스의 모로코 파병에 대항해 독일이 아가디르에 포함을 파견함이 발생했을 때처럼 결국 정리가 되리라 생각했던 모양이다. 아무튼 내게는 파이 베타 카파 회원에게 주는 열쇠가 드디어 도착했다. 그래서 자랑스러운 마음에 조끼 앞자락에 늘어뜨린 시곗줄에 이 열쇠를 매달았다. 담배 판매 일을 그만둔 지 얼마 안 되는 레스터 뉴버거는 이 회사 주요 파트너인 뉴버거 형제들 중 막내였다. 그런데 레스터는 자기 회사 직원이 그 대단한 클럽의 회원이라는 사실이 꽤 놀라웠던 모양이다. 한 시간쯤 후에 레스터가 나를 불렀다. "어이 벤, 우리 대단한 파이 베타 카파 회원님께 담배 한 갑만 사다달라고 부탁해도 되려나? 내가 뭘 피우는지는 알지?" 그래서 나는 시곗줄에 매달린 열쇠를 달랑거리면 담배를 사러 나갔다.

내가 했던 가장 어이없는 과업 가운데 하나가 시황 보고서를 작성한 일이었다. 거래소 회원이었던 새뮤얼 뉴버거는 장 마감 후 일일 시황 보고서를 만들어야 했다. 이 회사의 출발지인 필라델피아 지점으로 이 보고서를 보내서 그 지역 고객에게 뉴욕 월가에 있는 우리가 일을 잘하고 있다고 알려줘야 했다. 그런데 새뮤얼 뉴버거는 이 일이 너무 귀찮아서 내게 넘겨버렸다. 그러면서 전에 자신이 작성한 보고서를 참고해 대충 쓰면 된다고 일러줬다. 이후 우리 필라델피아 지역 고객은 한동안 금융계에 들어온 지 6주밖에 안 된 초짜가 쓴 주식시장 보고서를 매일 들여다보면서 전문가의 고견에 고개를 끄덕였을 터였다. 생각해보면 이보다 어처구니없는 일이 또 어디 있을까!

19세기의 진정한 시작점은 1815년이라고 보는데 아무튼 그 19세기 빅토리아시대가 화염 속에서 종말을 고하기 직전, 마치 폭풍 전야 같던 그 시기에 경험했던 일을 나는 영원히 잊지 못한다. 호주 테니스팀이 데이비스컵을 놓고 미국팀과 대결을 펼쳤다. 우리 회사 파트너 중 한 명이 세 번째 날 경기의 입장권을 가지고 있었는데 아쉽게 그날 경기를 보러 갈 수 없다며 감사하게도 내게 입장권을 줬다. 테니스는 잘 치지 못해도 테니스 경기 자체를 엄청나게 좋아하는 프레드 그린먼과 함께 그날 경기가 열리는 포리스트힐스 스타디움으로 갔다. 첫째 날 단식 두 경기에서 두 팀이 비기고 복식에서는 호주가 이기면서 미국을 앞서나가는 중이었다. 이제 호주팀의 백전노장 노먼 브룩스와 대학을 갓 졸업한 미국팀의 노리스 윌리엄스가 대결을 펼칠 예정이었다. 윌리엄스는 노먼과 하버드대학 동문이기도 했다. 처음에는 점잔 빼고 앉아 간간이 박수를 치는 정도였는데 경기가 진행될수록 점점 손에 땀을 쥐는 장면이 연출되면서 관중석은 어느새 열광과 흥분의 도가니로 변했다. 2세트에서 마지막 공이 사이드라인을 넘기면서 내리 두 세트를 내준 윌리엄스는 아쉽게도 패색이 짙어졌다. 그러나 심기일전한 윌리엄스는 강력한 힘과 경기 장악력을 발휘하며 3세트 경기를 따냈다. 이제 4세트를 맞게 됐다. 패배를 예감하고 풀이 죽어있던 관중석에서는 난리가 났다. 호리호리한 미국 선수가 점수를 딸 때마다 환호성을 올리며 우레와 같은 박수갈채를 쏟아냈다. 두 선수가 계속 공을 주고받는 모습을 관중석에서 숨죽이고 지켜보다 결국 이 랠리가 윌리엄스의 승리로 끝나자 요란한 함성이 터져 나왔다. 그 소리가 얼마나 컸던지 호주 선수는 라켓을 던져놓고 양손으로 귀를 꽉 막은 채 한동안 경기장에 서있었다. 내 기억에 영원히 남을 장면이었다. 진행 요원들이 관중석을 향해 자제를 요청했으나 그 흥분이 쉽게 가라앉을 리 만무했다. 그러나 마음을 다잡은 호주 선수가 탄탄한 기술과 노련함으로 5세트를 따내면서 경기 판세를 결정지었다. 관중석에서는 아쉬움의 탄성이 흘러나왔다. 경기를 마친 호주 팀 노먼 브룩스가 이상하게 생긴 항해용 모자를 쓴 채 경기장을 걸어 나갈 때 탁자 위에 놓인 은으로 만든 우승컵 옆을 지나갔다. 그러면서 한 바퀴를 빙 돌아 보이며 승리의 기쁨을 만끽하려 했다. 그러자 실망감에 잠시 처져 있다가 이내 정정당당함을 표방하는 스포츠 정신을 회복한 관중들이 박수로 호응했다.

다음에 미국 선수 모리 맥러플린이 호주의 앤서니 와일딩을 상대로 아름다운 승리로 경기를 마무리 지었으나 전체 결과를 뒤집지는 못했다. 애석하게도 와일딩은 이 경기를 끝내고 얼마 지나지 않아 전쟁에 참전하여 프랑스에서 싸우다 전사했다.

1914년 8월에 결국 전 세계가 전쟁의 불길 속으로 뛰어들었다. 서구 문명은 이대로 몰락하는 걸까? 지도력 부족 때문인가 아니면 유럽 각국 외교관의 외교력 부재가 원인인가? 이도 저도 아니면 늘 있던 그러나 이번에는 전 세계로 확전된 국가 간 분쟁이라고 봐야 하는가? 역사적 가치도 중요성도 없이, 그저 싸우는 사람에게는 치유할 수 없는 재앙을, 살아남은 사람에게는 결코 가볍지 않은 정신적 상처를 안기는 무의미한 충돌일 뿐인가? 이 주제를 여기서 상세히 다루고 싶지는 않다. 이 문제를 나보다 더 깊고 진지하게 다룬 사람은 얼마든지 있다. 그저 나는 이 비극적 드라마가 펼쳐지기 시작한 시점에 남들과 다름없는 분노와 당혹감을 느낀 뉴욕의 한 젊은이로서 좁은 소견이나마 내 생각을 조금 언급하고 싶을 뿐이다.

8월 3일이 되기 며칠 전에 주식시장에는 불안감이 팽배했으나 공황 상태에까지 이르지는 않았다. 실제로 전쟁이 발발하자 미국과 유럽 금융계가 크게 흔들렸다. 미국 시장은 투매 물량이 쏟아지며 휘청거렸고 관계 당국은 신속하게 뉴욕증권거래소를 폐쇄하는 결정을 내렸다. 뒤이어 다른 거래소도 문을 닫았다. 전쟁의 폐해보다 곧 이어질 전쟁 특수에 더 익숙한 증권가에서 왜 이리 호들갑을 떠는지 이해가 가지 않는다는 사람이 있을지 모르겠다. 이런 난데없는 투매 물결은 비합리적이고 또 상당히 이례적인 현상으로 보일지도 모른다. 그러나 이 의문에 대해서는 기술적이지만 매우 단순한 설명이 가능하다. 유럽 쪽 투자자가 미국 증권을 많이 보유하고 있었다. 전쟁이 터지자 이들에게는 투자금을 회수하는 일이 급선무였다. 이들은 본능적으로 전쟁 시에는 자금을 외국에 두기보다는 수중에 두는 편이 더 안전하다고 생각했다. 그러나 결과적으로 이는 잘못된 판단이었다. 외국인 투자자들이 보인 이 같은 갑작스러운 반응이 미국 시장에는 엄청난 압박 요소로 작용했다. 그 당시에는 런던증권거래소의 일일 동향을 주시하면서 시장 분위기를 파악했는데, 런던 시장 분위기에 놀란 증권 중개인들이 다 끝났음을 직감하고 곧바로 수건을 던져버렸다. 말하자면 투매로 그나마 살길을 찾으려 한 것이다. 이 같은 시장 상황을 20년 후 제2차 세계대전이 발발했을 때의 시장 상황과 비교하면 상당히 흥미로운 사실이 드러난다. 다시 세계대전이 터지자 이때도 처음에는 공황적 투매 현상이 나타났다. 그러나 며칠 지나지 않아 대규모 전쟁 특수가 뒤따르리라는 예상과 함께 급속도로 시장이 회복되기 시작해 같은 달인 1939년 9월에는 하락 폭이 상당 부분 복구됐다. 그러나 이 또한 잘못된 판단이기는 마찬가지였다. 1940년에 프랑스가 전쟁에 패하면서 시장이 급격히 무너졌기 때문이다.

당시 신문 지면을 장식하던 기사 제목이 지금도 눈에 선하다. '오스트리아, 세르비아에 선전 포고', '러시아, 오스트리아에 전쟁을 선포하다!', '독일, 러시아에 선전 포고', '프랑스, 독일에 전쟁 선포', '영국, 독일에 선전 포고'. 믿기 어렵겠지만 전부 사실이었다. 그러나 우리는 너무도 빨리 이 전 세계적 재앙에 무덤덤해졌다. 또 너무도 재빠르게 이 전쟁이 우리에게 미칠 영향에 관심을 돌렸다. 증권거래소가 폐쇄됐을 때 우리 회사와 나는 어떻게 될지 걱정이 됐다. 그러나 다행히 급료가 조금 줄었을 뿐 월가 회사 중 직원을 해고하는 곳은 없었다. 주당 10달러밖에 안 되더라도 직장을 잃지 않아 너무 다행이라고 생각했다.

몇 달 후 제한된 범위에서 증권 거래가 재개됐다. 시장 폐쇄 전의 최저 가격보다 높아야 거래가 가능했다. 오래지 않아 프랑스와 영국을 중심으로 전쟁 특수가 발생하기 시작하면서 암울했던 장세가 활황세로 전환됐다. 거래 제한 조치가 해제됐고 주식시장은 큰 폭으로 상승하기 시작했다. 회사를 떠난 직원이 많았기 때문에 급속한 장세 전환으로 인해 오히려 일손이 부족한 형편이었다. 그래서 나는 이리저리 불려 다녔다. 다들 아주 바쁜 날에는 시세판 담당 사환을 도와 주식 시세표에 시세를 올리는 일도 했다. 이 작업을 할 때는 '1/8'부터 '7/8'까지 각 숫자를 칸칸이 나눠 담은 무거운 가죽 허리띠를 차야 했다. 또 어떤 날은 전화교환원 노릇을 하거나 지원 부서 직원들 일도 도와야 했다. 또 여기저기 돌아다니며 주요 증권을 교부 및 인도하는 일까지 했다. 급료는 주당 12달러로 회복됐다.

얼마 후 채권부 업무에도 복귀했고 나도 외부로 채권 고객을 만나러 갈 수 있게 됐다. 그런데 외부인 방문 업무는 예전 방문판매원 시절과는 질적으로 달랐다. 사진 촬영 할인권이나 셔츠 판지 광고를 팔러 다닐 때와는 대접이 달라도 너무 달랐다. 사업하는 사람으로서는 채권 판매인이 자사를 방문했다는 사실 자체가 어깨에 힘이 들어가는 일이었고 '거절'할 때도 판매원이 기분 상해할까 봐 예의를 갖추며 늘 정중한 태도를 보였다.

방문 목적은 달성하지 못했으나 한번은 이런 일도 있었다. 고객과 면담 중인데 마침 그 고객의 고객이 찾아왔다. 그러자 면담 중이던 고객이 나를 가리키며 자신을 찾아온 고객에게 이렇게 말했다. "죄송합니다만, 잠시만 기다려 주세요. 제가 지금 은행가님과 얘기 중이라서요." 은행가라니! 그러나 당시에는 실제로 월가 증권업자들이 스스로 '은행가 겸 브로커'라고 소개하고 다녔다. 회사 공식 문서나 수표에도 이런 문구를 인쇄해 넣었다. 주식이나 채권 취급업자가 처음 사무소를 낼 때의 이야기를 들을 때마다 우습기도 하고 참 재미있었다. 이들은 명판 제작자에게 사무실 문에 '브로커 존 스미스'라고 써 붙여달라고 하면서 비용이 얼마냐고 물었다. 그러면 명판 제작자는 그 문구대로면 5달러인데 '은행가 겸 브로커 존 스미스'라고 써넣으면 7달러라고 대답했다. 그러면 스미스 씨는 십중팔구 이렇게 답한다. "그래요? 그럼 그렇게 해주세요." 2달러만 더 주면 '은행가' 직함이 생기는데 누가 마다하겠는가? 물론 몇 년 후 주 정부가 법으로 더는 '은행가'라는 직함을 쓰지 못하게 했다.

채권부 직원으로 일하던 초창기에 뉴욕증권거래소 회원인 리처드 윌스태터 씨를 알게 됐다. 윌스태터 씨는 그때 우리 회사 채권부에서 책상 하나를 빌려 쓰고 있었다. 매일 증권거래소에 있다가 오후에 장이 마감되면 우리 사무실에 와서 시간을 보냈다. 그러다 보니 얼마 후 내게 관심을 보였다. 독신주의자인 윌스태터 씨는 적갈색 머리에 반 다이크Van Dyck 스타일로 수염을 길렀으며 강한 독일어 억양이 인상적인 사람이었다. 사실 윌스태터 씨 형제 중에는 노벨상까지 탄 저명한 독일 화학자도 있었다. 그렇지만 그는 심정적으로는 연합국을 강하게 지지하고 있었다. 그래서인지 몇 번이나 나를 공화당 클럽에 데려가 점심을 먹었고 여기서 유명 인사들의 연설을 들었다. 한번은 주미 독일 대사 베른슈토르프가 독일을 옹호하는 연설을 하려다가 뜻을 이루지 못했다. 또 어느 날인가는 일본 대사가 역시 연합국 입장에서 일본이 전쟁에 참가한 이유를 설명했다. 개인적으로 매우 뜻깊었던 점은 젊고 날씬했던 당시 뉴욕 시장 존 퍼로이 미첼John Purroy Mitchell이 태머니홀 세력과 싸워 이긴 이야기를 들었던 일이다. 그런데 애석하게도 3년쯤 후에 나는 의장병으로 미첼의 장례식에 참석하게 됐다.

채권 관련 업무를 하면서 철도 회사 보고서를 나름대로 꼼꼼히 들여다보기 시작했다. 같은 맥락에서 채권의 교과서라 해도 과언이 아닌 로런스 체임벌린Lawrence Chamberlain의 《채권 투자의 원칙The Principles of Bond Investment》도 읽었다. 진짜 재미없고 지루하기 그지없는 두꺼운 책이었다. 그런데 체임벌린의 이 책을 밀어내고 내가 쓴 책이 새로운 '교과서' 자리를 차지하게 될 줄은 그때는 정말 상상도 못 했다. 어쨌든 이런 연구 작업을 바탕으로 미주리 퍼시픽 철도 회사에 관한 분석 보고서를 써야겠다는 생각이 들었다. 1914년 6월에 끝나는 회계연도의 보고서를 쓰면서 이 회사는 표면적으로나 재정적으로나 위험 수준에 이를 정도로 취약한 상태라 이 채권은 보유하지 말아야 한다는 확신이 들었다. 보고서 작성을 끝내고 나서 평소 친하게 지내는 윌스태터 씨에게 보여줬다. 윌스태터 씨는 내 보고서를 아주 마음에 들어 했다. 그래서 J. S. 바슈 & 컴퍼니의 파트너에게도 보여줬다. 윌스태터가 전해준 말에 따르면 바슈 측에서 혹시 내가 그런 일에 관심이 있다면 자기네 회사 통계부 직원으로 데려오고 싶다는 말을 했다고 한다. 그때 나는 채권 판매원보다는 '통계원'(당시에는 증권분석가를 '통계원'이라고 했음)이 내 적성에 맞는다는 생각이 강하게 들었다. 그래서 모티머 스턴 씨를 만나러 갔다. 스턴 씨는 나중에 바슈사의 핵심 파트너가 된다. 면담 과정에서 스턴은 우리 회사가 반대만 하지 않으면 바슈사로 오지 않겠느냐고 했다. 자기 밑에서 계속 보고서를 작성하고 문의 사항에 답변하는 일을 해주면 주당 18달러를 주겠다고 제안했다.

와우! 이 좋은 제안을 마다할 이유가 없었다. N. H. & L.은 내가 나간다고 하면 분명히 좋아하리라 생각했다. 채권 판매 실적이 전혀 없는 무능한 직원이 주당 12달러만 축내는데 굳이 끼고 있을 이유가 있겠는가. 얼씨구나 하며 내 이직을 환영하겠지 싶었다. 이렇게 혼자만의 생각에 빠져 가벼운 마음으로 새뮤얼 뉴버거에게 직장을 옮기겠다고 말했다. 그런데 내 생각과는 전혀 다른 반응이 나왔다. '그렇게 쉽게 떠난다는 말을 하다니 자신들이 나를 얼마나 배려해줬는데 사람이 어찌 그리 신의가 없느냐, 뻔뻔스럽게 남의 회사 직원을 빼낼 생각을 하다니 상도의에도 어긋난다.'라며 나와 그 회사에 대해 대충 이런 반응을 보였다.

"저는 여기서 밥값을 못 한다고 생각했습니다."

"밥값을 하는지 못 하는지는 자네가 아니라 우리가 판단하는 거고."

"그래도 채권 판매원은 나랑 안 맞는 것 같아요. 통계원 쪽이 내 적성에 더 맞을 것 같습니다."

"좋아, 어차피 우리도 통계 부서를 둘 때도 됐고. 여기서도 그 일을 할 수 있다니까?"

"제가 떠나지 않기를 바란다는 말씀이 진심이라면, 저도 굳이 떠날 이유가 없습니다."

"잘 생각했네. 그럼 급료 문제는 다음에 얘기하기로 하지. 나중에 결정되면 알려주겠네."

이 면담 이후 급료가 주당 15달러로 올랐다. 채권부에서 실적이 전무해 회사 측에 손해를 끼쳤던 나로서는 그 이상을 기대하는 것은 사실 염치없는 일이었다. 그 정도로도 만족이었고 게다가 이제야 진정한 증권분석가의 길을 가게 됐다는 사실이 특히나 마음에 들었다. 몇 달 후 회사 일이 잘 돼가자 새뮤얼 뉴버거 씨가 나를 다시 불러서 주당 18달러로 급료를 올려주겠다고 했다. 바슈사가 처음에 제안했던 주당 18달러! 이제 내가 이 회사에 남아서 급료로 손해를 본다는 생각은 손톱만큼도 할 필요가 없어졌다. 바슈사와의 인연은 이렇게 끝났다. 몇 달 후에 뉴버거 씨가 내 급료를 또 올려주겠다고 하면서 이런 말을 했다. 그때 내가 다른 회사의 제안을 받아들였다면 N. H. & L.에서는 다시는 대학생을 고용하지 않을 생각이었다고 말이다.

얼마 후 내게 호의적이었던 윌스태터 씨가 사무실을 옮겼다. 그래서 예전과 달리 서로 만날 일이 별로 없었다. 자주 놀러 오라고 말했는데도 너무 바빠서 갈 수가 없었다. 언젠가 길거리에서 한 번 본 적이 있는데 그동안 너무 무심했다는 생각에 공연히 미안한 마음이 들어서 그만 다른 길로 가버렸다. 그 이후에 다시 길거리에서 마주쳤을 때 윌스태터 씨는 지난번에 왜 못 본 척하고 그냥 갔느냐며 서운해했다. 그 말에 나 자신이 너무 부끄러웠다. 그래서 너무 미안해서 그랬다고 솔직히 털어놨다. 그랬더니 마음 쓰지 말라며 너그럽게 이해해줬다. 사소한 일일지 몰라도 이를 통해 한 가지를 또 배웠다. 사람들은 대개 누군가에게 해줘야 할 일을 하지 못했다거나 신의를 지키지 못했을 때는 되도록 그 사람과 마주치지 않으려는 경향이 있다. 그런데 오히려 그런 행동이 상대방에게 더 상처가 된다. 마음에 켕기는 일을 했으면 미루지 말고 피하지도 말고 되도록 빨리 털어놓고 실수를 바로잡는 것이 상책이다.

8

뼈아픈 교훈

처음에 증권 회사 사환으로 시작해 대형 투자 펀드 이사와 주요 기업 두 곳의 회장이 되기까지 월가에서 42년을 보냈다. 그러는 동안 다른 사람의 행동과 가르침에서 배운 것이 많았다. 물론 그렇다고 해서 그 배움이 내가 저지른 크고 작은 실수를 막지는 못했다. 또 그 배움 덕분에 내가 성공할 수 있었던 것도 아니다. 이런 판단을 내리는 이유는 무의식 속에 깔린 자만심 때문인지도 모르겠다. 겸손한 태도로 솔직하고 담담하게 자서전을 쓰겠다는 사람마저도 이런 고약한 품성 때문에 그동안 자신이 다른 사람에게 얼마나 큰 도움을 받았는지를 아주 쉽게 잊어버린다.

나는 이론적 관점을 중심에 두고 실제 상황에 자율적으로 적응해가는 방식으로 월가에서 살아남으려 했다. 학창 시절에 훈련한 덕분에 탐구하고 반성하고 비판하는 자세가 몸에 뱄다. 이런 속성에 더해 이론에 치중해서는 습득하지 못하는 두 가지를 더 추가했다. 첫째, 어떤 문제나 상황에서 무엇이 중요한지를 본능적으로 아는 능력과 중요하지 않은 것에 시간을 낭비하지 않는 능력이다. 둘째, 실용성을 추구하고, 일을 완수하고, 해결책을 찾고, 특히 새로운 방법과 기술을 고안하려는 노력을 유지하는 일이다.

내게는 크게 두 가지 행운이 따랐다고 생각한다. 하나는 금융이나 증권 분석에 유용한 재능을 어느 정도 타고났다는 점이다. 또 하나는 적절한 시기에 월가에 발을 들였다는 사실이다. 내가 처음 월가에 들어갔을 때는 채권 투자가 주류를 이뤘다. 거의 예외 없이 보통주는 주로 투기 수단이라는 인식이 강했다. 그런데도 전에는 도박처럼 여기던 보통주 투자가 사실은 건전한 투자 수단이라는 분위기를 조장하려는 듯 보통주를 한껏 띄우는 분식粉飾 작업이 시작됐다. 각 기업은 자발적으로 혹은 주식거래 요건에 따라 영업 실적과 재무 상태에 관한 상세 정보를 제공하기 시작했다. 투자 정보 서비스업계는 편의에 따라 투자 안내서와 현행 간행물을 통해 이런 자료를 제공하기 시작했다. 게다가 주간통상위원회를 비롯해 다양한 주 정부 공공사업위원회 같은 규제 당국도 철도, 가스, 전기 회사에 관한 방대한 자료를 수집해서 감사 및 연구 목적으로 그 내용을 공개했다.

그러나 1914년 당시 보통주 분석 분야에서는 이런 방대한 자료를 거들떠보지도 않았다. 수치 자료를 완전히 무시하지는 않았지만, 기껏해야 피상적으로 분석할 뿐 크게 관심을 두지 않았다. 가장 중시한 자료는 다양한 유형의 내부 정보였다. 이런 내부 정보에는 영업 실적, 신규 주문, 예상 이익 등과 관련한 자료도 있었으나 대부분은 이른바 시장 조작자(주가조작 세력)의 현재 활동 및 향후 계획이 담겨있었다. 그리고 '그들'로 통하는 시장 조작자야말로 가격을 한껏 끌어올렸다가 단번에 끌어내리는 등 주요 종목의 시세를 좌지우지하는 세력이었다. 당시 월가 사람들은 유동적 특성이 전혀 없는 통계 수치를 아무리 들고파봐야 무의미한 일이라고 생각했다. 가격 변화를 결정하는 인자는 다름 아닌 인적 요소라고 보았기 때문이다.

그러나 다양한 이유 때문에 1914년 이후로 보통주 분석에서 내재 가치와 투자 실익의 중요성이 점점 더 커졌다. 그런 여러 가지 이유 중 하나로 제1차 세계대전 때문에 대규모 제조 기업의 재무 건전성이 크게 향상된 점도 무시하지 못한다. 나는 구체계에 내재한 왜곡된 전통의 영향에서 비교적 자유로운 이른바 신참자였기 때문에 금융계에 나타나는 새로운 변화에 쉽게 적응할 수 있었다. 일단 월가 선배들보다 더 맑은 눈과 더 나은 판단력으로 중요한 것과 중요하지 않은 것, 신뢰할 만한 것과 신뢰할 수 없는 것, 심지어 정직한 것과 부정직한 것 등을 구분하는 법을 배웠다. 월가에서 오래 머문 이들은 오히려 경험이 지성을 가리는 역할을 하므로 나 같은 신참자보다 눈은 더 흐리고 판단력은 더 무뎠다. 따라서 나는 증권 가치에 대한 예리한 분석을 통해 월가에 아직 미개척지로 남은 분야가 확실하게 눈에 들어왔다. 앞서 말했듯이 내게 주어진 두 가지 행운, 즉 개인적 능력과 유리한 외부 환경 덕분에 성공 기회를 단단히 부여잡을 수 있었다. 그럼에도 내 금융인으로서의 길이 탄탄대로만은 아니었다.

초창기에 겪었던 작은 사례를 하나 소개하겠다. N. H. & L. 고객 중에 워너 씨가 있었다. 원래 증권 회사를 운영했는데 실적이 신통치 않아 사업을 접고 우리와 함께 일하게 됐다. 머리는 백발이고 귀공자풍 용모에 점잖고 너그러운 품성을 지닌 그런 사람이었다. 그러나 똑똑하긴 한데 안타깝게도 술을 너무 많이 마시는 아들 아서 때문에 골머리를 앓고 있었다. 워너 씨는 거의 모든 주식의 최종 시세부터 월가에 떠도는 소문이나 온갖 정보까지 전부 꿰고 다니다시피 했다. 그리고 늘 지팡이를 들고 다녔는데 언젠가 내게도 지팡이를 하나 구해 들고 거리를 활보해보라고 권했다. 그래서 그 말대로 해봤는데 내 취향은 아니어서 몇 번 들고 다니다 말았다.

1915년에는 사환으로 객장 업무를 보조하던 시절이었는데 이때 워너 씨와 재정 운용이라든가 기업 이익 등에 관한 이야기를 많이 나눴다. 당시

'미주리, 캔자스 & 텍사스 철도 회사Missouri, Kansas & Texas Railroad: 이하 'M. K. T.''는 수익이 개선되는 상황이었는데 이상하게 주식은 주당 12달러라는 낮은 가격에 매매되고 있었다. 이런 분석이 워너 씨에게 도움이 되리라 생각해서 귀띔을 해줬는데 이런 배려가 고마웠는지 나랑 반반씩 투자해서 키티 주식(M. K. T. 주식은 '키티Kitty'로 통했음)을 100주 정도 사보자고 제안했다. 이 제안을 나도 흔쾌히 받아들였다. 그런데 얼마 후 앨프리드 뉴버거가 이 일을 알아버렸다. 이 사람은 회사 내에서 일어나는 모든 일을 알고 있는 듯했다. 그래서 자기 사무실로 나를 부르더니 호되게 질책했다. 처음에 만났을 때 투기는 절대 하지 말라고 그렇게 당부했는데 벌써 잊었느냐고 했다. 그러더니 너무 한심하다는 투로 이렇게 덧붙였다. "벤, 적어도 말이야. 투기를 하려거든 M. K. T. 같은 최악의 종목은 걸렀어야지. 그런 최소한의 분별력도 없이 투기는 무슨?" 호되게 망신당한 나는 약간의 이익만 보고 곧바로 내 지분을 처분했다. 아마도 뉴버거는 그 사람 좋은 워너 씨에게도 한 소리 했으리라 생각한다.

그러나 나중에 N. H. & L.은 결국 내 조언에 따른 행동을 하게 된다. 아이러니하게도 내가 회사 재정 운용에 도움이 된다며 적극적으로 추천한 종목이 바로 이 M. K. T.(키티)였다. 결과적으로 역시 내가 통계 분석에 자질이 있다는 점이 증명되는 순간이었다. 물론 키티는 결국 파산했다. 이 부분은 초심자의 선부른 투기 행위에 제동을 걸었던 앨프리드 뉴버거 씨의 판단이 옳았다. 어쨌거나 당시 키티에 대한 구조조정 계획이 발표됐다. 그에 따르면 현 키티 주를 보유한 주주에게는 구조조정이 완료된 새로운 조직의 신주를 매수할 권리만 부여됐다. 키티 주는 휴지 조각 취급을 받으면서 주당 50센트 정도에 거래됐다. 나는 회사 파트너들, 즉 이사진에게 구조조정이 완료되려면 최소한 1년은 걸린다는 점을 지적했다. 그 기간에는 가격이 있는 대로 떨어진 구주나 새로 발행될 신주나 교환 가치는 1 대 1이었다. 다시 말해 신주 가격이 현재가보다 높은 1달러까지만 올라도 구주 역시 1달러가 된다. 따라서 현재가에 구주를 매수한다고 가정할 때 구주는 현재가에서 200%나 상승하는 셈이다. 장세가 좋을 때면 3, 4포인트 상승은 일도 아니고 이때 최대 손실 폭은 0.5포인트에 불과하다. N. H. & L. 이사진은 투기 비슷한 행위에는 원칙적으로 반대 입장을 표했다. (그러면서도 자사 고객이 투기 행위에 몰두하는 상황은 반겼다.) 그러나 이번에는 내 논리가 이런 원칙을 눌렀다. N. H. & L.은 결국 5,000주를 매수했다. 이듬해 우리는 이 투기 비슷한 행위로 6배나 되는 이익을 챙겼다.

실질적으로 내가 월가에서 어엿한 증권인으로서 당당하게 출발한 시점은 구겐하임 익스플로레이션 컴퍼니라는 광산 회사가 회사 청산을 선언했던 1915년이라 할 수 있다. 당시 이 회사는 네바다 콘솔리데이티드, 치노 코퍼, 레이 콘솔리데이티드, 유타 코퍼 등 주요 구리 광산에 상당 지분을 보유하고 있었다. 그리고 이들 전부가 뉴욕증권거래소에서 활발히 거래되는 종목이었다. 구겐하임 측이 회사 청산과 함께 보유 주식을 지분 비율로 주주에게 분배하겠다는 입장을 밝혔다. 그런데 내 계산으로는 구겐하임이 보유한 각 종목의 시장가치 총합이 자사 주식의 총 가치보다 높았다. 그러므로 구겐하임 주식을 매수하는 동시에 치노, 네바다, 레이, 유타 등의 주식을 매도하면 차익 거래 이익이 분명히 발생한다고 봤다. 이 거래에서 발생 가능한 위험 요소는 첫째, 회사 청산에 대한 주주의 반대, 둘째, 소송 혹은 기타 방해 요소로 인한 청산 지연, 셋째, 구겐하임 주주에게 실제로 주식 배분이 이뤄질 때까지 해당 주식에 대한 매도 포지션 유지의 어려움 등이었다.

그러나 이상의 요소가 실질적 위험으로 작용할 가능성은 없어 보였다.

그래서 회사 측에 내 제안대로 이 종목으로 차익 거래의 실익을 챙기라고 권했다. 그리고 다른 직원에게도 이 방법을 추천했다. 이때 헤럴드 라우스가 이익금의 20%를 줄 테니 책임지고 알아서 해달라고 했던 기억이 난다. 이렇게 해서 처음으로 차익 거래를 해봤고 결과는 성공적이었다. 내 적성과 재능이 어느 분야에 있는지 조금은 감이 잡히는 순간이기도 했다. 청산 계획은 무리 없이 진행됐다. 계산했던 수치 그대로 이익을 실현했고 나를 포함해 모두가 기뻐하는 결과를 얻었다.

제1차 세계대전의 영향으로 1915년부터 1916년까지 초강세장이 이어졌다. 미국은 아직 참전하지 않았는데 영국과 프랑스에서 군수품과 보급품에 대한 수요가 급증하면서 미국이 전쟁의 수혜를 입었다. 전쟁 발발과 함께 폭락했던 보통주 가격이 유례없는 수준으로 뛰어올랐다. 덕분에 우리 회사도 아주 잘나갔다. 상황이 이렇다 보니 이때 나는 통계 작업과 시황 보고서 작성은 물론이고 너무 바빠 일손이 부족할 때면 회계 업무까지 도와주는 등 매우 다양한 업무를 소화하고 있었다. 당시 월가 회계원은 지원 업무부를 총괄하는 책임자로서 증권 교부 및 인도, 요구불 단기 차입, 정기 차입, 부기 및 기록 작업 등을 담당했다. 우리 회계 책임자는 허드 씨였는데 굉장히 까다롭고 오만하며 다소 고압적이라는 평판을 얻고 있었다. 그러나 나와 일할 때는 합이 잘 맞는 편이었고 내 도움을 고마워하는 듯했다. 언젠가 회사에서 2주일 연속으로 주급을 5달러 그리고 10달러씩 올려줬다. 아마도 주급이 25달러에서 30달러로 올랐던 날 같은데 허드 씨가 급료를 내주면서 늘 그렇듯 무뚝뚝하게 이렇게 말했다. "지금쯤이면 자네 능력이 어느 정도인지 알 때도 됐는데 말이야."

1916년 9월이 되자 주급이 50달러로 올랐다. 그래서 헤이즐에게 달려가 청혼을 했고 헤이즐도 바로 승낙했다. 그리고 11월에 드디어 약혼식을 올렸다. 샴페인을 터뜨리고 약혼 축하 전보를 읽으며 행복한 시간을 보냈다. 그런데 그 전보 가운데 하나는 축전이 아니라 징집영장이었다. 징집 문제는 나로서는 여간 난감한 사안이 아니었다. 어쨌든 군대와 관련한 이 부분만큼은 더 솔직하게 적어야 할 듯하다.

1917년 4월에 미국이 독일에 선전포고를 했다. 곧이어 플래츠버그에 장교 후보생 훈련소를 설립했다. 머지않아 대규모 군 병력을 지휘할 하급 장교를 양성할 목적에서였다. 나는 소위 임관을 기대하며 이 훈련소에 입소 지원을 했다. 레너드 우드 장군, 미첨 대령, 거버너즈섬 사령관 그리고 컬럼비아 학장으로 있다가 전쟁부 차관보로 간 프레더릭 케펠 등 이름만 들어도 화려한 인맥을 총동원해서 추천서를 '잔뜩' 받아 의기양양하게 지원서를 냈다. 이렇게 대단한 사람들의 추천서로 도배를 하다시피 했으니 훈련소 입소는 떼놓은 당상이라고 생각했다. 그래서 그에 맞춰 계획을 짰다. 물론 어머니와 헤이즐은 여전히 불만이었지만 말이다. 그러나 결과는 낙방이었다. 곧이어 미군 정책상 미국 시민권자만 장교 후보생 지원이 가능하다는 내용의 짤막한 공지문을 받았다. 나는 아직 영국 시민이었기 때문에 후보생에 지원할 수 없다고 했다. 내가 모아 보냈던 족히 한 다발은 되는 추천서도 함께 돌아왔다.

이 사태로 나와 가족 모두가 난감해졌다. 당시 두 형이 버는 돈은 얼마 되지 않았다. 그래서 내 급료로 가족 생활비를 거의 충당하는 상황이었다. 장교 급료 정도면 어머니를 부양하는 데 무리가 없겠지만, 사병 수당으로는 턱도 없었다. 때가 되면 두 형이 입대하고 나는 어머니를 부양한다는 이유로 징집면제를 요청하는 방법이 최선이었다. 애국심에 반하는 행동이라는 생각에 고민이 깊었다. 젊은이라면 이럴 때 나라를 위해 싸워야 한다는 마음이 컸던지라 정말 내키지 않았으나 달리 방법이 없으니 어쩔 수 없었다. 나는 스스로 4분의 3은 미국 국민이고 4분의 1은 영국 국민이라고 여겼다. 그래서 조국이라고 생각하는 두 국가 모두 나를 원하는데 그에 부응하지 못해서 정말 아쉽고 또 찜찜했다.

헤이즐과 나는 벌써 오래전부터 6월에 결혼식을 올리기로 했었다. 그런데 장교 후보생에 지원하면서 헤이즐에게 아무래도 결혼을 또 미뤄야 할 것 같다고 말했다. 그러나 여기서 낙방하면서 계획이 틀어졌고 온갖 불확실성이 존재함에도 다시 징집 대상이 될 가능성도 희박하다는 판단에 따라 결혼식을 진행하기로 했다. 예정대로 1917년 6월 3일에 신붓집에서 결혼식을 올리기로 했다. 결혼식 날 아침에 우리가 사는 헌츠 포인트 펠리스에 있는 테니스 코트에서 세이 콘, 아치 런던과 땀을 뻘뻘 흘리며 몇 경기를 뛰고 나서 결혼식에 참석했다. 그리고 신혼여행지인 버지니아주 올드 포인트 컴포트로 떠나려 할 때도 테니스 라켓을 챙겼다. 장모님이 집을 나서는 우리를 보고는 한마디 했다. 왜소한 몸매에 수염도 없이 매끈한 얼굴에다 테니스 라켓까지 끼고 있는 모습을 보니 도무지 새신랑 같지 않다고 말이다. 장모님의 이 예리한 눈썰미가 예사롭지는 않았다. 나는 사실 일요일이면 침대에서 뒹굴기보다 아침 일찍부터 테니스 코트를 찾는 일이 많았다.

큰형 레온도 내가 결혼하기 며칠 전에 연인 넬리와 결혼했다. 신부 집안이 워낙 독실한 정통 유대교 집안이라 형보다 동생이 먼저 결혼해서는 안 된다고 생각했던 모양이다. 형은 결혼 직후에 입대했다. 그리고 몇 년간 주 방위군National Guard에서 훈련한 경력을 인정받아 장교 훈련소에 바로 입소했다. 미국 시민권이 없다는 문제도 수월하게 해결되면서 병참 부대Quartermaster's Corps 소위로 임관했다. 형은 군 기지로 바뀐 인디애나폴리스시 소재 농아 수용 시설에서 주로 복무했다. 둘째 형 빅터도 때가 돼서 입대는 했지만, 전쟁이 끝날 즈음이라서 미국을 떠나지는 않았다.

1917년 말경에 나는 징집면제 신청 문제로 징집위원회에 출석했다. 이때는 첫 아이 출산을 앞두고 있었다. 징집위원회는 현 결혼 상황에 대해 물었고 지난해 11월 약혼식 때 축전과 함께 징집영장을 받았다는 사실에 많이 놀라는 눈치였다. 징집위원회 위원 모두 내게 호의적이라는 느낌이었으나 나 자신이 몹시 부끄러웠다. 그래서 조금 상기된 채 가족을 부양해야 하는 처지라 염치 불고하고 징집면제를 신청했지만, 마음이 편치 않았다고 말했다. 그래서 당 위원회가 징집을 명한다면 그 평결을 기꺼이 따르겠다고 했다. 그러나 결국 내 징집면제 신청이 받아들여졌다.

그러는 사이 나는 정규군이 아닌 좀 어정쩡한 신분으로 군 복무를 시작했다. 전선으로 차출된 주 방위군의 대체 병력으로서 뉴욕주 방위군New York State Guard을 신설했다. 나는 제22 공병대 M 중대에 배속됐다. 우리는 정규군인 제22 공병대 본부인 브로드웨이 근처 168번지에 있는 주군州軍 본부에서 훈련했다. 일주일에 한 번 훈련, 한 달에 한 번 연대 사열식 외에 미첨 전 뉴욕 시장 장례식에 의장대로 참석하는 등 다양한 임무를 수행했다. 연대장은 코닐리어스 밴더빌트Cornelius Vanderbilt 대령이었고 군악대장은 저 유명한 빅터 허버트Victor Herbert: 첼로 연주가이자 지휘자였다. 첫 번째 연대 총 사열식 날 밤에 연병장에서 우리 중대원이 행진할 때 느꼈던 그 짜릿한 흥분이 지금도 생생하게 기억난다. 뚱뚱한 군악대장의 열정적인 지휘에 따라 군악대 소리가 크게 울려 퍼지는 가운데, 반 다이크 스타일의 수염을 한 키 크고 호리호리한 연대장이 각 대오가 차례로 자신 앞을 행진해 지나가며 "우로 봐!"라는 명령 구호에 따라 움직이는 모습을 날카로운 눈으로 지켜봤다.

우리 중대 책임자는 라이센링 중위였는데 부대원 최소 구성 요건인 40명을 채우면 곧바로 대위로 승진할 참이었다. 달성하기 꽤 어려운 임무였는데도 라이센링 소위는 정말 열심히 신병 모집에 공을 들였다. 그렇게 노력하더니 마침내 목표를 달성했고 결국 우리 부대는 연대의 어엿한 중대가 됐다. 그러나 너무도 애석하게 몇 주일 후 라이센링 중위는 폐렴으로 사망했다. 타 연대에서 후임자가 왔다. 그러나 라이센링 같은 열정이 부족했고 우리도 덩달아 기운이 빠졌다. 그러다 보니 뭔가 해보겠다던 열의도 금방 사그라졌다. 그리고 1918년 11월에 휴전협정이 체결되자 한 줄기 남았던 열의마저 완전히 사라졌고 그 누구도 더는 군에 남아있을 이유가 없었다. 그래도 나는 상병 '대행'으로 분대장을 맡아 약 1년을 더 있었다. 내가 '대행' 딱지를 떼지 못한 이유는 너무 바빠서였다. 부사관이 되려면 일주일에 한 번 훈련소 근무를 해야 하는데 나는 그럴 시간도 의지도 없었다. 어쨌거나 1919년에 2년간의 군 복무가 끝나 만기제대 할 수 있어서 내심 흡족했다.

군 입대와 관련한 이야기를 솔직히 말하려 하기는 했으나 사실 생각할수록 부끄러운 경험이었다. 수백만 명이 정규군에 입대해 목숨을 걸고 싸웠는데 그 청년들 속에 내가 없다는 사실이 두고두고 마음에 걸렸다. 이 글을 쓰고 있자니 눈살 찌푸려지는 장면이 또 하나 떠오른다. 1918년으로 기억하는데 아무튼 경제적인 이유로 어머니가 혼자 살던 아파트에서 나와 아내가 함께 살게 됐다. 그러나 아내와 어머니는 사이가 좋지 않았다. 어머니는 독립심이 강하고 남에게 기대는 성격이 절대 아니었다. 아내는 열정적이고 성실했으나 독선적인 면이 있었다. 두 사람 사이에는 늘 긴장이 감돌았고 걸핏하면 의견 충돌을 일으켰다. 그럴 때면 둘 다 자신의 편을 들어달라며 나를 들들 볶았다. 그렇게 또 다툼이 있던 날 더는 못 참겠다 싶어서 계속 이러면 차라리 입대해버리겠다고 엄포를 놓았던 기억이 난다. 그랬더니 금방 조용해졌고 내 엄포도 없던 일이 됐다. 지금에 와 생각하면 나 자신을 위해서나 국가를 위해서나 프랑스 전선에서 싸우다 전사하지 않아 얼마나 다행인가 싶기는 하다. (그럴 만큼 이 국가에 꼭 필요한 사람이 되고 싶다는 희망에서 하는 말이다.) 그런 생각을 하면서도 제1차 세계대전 때 다른 수많은 청년이 보여준 애국적 헌신에 비하면 내가 너무 한 일이 없어 부끄럽다는 마음은 여전하다.

1916년은 미국 정치사에서 표 차가 가장 적었던 그야말로 초접전 대선전이 치러진 해이기도 하다. 그 당시 선거 내기의 중심에 월가가 있었다. 요즘은 주식거래 하는 사람을 '투자자'라고 부르지만, 그때는 대부분이 아주 솔직하게 스스로 '투기자'라고 칭했다. 이들은 자신이 하는 투자 행위와 경마에 돈을 거는 행위 혹은 기타 도박 같은 이른바 내기 행위를 명확히 구분하지 않았다. 지금 이 글을 읽는 독자는 아마도 당시 뉴욕증권거래소 회원(및 회원사)이 선거 내기에 건 고객의 돈을 보관 및 관리해주는 서비스를 제공했다는 사실에 놀라움을 금치 못하리라 생각한다. 업계의 존경과 신망을 받아야 할 기관이 할 일은 아니라는 사실을 거래소 스스로가 자각한 후에는 이런 관행이 법으로 금지됐다. 1916년에 나는 N. H. & L. '선거 내기 자금 관리부' 책임자로 임명됐다. 당시 내가 회사에서 온갖 업무를 도맡다시피 했다는 점을 생각하면 그리 놀랍지도 않은 일이었다. 양편이 내기에 건 돈 규모도 엇비슷했다. 금고에 현금으로 내기 돈을 보관했고 보관증에도 서명했다. 선거 다음 날인데 아직 아무도 누가 선거에서 이겼는지 모르는 상황이라 돈을 건 사람들의 흥분이 최고조에 달했다. 실제로 선거 결과는 셋째 날이 돼서야 공표됐다. 월가에서 민주당 우드로 윌슨Woodrow Wilson 후보가 재선에 성공했다는 사실을 공식화했다. 나는 민주당 윌슨 후보가 승리한다는 쪽에 돈을 건 사람들에게 내기 돈을 나눠주는 역할을 했다.

내 월가 경력에 오점을 남긴 두 가지 사건 가운데 하나를 소개할 때가

왔다. 전에도 말했듯이 나는 컬럼비아대학 영어 교수였던 앨저넌 타신과 좋은 친구로 지냈다. 독신주의자에다 근검절약이 몸에 밴 타신은 그동안 돈을 상당히 많이 모았다. 그리고 대부분은 아메리칸 라이트 & 트랙션 American Light & Traction: 이하 'A.L.T.' 같은 초고가 우량주에 투자해놓았다. 구겐하임 광산 회사의 청산 사례에서 증권분석가로서 처음으로 성공의 맛을 봤던 나는 차익 거래와 헤지 거래 hedge trading: 손실 및 위험 대비를 위해 선물 시장에서 현물 시장과 반대되는 포지션을 취하는 전략 분야에 관한 관심이 더욱 높아졌다. 이를 내 전문 분야로 삼고 싶은 욕심도 있었던 모양이다. 더불어 내가 찾아낸 월가의 미개척 분야, 즉 저평가 종목을 발굴하는 일에 관심을 쏟았다. 무엇보다 분석 결과를 기반으로 너무 낮은 가격에 팔리는 종목을 매수하고 반대로 가격이 너무 높게 형성됐다고 판단되는 종목을 매도하는 전략을 사용하면 분명히 큰돈을 벌 수 있다고 결론 내렸다.

타신에게 이런 내 생각을 알려주고 실제로 작으나마 이 전략으로 성공한 사례를 하나하나 열거하며 설명했다. 그러자 타신이 여기에 큰 관심을 보였다. 그래서 당시 주당 400달러에 거래되는 A.L.T. 주식 25주를 현물 형태로 1만 달러를 출자해 계좌를 만들고 내게 그 관리를 맡긴다는 내용의 합의서를 작성했다. 여기서 발생하는 이익이나 손실은 반반씩 분담하기로 했다.

1년 남짓한 기간에는 실적이 아주 좋았다. 그래서 총이익 중 내 몫에 해당하는 수천 달러를 인출할 수 있었다. 이 돈으로 브로드웨이 98번가에 있는 '브로드웨이 축음기 가게'를 인수하면서 이곳의 공동소유자가 됐다. 큰형 레온은 오래전부터 미래도 희망도 없어 보이는 백화점 점원 일을 그만두고 싶어 했다. 형은 음악, 특히 오페라를 좋아했고 축음기에도 관심이 많았는데 이는 한두 해 된 가벼운 흥미 정도가 아니었다. 그러다가 어빙 자이언이라는 사람이 브로드웨이 매장을 정리한다는 소식을 들었다. 형이 판단하기에 가격도 적당해 보였다. 그래서 형은 이번이 아주 좋은 기회라고 생각했다. 그때만 해도 아직 생소한 브랜드였던 에올리언 보컬리언 음반에 대한 독점 판매권을 보유하고 있었기 때문이다. 몇 해 전에 영화관 사업에 손댔다가 실패한 경험이 있었기에 형과는 달리 나는 이 사업에 관심도 열의도 없었다. 그러나 형이 이 기회를 통해 자신의 꿈을 실현할 수 있다면 그것도 좋은 일이라고 생각했다. 내 기억이 맞는다면 그때 우리는 매장 내 설비와 각종 비품 그리고 영업권까지 다 인수하는 조건으로 자이언 씨에게 3,500달러를 지급했고 재고품은 도매가로 인수했다. 그래서 총 투자 금액은 7,000달러 정도였다. 법적 절차를 마무리하려고 알렉산더 로젠탈 씨에게 연락했다. 13년 전에 아버지 무덤에 비석을 세울 때 추도사를 낭독했던 우리 집안의 오랜 친구이자 법률가인 로젠탈 씨 그분이었다. 서류 준비를 마친 로젠탈 씨는 반백 머리에 빵이 홀쭉하게 들어간 어빙 자이언 씨에게 이렇게 말했다. "자, 자이언 씨? 나는 자이언 씨가 이 두 젊은이를 잘 좀 봐주셨으면 해요. 경험도 없이 열정 하나로 이렇게 뛰어들었나 본데 사실 걱정이 많아요. 그래도 닳고 닳은 다른 장사꾼과는 다르게 터무니없이 가격을 후려치려고 실랑이하는 일 없이 판매 조건을 순순히 받아들였잖아요. 그러니 한 500달러만 깎아주시지요. 운영자금이 얼마간 있어야 성공이든 뭐든 할 수 있을 테니까요." 그러자 자이언 씨가 온화한 미소를 짓더니 젊은 의뢰인을 위해 최선을 다하려는 마음에 감탄했다며 일단 로젠탈 씨를 띄워줬다. 그러나 처음부터 최저가를 불렀기 때문에 더 깎아줄 수 없다고 못 박았다. 여기서 더 깎아달라는 말은 벼룩의 간을 내달라는 말과 같다며 완강하게 나왔다. 결국은 한 푼도 못 깎고 애초 조건대로 계약서에 서명했다.

결과적으로 말하면 이 축음기 판매 사업은 성공과는 거리가 아주 멀었다. 그래도 바로 접지 못하고 몇 년을 더 끌고 가다가 결국 더 낮은 가격으로 매장을 처분했다. 음악 사업에 대해서는 우리보다 훨씬 잘 아는 전직 오페라 감독에게 넘겼다. 에올리언 음반과 관련해서는 다소 아이러니한 부분이 있었다. 사실 이 일을 하면서 관계나 지위가 역전되는 상황을 여러 번 겪었다. 에올리언 컴퍼니 본사는 42번가에 있었다. 우리는 항상 어느 정도 위축된 상태로 이곳을 방문했었다. 뭔가 부탁을 하거나, 자사 음반은 제쳐두고 다른 회사 음반을 팔려고 했다며 싫은 소리를 들었을 때 어떻게든 변명을 하러 본사에 들어가는 경우가 태반이니 늘 주눅이 들어있을 수밖에 없었다. 그런데 15년이 지난 후 이 회사가 극심한 자금난에 빠졌다. 내가 운영하는 투자 펀드가 에올리언이 발행하는 '배당률 7% 보장 우선주'의 최대 주주였다. 그리고 나는 주주이익보호위원회 회장을 맡아 우리에게 가장 유리한 방향으로 지분 재조정 작업을 진행했다. (우리는 결국 손해를 보지 않고 상황을 잘 마무리했다.) 처지가 역전된 상황에서 나는 에올리언 경영진을 향해 사업 운영 방식의 문제점을 신랄하게 꼬집었다. 1917년 그때와 비교하면 엄청난 상황 역전이라 할 수 있겠다.

제1차 세계대전은 당연히 우리 축음기 사업에 지대한 영향을 미쳤다. 물론 안 좋은 방향으로 말이다. 큰형이 입대하자 둘째 형이 그 자리를 채웠는데 얼마 후 둘째 형마저 입대했다. 퇴근 후와 토요일에는 나도 가게에 나갔다. 가게에 있다 보면 손님들의 말 때문에 재미있는 일이 가끔 생긴다. 한번은 가게에 들어온 손님이 큰형 레온에게 루시 게이츠Lucy Gates 판이 있느냐고 물었다. 그러자 레온은 싱글거리며 대답했다. "아니요, 그건 없어요. 루시 마시Lucy Marsh는 있습니다만." 루시라는 말을 들으니 바먼 씨 농장에 있던 암소 두 마리가 생각났다. 두 마리 다 이름이 루시였다. 또 어느 날인가는 독일인 손님이 들어와 '〈카발레리아 루스티카나Cavalleria Rusticana〉에 나오는 게임'을 찾았다. 나는 비극 오페라에서는 '게임game'을 하지 않는다며 오페라에서 게임이라니 말도 안 된다는 식으로 말했다. 내 이런 설명에 그 손님이 발끈했다. 그 대작에 나오는 '보물gem' 같은 곡이라는 의미였는데 자신의 독일식 억양에 빗대 엉뚱한 대답을 하니 무시당했다고 느꼈을 테고 그러니 불쾌한 반응이 나오는 것은 당연했다.

둘째 형 빅터마저 징집으로 가게를 비우자 우리와 친하게 지내는 사람의 동생을 그 자리에 앉혔다. 나는 이 청년에 대해서는 잘 몰랐지만, 다들 '왕자님'으로 부른다는 말은 들은 적이 있었다. 실제로 꽤 잘생겼고 성격도 서글서글하니 괜찮아 보였다. 다만, 왕자들이 대부분 그렇듯이 그리 똑똑한 청년은 아니었다. 그런데 세상에나! 우리 가게에서 점장으로 일한 지 겨우 몇 달 만에 공금에 손을 대는 사고를 쳤다. 우리 가게 물건을 다른 가게에 내다 팔고 판매 대금을 가로챘다. 못된 짓이 탄로 나자 이 청년은 젊은 아가씨와 그 아가씨의 아버지를 대동하고 나타났다. 이 여성이 나를 한쪽으로 데려가더니 조용히 이렇게 말했다. "수천 달러라고요? 그까짓 돈 얼마 되지도 않는데 너무 걱정하지 마세요. 저 사람 나랑 결혼할 사람이거든요. 내가 아버지한테 잘 말해서 어떻게든 돈을 내라고 할 테니 교도소에만 안 가게 해주세요." 그 청년이 횡령한 돈 가운데 얼마를 돌려받았는지는 잘 기억나지 않지만, 그 '왕자'라는 녀석이 한 짓에 비하면 형벌이 너무 가벼웠다는 점은 확실하다.

'브로드웨이 축음기 가게'를 통해 사업의 부침을 맛봤고 더불어 아주 비싼 대가를 치르고 월가의 마수랄까 함정의 무서움을 배웠다. 1916년 가을에 이른바 '평화를 위협하는 전쟁 공포'를 시작으로 1917년에 미국이 참전한 후 1년 동안 증권 가격은 계속해서 폭락했다. 타신 계좌에서 관리하는 종목은 전에 다뤄본 적이 있던 '미주리, 캔자스 & 텍사스 철도 회사M.K.T.' 채권처럼 다소 애매한 종목이 대부분이라 결과를 장담할 수 없었다. 그때 나는 M.K.T.의 내재 가치가 구조 조정이 이뤄질 당시의 시장가치보다 더 크다고 봤기에 구조 조정이 마무리되면 현 시장가치를 웃도는 가격이 형성되리라 판단했었다. 그러나 전반적 하락 장세와 함께 우리가 보유한 다른 종목과 마찬가지로 이 M.K.T. 채권 시세도 하락 중이었다. 더 심각한 문제는 매수세마저 아예 사라졌다는 점이다. 타신 계좌에 추가 증거금을 더 넣으라는 통지가 왔지만, 내가 인출했던 돈을 채워 넣을 수가 없었다. 그 돈은 축음기와 음반, 기타 설비에 전부 묶여있었기 때문이다. 타신 교수가 정말 애지중지했던 A.L.T. 주식 일부를 팔아야 하는 상황까지 왔다. 게다가 엄청난 손해를 보면서 팔아야 했다. 증거금이 부족한 타신 계좌는 결국 동결 처리됐다. 타신 계좌에서 인출하고 채워 넣지 못한 액수만큼 타신에게 부채를 진 셈이었다. 타신이 출자한 자본을 정말 형편없이 관리한 나의 잘못이 컸다.

절망감에 빠진 나는 점심시간에 밖으로 나와 월가 주변을 하릴없이 배회하기도 했다. 그 순간 진지하게 자살까지 생각했다. 그러나 이내 정신을 차린 나는 친구에게 상황을 솔직하게 털어놓고 어떻게든 이 난관을 헤쳐 나가야겠다고 마음먹었다. 의심이라고는 눈곱만큼도 할 줄 모르는 이 친구는 내 설명을 듣고 상당히 놀라는 눈치였다. 그러나 정말 고맙게도 내 사정을 오히려 안타까워하면서 이해해주려고 했다. 그러면서 내 형편껏 매월 일정 금액을 계좌에 채워 넣으면 어떻겠냐고 제안했다. 나는 당연히 그렇게 하겠다고 했고 월 불입금은 60달러로 정했다. 이렇게 한 2년을 갚아 나갔다. 그러는 동안 장세가 호전되면서 이익금이 불어나 계좌에 불입금을 더 넣을 필요가 없어졌다. 내 행동은 분명히 문제가 있었고 지탄받아 마땅

했는데도 다행히 타신은 나를 계속 신뢰했다. 나중에 타신의 재산을 크게 불려줄 수 있었고 그래서 정말 다행이라고 생각했다.

공교롭게도 경제 사정이 좋지 않았던 이 시기에 어머니와 함께 살게 되면서 고부간의 갈등이 시작됐었다. 그러다 자금 상황이 급속도로 나아지기 시작했다. 그래서 타신 계좌에 돈을 다 채워 넣기 전에 우선 어머니가 따로 살 아파트부터 구해 임대료를 감당하기 시작했다. 어머니는 전에 말했던 그 비극적 사건으로 세상을 떠날 때까지 그렇게 25년 넘게 혼자 살았다. 가족이나 오랜 친구가 다른 사람과 같이 살면 어떻겠냐는 제안을 했었다. 하지만 혼자 살다 아프면 큰일 난다거나 너무 외로우면 정서적으로도 안 좋다는 둥 아무리 설득해도 소용이 없었다. 혼자 살겠다는 어머니 결심은 흔들리지 않았다. 정확한 이유는 어머니밖에 모른다. 겨우 몇 달 같이 사는 동안 시어머니의 눈 밖에 날 만큼 며느리가 무슨 큰 잘못을 했을까? 혹은 절대 결혼한 자식과 같이 살면 안 되겠다는 생각이 들 만한 사건이라도 있었나? 아니면 타고난 성격대로 어머니가 독립적인 삶을 좋아해서 그렇게 됐을까?

결혼 초기에는 예전처럼 주급 외에 부수입원이 있었다. 우리 회사는 매년 크리스마스에 상여금을 지급했다. 제1차 세계대전 발발 이후 폐쇄됐던 뉴욕증권거래소가 1914년 12월에 다시 개장한 지 얼마 되지 않은 시점이었다. 때가 때인지라 이번 연도에는 크리스마스 상여금을 기대하는 사람이 아무도 없었다. 실제로 어느 회사든 상여금이 나와도 아주 조금이거나 아예 주지 않았다. 크리스마스 전날 퇴근하려고 하는데 내 옆에 있던 선배 직원이 브로드웨이 100번지 옆 한산한 술집을 가리키며 씁쓸하게 말했다. "작년 크리스마스 때 저 술집이 어땠는지 자네가 봤어야 했는데. 전에는 다들 저리로 몰려갔지. 사람들이 저 술집에 꽉꽉 들어차서는 크리스마스 상여금을 저기서 거의 다 썼을 거야, 아마." 입이 근질거렸으나 앨프리드 뉴버거 씨가 다른 사람에게는 말하지 말라고 신신당부했기에 꾹 참았다. 사실 뉴버거 씨는 이 일 저 일 마다하지 않고 열심히 해줘서 고맙다는 의미로 주는 특별 상여금이라며 내게 100달러 지폐가 들어있는 봉투를 내밀었다.

그 100달러를 기억하는 데는 특별한 이유가 있다. 이 돈에서 20달러 정도를 주고 어머니에게 제너럴일렉트릭 전기구이기를 사드렸다. 어머니가 오래전부터 갖고 싶다고 노래를 부르다시피 한 물건이라서 이 선물을 받고 깜짝 놀라면서도 뛸 듯이 기뻐하던 모습이 아직도 눈에 선하다. 어머니는 이 구이기로 양 갈비나 생선으로 식사 준비를 하면서 거의 매일 사용하다시피 했다. 30년 후 비극적 죽음을 맞이하던 그날에도 이 구이기를 사용했다. 이후로 매년 상여금이 늘어나서 수천 달러까지 받게 됐다. 그러나 상여금 봉투가 아무리 두툼해도 100달러가 든 첫 상여금 봉투를 열었을 때의 그 흥분과 행복감에는 비할 바가 못 된다.

1915년에 야간학교 교사 일은 그만뒀지만, 거버너즈섬에서 장교들 자녀를 가르치는 일은 한동안 계속했다. 그리고 쿠즈 양에게 구두법을 가르쳤을 때처럼 그럭저럭 만족스러운 과외 교습도 몇 건 했다. 게다가 〈보그 Vogue〉 잡지 편집자인 쿠즈 양의 언니를 알게 되면서 순수문학 분야에 드디어 발을 들일 기회가 생겼다며 꿈에 부풀어 혼자 김칫국을 들이켜기도 했다. 이때 나는 잡지 사설란에 넣을 글이 필요하다며 문학이나 인문학 관련 주제로 짤막한 에세이를 써달라는 부탁을 받았다. 그래서 신경도 많이 쓰고 공을 아주 많이 들여서 '성인과 죄인 Saints and Sinners'이라는 제목의 글을 완성했다. 인생에서도 그렇고 책에서도 왜 선인보다 악인이 훨씬 더 주목받고 더 흥미롭게 다뤄지는지에 대한 문제를 다시 생각해보는 내용이었다. 이번 기회를 잘 활용하고 싶었던 나는 한때 칭송받았던 내 문학적 박학다식함을 끄집어내서 코르네유Corneille의 《르시드》에 나오는 '매력적인 범인cher criminel' 개념을 인용해봤다. 〈보그〉 잡지 독자 정도면 어렵지 않게 이 비유 관계를 바로 포착하리라 생각하면서 말이다. 편집부에서 내 글을 싣겠다고 했고 원고료로 15달러를 받았다. 곧바로 다시 작업에 들어간 나는 이런 에세이를 두세 편 더 썼다. 그러나 〈보그〉에서 문학 담당 편집자를 고용했고 이후로는 이 사람이 매월 글을 써서 올리기로 했다는 말을 들었다. 그 순간 문필가로 이름을 날려보겠다는 부푼 꿈은 산산이 부서지고 말았다. 몇 가지 이유로 내 글을 받아줄 다른 곳을 알아보거나 하지는 않았고 그러다 수년 후 희곡을 쓰기 시작할 때까지 내 야무졌던 문학의 꿈은 접어버렸다.

문학의 꿈을 포기한 이유 중에는 성격이 전혀 다른 글을 쓰기 시작했다는 점도 한몫하지 않았을까 싶다. 다소의 불안감을 안고 〈매거진 오브 월스트리트Magazine of Wall Street〉에 '저평가 채권'이라는 제목으로 글을 하나 기고했다. 전체 채권 목록을 면밀히 검토하고 분석한 결과물이었다. 이 과정에서 비슷한 종목인데 가격이 현저하게 차이나는 부분에 특히 주목했다. 이 잡지의 편집자 바너드 파워스가 내 글을 보고는 바로 게재하겠다고 하면서 글을 몇 개 더 써달라고도 했다. 이때 원고료는 현금으로 25달러를 받았던 듯하다. 이때부터 〈매거진 오브 월스트리트〉에 자주 글을 올리면서 거의 정기적인 기고가 역할을 했다. 그러면서 자연스럽게 이 잡지사 창립자인 리처드 와이코프Richard D. Wyckoff와 그의 아내이자 발행인이며 결코 만만치 않은 여성인 캐리 와이코프Carrie G. Wyckoff를 알게 됐다. 캐리 와이코프는 흥미로운 이력의 소유자였다. 내가 알기로 캐리는 리처드 와이코프의 비서로 출발했는데 어찌어찌해 그의 아내가 됐다. 이후 사업 파트너까지 됐고 남편 뒤를 이어 잡지사 총 책임자가 됐다가 결국은 단독 소유자가 된 대단한 여성이었다. 사실 단독 소유자 자리는 파경을 맞은 결혼 생활과 함께 양측 간의 극단적 증오가 깔린 볼썽사나운 법정 다툼으로 쟁취한 셈이었다.

와이코프 부부가 서로 반목하고 갈등하는 와중에도 나는 두 사람 모두와 사이가 괜찮았다. 이런 대인 관계 특성이 재현되자 나는 모두와 두루두루 친하게 지냈으나 누구와도 깊은 관계는 맺지 못했다는 데 생각이 미쳤다. 다들 나를 그냥 친구로는 생각했지만, 나를 절친한 친구라거나 진정한 친구로 꼽는 사람은 거의 없었다. 내가 모든 사람과 두루 친하게 지낼 수 있었던 이유는 간단했으며 딱히 칭찬받을 만한 이유도 아니었다. 나는 누구에게도 부탁을 잘 하지 않는다. 그런데 다른 사람의 부탁은 또 잘 들어준다. 거래할 때도 내 쪽이 손해를 봤다고 느끼고 싶어 했고, 상대방도 내 양보를 더 받아냈다고 그렇게 느끼기를 바랐다. 이타주의를 지향하는 고매한 성품 아니냐고 할지 모르겠으나 사실은 그렇지 않다. 여러 가지를 고려했을 때 그렇게 하는 편이 내게 유리했기에 나온 행동이었다. 첫째, 나는 다른 사람의 도움이나 호의가 별로 필요하지 않은 삶을 살아왔다. 둘째, 악의적으로 내가 이용당하는 수준이 아닌 한 다른 사람의 부탁을 들어주고 도움을 주는 일에 진정한 기쁨을 느꼈다. 마지막으로, 고맙게도 나는 다른 사람과 협상이나 거래를 할 때 내가 원하는 바를 얻으려고 상대방의 요구를 묵살하거나 값을 사정없이 후려치는 일은 하지 않아도 되는 위치에 있었다. 그리고 나 자신의 행동이었다면 분명히 수치스럽게 여겼을 일인데도 다른 사람이 하는 비윤리적 행위에 대해 비난하거나 분개하는 일이 별로 없었다. 나는 오로지 내 행동에 대해서만 엄격한 비판의 잣대를 들이댔기 때문이다. 한마디로 남의 흠에는 관대하고 내 잘못에는 엄격했다. 내 성품이 고매해서가 아니라 다른 사람에게 관심이 없었기 때문이 아닐까 생각한다. 게다가 전에도 말했듯이 내 기억력은 선택적이었다. 기억하고 싶지 않은 불쾌한 경험, 특히 다른 사람이 나를 못살게 굴었던 일 따위는 되도록 빨리 그리고 완전히 잊어버리는 그런 선택적 기억력의 소유자였다.

독자가 판단하기에도 그렇듯 이런 온유하면서도 우유부단한 성격 탓에 친구를 쉽게 사귀는 편인 동시에 이들과 관계 끊는 일은 너무 어려웠다. 특히 사업적 면에서 사사건건 의견 충돌이 일어나는 사람과의 관계에서도 그렇고 한때 사랑했다가 헤어진 연인 관계에서도 맺고 끊음이 부족한 이런 성향이 여실히 드러났다. 다시는 안 볼 것처럼 헤어졌을 때마저 한동안 떨어져있다가 어느새 관계가 다시 이어졌다. 예전 같은 연인 관계로는 회복이 불가능할 때도 우정을 나누는 관계는 가능했다. 예를 들어 며칠 전에 아내 에스텔이 장난삼아 옛 연인 알아맞히기 게임이라며 특징을 설명할 테니 누군지 한번 맞춰보라고 했다. 스무고개 하듯 힌트를 좀 달라고 하면서 나는 순진하게 이렇게 물었다. “나랑 친하게 지내는 사람이야?” 그러자 에스텔이 깔깔거리며 이렇게 말했다. “아니, 그동안 사귄 여자 중에서 당신하고 안 친한 사람도 있어?”

이렇게 대다수 사람과 두루 친하게 지내지만, 사람들이 말하는 ‘깊이’가 없었다. 개인적으로 ‘깊이’보다는 ‘완전 몰입’이라 표현하고 싶지만, 어쨌든 그랬다. 아마도 다음과 같은 키플링의 충고에만 귀가 번쩍 뜨였던 게 아닐까 싶기는 하다. “누구와도 척지지 말고 두루 친하게 지내되 누구와도 각별한 관계는 만들지 마라.” 물론 다른 사람보다 더 가깝게 지내는 친구도 몇몇 있기는 하다. 그러나 고등학교 때 이후로 절친하다고 할 친구는 없었다. 내 생각을 거리낌 없이 털어놓을 수 있는 친구, 친구의 적은 곧 내 적이라고 말할 정도로 유대감이 강한 친구, 내 경쟁자라도 친구의 친구라면

반은 친구처럼 지낼 만큼 그 친구의 인간관계마저 존중해주고 싶은 그런 친구 말이다. 내 안에 배타적이고 독점적인 인간관계를 혐오하게 하는 무언가가 있는 듯하다. 이런 성향 때문에 아주 질이 나쁘지는 않아도 친구로 삼기에는 부적합한 사람과도 친구가 되고 또 본질적으로 영 마음에 들지 않는 사람과 사귀기도 했다.

와이코프 부부가 파경을 맞은 이후에도 나는 두 사람과 관계를 이어가고 있었다. 캐리와는 잡지에 기고문을 올리는 일로, 리처드와는 투자 서비스를 제공하는 일로 계속 만났다. 투자 서비스로는 매월 '특수 상황'이나 '저평가 종목'에 관한 보고서를 보냈다. 캐리는 두 차례나 내게 지금 회사를 그만두고 자기와 같이 일하자고 설득했다. 첫 번째 제의 때는 두말 하지 않고 거절했다. 그러나 두 번째 제의에는 솔직히 좀 흔들렸다. 조건이 워낙 좋아서였다. 〈매거진 오브 월스트리트〉의 편집장 자리에다 급료도 많이 주고 수익 공유도 해주겠다고 했다. 구미가 당기는 제의에 고민이 많았지만, 앨프리드 뉴버거 씨가 극구 말렸다. 이때 뉴버거는 나를 의자에 주저앉히면서 1920년부터 주니어(하급) 파트너 대우를 해주겠다고 약속했던 것 같다.

나와 와이코프 부부와의 관계가 둘째 형 빅터의 진로에 지대한 영향을 미쳤다. 빅터는 1920년까지 마음을 잡지 못한 채 일정한 직업 없이 꽤 오래 빈둥거렸다. 타고났다 할 정도로 영업 능력이 탁월했는데도 가는 회사마다 이상하게 망하는 수순을 밟는 듯했다. 그래서 빅터에게 일 좀 시켜보라고 캐리에게 부탁했다. 캐리는 빅터의 능력을 시험해보려고 잡지 홍보 겸 증권가를 돌아다니며 배당금 계산기를 판매하는 일을 시켜봤다. 그다지 전도유망한 일도 아니었는데 빅터가 이 일을 아주 잘 해내면서 광고부로 발령이 났다. 그런데 이 부서에서 빅터의 활약이 대단했다. 얼마 후 빅터는 광고부 수장이 됐고 전임자는 빅터 밑에서 일하게 됐다. 1920년대에 찾아온 유례없는 초강세장에서 〈매거진 오브 월스트리트〉의 발행 부수도 크게 증가했고, 빅터의 남다른 지략과 수완에 힘입어 광고부 매출도 급성장하면서 수익도 역대 최고 수준을 기록했다. 본인도 돈을 많이 벌었음은 물론이다. 그러나 이를 어쩌나! 문제가 생겨버렸다. 내 생각에는 캐리 본인이 빅터에게 마음이 있었거나 아니면 여동생(혹은 본인)과 결혼하기를 바랐지 않았나 싶다. 그러나 정작 빅터는 몇 차례 복잡한 연애사에 휘말린 이후 발랄하고 아름다운 열여덟 살 실비아 굿맨과 사랑에 빠지더니 바로 결혼해버렸다. 이때가 1928년이었다. 이 날벼락 같은 배신행위를 그냥 두고 볼 캐리가 아니었다. 빅터는 어쩔 수 없이 돈도 많이 벌고 적성에도 딱 맞았던 잡지사 광고부 일을 그만두고 투자은행업에 발을 들였다. 또 한 차례의 공황을 눈앞에 둔 시기에 이런 일이 벌어지면서 빅터는 자신의 능력과 적성에 전혀 맞지 않는 분야에서 고군분투하기 시작했다. 숱한 실패와 좌절을 겪으며 재능에 맞지도 않는 곳에서 근 20년을 헤맨 끝에 드디어 제자리를 찾을 수 있었다. 잘나가던 1920년대만큼은 아니었지만, 이후 10년 동안의 직장 생활은 빅터에게 도전과 안정이라는 욕구를 어느 정도 충족시켜줬다고 생각한다.

내 수입원은 타신 계좌에서 나오는 이익 분배금과 차익 거래 같은 특수 활동 수익 등이었다. 1918년에 타신 계좌 문제가 발생하기 전까지 나는 스스로 재정적 측면에서 나름의 성공을 거뒀다고 생각했고 돈으로 누릴 수 있는 여유로운 삶에 슬슬 맛을 들이고 있었다. 그래서 일찌감치 사촌 형 루이와 공동으로 자동차를 한 대 샀다. 당시 거의 대중 자동차로 인식되면서 어딜 가나 볼 수 있던 '포드 모델 T' 후속으로 나온 신형 '포드 모델 A'였다. 처음 몇 달간은 이 신형 자동차 주위로 사람들이 몰려들어 날렵하게 잘 빠진 차체를 보며 감탄사를 연발했다. 젊은 차주로서는 너무도 자랑스러운 순간이었다. 공학도의 열정을 지닌 루이는 차량 상세 설명서까지 구입하는 열의를 보였다. 그리고 설명서와 함께 가동부moving part: 자동차 문짝 같은 움직이는 부분가 갖춰진 판지 모형을 보면서 엔진과 변속기, 기타 등등의 작동 원리를 열심히 설명해줬다. 이런 열의 덕분에 핸드 스로틀hand throttle: 손으로 조작하는 가속 장치에 직접 손대보기도 전에 이미 우리는 자동차 전문가가 다 됐다. 그렇다, 그 당시 자동차는 페달로 조작하지 않고 기관차처럼 핸드 스로틀로 가속했다.

1915년 뉴욕의 운전 교습 풍경은 지금과 완전히 달랐다. 포드사는 자동차를 구입하는 고객에게 무료로 운전 교습을 해줬다. 나는 브로드웨이 50번지에 있는 포드 자동차 대리점에 가서 350달러를 척 내고 번쩍거리는 신차를 한 대 샀다. 그러고는 곧바로 웨스트가West Street로 가서 운전 연습을 시작했다. 맨 처음에는 시동 거는 법을 배웠는데 초보 운전자에게는 이마저도 쉽지 않았다. 포드 판매원은 그다음에 세 가지 페달(클러치, 브레이크, 비상 브레이크)과 4단 변속 레버 그리고 조향축steering column: 차바퀴와 운전대를 연결하는 철로 된 봉 옆에 달린 점화 진각 장치spark advancer와 보조 제동기retarder, 핸드 스로틀 등을 다루는 법을 가르쳤다. 순차적이라고는 하나 내가 느끼기에는 거의 동시에 주르륵 알려주는 듯했다. 게다가 뒤편에 있는 고무공처럼 생긴 경적도 때맞춰 눌러야 했다. 이래저래 정신이 하나도 없었다. 처음 운전 교습을 받을 때 여섯 번 정도 시동을 꺼트렸는데, 아무튼 시동이 꺼질 때마다 판매원은 짜증을 내며 이렇게 말했다. "제발 페달에서 발을 좀 떼세요." 이렇게 한 소리를 듣고 다시 처음부터 시작했다. 웨스트가 위아래로 열 블록 정도를 오가며 연습했다. 그때는 도로 위를 지나는 웨스트사이드 고속도로도 없었고, 교통량도 많지 않아 운전 연습하기에 아주 좋았다.

30분 정도 교습해주더니 이 정도면 혼자 운전할 수 있겠다고 했다. 그래서 내가 대리점까지 운전해서 판매원을 내려줬다. 그러고는 겁도 없이 맨해튼 중심가에서 브롱크스 헌츠 포인트 아파트까지 내달려 무사히 집에 도착했다.

"운전면허 시험은요?" 이렇게 묻는 사람이 있을 듯하다. 믿기 어렵겠지만 아무튼 당시에는 자동차만 있으면 됐다. 법 규정이 그랬다. 자동차를 소유할 정도면 운전은 당연히 할 줄 안다고 가정했다. 따라서 자동차가 없는 사람은 특수 운전면허가 필요했고 이 면허를 따려면 시험을 봐야 했다.

주변에서 걱정하는 말을 많이 했음에도 루이와 공동으로 자동차를 소유하는 데 아무런 문제도 없었다. 공동 소유 규칙은 아주 단순했다. 두 사람이 번갈아 가며 자동차를 사용하고 자동차 보험료 외 각종 비용은 반반씩 부담하기로 했다. 자동차 사용하는 날을 몇 번 바꾸기는 했지만, 자동차 문제로 다투거나 한 적은 한 번도 없었다.

그런데 이상하게도 그때나 지금이나 우리 가족은 나를 운전 못 하는 사람으로 아주 낙인을 찍어놨다. 혹시나 내 운전이 서툴게 느껴진다면 그건 운전 실력이 모자라서가 아니라 가끔 넋 놓고 딴생각을 자주 하는 버릇 때문이다. 운전을 잘하니 못하니 해도 사실 나는 45년 동안 운전하면서 사소한 인명 피해도 일으킨 적이 없고, 바퀴 덮개에 흠집을 낸 일 외에는 다른 차에 크게 피해를 준 적도 없다. 내 차도 앞 유리가 깨진 일 외에 크게 망가진 적이 없었다. 게다가 이때도 꽤 오래전이고 운전자에게 여러모로 참 편했던 시절이라 수리비도 8달러밖에 안 들었다.

자동차와 관련한 사고뭉치들은 오히려 내 가족이었다. 걸핏하면 핀잔을 주던 내 신랄한 비평가들이자 '사랑하는' 친인척들이 내 자동차에 한 일을 생각하면 정말 혈압이 오른다. 먼저 레온 형과 빅터 형! 두 사람이 슬그머니 내 사무실로 들어왔던 날을 기억할지 모르겠다. 둘 중 누군지 모르겠는데 아무튼 한 사람은 작은 여행 가방을 들고 있었다. 그러고는 면목 없다는 듯이, 내 자동차로 전신주를 들이받았다고 말했다. 천만다행으로 둘 다 다치지 않았지만, 내 자동차는 박살이 났다고 했다. 그때 나는 박살이 났다는 내 자동차 파편을 그 가방에 담아 왔느냐고만 물었다. 그리고 늘 자기는 모범 운전자라며 운전 못 한다고 나를 그렇게 구박하던 에스텔! 파크로에서 방향을 잘못 잡는 바람에 임신부를 태우고 병원으로 가던 택시를 들이받은 사람이 누구였던가. 보험사에서 다 알아서 해줬기 때문에 비용이 전부 얼마나 들었는지는 잘 모른다. 헤이즐도 빠질 수 없다. 1919년 롱아일랜드 휼렛에서 있었던 그 끔찍했던 일이 떠오른다. 헤이즐이 운전 중에 다른 차를 들이받는 바람에 어머니가 갓난아이 우리 아들 뉴턴을 안은 채 차 밖으로 튕겨 나갔었다. 정말이지, 이번에도 다행히 아무도 다치지 않았다. 상대 차주는 수리비로 150달러 청구서를 보내왔다. 그때 헤이즐은 고작 발판이 망가진 정도에다 차도 오래돼서 고물이 따로 없던데 무슨 수리비가 그렇게 많이 나오냐며 청구액이 과하다고 했다. 그래서 내가 그 사람에게 75달러 정도면 되지 않겠느냐고 편지로 써 보냈다. 그랬더니 어느 비 오던 날 밤에 상대방 차주가 휼렛에 있는 별장까지 찾아와서는 씩씩대면서 150달러에서 한 푼도 못 깎아준다고 했다. 빨리 합의하고 싶은 마음에 100달러로 올려 주겠다고 했다. 그런데 그 사람은 우산을 거칠게 펴들고는 쏟아지는 빗속을 향해 뛰쳐나가면서 그럼 법대로 해보자며 큰소리쳤다. 그러나 이상하게도 이후 그 사람을 다시 보지 못했고 아무 소식도 없었다. 정말 온데간데없이 사라져버렸지만, 우리도 그 이유를 굳이 알고 싶어 하지 않았다.

우리 차는 앞차축이 망가졌다. 상대 차는 사라졌으나 손상된 내 차가 차 사고의 흔적을 이렇게 물증으로 남기고 있었다. 마침 우리는 신형 쉐보레를 사고 싶었다. 그런데 전후 인플레이션 때문에 차 가격이 무려 720달러나 됐다. 지역 대리점에 갔더니 판매원이 차를 팔 욕심에 일시불로 자동차를 사면 망가진 우리 차를 수리해서 250달러에 팔아주겠다고 했다. 그 당시 내게는 구두로 오간 협의 사항도 서면으로 남겨둬야 한다는 감각 정도는 있었다. 그래서 판매인이 말하는 내용을 문서로 정리해 서명을 받아뒀다. 그는 약속대로 우리 차를 수리했지만, 그 차를 살 사람은 찾지 못했던 모양이다. 그래서 뉴욕으로 돌아가기 직전에 차를 돌려 대리점으로 다시 가서는 서명까지 받았던 그 문서를 흔들며 돈을 주든가 아니면 내 차라도 돌려달라고 했다. 판매원은 별수 없다는 듯이 어깨를 으쓱하더니 포드를 가져가라고 했다. 차를 워싱턴 하이츠에 뒀는데 얼마 지나지 않아 동네 사람이 이 차를 300달러에 사겠다고 나섰다. 이렇게 해서 우리는 생각할수록 속상하고 찜찜했던 상황에서 해방될 수 있었다.

내가 이 이야기를 하는 진짜 이유는 이 차를 산 사람의 못 말리는 '차 사랑' 때문이다. 우리한테는 볼 때마다 짜증 나는 애물단지였는데 이 사람에게는 보물단지였다. 그 당시 차주 대다수가 그렇듯이 이 사람도 이 차를 길모퉁이에 주차해놨다. 포드의 새 주인은 치과의사였는데 환자가 뜸하다 싶으면 주차해둔 곳으로 쏜살같이 나가서 섀미가죽염소, 영양 등의 부드러운 가죽으로 먼지를 털고 반들반들 광도 내고 앞 유리며 선반이며 깨끗하게 닦았다. 이 감동적인 장면을 지켜보자니 터져 나오는 웃음을 참느라 아주 혼이 났다. 저렇게 애지중지하는 포드가 불과 몇 주 전까지만 해도 휼렛 별장 차고지에 처박혀있던 골칫덩이였다는 생각이 떠올랐기 때문이다.

9

세이볼드 타이어 사건

1919년부터 1929년까지의 기간 동안 월가에서 나는 놀라운 속도로 성공 가도를 달리고 있었다. 다 꼽을 수 없을 정도로 잇달아 거둔 성공, 꾸준히 향상되는 생활수준, 물질적으로나 정신적으로 풍요를 누리는 삶에 대한 심오한 이해와 지식의 외연 확장, 이 세상에서 내가 차지하는 위치에 대한 큰 만족감, 동료들로부터 존경받는 사실에서 오는 기꺼운 흥분 등으로 어우러진, 그야말로 이보다 더 좋을 수 없는 나날이었다. 그러나 이렇게 마냥 '천국' 같은 시간만 보낸 것은 아니었다. 1927년에 첫째 아들을 잃는 슬픔을 겪었다. 거듭되는 행운과 성공에 마음껏 취해있을 때 날벼락처럼 다가온 불행이었기에 그 충격이 더 컸다. 부부 사이가 삐걱거리며 결혼 생활도 흔들리기 시작했다. 스스로 똑똑하고 현명하다고 생각했지만, 사실은 우리 둘 다 문제를 인식하고 원만한 해법을 찾는 통찰력이 부족했다. 더 깊은 성찰이 필요했지만, 나는 이미 물질적인 성공이 삶의 목표이자 목적이라는 생각을 덥석 받아들인 상태였다. 그 대신 이상을 향한 꿈과 성취감을 일찌감치 잊어버렸다.

1920년 초에 나는 뉴욕증권거래소 회원사인 N. H. & L.의 주니어 파트너가 됐고, 이 내용은 신문광고를 통해서도 공표됐다. 계약은 주니어 파트너가 됨에 따라 손실에 대한 책임은 지지 않으면서 급료 외에 연 수익의 2.5%를 받기로 했다. 2년 선배인 대니얼 러브와 헤럴드 라우스도 주니어 파트너로 같이 승진했다. 그런데 앨프리드 뉴버거 씨는 내가 받는 배당금 비율이 러브와 라우스보다 0.5% 높다고 알려줬다. 그러나 두 사람에게는 이 사실을 말하지 말라고 당부했다. 그래서 4년 동안 내 몫으로 받은 이익 배당금이 연간 5,000달러에 달했다.

이 해에 나는 일본 채권을 취급하면서 월가에서 매우 특별한 위치를 점하게 됐다. 루 베럴은 어릴 때 친구였는데 금융 일을 하고 싶어서 교사 일을 그만두고 주요 채권 회사인 본라이트 & 컴퍼니에 들어갔다. 우리는 가끔 만나 점심을 같이했는데 한번은 미키 준키치라는 아주 젊은 일본인 청년과 함께 나왔다. 활력이 넘쳐 보이는 이 청년은 미국 채권을 일본에서 판매하겠다는 계획에 따라 일본의 한 대형 금융 회사에서 미국에 보낸 일종의 파견 직원이었다. 본라이트 & 컴퍼니는 자사 금융 상품의 일본 내 판로를 모색해보겠다는 계산에 따라 이 청년에게 미국 회사의 투자 방식 등을 교육하는 역할을 맡았다.

애초 목적은 이랬는데 이 일이 완전히 다른 방향으로 흘러갔다. 미 증권업계 상황을 들여다보던 미키와 그의 상관들은 1906년 러일전쟁이 진행되는 동안 여러 국가에서 유통 중인 일본 국채를 사들인 다음에 이를 일본 내 투자자에게 되팔면 큰 이익이 발생한다는 사실에 주목했다. 외국 내 일본 국채에 대한 투자자의 관심이 점점 높아졌다. 전후 환율 불일치 현상이 두드러진 데다 투자자는 고정된 엔화로 채권 원리금의 지급을 요청할 권리가 있었기 때문이다. 미키는 본라이트 측에 이런 채권을 대규모로 인수해 일본으로 보내는 일에 협조해줄 수 있는지를 타진했다. 그러나 이 회사는 자사의 증권 인수 업무만으로도 너무 바빠서 이 일에는 그다지 관심이 없었다.

베럴과 미키 두 사람과 함께 점심을 먹는 중에 이 일본인 청년이 우리 회사와 관련이 있는 유럽 회사나 기타 기관 중에 이런 대규모 채권 인수 작업이 가능한 곳이 혹시 있느냐고 물었다. 다행히 우리 회사는 이 업무와 관련한 포괄적 금융 서비스를 성심껏 제공할 여력이 있다고 답했다. 한두 차례 시험 주문에 크게 만족한 미키는 대규모 거래를 진행할 채비를 갖췄다. 일본 측을 대표한 미키는 대규모 채권 매수에 우리 회사 서비스를 독점적으로 사용한다는 데 합의했고, 우리는 오사카 후지모토 증권만을 대행해 채권을 매수한다는 데 동의했다. 전신電信 비용 및 운송료를 포함한 모든 비용은 우리 측이 부담하고, 매수 건당 2%를 대행 수수료로 받는다는 조건이었다.

이 사업은 그 규모가 무려 수백만 달러에 달했다. 우리는 일본 국채 유통의 중심지였던 런던과 파리, 암스테르담 등에 소재한 현지 증권 회사와 업무 제휴 협약을 체결했다. 엔화 대비 프랑화의 가치가 낮았기 때문에 이 채권이 파리에서는 액면가보다 높은 가격에 판매됐는데 덕분에 일본 투자자는 거액의 중개 수수료를 제하고도 엄청나게 낮은 가격으로 이 채권을 매수할 수 있었다.

그런데 우리 업무 지원 부서에서는 이 사업을 그리 환영하는 분위기가 아니었다. 아니, 오히려 못마땅해하는 기류가 강했다. 지금은 기억이 안 나는데, 아무튼 몇 가지 이유로 처음에 이 채권 상당량이 미국에서는 액면가 100달러짜리로 판매됐다. 미국에서는 보통 액면가 1,000달러가 일반적이고 500달러도 이따금 유통되는데 100달러짜리는 거의 없었다. 이 같은 상황은 파리와 런던도 마찬가지였다. 이런 소액 채권은 손만 많이 가는 성가신 존재라는 인식 때문에 크게 할인된 가격에 거래됐으나, 일본은 상황이 달랐다. 미키는 소액 채권을 더 싼 가격에 매집할 수 있다는 사실에 오히려 반색했다. 이 때문에 우리 사무실에는 항상 소액 채권 다발이 뭉텅이로 들어왔다. 한 번에 액면가로 10만 달러어치 채권을 매수하면 100달러짜리로는 무려 1,000장이나 된다. 1,000장을 일일이 다 세야 하고 게다가 이자 지급 교부표가 제대로 붙어있는지도 확인해야 했다. 실제로 엄청나게 번거로운 작업이기는 했다.

최종 선적이 이뤄질 때까지 이 많은 채권 다발을 안전하게 보관할 장소가 필요했기 때문에 우리는 특수한 안전 금고까지 마련했다. 이 무거운 금고를 들고 매일 보관실을 들락거려야 했던 사환들은 이를 '벤 그레이엄 금고'라고 불렀다. 명예로운 이름이기는커녕 사환들이 짜증 나서 붙인 명칭이었다. 그러나 이 사업은 수백만 달러 규모로 이뤄지면서 회사에 엄청난 이익을 안겼다. 수수료 수입이 10만 달러는 족히 넘었으리라 생각한다. 이렇게 2년 정도 거래하다 미키가 독자적으로 사무실을 냈다. 우리를 거치지 않고 채권을 직접 매수하려는 목적이었다. 그러나 우리는 어차피 당연한 수순으로서 때가 되면 이렇게 될 일이라 봤기 때문에 이 일로 일본 측이나 미키를 원망하지는 않았다. 어쨌거나 이 과정에서 일본 금융계에서는 우리를 모르는 곳이 없을 정도로 유명한 회사가 됐다. 일본 증권거래소 두 곳이 도쿄와 오사카 시장에 적용할 목적으로 우리의 증권 중개 방식과 기술을 배울 대표단을 우리 회사에 파견했다. 미키가 이들을 데리고 나를 만나러 왔다. 꽤 오랜 시간 이들에게 내가 아는 지식과 정보를 알려줬다. 대표단은 우리 회사가 사용하는 각종 관련 서식을 알뜰히 챙겨서 떠났다. 이로부터 얼마 지나지 않아 이 사람들은 뉴욕 증권시장에 관한 방대한 보고서를 발행했고 사본 한 부를 내게 보내왔다. 그런데 관련 부분에서 '뉴버거, 헨더슨 & 러브'라는 우리 회사명이 또렷이 새겨진 서식을 정성스레 끼워 넣어서 좀 놀랐다. 이러다 보니 몇 쪽 넘길 때마다 우리 회사 서식이 자꾸 나왔다. 놀랍기도 하고 한편으로 우리를 존중해주는 그 마음 씀씀이가 고맙기도 했다.

후지모토 은행 측과 계약 관계를 종결할 때 타 회사와는 거래하지 않는다는 이른바 독점 거래 조항을 완화했다. 따라서 이후부터는 양측이 다소 자유롭게 다른 회사와 관계를 맺을 수 있게 됐다. 우리는 또 다른 일본 금융 회사 두 곳과 거래를 트고 전신으로 주문을 받아 채권을 매수했다. 전신 주문 시 다섯 글자로 된 암호를 사용하면서 통신 요금을 크게 절감할 수 있었다. 한쪽이 일본어를 사용하는 만큼 특히 암호 메시지 이해에서 실수나 오류가 발생할 가능성이 매우 높은데도 이 사업은 2년 동안 비교적 순조롭게 진행됐다. 그러나 이 과정에서 불상사가 전혀 없었다고는 못한다. 실제로 서로 난감했던 일을 한번 겪었다. 이때 일본 측은 신뢰와 성실을 바탕으로 사업에 임하는 회사라는 점을 보여주려고 나름대로 엄청난 노력을 했다고 평가한다. 당시는 동양 사람들은 교활하고 겉과 속이 다른 이중적인 모습을 보인다는 선입견이 업계에 떠돌던 시절이었다.

도쿄 금융 회사가 대량 주문을 냈고 이에 따라 우리는 액면가로 수십만 달러 상당의 채권을 매수했다. 그리고 이런 사실을 통보했다. 그랬더니 일본 측에서 '주문 취소, 확정'이라는 내용의 전신을 보내왔다. 그래서 우리는 주문 실행이 아직 안 된, 그러니까 미주문 부분을 취소하고 나서 '주문 취소 완료'라는 내용의 회신을 보냈다. 그리고 이미 매수한 채권은 예정대로 선적 처리했다. 그때는 항공운송이 없었으므로 배편으로 보낸 채권이 한 달 후에 도쿄에 도착했다. 그러자 일본 측은 상당히 당혹스러워했다. 그리고 매수를 취소했으니 자신들은 이 사태에 책임이 없다고 주장했다. 물론 우리도 할 말이 있었다. 월가에서 '주문 취소'는 '주문 실행 중지'를 의미하고 이미 실행한 주문에는 영향을 미치지 않기 때문에 그 전신이 채권을 매수하지 말라는 뜻이었다면 정확하게 '매수 취소'라고 해야 했다고 주장했다. 사실 이런 전신을 보냈더라고 이미 늦어서 아무 소용이 없었다. 이 점을 명확히 적시하지 않은 나한테도 잘못이 있었다.

채권 운송 기간에 시장이 일시적으로 하락하면서 수천 달러의 손실이 발생했다. 뉴욕에 있는 '요코하마 정금正金 은행'과 이 문제를 놓고 협상을 벌였다. 이곳은 일본의 정부 기관이자 일본 금융계를 대표하는 공식 기관이었다. 대금 결제 기일이 조금 지난 시점에(생각보다 오래 지체되지는 않았음) 요코하마 은행이 채권 매수 대금 전액을 지급했다. 다소 애매한 상황이므로 양측이 손실을 반반씩 분담해야 한다고 주장할 법도 했지만 이들은 그렇게 하지 않았다.

미키와 나는 좋은 친구가 됐다. 이따금 우리 집에 놀러 와서 유대인 전통 음식을 즐겨 먹었다. 그 답례로 미키는 나를 컬럼비아대학 근처에 있는 일본 클럽에 데려가 한눈에 봐도 호화로운 저녁 식사를 대접했다. 일본 음식은 여기서 처음 맛봤다. 생선회를 여러 가지 소스에 찍어 먹는 내 모습에 나 자신도 놀랐을 정도다. 그러나 두 시간 동안이나 바닥에 앉아있으려니 그건 좀 고역이었다.

미키는 가끔 내게 일본인 유명 인사를 여럿 소개했는데 대다수가 금융계 사람이었다. 그런데 어느 날인가 점심 식사 때 미키가 구마가이 씨와 같이 가도 되겠느냐고 물었다. 구마가이 씨는 한눈에 봐도 다부진 체격에 얼굴도 잘생긴 매력적인 청년이었다. 점심을 먹으며 우리 세 사람은 월가 이야기를 비롯해 시답잖은 소재로 이런저런 이야기를 나눴다. 식사를 마치고 그 자리를 떠날 때 미키가 늘 그렇듯 부드러운 미소를 지으며 이렇게 말했다. "그레이엄 씨, 다음 주에 구마가이 씨가 포리스트힐스에서 테니스 경기를 하는데 볼 생각 있어요? 가고 싶다면 입장권을 구해드릴 수 있는데요." 그제야 내가 유명한 일본인 테니스 선수와 점심을 같이 먹었다는 사실을 알았다. 미국 테니스 대회 단식경기에서 우승컵에 도전하는 대단한 선수하고 말이다. 이런, 내가 그렇게 좋아하는 테니스에 관해서는 한마디도 못 했는데! 어떻게 이렇게 멍청할 수 있지? 아, 하늘도 무심하시지.

이로부터 35년이 지난 후 일본을 방문해서 미키 준키치와의 우정을 다시금 새롭게 했다. 일본으로 돌아간 미키는 오사카증권거래소 임원이 됐고, 그 후에는 고베대학에서 재무 및 금융을 가르치는 교수가 됐다. 미키는 오사카거래소로 나를 초대했고 임원들도 소개해줬다. 안내를 받아 임원실로 들어가니 사람들이 아주 많이 모여있었다. 소개를 끝낸 미키가 내게 이렇게 말했다. "그럼, 이제 여기 모인 임원들에게 증권분석 강의를 좀 해주면 안 될까요? 한 40분 정도면 될 것 같은데요. 통역은 내가 할게요." 예상하지 못한 일이기는 했으나 그 상황에서 내가 할 수 있는 최선을 다했다. 한 문장 혹은 두 문장이 끝날 때마다 전문용어 일색인 내 말을 바로 일본어로 통역했고, 임원실에 모인 사람들 모두 알아들었다는 듯이 고개를 끄덕였다.

이렇게 미키와의 우정을 새로이 다져나가는 동안 미키는 나를 오사카에 있는 최고급 식당에 종종 데려갔다. 여기서 그 유명한 게이샤음악이나 무용에 능했던 일본 전통 기생 문화를 접했다. 미국 손님이 많이 오다 보니 이들을 배려하는 차원에서인지 이곳에서는 탁자 밑을 파낸 형태로 자리를 만들었다. 이렇게 하면 서양인이 바닥에 앉더라도 불편하게 다리를 접지 않고 탁자 밑에 구멍처럼 파인 공간에 두 다리를 내리뻗을 수 있었다. 좌식인데 실제로는 입식처럼 의자에 앉은 자세를 할 수 있었다. 서양인으로서는 이보다 더 감동적인 배려가 있을까 싶을 정도였다. 게이샤는 아름다웠고 의상도 화려했으며 노래와 춤 솜씨도 수준급이었다. 이들은 식사하는 내내 세심하게 손님 시중을 들었다. 게이샤는 서양 춤에 대해서는 잘 모르는 듯했다. 그런데 고맙게도 내게 서양 춤을 가르쳐달라고 해서 기꺼이 발동작 몇 가지를 알려줬다. 서로 도를 넘지 않는 선에서 여러 가지 놀이를 하며 정말 즐거운 시간을 보냈다. 일에 지친 사업가나 미식가가 이 건전한 유흥 문화를 미국에서 즐길 수 있는 날이 올까?

1920년으로 다시 돌아가 보자. 어느 날 저녁에 미키가 우리 집에 와서 포커 게임 하는 방법을 가르쳐달라고 했다. 그래서 나는 게임 설명서에 나온 그대로 이런저런 규칙을 알려줬다. 미키는 내가 하는 말을 작은 노트에 꼼꼼하게 받아 적었다. 실전으로 들어가서 자신이 가진 패와 노트에 적어놓은 패를 비교해가며 게임을 몇 번 하고 나더니 이제 친구들과 포커를 해볼 수 있겠다고 말했다. 며칠 후에 미키에게 포커 게임은 잘했냐고 물어봤다. 그러자 맥없이 고개를 저으며 이렇게 말했다.

"아, 그레이엄 씨! 당신은 완벽한 강사가 아니었어요. 친구들과 포커를 하다가 돈을 많이 잃었다고요."

"저런, 내가 뭐 잘못 알려준 부분이 있었나요?"

"아니요, 잘못 알려준 건 하나도 없어요. 다만, 한 가지를 안 가르쳐줬죠. 허세 부리는 거요. 포커페이스라고 하나요? 친구들은 속마음을 감춘 무표정한 얼굴을 밤새도록 짓고 있더라고요. 나야, 뭐 얼굴에 패가 다 드러났겠지요? 게임이 끝나고 나서 친구들이 어찌나 놀려대던지."

나는 제대로 가르쳐주지 못한 점이 괜히 미안해서 잃은 돈을 내가 대신 내주고 싶은 심정이었다. 물론 자존심을 중시하는 일본인 친구가 이 제의를 받아줄 리는 없었다.

나는 N. H. & L.에서 '통계' 부서를 책임지고 있었다. 물론 지금은 '연구', '투자 조사' 같은 좀 더 그럴듯한 명칭을 달고 있다. 당시 이 회사에서는 대학교 2년 정도 후배인 레오 스턴이 내 밑에서 일을 도왔다. 내가 떠나고 나서는 레오가 내가 하던 일을 거의 다 떠맡았다. 그리고 승진 절차를 순조롭게 밟으며 주니어 파트너에 이어 정규 파트너full partner가 됐고 최종적으로 대표 파트너senior partner까지 됐다. 대표 파트너는 두 명이었는데 나머지 한 명이 레스터 뉴버거였다. 레스터는 내가 상사로 모셨던 뉴버거 집안 4형제 중 막내였다. 레오와 나는 안전 투자 종목이나 개별 종목에 관한 각종 문의 사항을 서면 또는 직접 대면해 처리했다. 이따금 한두 종목을 비교적 상세하게 분석한 내용을 회람용 공지문 형식으로 공표했다. 이 회보에는 대체로 매수 유망주 혹은 갈아탈 종목을 추천하는 내용이 담겼다. 예를 들어 1921년에 우리는 만기가 2년이고 97.75달러에 판매되는 4.75s(표면금리 4.75%) 'U.S. 빅토리' 보유자에게 만기가 더 길고 이보다 낮은 가격인 87.5달러에 거래되는 4.25s(표면금리 4.25%) 채권으로 갈아타라고 조언했다. 우리는 당시의 고금리가 하락세를 보일 전망이고 장기 국채 가격이 액면가보다 높게 형성되리라 예상했다. 반면에 단기 채권의 수익 가능성은 지극히 제한돼있다는 판단에 따른 권고였다. 결과적으로 우리의 판단이 옳았다. 이 회보는 '빅토리 채권 보유자에게 알림'이라는 제목으로 신문에 실렸다. 신문에 회보가 게재되자마자 뉴욕증권거래소에서 사본 한 부를 보내달라고 했다. 당시에는 문구로 명시하지는 않았으나 증권거래소 회원이 국채 보유자에게 다른 종목으로 갈아타라고 권고하는 행위를 엄격하게 금지하는 관행이 있었다. 그러나 의외로 거래소 측에서는 우리의 권고 사항에 대해 아무런 비판도 하지 않았다. 국익을 해칠 일이 없으니 애국적 관점에서도 아무런 문제가 없었고 이 권고에 따른 투자자는 상당한 이익을 얻었기 때문이다.

다양성을 기하는 차원에서 타이어와 고무 종목을 상세히 비교 분석한 회보도 있었는데 그다지 만족스러운 내용은 아니었다. 통계자료를 기반으로 관찰한 결과 아약스 타이어가 가장 유망하다는 결론이 나왔다. 며칠 후 키가 크고 잘생긴 남성이 사무실로 들어오더니 자신은 아약스 타이어의 사장 호레이스 드 리세르라고 밝힌 후 이번 회보 작성자를 만나고 싶다고 말했다. 특이하다 싶은 부분이 한둘이 아니었는데 한겨울에 밀짚모자를 쓴 모습이 특히 눈에 띄었다. 그때 내 비서로 일하던 사촌 미리엄이 흥미로운 듯 그 이야기를 하면서 리세르 씨를 우리 부서로 안내했다. 그때 사무실 밖에서 뭔가를 하고 있는 나를 보더니 리세르 씨가 고압적인 태도로 마치 명령하듯 이렇게 말했다. “어이, 그레이엄 씨한테 안내해주겠나?” 나를 사환쯤으로 착각한 모양이었다. 좋게 이해하자면 리세르 씨가 아마 눈이 나빠서 그랬지 않았을까 생각한다. 그러나 또 한편으로는 내 직책에 비해 나이가 너무 어렸고 유난히 동안인 내 얼굴도 이유가 됐을지 모르겠다. 이렇게 착각을 부르는 외모와 상황 때문에 여러 가지 문제가 발생하는 일이 꽤 있었다. 어쨌든 그때 나와 리세르 씨 둘 중 누가 더 난감했을까? 자기 회사를 분석한 풋내기를 처음 대면한 그였을까? 아니면 한겨울에 밀짚모자를 쓰고 나타난 사람을 본 나였을까? 어쨌거나 이 면담 자리는 꽤 불편하고 어색했다. 그리고 한참 세월이 흐른 후 그 회보를 쓴 일이 후회스러웠고 그 내용을 발표하기 전에 리세르 씨를 먼저 만나봤으면 좋았겠다는 점에서 아쉬움이 남았다. 아약스 타이어는 아주 잠깐 반짝하더니 결국 파산하고 말았다.

이 분석 회보 덕분에 좋은 일도 많이 생겼다. 그중에서도 예상치 못한 방식으로 내 인생에서 가장 중요한 사람과 친분을 쌓을 기회가 있었다는 점에 새삼 고마움을 느낀다. 1919년에 나는 두 철도 회사를 비교 분석하는 작업에 몰두했다. 한 곳은 '시카고, 밀워키 & 세인트폴 철도 회사'였고 또 한 곳은 '세인트루이스 & 사우스웨스턴 철도 회사'였다. 여기서 본주제에서 잠깐 벗어나 회사 명칭에 관한 이야기를 한번 해보기로 하겠다. 증권가에서는 철도 회사를 좀 특별한 명칭으로 부르는 경향이 있었다. 이 회사에 막 들어왔을 때 주문 담당원으로 일하는 머피가 어딘가를 지칭해 '쇼트스톱shortstop'이라고 하는 소리를 들었다. 그때 나는 '쇼트스톡short stock: 공매도주'을 저렇게 말하나 보다 생각했다. 그러면서도 대체 누가 공매도주를 100주씩이나 사는지 계속 궁금했다. 그러나 머피에게 설명해달라는 말을 감히 하지 못했다. 머피가 말한 '쇼트스톱'은 실제로는 '세인트루이스 & 사우스웨스턴'을 지칭하는 말이었으며, 시세표시기에는 'SS'라는 약호로 표시되는 회사였다. 한편 '시카고, 밀워키 & 세인트폴'은 일반적으로 '밀워키'라고 불렸다. 그러나 시세표시기상의 약호를 기준으로 하는 증권거래소에서는 이런 명칭으로 쓰지 않았다. 철도 회사 명칭과 관련한 가장 재미있는 사례는 '애치슨, 토페카 & 산타페'였다. 철도 회사 직원과 고객 모두 '산타페'라고 불렀다. 산타페 말고 다른 이름으로 어떻게 부르냐는 듯이 말이다. 그러나 약어로 표시하는 종목 기호는 'ATCH'였고 이 기호를 오랫동안 써왔다. 그래서 월가에서는 항상 '애치슨' 혹은 '애치'라고 불렀다. 그런데 이유는 알 수 없으나 네덜란드 증권거래소에서는 '토페카'라고 칭했다. 결과적으로 이 '대단한' 철도 회사는 각기 다른 세 가지 도시명으로 불리게 됐다.

내가 월가에 발을 들이기 전에 '노던 퍼시픽 철도 회사'는 우선주와 보통주 두 가지가 다 있었다. 그리고 금융가에서는 다들 우선주는 '빅 니퍼Big

Nipper', 보통주는 '리틀 니퍼Little Nipper'라고 불렀다. 그런데 1901년에 발생한 저 유명한 노던 퍼시픽 매집 사건과 이로 인한 공황 사태 여파로 우선주는 시장에서 퇴출당했다. 그러나 13년이 지난 후에도 사람들은 간간이 노던 퍼시픽 보통주를 '리틀 니퍼'로 불렀다. 별칭과 관련한 가장 고약한 사례는 한때 노던 퍼시픽의 파트너이기도 했던 경쟁 철도사 '그레이트 노던 레일웨이'에 관한 내용이다. 그레이트 노던의 경우 금융 공학적 차원의 전략에 따라 보통주가 없어지고 우선주가 이 보통주를 대신하게 됐다. 그런데 이 우선주는 본질적으로 여타 보통주와 다르지 않았다. 그럼에도 아주 오랫동안 '보통주 같은 이 우선주'의 공식, 비공식 명칭은 여전히 '그레이트 노던 우선주'였다. 그리고 월가 증권사들은 그레이트 노던 우선주도 철도 우선주 목록에 올렸다. 그러므로 월가 초심자 대다수는 '그레이트 노던 우선주'라는 명칭 때문에 당연히 우선주에 부여된 특혜를 누릴 수 있다고 착각했다. 사람들이 혼동하기 쉬운 이런 눈속임 명칭을 뉴욕증권거래소가 바로잡은 것은 이러고도 몇 년이 지나서였다.

'빅 스틸Big Steel'의 명칭 변천사도 주목할 만하다. 1901년에 증권거래소에서 U.S. 스틸 가격이 부침을 거듭할 때 고가로 형성된 우선주는 '빅 스틸'이라 불렀고 투기적 요소가 강했던 보통주는 '리틀 스틸Little Steel'이라고 했다. 노던 퍼시픽 우선주와 보통주를 각각 '빅 니퍼'와 '리틀 니퍼'라 칭했던 상황과 같다고 보면 된다. 1901년 당시 월가의 예측을 완전히 벗어나 보통주 가격이 우선주를 앞서는 상황이 발생하면서 다들 '리틀'이란 명칭을 마음에 들어 하지 않게 됐다. 어느 날인가 한 분석가가 U.S. 스틸 보통주를 '빅 스틸'이라고 하기에 깜짝 놀랐다. 그런데 알고 보니 U.S. 스틸 자체가 최대 기업이었기 때문에 이 회사 보통주가 자연스럽게 '빅 스틸'이 된 셈이었다. 이렇듯 월가의 별칭 변천사를 일일이 열거하자면 한도 끝도 없을 듯하다.

다시 본 주제로 돌아가자. 두 철도 회사 밀워키와 SS를 비교 분석해보니 SS 보통주와 우선주가 밀워키 쪽보다 훨씬 유망하다는 결론에 도달했다. 밀워키의 미래를 기대할 만한 징후가 별로 없다는 판단이 섰다. 그래서 이 내용으로 회보를 발행하기 전에 당사자인 밀워키 측에 내 분석 결과를 먼저 보여주는 것이 도리이자 공정한 자세라고 생각했다. 그래서 밀워키 철도의 재무 담당 부사장 로버트 마로니를 만나러 브로드웨이 42번지에 있는 사무실로 찾아갔다. 철도 회사 부사장치고는 굉장히 젊은 사람이었다. 마흔 남짓한 나이에 지성이 느껴지는 눈빛과 자그마한 체구가 인상적인 아일랜드계 남성이었다. 어쨌거나 좋은 이야기를 전하러 온 상황이 아니었기 때문에 약간 당혹해하면서 이곳을 찾아온 이유를 밝혔다. 마로니는 내가 내민 자료를 빠르게 훑어보더니 다시 돌려주며 이렇게 말했다. "사실 자료도 그렇고 분석 결과도 그렇고 어디 하나 반박할 구석이 없네요. 그저 실적이 예상보다 좋기를 바랐는데 그게 안 되는군요. 그냥 그렇게 된 겁니다, 네. 달리 할 말이 없어요." 그러고 나서 내가 하는 일에 대해 이것저것 물었다. 그러다 차익 거래에 관한 이야기를 하게 됐다. 어느새 내 전문 분야처럼 된 부문인데 이 사람도 여기에 대해 꽤 많이 알고 있었다. 그래서 나는 상대가 흥미를 느낄 만한 새로운 사실도 알려줬다. 내 설명을 귀 기울여 듣더니 내가 관리해준다면 1,000주 정도를 맡기고 싶다고 했다. '시카고, 밀워키 & 세인트폴'을 찾아올 때는 이런 식으로 이야기가 전개되리라고는 전혀 예상하지 못했다.

이 묘한 일을 계기로 우리 두 사람은 일뿐만 아니라 사적으로도 친분을 맺었고 이 소중한 관계는 지금(1960년 6월 현재)까지 이어졌다. 밥(로버트) 마로니는 훗날 벤저민 그레이엄 조인트 어카운트Benjamin Graham Joint Account:

BGJA의 투자자가 됐고, 이후 그레이엄-뉴먼 코퍼레이션이 설립돼 해산될 때까지 줄곧 실질 주주였으며 우리가 구성한 다양한 주주이익보호위원회에 위원으로 참여했다. 그리고 끝으로 금융계의 성공 신화를 쓴 가이코 GEICO: Government Employees Insurance Company: 공무원 대상 자동차 보험사에서 나와 함께 이사를 지냈다. 우리 두 사람은 상황이 좋을 때나 힘들 때나 항상 같이했던 좋은 친구였다. 한번은 내가 경제적으로 어려움에 처했을 때 거래에서 발생한 이익 일부를 내게 나눠주기까지 했다. 그 몇 년 전에는 밥과 그의 아내 비어트리스, 딸 마저리를 허먼 바루크 박사의 요트 레포소Reposo: '휴식'을 뜻하는 스페인어호에 초대했다. 의사에서 주식 투자자로 '변신'한 사람 좋은 바루크 박사가 내게 빌려준 요트였다. 그러나 행복한 요트 여행에서 돌아온 후 얼마 지나지 않아 밥 부부는 무남독녀를 잃는 아픔을 겪었다. 슬픈 일은 몰아서 온다더니 나날이 젊어진다 싶었던 밥이 수년 전에 우리 사무실에서 뇌졸중을 일으켰고, 그 후유증으로 아직도 언어능력이 완전히 회복되지 않았다.

우리 두 사람은 무려 38년간이나 가깝게 지내오면서도 의견 충돌을 일으킨 적이 한 번도 없었다. 재정상의 부침 속에 풍족한 시기와 궁핍한 시기를 함께 겪었고, 어려운 결정을 내려야만 할 중요한 문제가 한둘이 아니었으며, 이익금이나 기타 보수의 분배에 관한 까다로운 합의 과정을 거쳐야 했고, 물론 나한테는 예외였으나 무엇보다 화를 잘 내는 밥의 평소 성미 등등을 생각하면 그 오랜 세월을 함께하며 큰 문제 없이 잘 지내왔다는 사실 자체가 기적 같은 일이었다. 그러나 여기서도 솔직하게 말해야 할 부분이 하나 있다. 그 누구보다 좋아했다고 감히 말할 수 있는 밥마저도 내 절친한 친구는 아니었다. 그 이유는 한마디로 정리할 수가 있다. 사적으로 우리 둘이 어울려 다니며 함께 시간을 보낸 적이 없었다. 남들에게는 쉽고 간단한 일이 나는 왜 그리 어려웠을까!

N. H. & L.에서 나는 문학적 자질을 한껏 발휘해 '투자자를 위한 조언 Lessons for Investors'이라는 제목으로 소책자를 세 차례에 걸쳐 발행했다. 스물다섯 밖에 안 된 애송이였음에도 그런 제목을 다는 것 자체가 얼마나 건방진 일이었는지, 또 평균적으로 나보다 적어도 나이가 두 배는 많을 일반 대중을 상대로 투자 조언을 하겠다는 발상 자체가 오만하기 짝이 없는 일이었음을 그때는 미처 깨닫지 못했다. 그러나 그런 오만과는 별개로 내가 말하고자 했던 내용 자체는 의미가 있었다고 생각한다. 특히 우량 보통주를 적정가격에 매수하라고 권고한 부분에 자부심을 느낀다. 내가 주장하는 바의 핵심은 이렇다. '특정 보통주가 안전한 '투자' 종목이라면 역시 매력적인 '투기' 종목도 될 수 있다.' 당시로서는 상당히 파격적인 발언이었다. 해당 종목에 대한 투자가 투자자에게 손실을 안기지 않는다면 그리고 그 종목의 시장가치가 내재 가치를 훨씬 밑돈다면, 앞으로 가격이 상승할 가능성이 매우 크기 때문이다. 물론 일반 대중 대다수가 이 결론에 따라 행동하지 않는 한 내가 도출한 이 결론에는 문제가 없었다. 몇 년 후 1920년대를 풍미한 초강세장에서 실제로 이런 현상이 나타났을 때 투자자는 적정가격이라는 보호 장치에 관해서는 까맣게 잊었고 전에는 안전하다던 투자 종목이 가장 위험한 투기 종목이 돼버렸다.

주니어 파트너 지위에 있는 나로서는 증권분석이 주된 업무일 수는 없었다. 회사가 관리하는 계좌(차익 거래 및 헤징에 국한함)에 관한 전반적 사항을 모두 처리해야 했다. 게다가 세금 관련 사항, 장외거래(일본 채권 거래 포함), 사무 능률화 및 업무 처리 체계의 효율성 제고 등등 내가 맡은 업무가 한둘이 아니었다. 물론 고액의 수수료를 회사에 내는 다양한 유형의 수많은 고객을 관리하는 일 또한 내 몫이었다.

전에는 단순했던 세법 체계가 제1차 세계대전 종전 후 엄청나게 번거롭고 복잡해졌다. 세금은 내가 분석하는 기업의 이익에 지대한 영향을 미치기 때문에 이 부분을 꼼꼼하게 공부했다. 다른 사람보다 조금 더 아는 수준이었는데도 어느새 난 세금 전문가가 돼있었다. 그래서 몇몇 고객에게 소정의 수수료를 받고 소득 신고서를 작성해주는 일까지 했다. 1920년 연말이 다가오자 이들 고객 대다수가 세금 문제로 골머리를 앓았다. 보유 증권에서 상당 수준의 장부상 손실paper loss: 가격 하락에 따른 미실현 이익의 손실이 발생했는데 여기에 더해 고정 수입에는 막대한 세금이 부과됐기 때문이다. 유가증권 보유자는 웬만하면 증권을 처분하고 싶어 하지 않는다. 언젠가는 가격이 회복되리라 믿기 때문이다. 여기에는 누구든 예외가 없다. 그러나 나는 소득세법 조항을 하나하나 짚어가면서 그런 종목은 과감히 팔아서 손실을 확정한 다음에 곧바로 다시 매수해서 이전 포지션을 회복하면 된다고 주장했다. 이 거래에서 발생하는 비용은 수수료와 거래세 정도다. 이 발언이 알려지자 우리 회사에 '매도 후 바로 재매수' 주문이 쇄도했다. 뉴욕증권거래소에서 이런 주문을 받은 곳은 우리 회사가 처음이라는 사실에 뿌듯함이 느껴졌다. 그러나 연말이 되자 모든 회사가 다 이런 방식으로 주문을 받았다. 그러자 이듬해에 의회가 매도 후 30일 간격을 두고 재매수해야 한다는 규정을 둠으로써 한동안 떠들썩했던 장세를 정리했다.

내가 세법 및 그 영향에 관심을 두고 철저히 들여다본 이유는 이렇다. 각 기업의 대차대조표에 계상된 영업권 혹은 이른바 '물타기형 과대평가 자산주식의 실자산액 이상의 평가액' 항목과 무관하지 않다. 1917년 초과이득세법상으로는 유형 투자 자본의 일정 비율을 세액에서 공제했고 더불어 영업권이나 특허권, 기타 대차대조표상의 무형자산에 대해 소규모 충당금을 인정함으로써 일종의 세액공제 효과를 누릴 수 있었다. 사실상 특허권은 공표

된 '자산계정property account'에 유형자산으로 분류된 경우가 대부분이었다. 세법을 기준으로 수립한 일련의 공식을 통해 세금 충당금 혹은 기납부 세액, 세(차감)전 이익, 자산계정 등 세 가지 항목을 검토함으로써 자산계정에서 영업권 범주에 속하는 자산 규모가 어느 정도인지를 산출할 수 있었다. 〈매거진 오브 월스트리트〉에 실을 기고문을 통해 내가 알아낸 사실을 발표했다. 내 글을 읽은 편집자 바너드 파워스는 이렇게 말했다. "벤, 나를 포함해서 여기 있는 사람 중에 이 공식이란 게 대체 뭔지 아는 사람이 없다네. 자네가 무슨 마법이라도 써서 어디서 만들어온 것 같단 말이지. 그래도 나는 자네를 믿으니까 어쨌든 잡지에는 실을 거야." 명시된 수치 등에 오류가 발생할 여지가 많았음에도 어쨌든 내가 산출한 결과가 틀리지 않았음이 입증됐다. 각 기업이 자사 자본 구조상에서 이 같은 과대평가 자산 항목을 처음으로 드러내면서 상각 처리하게 되기까지는 꽤 오랜 시간이 걸렸다. 그러나 어쨌든 그 이전까지는 이익이나 이익 증가율에 비해 자산 가치 부분은 별로 중요시하지 않았기 때문에 내가 알아낸 사실이 금융계에 그다지 큰 반향을 일으키지 못했다.

이와 관련해 한 가지 덧붙이고 싶은 사실이 있다. 내 계산에 따르면 액면가 기준 5억 달러 상당의 U.S. 스틸 보통주 전부와 3억 6,000만 달러에 달하는 우선주 상당량이 과대평가 된 자산이었다. 후속 기고문에서 전과 유사한 계산 방식으로 U.S. 스틸의 자산 가치가 과대평가 되면서 1918년도에 세금을 과도하게 많이 냈다는 사실을 보여줬다. 이 결론이 옳았음이 입증됐고 결국 U.S. 스틸은 정부로부터 기납부 세액 중 상당 금액을 환급받았다.

주식이나 채권 고객을 우리 회사로 끌어오려고 특별히 노력하지는 않았으나 시간이 흐르면서 자연스럽게 여러 사람과 관계를 맺게 됐다. 실제로 이 가운데 몇몇 계좌는 내가 관리했다. 물론 나는 내 전문 분야라고 할 차익 거래와 헤징 위주 계좌를 주로 담당했다. 타신 계좌도 내가 계속 관리했다. 내 기억으로 손실 부분은 분담하지 않고 누적 순이익의 25%를 수수료로 받는 계좌도 있었다. 이 가운데 공립학교(초등학교) 때 친구 시드니 로고가 개설한 계좌도 있었다. 내가 계좌를 관리하는 기본적 방식은 액면가 수준에서 전환사채convertible bond: 일정 기간 후 주식으로 전환할 권리가 부여된 채권를 매수한 후 관련 보통주 혹은 기타 주식에 대한 콜옵션call option: 특정 기간에 특정한 행사 가격으로 매수할 권리을 매도하는 식이었다. 이보다 좀 더 진화한 방식은 보통주를 공매도한 후 우리 매도 포지션에 대한 풋옵션put option: 특정 기간에 특정한 행사 가격으로 매도할 권리을 매도한다. 이 콜옵션 및 풋옵션 거래량이 상당했다. 따라서 가격 상승이나 하락 또는 가격 정체와 관계없이 이런 유형의 거래가 우리 회사 순이익을 안정적으로 보장해주는 이른바 '효자' 역할을 톡톡히 했다. 독자들에게 전문적인 내용까지 설명할 생각은 없지만, 한 가지 분명한 점은 이 거래 방식이 상당히 독창적이었던 만큼 또 상당히 성공적이었다는 사실이다.

우리는 이 정교한 거래 방식을 1919년에 피어스 오일 채권에도 적용해 매도 포지션에 대한 풋옵션을 매도했다. 이때 시장가격이 하락했고 풋옵션이 일부 행사됐다. 그러나 만기가 됐는데 약 400달러 상당 200주에 대한 풋옵션이 행사되지 않았다. 그리고 만기일에서 하루가 지났다. 업무 지원부에서 일하는 도허티가 내게 와서 다른 회사가 일 처리를 소홀히 했다면서 우리 고객은 어떻게 할지를 물었다. 그래서 도허티에게 이럴 때 보통 어떻게 하느냐고 물었다. 그랬더니 그가 이렇게 답했다. "음, 안 그래도 되는데 굳이 응할 필요가 있나? 멍청이라면 모를까." '멍청이'가 되고 싶지 않았던 나는 내 고객은 풋옵션 행사에 응하지 않을 생각이라고 대답했다. 내 고객 시드니에게 상황 설명을 해주고 뜻하지 않게 횡재를 했다고 말했다풋옵션 매도자로서는 가격이 하락한 상태에서 옵션 행사에 응하면 그만큼 손해인데 풋옵션 매수자가 권리 행사를 하지 않으면 손해날 일이 없음. 이 경우 매수자가 만기일을 넘긴 상태이므로 풋 옵션 매도자로서는 옵션 행사에 응할 의무가 없고 따라서 손해 보며 매수하지 않아도 되니까 그만큼 이익을 본 셈임. 그러자 그는 공돈이 생겼다고 봐도 되니까 주말에 부부 동반으로 애틀랜틱시티에 가서 놀다 오자고 했다. 그래서 정말 그렇게 했다. 최고급 호텔에 묵으면서 모처럼 돈도 원 없이 써봤다. 그렇게 꿈같은 시간을 보내다 왔다. 굳이 이 일화를 소개하는 이유는 살아오면서 여러 번 느꼈던 묘한 현상을 이야기하고 싶어서다. 사업하는 사람은 일적 측면의 지출과 개인 지출을 바라보는 관점이 다른 듯하다. 사업 현장에서는 100달러를 푼돈 쓰듯 하면서 집에서는 100달러를 아주 큰 돈으로 생각한다. 이 때문에 부부 싸움이 나기도 한다. 심리적 측면에서 보면 당연한 반응일 수 있고 합리적 가계 예산 관리에 도움이 되는 일이겠지만, 이렇듯 돈 씀씀이에서 공사公私를 구분하다 보면 돈 문제에 관한 한 이중적인 태도가 고착될 수 있다. 애틀랜틱시티에서 그렇게 마음 놓고 돈을 펑펑 쓸 수 있었던 이유는 업무와 관련한 돈을 사적으로 써도 되는 상황이 마련됐기에 가능한 일이었고 이마저도 이번 한 번뿐이었다.

1918년에 모리스 제라드 외삼촌도 개인 계좌를 개설했고 이때의 계좌가 이후 내게 중요한 영향을 미쳤다. 수천 달러 정도로 출발했는데 만족스러운 결과를 꾸준히 냈다. 그러다 1920년에 모리스가 내게 깜짝 놀랄 만한 제의를 했다. 외삼촌은 제너럴모터스에서 경영능률 기사로 일했는데 그 일을 막 마치고 2만 달러를 받았다고 한다. 이 돈을 전부 계좌에 넣고 싶다고 했다. 은퇴 후에는 이 자본금을 종잣돈 삼아 내가('우리 둘이'라고 말했던 듯함) 만들어낼 이익금으로 생활하겠다는 계산이었다. 그러면서 이제 큰돈을 운용하게 됐으니 전보다 규모를 더 키우고 더 신경 써서 관리해야 한다고 당부했다. 위험 부담이 다소 큰 선택이니만큼 적극적이지는 않았으나 외삼촌의 제안을 받아들였다. 그 이후로 외삼촌은 주기적으로 우리 객장을 찾아와 시장 상황을 지켜봤다. 그런데 외삼촌은 직접거래는 절대 하지 않았고 내가 계좌를 어떻게 관리하든 전혀 간섭하지도 않았다. 본래 간섭하기 좋아하는 사람이라는 점을 고려하면(내 기억이 정확하다면) 정말 신기한 일이었다.

이후 10년은 외삼촌의 결정이 탁월했음을 입증해준 시간이었다. 생활비로 매달 일정액을 인출해 썼는데도 돈이 상당히 불어나 있었다. 그러나 1929년 이후에는 상황이 달라졌으며 모두가 최악의 장세를 경험해야 했다. 외삼촌은 재정 상태가 나아지기 시작하던 1930년대에 사망했다. 그런데도 재산을 꽤 남겼고 이 때문에 첫 번째 아내 사이에서 낳은 자녀와 현 아내 간에 재산 다툼이 벌어지는 볼썽사나운 상황이 펼쳐졌다. 내가 중재자로 나서서 분쟁을 해결하기는 했지만, 가족 간에 깊이 팬 감정의 골은 메워지지 않았다.

또 다른 고객 중에 학교 친구인 더글러스 뉴먼이 있었다. 이 친구의 계좌는 투기성이 상당히 강했다. 그래도 특별히 투자 조언을 해야 한다는 생각은 들지 않았다. 아마도 어떤 큰손한테 시장 정보를 입수하는 듯했다. 이 큰손 투자자가 우리와 거래를 시작했고 덕분에 진정한 투기가 어떻게 이뤄지는지를 두 눈으로 확인하는 기회가 됐다. 이 사람은 뉴욕증권거래소 거래 종목 중 가장 변동성이 큰 활황주 중에서도 특히 두 종목을 선호했다. 하나는 멕시칸 퍼트롤리엄이고 또 하나는 팬 아메리칸 퍼트롤리엄이었다. 시장 양 측면, 즉 매도 및 매수 포지션으로 대량 거래를 했다. 항상 거액을 벌었다가 또 손실을 냈다가 하는데도 눈썹 하나 까딱하지 않았다. 도박꾼 기질 가운데 매력적인 요소는 두루 갖춘 타고난 투기꾼이었다. 그러나 결국 1920년부터 1921년까지 전개된 하락 장세에 파산하고 말았다. 이후 두 번 다시 그 사람을 볼 수 없었다.

1919년에는 한편으로는 내부자의 태연자약한 시장 조작과 또 한편으로는 일반 대중의 탐욕과 무지, 치기 어린 열정이 만들어낸 시장 분위기 속에서 전형적 강세장의 이점을 마음껏 누렸다. 15년 후 희곡 쓰기에 매진하던 시기에 월가 이야기를 한번 써보기로 했었다. 그때는 1929년부터 1932년까지 벌어진 엄청나고도 참혹했던 시장 상황이 기억에 생생했지만, 너무 극단적인 모습을 보인 시기라서 월가를 대표하기에는 부적합하다고 판단했다. 그래서 1919년부터 1921년까지 있었던 일을 대상으로 해보기로 했다. 여기에는 우리 객장에서 만났거나 지켜봤던 수많은 인물이 등장한다. 편집광적인 화학자 리들도 그중 한 명이었다. 리들은 오로지 아메리칸 콜 프로덕츠에만 관심이 있었고 실제로 이 종목으로 백만장자가 됐다. 또 신발 가게 주인 프리드먼 형제도 있었다. 이들도 처음에는 가장 안전하다는 채권에만 집중했다. 그러다가 조심스럽게 '초우량주'에 손을 대더니 차츰 광적인 투기에 매달리다 결국 사업체를 포함해 전 재산을 날려버렸다.

물론 내가 쓰려는 희곡의 주인공은 나였다. 누군가 파놓은 악의적 시세 조작의 함정을 유유히 피해 가면서 손실 위험 전혀 없이 큰 이익을 내는 똑똑한 청년 영웅! 피츠버그에 있는 소기업 몇 개가 다국적 거대 석유 회사로 거듭나는 과정을 주제로 전체 줄거리를 짜봤다. 이 희곡 제목은 〈거센 물결Angry Flood〉이고 셰익스피어의 《율리우스 카이사르》에 나오는 대사에서 따왔다.

캐시어스여, 이제

나와 함께 거세게 몰아치는 저 물결 속으로 뛰어들지 않겠나?

이 희곡은 그냥 원고로만 남았고 이 원고마저 지금은 어디 있는지도 모르겠다. 어디 처박혀있어도 굳이 찾아보고 싶지 않은 그저 그랬던 작품이었으리라 생각해본다.

나는 1919년부터 1921년까지에 해당하는 위험한 시기를 잘 모면했다. 1917년에 타신 계좌를 관리할 때 저지른 뼈아픈 실수에서 배운 바가 많았기에 다시는 '거센 물결'이 나를 집어삼키게 내버려두지 않았다. 나는 거의 차익 거래와 헤징만 취급했다고 해도 과언이 아니다. 한계는 있었으나 꽤 만족스러운 이익을 안겨줬고 막대한 손실 위험도 피해 갈 수 있었다. 전형적인 거래 방식을 예를 들어 소개하자면 이렇다. 당시 인기 투기 종목 가운데 하나가 콘솔리데이티드 텍스타일이었다. 이류급 군소 방적 공장들이 합병해 기업을 만든 지 얼마 되지 않은 참이었다. 나는 이 회사가 발행한 표면금리 7%짜리 전환사채를 매수했다. 비교적 안전하다고 봤기 때문이다. 그리고 나중에 보통주 가격이 상승하자 이 정도면 상당한 이익이 날 것으로 판단한 그 가격에 해당 물량을 매도했다. 댄(대니얼) 러브는 주가 상승을 거의 확신했고 그래서 고객 계좌에 수천 주씩을 넣어 관리하고 있었다. 그 당시 보유 주식을 7% 전환사채로 바꾸라고 댄에게 권했던 기억이 난다. 주식으로 보유하든 전환사채로 보유하든 이익 가능성은 똑같은데 채권 쪽이 위험성이 훨씬 덜하고 수익률은 더 좋다고 설명했었다. 그런데 이런 조언에 대해 댄은 고객이 전환사채로 바꾸는 따위의 성가신 일을 싫어하고 자신들이 보유한 주식이 꾸준히 '시세 표시기 테이프'에 들어있기를 바란다고 말했다. 주식가격 상승이 거의 확실한 마당에 좀 더 안전하다는 이유로 채권에까지 신경 쓰고 싶지 않는다는 말도 덧붙였다. 그런데 1년도 안 돼 주식가격이 70달러에서 20달러로 폭락한 반면에 7% 전환사채는 실제로 차환 발행이 이뤄지면서 액면가를 넘긴 금액으로 상환됐다.

내 전문 분야라 할 곳에서는 '대단한 일'을 꽤 해냈다고 자부하지만, 이 범주를 벗어나면 여전히 애송이에 불과했다. 지나친 겸손이라고 할지 모르나 사실이 그러니 어찌하랴! 월가의 다른 분야에서는 어리석은 행동을 여러 차례 했었다. 어느 날 바너드 파워스와 〈매거진 오브 월스트리트〉 기사에 관한 이야기를 하던 중이었는데 그 와중에 파워스가 자신은 조만간 은퇴할지도 모른다고 했다. 에르텔 오일 주식으로 대박을 터뜨렸다면서 말이다. 친한 친구 덕분에 발기인에 준하는 자격으로 주식을 취득할 기회가 생겼다고 했다. 그래서 초기 주식 인수단의 일원이 된 파워스는 주당 3달러에 주식을 매수했다. 며칠 후 장외시장에서 거래된 이 주식의 시초가는 주당 10달러였다. 인수단장은 모든 참여자의 주식을 장외 시초가인 주당 10달러에 전부 팔았고 파워스는 이익금을 두둑이 챙겼다. 이 이야기가 마음에 확 와닿았던 나는 아마도 부럽다는 말까지 하지 않았나 싶다. 그랬더니 사람 좋은 파워스가 다음에 또 이런 기회가 있으면 그때는 나도 참여할 수 있게 힘을 쓰겠다고 했다.

그로부터 얼마 지나지 않아 확실해 보이는 기회가 찾아왔다. 극히 제한된 소수만 참여할 수 있는 기회라고 했다. 세이볼드 타이어라는 회사가 설립됐는데 이곳은 자동차 타이어 재생에 관한 특허를 보유한 신생 기업이었다. 타이어 재생은 당시로서는 새로운 개념이었고 타이어 가격이 비교적 고가로 형성돼있었기 때문에 특히 매력적인 종목이었다. 청약 가격은 주당 10달러였는데 장외시장에서는 이보다 훨씬 높은 가격에 거래가 개시되리라 예상했다. 내 기억으로는 이때 나는 5,000달러를 투자했다. 마치 요술 방망이라도 흔든 듯이 며칠 후 엄청난 관심과 흥분 속에 주당 35달러에 거래가 시작됐다. 그리고 채 일주일이 지나기도 전에 5,000달러 투자에 대한 이익금으로 1만 5,000달러를 수표로 받았다.

본래 신중한 성격이기도 하고 상식적으로 볼 때도 이런 유형의 거래는 원래 비정상적이라는 사실을 인지하고 있었음에도 그 순간 내가 욕심에 눈이 멀었지 않았나 생각한다. 그래서 한 번으로 만족하지 못하고 비슷한 기회를 열심히 찾았고 내 성공담에 귀가 번쩍 뜨인 몇몇 친구도 열성적으로 달려들었다. 세이볼드 타이어의 주가는 계속 상승 중이었다. 곧이어 콜럼버스 서클Columbus Circle: 맨해튼 어퍼 웨스트사이드에 있는 원형 광장에 대형 전광판이 등장했다. 처음에 '세이브SAVE'라는 글자가 번쩍이더니 이내 '올드OLD'가 나오고 곧이어 두 단어가 합쳐지면서 '세이볼드SAVOLD'라는 상호가 완성됐다. 얼마 후 다시 가슴 뛰는 소식이 들려왔다. 모회사가 각 주에 설립할 자회사에 특허 기술 사용권을 내주기로 했으며 이들 자회사도 조만간 주식을 발행할 예정이라고 했다. 바너드 파워스는 내게 이번에도 자신과 함께 참여할 수 있게 해주겠노라고 약속했다.

발 빠른 행보가 이어졌다. 모회사인 세이볼드 타이어가 등장하고 4주 만에 두 번째 회사인 뉴욕 세이볼드 타이어가 설립됐다. 우리는 2만 달러를 투자하며 주식 인수단에 참여했다. 청약 가격은 주당 15달러 혹은 20달러였다. 장외시장 거래 개시 가격은 주당 50달러였는데 무려 9만 6,000주가 거래되면서 주당 60달러로 가격이 치솟았다. 이날은 1919년 5월 10일이 들어있는 주였고 나는 흥분과 설렘 속에 스물다섯 번째 생일을 맞았다. 우리는 투자 원금에다 150%나 되는 이익금까지 해서 보수를 두둑이 챙겼다. 수표만 덜렁 왔고 결산 보고서는 없었다. 그런데도 그 이유를 묻거나 결산서를 보내달라고 요청할 생각은 꿈에도 하지 않았다. 큰돈을 앞에 두니 이성이 마비됐든가 아니면 마냥 관대해지는 마음이었는지도 모르겠다. 같이 참여했던 친구들에게 상황 보고를 해줬더니 다들 자신의 돈을 맡아 가지고 있다가 다음에 또 기회가 생기면 몽땅 다시 투자해달라고 말했다. 미합중국에 주가 48개나 있지 않은가. 아직 남은 주가 대체 몇 개인가. 아직도 많이 남은 투자 기회에 나를 포함해 다들 기대에 찬 모습이었다.

그러나 이런 기대와 흥분에 찬물을 끼얹는 일이 다가오고 있었다. 세 번째 회사인 오하이오 세이볼드가 예정대로 설립됐지만, 상대적으로 규모가 작았다. 그래서 우리가 들어갈 자리가 없다고 했다. 장외시장 개시 가격은 주당 28달러였는데 한 달 후에는 34달러로 상승했다. 그러나 이전 두 기업 같은 폭발적 반응은 아니었다. 그런데도 우리는 다시 참여하지 못하게 될까 봐 슬슬 걱정되기 시작했다. 이 화려한 돈 잔치가 이제 끝이 난 걸까? 그러자 파워스가 우리를 안심시켰다. 다음번에는 틀림없이 들어갈 테니 걱정하지 말라고 했다. 그러나 네 번째인 펜실베이니아 세이볼드를 끝으로 이 화려한 돈 잔치의 행렬이 마무리되고 만다. 애초 펜실베이니아 세이볼드는 뉴욕과 오하이오 자회사를 제외하고 미국 전역에서 타이어 생산 권한을 보유하기로 돼있었다. 그런데 모회사 경영진은 자회사가 네 개를 넘어가는 상황에 부담감을 느끼는 듯했다. 우리로서는 예상치 못한 모회사 측의 반응과 이에 따른 제한 조치를 이해할 수도 또 수긍할 수도 없었지만, 이 마지막 기회에서 최대한 이익을 내보자는 쪽으로 의견을 모았다. 그래서 자금 납입 요청이 왔을 때 6만 달러 남짓한 돈을 보냈다. 이 중 절반은 부유한 하이먼 삼 형제가 출자한 돈이었다. 맥스웰 하이먼은 동창이자 친구이면서 내 고객이기도 하다. 예전에 우리 둘 다 총각이었을 때 주말에 제이컵네 여름 별장으로 놀러 가서 그 집 네 자매와 우리 둘이 함께 테니스 복식시합을 했는데 여기서 남자팀이 이겼던 적이 있다.

1919년 8월에는 독일의 패전과 함께 발생한 수많은 문제로 전 세계가 몸살을 앓았다. 그러나 월가는 엄청난 기세로 강세장을 이어갔고 특히 최악의 불량주와 투기주의 상승세가 두드러졌다. 모회사격인 세이볼드 타이어는 활황주로서 가격 강세는 여전했다. 실제로 8월 초에는 77.75달러까지 치솟았지만, 같은 주에 곧바로 53달러로 가격이 하락했다. 우리는 조바심을 내면서 하루빨리 펜실베이니아 세이볼드가 화려하게 등장하기를 기다렸다. 전에 맛봤던 돈맛이 재현되기를 그야말로 입맛을 다시며 고대했다.

약속했던 날이 왔지만, 거래는 시작되지 않았다. 알 수 없는 이유로 차일피일 계속 미뤄졌으나 그때도 그 이후로도 '지연'에 대해 아무런 설명도 없었다. 그러더니 세이볼드 주식 전부가 불안한 움직임을 보이기 시작했다. 당연히 우리는 무엇이 잘못됐나 싶어 몹시 불안했다. 9월이 됐는데도 여전히 거래 조짐은 없었다. 그러다 갑자기 세이볼드 주가가 폭락했다. 모회사 주식이 12.5달러까지 하락했다. 그 와중에 간간이 거래가 이뤄졌는데 시장이 결국 여기에 최후의 일격을 날렸다. "세이볼드 전 종목 거래 중지." 10월 4일 이후로 마치 처음부터 존재하지 않았던 회사처럼 세 곳이 전부 시장에서 자취를 감췄다.

자신은 물론이고 친구 돈까지 세이볼드에 투자했던 바너드 파워스와 이 사태를 두고 의논을 거듭했다. 파워스는 내게 이 같은 회사 설립과 주식 발행 및 청약 과정을 주도한 핵심 발기인이 우리 돈을 전용했다고 말했다. 이 사람을 교도소로 보내버릴 수도 있었으나 그렇게 해서 우리에게 득 될 일도 없었다. 그래서 파워스와 함께 일종의 '피해자 위원회'를 구성해 장외시장 근처에 있던 그 사람 사무실로 찾아갔다. 우리와 만났을 때 이 사람이 입었던 멋들어진 파란색 셔츠와 값비싼 커프스단추가 지금도 기억이 난다. 협상은 내내 파워스가 이끌었고 이 사람은 딱 한 번 입을 열었다. 이 사람은 내게 몇 개 안 남은 좋은 숫자로 된 자동차 번호판을 갖고 싶지 않냐고 물었다. 뉴욕주 휴고 국무장관과 친한 친구라서 하나 구해줄 수 있다고 했다. 나는 단호히 거절했다.

이 협상은 우리가 투자한 돈의 10%를 현금으로 돌려주고 이 사람이 설립에 관여했던 회사의 주식 증서를 우리에게 주기로 하면서 마무리됐다. 이런저런 방식으로 이 주식 일부를 처분하는 데 성공하면서 결국 이곳에 투자했던 고객 개개인에게 1달러당 33센트(결국 투자금의 33%를 건짐)를 돌려줄 수 있었다.

세이볼드 타이어에 대체 무슨 일이 있었을까? 나는 정말 모르겠다. 정말로 존재했던 회사였다면 회사들이 전부 파산했다는 정도로 이해할 뿐이다. 이듬해에 나온 재무 보고서에도 이들 회사의 흔적은 전혀 없었다. 우리 같은 이른바 내부자도 이 회사에 대해서는 사업 성격과 발행 주식 수 정도밖에 아는 바가 없었다. 이마저도 출처가 불분명한 엉성한 '안내서'에서 얻은 정보일 뿐이다. 그런데도 우리처럼 어수룩한 사람들은 고수익을 안겨주겠다는 말만 믿고 우리보다 더 탐욕스럽고 더 어리석은 투기 대중에 기댄 채 이런 사악한 작전 세력에 부화뇌동한 셈이었다. 그리고 제한된 소수에게만 부여되는 투자 기회를 얻었다는 식의 알량한 특권 의식에 젖어 있었다. 1919년 4월부터 9월까지 6개월 동안 세이볼드 타이어라는 명칭을 단 세 회사의 주식 수천 주가 장외시장에서 거래됐다. 실재하는 진짜 투자자가 진짜 돈 수백만 달러를 이 거래를 통해 실제로 투자했었다. 그러나 내가 아는 한 세이볼드 타이어와 관련한 사항 중 확실한 실체는 콜럼버스 서클 대형 전광판에 점멸하던 '세이볼드 타이어'라는 회사명 하나뿐이었다. 그리고 내가 알기로 뻔뻔스러운 사기 행위로 투자자의 돈을 갈취했다며 뉴욕 검찰청에 이들을 고발한 사람 또한 단 한 명도 없었다.

1919년 그때의 월가는 확실히 지금과는 많이 달랐다. 당시 월가는 다양한 윤리 수준을 폭넓게 수용하는 분위기였다. 한마디로 확고한 윤리관이 정립돼있지 않았다고도 볼 수 있다. 그래서 뭐든 적당히 넘어가는 분위기가 있었다. 월가 사람 중에서 그래도 증권거래소 회원과 회원사는 윤리적으로 거의 흠 잡을 데 없이 행동했다. 그래서 고객의 주문을 이행하고 고객이 예치한 현금과 기타 자산을 관리하는 부분에서 상당한 신뢰감을 줬다. 그러나 이외 대다수는 부당한 행위를 눈감아줬고, 심지어 그런 행위에 가담하거나 조작 행위를 주도했다. 또 고객이 결국 투자 자금을 거의 날린다는 사실을 뻔히 알면서도 투기를 조장하고 부추기는 행위도 서슴지 않았다. 이들은 세이볼드 주식 사기와 같은 기만행위에서 대중을 보호하는 조치를 전혀 취하지 않았다.

월가의 수많은 증권사(중개회사 포함)뿐 아니라 뉴욕증권거래소까지도 이런 사술적 관행에 대해 책임이 있다. 무엇보다 무허가 중개소가 성업하도록 방치했다. 그 결과 수많은 투자 대중이 감당할 수 없는 손실을 떠안았다. 무허가 중개소는 자사 고객의 매수 포지션을 상쇄할 딱 그만큼 매도 포지션을 취했다. 또 온갖 방식으로 고객이 위탁한 증거금을 전부 착복했다. 최소한의 법적 테두리에서 벗어나지 않으려면 시장의 양 측면, 즉 매도 및 매수 포지션에서 실제 거래가 이뤄져야 한다. 그런데 두둑한 수수료의 유혹을 물리치지 못하고 무허가 중개소를 대신해 증권거래소 회원사라는 곳들이 이런 거래를 대행했다. 이런 회사가 자신들이 하는 일의 성격과 그 결과를 몰랐을 리 없다. 무허가 중개소가 저지르는 사기 수법과 이 과정에서 회원사가 어떤 역할을 했는지를 뉴욕증권거래소가 어떻게 모를 수 있었는지 나로서는 이해할 수가 없다.

우리 회사는 무허가 중개소가 무슨 일을 하는지 너무도 잘 알고 있었다.

그래서 이익이 많이 나는 작전이라며 그쪽에서 여러 차례 미끼를 던져 와도 단호하게 거절했다. 그러나 딱 여기까지였다는 점을 밝히고 싶다. 이런 제안을 단호히 거절하는 것 이외의 더 높은 윤리관은 내게 기대하지 말기 바란다. 예컨대 정의로운 시민 의식이라든가 직업인의 책임을 운운하는 수준의 가치 기준까지는 감당하기 어렵다. 여느 브로커와 마찬가지로 우리는 일종의 사업자일 뿐 사회 개혁가가 아니니까 말이다.

10

홀로서기

학창 시절에는 아르바이트를 십여 개나 했고, 분야가 거의 달랐을 정도로 종류도 아주 다양했다. 그러나 월가에서의 경력은 딱 두 가지밖에 없다. 첫째, 증권 회사 직원으로 있다가 주니어 파트너가 됐다. 둘째, 독립해서 내 사업체의 사장이 됐다. 내 사업을 하기 전에 〈매거진 오브 월스트리트〉에서 고정 기고가로 일하고 싶은 마음에 그때 다니던 증권사를 그만둘까 진지하게 고민했었다. '글쓰기'는 원래 내가 좋아했던 일이고 그래서 늘 마음 한구석에 숙원처럼 묻어둔 '꿈' 같은 것이었다. 그러니 잡지사에 글 쓰는 일은 '문학'과 '금융'의 결합이라는 환상적인 조합을 이룰 기회였다. 그러나 이런 결심(물론 최종적인 결정은 아니었지만)을 N. H. & L. 측 내 '파트너들 회사 '동료'라는 의미와 '임원'이라는 두 가지를 중의적으로 표현함'에게 밝혔더니 회사를 그만두지 말라며 열심히 설득했다. 사실 이런 연유로 '주니어 파트너'라는 미끼가 나왔던 셈이다.

1920년에 큰딸 마저리 에벌린이 태어난 후 교외에서 한번 살아보기로 했다. 그래서 마운트버넌에 있는 2층짜리 주택의 2층으로 이사했다. 그런데 마운트버넌 컨트리클럽에서 채 반 블록도 안 되는 거리라서 바로 테니스 클럽 회원으로 가입했다. 여기서 새로운 친구를 많이 사귀었고 '마운트버넌 거주 유대인 단체'에도 가입하면서 거의 밤낮으로 이 사람들과 어울렸다. 이 가운데 에런 호비츠와 거트루드 호비츠 부부도 있었다. 에런 호비츠는 하버드 출신으로 내 친구 프레드 그린먼과 동창이었다. 법학을 공부했는데 변호사 개업은 하지 않았다. 대신에 또 다른 동창 루 해리스의 심복이 됐다. 루 해리스는 형제와 함께 꽤 잘나가는 기업인 해리스 레인코트 컴퍼니를 운영하고 있었다.

호비츠는 금융에 대한 내 생각과 특별한 증권 거래 방식 등에 관해 많이 알게 됐다. 그래서인지 해리스 측에서 내게 중요한 제의를 해왔다. N. H. & L.에서 나온 다음에 자신들의 계좌를 전담 관리해준다면 섭섭지 않은 급료와 함께 이익 분배도 해주겠다고 했다. 무려 25만 달러 규모의 계좌를 만들 계획이고 만족스러운 결과만 내준다면 자금을 무제한 지원할 의향이 있다고도 했다. 내가 관리하던 다른 계좌도 이 초기 계좌에 통합해 관리해도 된다고 했다. 연봉은 1만 달러고 투자 자본금의 6%를 지급하며 잔여 이익금의 5분의 1을 받는다는 조건이었다. 이상은 전부 누적 기준으로 계산한다. 1923년 초에 이 제안에 대해 양자 간에 합의가 이뤄졌다.

사실 처음에는 N. H. & L.을 떠나기가 쉽지 않으리라 생각했다. 그러나 행운의 여신이 내 편을 들어줬다. 때마침 증권거래소가 고객의 신용 거래로 인한 부채와 관련해 회원사가 적립해야 할 유휴자본free capital 규모에 관한 규정을 강화했다. 이런 신용 거래가 급속히 증가하자 N. H. & L.로서는 내가 능력을 발휘하며 성공의 역사를 썼던 차익 거래 부문에 예전처럼 자금을 넉넉히 할당할 수 없게 됐다. 따라서 내가 괜찮은 제안을 해도 선뜻 받아들이지 못하고 머뭇거리는 형편이었다. 회사 측에서도 이 분야에서 보인 내 특별한 능력을 인정할 수밖에 없었고, 그런 만큼 그 능력을 마음껏 발휘하지 못하게 된 회사에 나를 묶어두는 일은 온당한 처사가 아니라는 점을 인정할 수밖에 없었다. 게다가 이제 나 같은 중간 관리자에게 보수를 주지 않고도 수익성 좋은 대규모 계좌와 더불어 내가 관리했던 수많은 고객을 회사가 충분히 활용할 수 있겠다는 나름의 계산도 있었으리라고 본다. 이런저런 고려와 계산 끝에 N. H. & L.은 내 예상보다 훨씬 빨리 내게서 책임과 의무(전적으로 윤리적인 측면에서)를 덜어내줬다. 따라서 내가 걱정했던 것보다 훨씬 수월하게 회사를 떠날 수 있었다. 나는 거의 모든 거래를 N. H. & L.을 통해서 하는 대신에 회사 측은 내게 이에 필요한 제반 시설과 서비스를 제공한다는 데 합의했다. 따라서 나는 회사 사무실을 무료로 사용하고 내 전용 증권 시세표시기와 기타 다양한 서비스를 이용할 수 있었다. 나중에 뉴욕증권거래소 규정에 따라 이런 행위가 엄격히 제한됐지만, 그때는 이런 식의 업무 제휴가 가능했다.

이렇게 해서 설립한 독립 사업체 명칭은 그레이엄 코퍼레이션이었다. 법인 소득세를 절감하려고 의결권 및 기타 목적을 위한 일부 보통주 지분을 제외한 모든 자본금의 이익참가사채participating bond: 기업 이익 배분에 참여할 권리가 부여된 채권를 발행했다. 마침내 N. H. & L.에서 주당 12달러를 받으며 시작했던 내 월가 생활 제1막이 끝났고, 이로부터 정확히 9년 만인 1923년 7월 1일에 월가 인생 제2막이 열렸다. 이 새로운 변화에 대해 아무런 후회도 미련도 없었다. 사실 나는 꽤 오랫동안 증권업에 호의적이지 않았다. 이런 일에 대해 내면 밑바닥에서 치밀어 오르는 원인 모를 저항감 혹은 반발감이 있었던 듯하다. 적어도 그때는 고객의 손실을 먹이 삼아 번창하는 사업이 증권업이라고 느꼈기 때문이다.

몇 해 전에 버나드 바루크Bernard Baruch(1927년에 실제로 만나게 됨)의 회고록

제1권을 읽었다. 바루크는 금융계에서 엄청난 성공을 거두며 백만장자까지 됐다는 이야기를 쓰고 나서는 자기를 성찰하는 내용을 덧붙였다. 큰 부와 명성을 얻은 후 바루크는 과연 무엇을 하려 했을까? 이런저런 논의 끝에 중대 결단을 내렸다고 한다. 증권 회사를 그만두고 대중을 상대하는 일은 멈추겠다고 했다. 고객 계좌를 관리하는 책임을 내려놓고 자기 계좌만으로 주식시장에서 활동하겠다는 취지였다. 이 대목을 읽으면서 뭐 이런 이기적이고 어설픈 결론이 다 있나 싶어서 실소를 흘렸던 기억이 있다. 재능도 있고 돈도 많은 젊은이가 오로지 자신만을 위해 그저 돈을 더 많이 버는 일을 인생의 목표로 삼는다는 사실만큼 부끄러운 일이 또 있을까! 그것도 일말의 후회나 자기비판 없이 그런 내용을 회고록에 적어놓은 그 뻔뻔함이라니.

그러나 내 결정은 바루크의 결정보다 뭐 나은 점이 있던가? 나도 결국 증권 회사를 떠나는 결정을 내리지 않았는가! 나나 바루크의 결정에 무슨 차이가 있을까? 적어도 증권 회사에 계속 있었으면 다른 사람에게 도움이 되는 금융 자문 서비스를 제공해줬을 텐데, 이렇게 펀드를 운용하겠다고 나오면 나 혼자 돈을 더 벌자는 의도 아닌가! 이런 내가 바루크를 비난할 자격이 있을까? 그러나 월가 기준으로 보면 나는 부자와는 거리가 멀었다. 그리고 그동안 돈이 필요한 친구나 친척들이 큰 수익을 올리는 데 도움을 줬다. 그리고 마뜩잖아하는 해리스 일가를 설득해 내 예전 고객의 계좌까지 계속 관리할 수 있게 되지 않았는가!

그레이엄 코퍼레이션은 1925년 말까지 2년 6개월 동안 운영하다가 정리했다. 상당히 성공적이었으며 고수익도 올렸다. 이때는 내 전공 분야라고 할 차익 거래와 헤징 그리고 저평가 종목으로 거래 범주를 한정했다. 가장 처음에 한 일은 듀폰 주식을 매수한 다음에 7배에 해당하는 제너럴모터스 주식을 공매도했다. 당시 듀폰 보통주는 제너럴모터스 주와 비슷한 가격으로 거래됐다. 시장은 화학 업종인 듀폰의 사업 전망과 이 기업의 자산가치에 주목하지 않았다. 그래서 듀폰은 제너럴모터스의 시장가격에 비해 과도하게 저평가된 상태였다. 그래서 우리에게 유리한 쪽으로 양측의 주식가격 격차가 커졌을 때 애초 예상했던 수준의 이익을 내면서 포지션을 청산했다.

그러나 또 한 번은 우리에게 의외의 웃음을 선사하고는 큰 손실을 내는 것으로 끝이 나기도 했다. 나는 과도하게 고평가된 종목과 지나치게 저평가된 종목을 비교적 정확하게 식별할 수 있는 내 능력에 자부심을 느끼게 됐다. 보통은 저가 종목을 매수하고 고가 종목을 공매도하는 식으로 저가와 고가 종목을 쌍으로 묶어 거래하는 방식을 썼다. 과도하게 고평가됐다고 판단한 종목 가운데 하나가 슈라프츠 레스토랑을 소유한 샤턱 코퍼레이션이었다. 사실 이 기업은 꽤 잘나가고 있었지만, 투기 세력이 붙었는지 어이없는 수준으로 가격이 치솟았다고 판단했다. 그래서 평소에 열심히 분석해 찾아낸 수많은 저평가 종목 가운데 하나를 매수한 다음에 샤턱 수백 주를 공매도했다.

사업 초기부터 우리는 점심시간을 이용해 매주 정기적으로 주간 실적을 평가하는 자리를 마련했었다. 그리고 모임 장소는 루 해리스가 즐겨 찾았던 슈라프츠 레스토랑이었다. 그런데 이곳 주식을 공매도한 마당에 여기서 식사를 하고 비용을 지급해서 '적'을 도와주는 것은 우리의 이익에 반하는 일 같아서 좀 찜찜했다. 그래서 결국 식사 장소를 다른 곳으로 옮기기로 했다. 시간은 자꾸 가는데 샤턱 주는 계속 올랐다. 이처럼 인기주라서 고평가된 종목인데 그 인기가 계속 이어지고 적정가 혹은 정상가 수준으로 가격이 내려가기는커녕 점점 더 고평가되는 일이 종종 있는데 우리처럼 포지션을 취한 쪽에서는 안달 나는 상황일 수밖에 없다. 가격이 70달러에서 100달러까지 치솟자 부랴부랴 작전 회의에 들어갔고 '시장을 상대로 한 무익한 싸움'을 더 지속하는 것은 어리석은 일이라는 결론에 이르렀다. 어쨌든 거래하는 족족 전부 성공할 수는 없는 노릇이다. 평균적으로는 이익을 더 많이 냈다는 말로 위안 삼고 싶다. 그리고 거래하다 보면 손실이 날 때도 있다는 점을 인정하고 담담하게 받아들이는 자세도 필요하다. 그래서 포지션을 청산했다. 당연히 수천 달러의 손실이 발생했다. 이때 루 해리스가 한 말이 걸작이었다. "손실은 났지만 한 가지 좋은 점도 있긴 하네. 이제 슈라프츠에 갈 수 있잖아." 이 말에 다들 웃음을 터뜨렸다.

그러나 이런 점심 자리가 결국은 해리스와의 사업 관계를 청산하는 계기가 됐다. 루 해리스는 여기저기서 얻은 온갖 정보와 소문, 아이디어, 추천 종목 등을 늘 한 보따리씩 풀어놓았다. 그런데 우리 거래에 도움이 될 쓸모 있는 정보는 별로 없었다. 게다가 실패한 사례는 까맣게 잊고 두 번 다시 입에 올리지도 않았다. 반대로 어쩌다 들어맞아서 이익까지 났을 때는 이 하나만 줄기차게 끄집어내 귀에 못이 박힐 정도로 틈만 나면 이야기하고 또 이야기했다. 이런 일이 반복되다 보니 월요일 아침마다 늘 뒷북치는 소리에 맞장구쳐줘야 한다는 사실에 진저리가 났다. 온갖 조언을 다 할 권한이 있는데 또 자기 말에 책임은 전혀 지지 않아도 되는 사람과 오랫동안 함께 일하기가 어디 쉬운 일인가!

1925년이 되자 초강세장이 본격적으로 시동을 걸었고 점점 더 많은 사람들이 시장으로 몰려들었다. 당시는 증권사 고객 담당자가 이른바 '매매일임 계정discretionary account'을 관리하면서 일일이 고객의 허락이나 지시를 받지 않고 재량으로 주식을 거래할 수 있던 시절이었다. 이런 계정은 보통 50대 50으로 이익을 나눠 갖는 방식이었고 고객 담당자는 손실을 분담하지 않았다. 월가 친구들 중에는 바보같이 왜 고작 20%만 요구하느냐는 사람이 많았다. 그러면서 이익의 50%(물론 이 가운데 일부는 이들의 몫으로 챙겨줘야 함)를 받는 조건으로 투자금을 얼마든지 끌어다줄 수 있다고 말했다.

어느 순간부터 해리스 쪽에게 이용당하고 있다는 느낌이 들기 시작했다. 서른한 살이던 나는 내가 모든 것을 알고 있다는 확신이 들었다. 적어도 주식과 채권으로 돈을 버는 데 필요한 사항은 전부 알고 있다고 자신했다. 월가도 속속들이 꿰뚫고 있고, 내 앞에 펼쳐질 미래는 내 야망만큼이나 한계가 없고, 막대한 부와 그 부를 통해 온갖 물질적 풍요를 마음껏 누리며 살 수 있다고 그렇게 확신했다. 대형 요트와 경주마, 뉴포트 별장 그리고 어쩌면 연인(물론 나는 여전히 순진한 사람이라 감히 '연인'을 내가 원하는 목록에 대놓고 올리지는 못하겠지만)까지 소유하는 그런 삶이 머지않았다고 생각했다. 그러나 한편으로는 내가 아직 너무 어려서 나 자신이 과도한 자만에 빠져있었다는 사실을 깨닫지 못했다.

1925년 중반에 루 해리스에게 새로운 제안을 했다. 연봉을 포기할 테니 대신 이익 분배 비율을 조정해달라고 했다. 자본금의 6% 외에 첫 20% 이익에 대해 20%를 그리고 그다음 30% 이익에 대해서는 30%, 50%가 넘는 이익에 대해서는 50%를 분배해달라고 요구했다. 내가 보기에는 매우 합리적인 조건이었다. 그러나 루 해리스는 이익금의 절반씩이나 달라는 말에 까무러칠 듯이 놀라는 눈치였다. 우리는 별 실랑이 없이 협력 관계를 종료하고 그해 말에 그레이엄 코퍼레이션을 정리하기로 합의했다. 해리스 쪽이 타협의 여지를 조금이라도 보였다면 나는 틀림없이 그 안을 받아들였으리라 생각한다. 나는 특정 조건에 목을 매는 스타일이 아니었기 때문이다. 그러나 나중에 알고 보니 내가 일을 잘해주고 있었음에도 그쪽에서 이미 나와의 결별을 준비하고 있었다고 한다. 이유는 이랬을 것이다. 2년여에 결쳐 내가 거래하는 방식을 눈여겨봤고 그동안 매수와 매도를 할 때마다 장단점에 대한 설명을 열심히 들었기 때문에 이제는 내가 없어도 이런 거래에 필요한 정보와 지식, 기술을 충분히 갖췄다는 생각을 했을 터였다. 자신들이 더 잘할 수 있는데 이익의 20%든 그 이상이든 내게 줄 필요가 있을까? 그래서 1926년부터는 각자 갈 길을 가기로 했다. 그러나 양측 다 만족스럽게 관계를 청산했기 때문에 특별히 원한을 가질 일은 없었다. 그래서 좋은 감정으로 결별할 수 있었다.

그레이엄 코퍼레이션 이야기를 끝내기 전에 제휴 계좌인 '코언 & 그레이엄'에 관한 이야기도 해야 할 듯하다. 제휴 관계에 있는 코언은 해리스, 호비츠와 하버드대학 동창이자 절친한 친구인 마른 체형의 서른다섯 살 정도 된 변호사였다. 코언은 개업한 변호사라기보다는 학생 같은 느낌이 더 강했다. 자본금은 10만 달러 정도였는데 내 생각에 루 해리스가 그레이엄 코퍼레이션과 비슷한 그러나 분리해 관리하는 계좌를 코언 전용으로 특별히 만들어줬다고 본다. 이 계좌도 성공적이었으나 1925년에 이 역시 정리했다. 중요하지도 않은 이야기를 이렇게 자세히 늘어놓는 이유는 이렇다. 코언 & 그레이엄의 '코언' 이야기를 하고 싶어서다. 그렇다. 토미 코코란과 함께 저 유명한 '코코란 & 코언'팀을 꾸려 뉴딜 법안New Deal legislation을 입안했고, 말을 듣지 않는 의회를 움직여 각종 법안 통과를 밀어붙이던 루스벨트 대통령의 보좌관 벤저민 코언Benjamin V. Cohen, 바로 그 코언이었다.

수년 후인 1934년에 이 벤저민 코언이 증권거래소법Securities Exchange Act 초안을 내게 보냈다. 증권거래위원회Securities & Exchange Commission: SEC를 설립하고 금융계의 수많은 관행을 혁신하는 일련의 개혁안 중 두 번째에 해당하는 법안이었다. 코언은 법안에 대한 내 의견을 물었다. 한 가지가 눈에 들어왔다. 연차 주주총회 때 주주에게 발송하는 위임장권유신고서proxy statement에 다른 정보와 함께 '이 신고서를 받을 주주의 명부'를 포함해야 한다는 조항이었다. 언뜻 아무 문제가 없어 보이지만, 뜯어보면 심각했다. AT&T 같은 기업이 수십만 명에 달하는 전체 주주의 명부를 그 신고서에 첨부해 개별 주주에게 보낸다고 상상해보라. 코언은 이런 실수를 잡아내줘서 고맙다고 했다. 이후 초안에서 이 부분을 삭제한 후 법안이 바로 공포 및 발효됐다.

1926년 1월 1일에 내가 제공하던 서비스와 자금 일체를 '벤저민 그레이엄 조인트 어카운트'로 이전했다. 자본금은 대부분 프레드 그린먼과 밥 마로니, 하이먼 형제들을 포함한 내 오랜 친구들이 출자했다. 조건은 내가 해리스 측에 제안했던 내용 그대로였다. 즉, 고정 급료를 받지 않는 대신에 실적 기준으로 최대 50%까지 이익을 차등 분배한다는 내용이었다. 과도한 자신감에 젖어있던 나는 이로부터 6년 후에 고액은 아니더라도 상황이 안 좋을 때는 고정 급여를 보장한다는 내용으로 규정을 개정해달라고 요청하게 될 줄은 꿈에도 몰랐다. 참여자들은 분기별로 투자 자본 혹은 이익금의 5%를 받기로 했다.

'벤저민 그레이엄 조인트 어카운트'는 40만 달러로 출발했다. 3년 후에는 250만 달러로 불어났다. 대부분은 이익 증가분이었다. 이 중 상당 부분은 내 몫인데 그동안의 급료와 자본금 증가에 따른 이익금을 재투자한 결과물이었다. 시간이 갈수록 입소문이 퍼지면서 해마다 새로운 친구들이 투자금을 싸 들고 왔다. 투자금을 더 유치하려고 노력한 적은 없다. 오히려 개인적으로 잘 아는 사람이 아니면 투자받지 않았다. 그런데 내 지인의 수가 자꾸 늘어났다.

초기 투자 집단 가운데는 더글러스 뉴먼도 있었다. 보이즈 하이스쿨과 컬럼비아대학을 같이 다닌 뉴먼은 성공한 변호사였다. 그 당시 기준으로 몇 해 전에 남동생 제롬을 내게 소개했었다. 제롬은 우리 고등학교 3년 후배인데 역시 컬럼비아대학과 로스쿨을 졸업했다. 그리고 부유한 면화 가공업자이고 방적 공장까지 소유한 라이스 씨의 딸과 결혼했다. 로스쿨 출신인데도 법조계로 가지 않고 장인 회사에 들어갔고 곧바로 이인자 자리에 올랐다. 나는 라이스 씨 자금과 이보다는 규모가 좀 작지만 제리(제롬) 뉴먼의 자금도 관리했다.

1926년이 끝나갈 무렵에 제리가 나를 찾아왔다. 그리고 장인 회사에서 나와서 나와 함께 일하고 싶다고 말했다. 라이스 씨는 함께 일하기 쉬운 스타일이 절대 아니었던 모양이다. 제리는 자신이 쓸모 있는 사람이라는 점을 인정받을 때까지 무보수로 일하고 싶다고 했다. 그리고 장인 회사에서 일하면서 번 돈을 투자하겠다는 뜻도 밝혔다. 상당한 액수였다. 마음에 드는 제안이었지만, 그래도 무보수는 좀 아니라는 생각이 들어서 일단 초봉으로 연 5,000달러를 주겠다고 했다. 이렇게 해서 우리 두 사람의 길고 돈독한 인연이 시작됐다. 이후 월가 생활 내내 함께했으며 이 관계는 내가 은퇴 후 캘리포니아로 갈 때까지 그리고 '벤저민 그레이엄 조인트 어카운트'의 후신 격인 '그레이엄-뉴먼 코퍼레이션'과 '뉴먼 & 그레이엄'을 청산할 때까지 계속됐다.

제리 뉴먼이 쓸모 있는 인재라는 점은 처음부터 분명히 드러났다. 명석한 두뇌에다 실무적 측면에서는 모르는 부분이 없을 정도로 사업가로서의 면모를 유감없이 발휘했다. 상거래 부문에서 모든 사항을 꼼꼼히 처리하는 능력도 나보다 훨씬 나았다. 협상 과정에서 보여준 명민함과 유능함은 말할 것도 없고 무엇보다 정직하고 신뢰가 가는 사람이었다. 정직과 신뢰는 월가에서 성공하는 데 필수적인 자질이다. 그러나 금융 분야 전문가로서 이론적 측면과 창의성 부분은 아무래도 좀 부족했다. 사실상 우리가 만드는 모든 전략과 개별 거래 부분에서는 내가 주도적 역할을 할 수밖에 없고 또 그렇게 했다고 자부한다. 장점이 이렇게 많은 사람이지만, 단점도 물론 있었다. 그중에서도 따뜻함 같은 인간미가 다소 없다는 점이 안타까웠다. 사이가 좋지 못했다던 장인의 성품을 닮았는지 제리 역시 아랫사람을 엄하게 다스리는 스타일이었다. 명령이나 지시에 복종하지 않는 상황을 참지 못했고 조그만 실수도 그냥 넘어가는 법이 없었다. 당연히 협상 자리에서도 유연하게 나가기보다는 빡빡하게 밀어붙이는 편이었다. 그래도 머리가 좋고 그렇게 앞뒤 꽉 막힌 사람이 아니라 다른 사람을 공정하게 대우해야 한다는 점은 인식하고 있었다.

전체적으로 볼 때 제리 뉴먼은 사람들한테 별로 인기가 없었다. 친구는 많았는데 그 사람들한테서도 좋은 소리는 못 들었다. 친한 동료와도 사업 문제로 다투기 일쑤였다. 자신과 반대편에 선 사람들에 대해 상당한 적개심을 드러내는 편이었다. 그런데 그렇게 적의를 드러내며 다투던 사람들 거의 전부와 결국에는 화해하는 모습에 내가 깜짝 놀라기도 했다. 나와 제리 둘 다 아는 사람들은 내게 제리 뉴먼 같은 사람과 어떻게 그리 오래 같이 일할 수 있느냐고 물었다. 그러나 우리는 함께 일하는 동안 의견 충돌이 있거나 다투거나 한 적이 거의 없었다. 협력자 관계가 파탄 날 뻔한 일이 딱 한 번 있기는 했다. 제리는 사업상 성공의 공을 내가 전부 가져가는 부분에 불만이 있었던 듯했다. 〈포춘Fortune〉에 실린 내용을 보고 나를 오해한 것 같았다.

그러나 2년 후에 뉴먼은 나와 동등한 지위의 파트너가 됐고 우리는 끝까지 회사를 공동으로 운영했다. 급료, 고객에 제공한 서비스에 대한 수수료, 이익 분배 조항에 따른 이익금, 기타 모든 수입을 분배했다. 또 각자 나눠

가진 짤막한 합의서를 통해 회사 업무와 직접적 관련이 없는 이익금이나 부가 수입도 절반씩 나누기로 했다. 그러나 시간이 지나다 보니 제리가 하는 일이 내가 하는 가외 활동보다 훨씬 중요해졌다. 내가 하는 가외 활동이란 주로 가치 평가와 관련한 문제에 대해 전문가로서 견해를 들려주는 일이었다. 이런 판단에 따라 상대방이 가외 활동에서 벌어들인 수입에 대해서는 50%가 아니라 25% 정도만 받는 편이 적합하다고 판단했다.

내 성격상의 고질적 결함 가운데 하나가 남에게 무심한 성향인데 이번에도 역시 이 때문에 제리와 절친한 친구는 되지 못했다. 우리는 늘 좋은 관계를 유지했지만, 업무 이외에 사생활 측면에서 같이 시간을 보낸 적이 별로 없었다. 제리의 아내 에스텔도 항상 친절하게 대해줬다. 뉴욕과 코네티컷주 경계 부근에 있던 제리네 시골 별장에서 며칠 지낸 적이 있지만, 제리 부부와 함께 무엇을 했는지조차 기억이 잘 안 난다. 함께 여행을 간 적도 없었다. 사실 우리 둘 사이보다 덜 친한 사람이라도 남자들끼리는 여자나 연애 이야기를 하면 급격히 가까워지는 경향이 있는데 이런 이야기를 포함해서 서로 사생활에 관한 이야기는 거의 하지 않았다.

겉으로 볼 때도 제리는 성공한 남자의 여유로운 삶을 나보다 훨씬 잘 누리는 듯했다. 이재理財에도 밝아서 개인 재정 부분도 잘 관리했고 1929년 이후의 그 어려웠던 시기도 잘 넘겼다. 우리 회사가 다시 상승세를 타기 시작했을 때도 재정 상태가 나보다 훨씬 좋았다. 이런 장점 덕분에 재산도 나보다 더 많이 모았다. 그러나 이런 부분은 별로 중요하지 않다. 내게 아낌없이 베푼 일이 한두 번이 아니라는 점이 더 중요하다. 제리에게는 다행스러운 일이고 나로서는 좀 서운한 일이지만, 제리는 내 도움이 필요할 때가 없었다.

제리의 아내 에스텔은 보다시피 내 아내와 이름이 같았다. 이름이 같아서 재미있다 정도였을 뿐 헷갈리거나 한 적은 없었다. 말했다시피 우리 부부가 사적으로 자주 만나며 친하게 지내지는 않았기 때문이다. 에스텔 라이스(결혼 전 이름)는 제리 뉴먼보다 세 살 연상이었는데 솔직히 그렇게 매력적인 여성은 아니었다. 그래서인지 사람들은 제리가 장인의 돈을 보고 결혼했다고 쑤군댔다. 그러나 제리는 남이 이룬 성공을 탐할 만큼 헛된 욕심으로 가득 찬 사내가 절대 아니었다. 젊었을 때 평범했던 여성이 대부분 그렇듯이 에스텔도 한 해 두 해 나이를 먹어가면서 외모가 점점 나아졌다. 탐스러운 흑발에 생기가 넘치는 눈빛만 봐도 전혀 나이 들어 보이지 않았다. 그녀는 최신 미용 기술을 최대한 활용해 타고난 용모를 훨씬 예쁘게 가꿨다. 성격은 뭐랄까 좀 도도하고 쌀쌀맞은 분위기가 강했다. 마음이 너그러워 뭐든 좋게 보는 사람들은 기품 있고 당당해서 좋다고 말해줄 것이다. 그러나 현실에는 이런 사람보다 남의 말 하기 좋아하는 사람이 더 많다. 그래서 이런 사람들의 평은 '거만하고 건방지다'는 쪽이 대부분이었다. 그러나 에스텔은 더할 나위 없이 훌륭한 안주인이었고 본인이 좋아하는 사람들에게 늘 친절하고 살가웠다. 에스텔은 아버지의 사업 감각과 이런 감각을 사회생활에 적용하는 탁월한 능력을 물려받았다. 내가 유대인시각장애인협회Jewish Guild for the Blind 회장이 됐을 때 에스텔을 우리 협회 일에 끌어들이는 데 성공했다. 결국 에스텔은 유대인시각장애인협회 여성 지부를 설립했고 다양한 사회적 행사를 통해 상당 수준의 기금을 마련하는 등의 수완을 보였다. 그리고 크게 발전해가는 이 협회에서 점점 더 중요한 인물이 됐다. 뉴먼 부부는 협회 본부 부지에 병원을 건립할 때 거금을 기부했다. 완공한 병원에는 두 사람 이름이 새겨졌다.

우리네 삶이 어떻게 전개되는지 들여다보면 우연한 사건이나 상황, 특히 지리적 위치가 삶의 방향에 큰 영향을 미친다는 사실에 놀랄 때가 많다. 희한하게도 사람들은 가까이 살면 친해진다. 연애담도 대부분은 물리적으로 서로 붙어있을 기회가 많은 사람 사이에서 나온다. 다른 사람이 끼어들 여지가 없다는 사실이 두 사람 간의 연애에 큰 도움이 되기도 한다. 내가 뉴먼 부부와 사적으로 친밀한 관계가 되지 못한 데는 사는 곳이 항상 멀리 떨어져있었다는 점도 한몫했다. 근 25년 동안 뉴먼 부부는 롱아일랜드 로런스에 있는 저택에서 살았다. 친정 아버지가 결혼 선물로 준 집이었다. 이 기간에 우리는 여기서 멀리 떨어진 맨해튼 섬에서 살았다. 뉴먼 부부가 드디어 맨해튼 5번로에 있는 아파트로 이사했을 때 우리는 마침 뉴욕 동남부인 스카즈데일로 이사했고 그곳에서 다른 친구들을 사귀었다. 그 후에는 캘리포니아로 갔다.

우리는 멀리 살아서 뉴먼 부부와 친해지지 못했지만, 가까이 살았던 빅터 형 부부와 뉴먼 부부는 친하게 지냈다. 빅터 형이 1927년에 예쁘고 발랄한 실비아 굿맨과 결혼한 후 로런스에서 멋진 새집을 구입했다. 그래서 뉴먼 부부와 이웃이 됐고 시더허스트 골프 클럽에 가입해 같은 회원이 되면서 바로 친해졌다. 나중에 빅터 형의 사정이 안 좋아지면서 집을 팔고 로런스를 떠났지만 말이다.

1927년 당시 우리 회사 직원은 속기사와 경리 직원 이렇게 둘뿐이었다. 회계를 담당했던 경리 직원은 10여 년 전 브롱크스 헌츠 포인트 아파트에서 살 때 테니스 코트에서 만난 사람이었다. 테니스를 좋아한다는 점 외에는 공통 관심사가 없었기 때문에 오로지 테니스 하나로 친해졌다. 수년 동안 단식경기를 했는데 실력이 비슷비슷해서 항상 반은 이기고 반은 졌다.

처음 테니스 시합을 했을 당시에 나는 켈리가에 사는 가난한 청년이었다. 그때 이 사람의 아버지는 신발 가게를 운영했는데 사업이 번창해 아주 잘살았다. 그래서 헌츠 포인트 아파트에서도 가장 좋은 곳에서 살고 있었다. 그런데 몇 년 후 아버지가 갑자기 돌아가시면서 가세가 완전히 기울었다. 아버지가 돌아가시고 폭삭 망했던 우리와 사정이 비슷했다. 그때 변변찮은 급료를 받으며 스태틀러 호텔에서 일했는데, 급료를 좀 더 받으며 우리 회사에서 근무하게 돼서 너무 좋아했다.

대공황으로 다들 어렵던 1929년부터 1933년까지를 제외하고 해마다 연말 상여금을 지급했고 거의 매년 급료도 올려줬다. 그러다 보니 회사 수익과 자신의 수입을 비교하는 데 필요한 과거 자료를 꼼꼼히 준비하곤 했다. 매년 1월 이사회 때면 이 직원의 급료와 상여금 문제가 늘 도마 위에 올랐다. 결국은 연봉이 우리와 같은 1만 6,000달러가 됐다. 당시로서는 엄청난 금액이었고 더구나 기계적 업무를 한다는 점까지 고려하면 연봉 수준이 너무 높았다. 그 돈으로 그는 아내와 함께 꽤 여유로운 생활을 하고 있었고(자녀가 없었음) 투자도 좀 하긴 했으나 금전적 성공에 크게 연연하지 않는 듯했다. 25년 동안 겪어본 바로는 자기 능력이 닿는 한 성실하게 일하는 꽤 믿을 만한 사람이었다.

그런데 어느 날 밤에 자다가 심장마비로 갑자기 세상을 떠났다. 나중에 계좌를 살펴보던 중 큰 금액은 아니었으나 수천 달러 정도 공금을 유용한 사실이 드러났다. 제리와 나는 이 사실을 아무에게도 말하지 않았다. 몇 년 후 공쿠르 형제Frères Goncourt가 쓴 《일기Journals》를 읽으면서 이 사건과 그때 내가 보였던 반응이 생각났다. 그 《일기》 첫 번째 장에서는 형제가 어렸을 때부터 헌신적으로 일했던 하녀의 죽음에 관해 썼다. 두 번째 장에서는 수수하고 얌전한 줄로만 알았던 하녀의 충격적인 사생활에 대해 쓰고 있다. 일해서 번 돈을 여러 남성과 성적 쾌락을 맛보는 데 다 써버렸다는 이야기였다. 공쿠르 형제는 평소 가까웠던 사람의 삶에서 겉으로 보이는 부분과 보이지 않는 부분의 차이를 철학적으로 관조하고 있었다.

11

노던 파이프라인과의 격전

벤저민 그레이엄 조인트 어카운트BGJA가 진행했던 수많은 거래 중에서 특별히 두 가지가 기억난다. 첫 번째는 스탠더드 오일 파이프라인 컴퍼니이고, 두 번째는 미국 최대 불꽃놀이용 화약과 폭죽 제조업체 언엑셀드 매뉴팩처링 컴퍼니와 관련한 거래였다. 첫 번째 거래에서는 큰 성공을 거뒀고, 두 번째는 여러 가지로 고생만 하고 이익은 전혀 내지 못한 아쉬운 거래였다.

1911년 연방 대법원 명령에 따라 스탠더드 오일의 독점 체제가 무너졌을 당시 거대 기업 연합체를 구성하던 31개 회사 가운데 8개 회사는 여러 곳에 있는 유전에서 정유 공장까지 원유를 운송하는 비교적 소규모 송유관 운영 회사였다. 이들 송유관 운영사의 재정 상태에 관해서는 알려진 바가 별로 없었다. 당해 순이익을 명시한 달랑 한 줄짜리 손익계산서와 최대한 축약된 형태로 발표한 대차대조표가 고작이었다. 월가에서 스탠더드 오일의 전체 계열사를 담당하는 증권사는 겨우 둘뿐이었다. 그마저도 각 계열사에 관한 신문 기사와 일부 통계자료를 담은 월간 회보를 발행하는 정도였다. 이런 회보에는 누가 봐도 비정상적인 손익계산서와 대차대조표를 그대로 옮겨 적는 수준이었을 뿐 각 송유관 회사의 재정 상태에 관한 자료는 전혀 없었다.

어느 날 철도 회사에 관한 세부 자료를 찾아볼 생각으로 주간통상위원회ICC 연차 보고서를 훑어보고 있었다. 그러던 중 보고서 끝부분에서 송유관 회사에 관한 통계자료 몇 개가 눈에 띄었다. 자료를 들여다보니 '각 회사가 ICC에 제출한 연차 보고서에서 발췌'라고 표시돼있었다. 그러면 이런 보고서에는 주주에게 알리지 않은 정보가 들어있겠다는 생각이 퍼뜩 들었다. 주주에게 감춘 정보라면 분명히 가치 있고 흥미로운 내용일 가능성이 크다. 그래서 곧바로 ICC 측에 가능하다면 이들 송유관 회사가 제출한 연차 보고서 사본을 보내달라는 내용의 서신을 보냈다. 드디어 ICC가 보낸 두툼한 서류 봉투가 도착했다. 50여 쪽에 달하는 보고서에는 각 회사의 사업 운영 및 재정 상태에 관한 세부 내용이 각종 표로 정리돼있었다. 이 중에서도 각 회사에 투자 원가 및 시장가치를 병기한 투자자산 목록의 제출을 요청하는 내용의 표가 특히 눈에 들어왔다. 송유관 회사 전부가 자사 연차 보고서에 수많은 투자자산 목록을 올렸으나 세부 사항이 들어있지 않아서 개별 투자 대상에 대한 구체적인 내용을 알 수가 없었다.

그래서 다음 날 기차를 타고 워싱턴으로 가서 곧장 ICC 건물을 찾아 들어갔다. 그리고 자료 보관실로 가서 8개 송유관 회사의 1925년도 연차 보고서 열람을 요청했다. 담당 직원의 안내로 자료실에 들어간 나는 곧바로 '보물단지' 같은 자료가 내 손에 들어왔다는 사실에 전율이 느껴질 정도였다. 놀랍게도 이들 회사 전부가 우량 철도 채권을 대량으로 보유 중이었다. 어떤 송유관 회사는 자사 주식을 전부 처분해봐야 이 채권의 가치 총액을 넘지 못했다. 게다가 송유관 회사는 엄청난 영업 이윤에 비해 사업 규모가 작은 편이었다. 또 재고가 발생하는 사업이 아니라서 굳이 이런 식의 채권 투자를 할 필요가 없었다. 그 대표적인 곳이 노던 파이프라인이었다. 이 회사 주가는 주당 겨우 65달러인데 주당 현금 자산을 95달러나 보유하고 있었다. 당시 배당금을 6달러씩 지급하고 있었는데 이 현금 자산 거의 전부를 주주에게 분배해도 사업 운영에 지장을 주지 않는 수준이었다. 이러면 이 회사야말로 내가 전문적으로 찾고 있는 대표적인 저평가 종목 아니던가!

태평양을 발견한 저 용맹한 탐험가 바스코 발보아Vasco Núñez de Balboa와 에르난 코르테스Hernán Cortés가 부럽지 않았다. 나도 매의 눈으로 이 새로운 자료를 발견했다. 생각해보라. 칼 포츠하이머 & 컴퍼니와 기타 몇몇 증권사가 수년 동안 이들 스탠더드 오일 계열사를 들여다봤는데 내가 발견한 사실을 알아내지 못했다는 말 아닌가. 이들 증권사가 송유관 회사의 채권 자산이 이렇게 많았다는 사실을 진작 알았다면 주가가 그렇게 낮게 형성되는 상황을 그대로 두고 봤을 리 없었다. 그런 증권사에서 ICC 자료를 살펴볼 생각을 한 사람이 아무도 없었다는 사실이 지금도 이해가 가지 않는다. 현금과 채권 자산 부분은 차치하더라도 노던 파이프라인은 주주에게 6달러를 배당금으로 지급하고 계속해서 영업이익을 내고 있는데 어떻게 주가가 겨우 65달러일 수 있었을까? 송유관 회사 주식은 시장에서 찬밥 신세였기 때문이다. 예전에는 이보다 훨씬 많은 이익을 냈고 배당금도 더 많이 지급했지만, 유조선을 앞세워 새로 등장한 업체가 이들의 시장을 많이 잠식했다. 통상적 재정 상태와 관련한 세부 사항은 등한시하고 새로운 '추세'에만 주목한 월가는 송유관 회사의 미래는 암담할 뿐이라고 확신하는 듯했다. 실제로 투자자는 9%가 넘는 노던 파이프라인의 배당수익률을 '매력적인 매수 요인'이라기보다는 '위험한 경고 신호'로 받아들였다.

나는 몇 년간의 ICC 보고 자료의 사본을 만든 후 들뜬 마음으로 뉴욕으로 돌아왔다. 그리고 노던 파이프라인 주식 매집에 들어갔다. 이 회사가 시가총액 대비 최대 규모로 채권을 보유하고 있었기 때문이다. 신중하게 계속 매수한 결과 총 4만 주 가운데 2,000주를 사 모을 수 있었다. 이로써 이 송유관 회사 전체의 주식을 23% 보유한 록펠러 재단에 이어 2대 주주가 됐다. 이제 주주의 정당한 이익을 대변한다는 차원에서 당연하고도 온당한 일을 하자고, 노던 파이프라인 경영진을 설득할 때가 됐다고 생각했다. 즉, 사업 운영과 관련 없는 자본을 회사의 실질적 소유자인 주주에게 분배하자고 했다. 그때 나는 순진하게도 이 일이 쉽게 성사될 줄 알았다.

브로드웨이 26번지에 위풍당당하게 서있는 스탠더드 오일 사옥 사무실에서 사장 D. S. 부시넬과 만나기로 약속했다. 이 대단한 장소에 발을 들인 일은 이때가 처음이었다. 나이가 좀 있는 두 사람이 나를 기다리고 있었다. 두 사람이 묘하게 닮아 보였는데 한 사람은 부시넬 사장이었고 또 한 사람은 회사 법률고문으로 사장과는 형제지간이었다. 대형 금융 거래와 관련한 분야에서는 이런 식의 면담이 있을 때 회사 임원이 한 명 이상 참석하는 것이 당시 관행이었다. 나중에 이 자리에서 무슨 말이 오갔는지 증언할 상황이 발생할지 모르기 때문이다.

그 자리에서 내 의견을 말하고 앞으로 무엇을 해야 할지에 대한 견해도 밝혔다. 총사업 규모가 30만 달러에 불과하다는 점을 지적했다. 그러므로 사업 운영상의 재정적 필요성과는 별 관련이 없는데도 채권을 360만 달러어치나 보유하는 것은 불합리하다고 주장했다. 주당 90달러에 해당하는 잉여 현금 자산이 주식시장에 제대로 반영되지 않았기 때문에 노던 파이프라인이 시장에서 저평가되고 있다는 취지였다. 시장에서는 노던 파이프라인을 철도 채권을 다량 보유한 탄탄한 회사가 아니라 사양 사업체로 인식하면서 송유관 회사의 존립 자체마저 의심하는 지경이 됐다고 밝혔다. 주주 입장에서는 이런 자산을 바로 분배해서 해당 자산 가치의 전액을 보유하는 쪽이 당연히 이득이었다. 회사 자산을 잉여 자산의 형태로 적립해 놓으면 바로 다른 자산과 뒤섞이기 때문에 실제 가치의 절반 이하밖에 누리지 못하기 때문이다.

내 말을 다 듣고 나더니 부시넬이 바로 이렇게 말했다. "그건 불가능합니다."

"아니 왜요?"

"잉여금, 잉여금 하시는데 우리는 그런 잉여금이 없어요. 그러니 이익금 말고는 달리 분배할 자산이 없습니다. 실제로 우리는 꽤 많은 배당금을 지급하고 있고요."

이 말에 나는 자신 있게 대꾸했다. "음, 그래요? 방법이 있습니다. 아주 쉬워요. 주식의 액면가를 100에서 예를 들면 50이나 25로 줄인 다음에 그 차액을 주주에게 분배하기만 하면 됩니다. 아니면 자본 환급금 형태로 50에서 75를 분배하시던가요."

이에 대해 부시넬이 내놓은 답변은 이랬다. "우리 회사는 그럴 여력이 안 됩니다. 사업 운영에 다 필요한 자본이거든요." 아무튼 이익을 늘리는 방법을 찾아낼 때보다 주주의 몫을 계속 움켜쥐고 내놓지 않을 방법을 찾아내는 데는 아주 도가 튼 사람들이었다.

"그럴 리가요? 겨우 30만 달러 규모의 사업을 운영하면서 수백만 달러씩이나 되는 자본이 왜 필요합니까?"

"채권은 운영자금으로 쓸 자산이 아니고 감가상각충당금depreciation reserve으로 남겨둔 겁니다. 나중에 송유관 교체용으로 쓰려고요."

"나중에 언제요? 그 돈이 대체 언제 필요하다는 겁니까?"

"언제가 될지는 우리도 정확히 모르지요." 부시넬은 예상 날짜는 고사하고 몇 년도쯤인지도 헤아려보려 하지 않았다. 지하에 매설한 송유관은 사실상 영구적으로 사용하기 때문이다.

"아니, 사업 규모가 고작 30만 달러 정도인데 송유관을 교체하겠다고 주주에게 돌아갈 몫 360만 달러를 사용하겠다고 하는 겁니까? 제정신이세요?" 부시넬은 내가 총사업 규모를 언급할 때마다 움찔하는 눈치였다. 그동안 주주에게 교묘히 숨겨왔던 정보를 자꾸 들춰내니 심기가 매우 불편했던 모양이다.

그는 터무니없는 주장이 통하지 않자 다른 핑계를 댔다. 그 말을 듣고 있으려니 '늑대와 양'이라는 우화가 생각났다. 나를 '먹어치울' 수 없다고 판단하고 조용히 '빈손으로 돌려보내는' 방법을 쓰기로 한 모양이었다.

"송유관을 더 증설할지도 모르고요. 교체 비용 말고도 충당금을 사용할 일은 아주 많습니다. 무슨 일이 벌어질지 모르니 만반의 대비를 해야 하지 않겠어요?"

"부시넬 씨. 당신 회사는 현재 인디애나주 접경지에서 출발해 펜실베이니아주를 거쳐 뉴욕주 접경지까지 이어진 비교적 짧은 지선支線 하나를 맡고 있잖아요. 예전 스탠더드 오일 송유관 간선幹線에서 극히 일부를 담당하고 있는데, 아닌가요? 아니, 여기서 대체 어디로 어떻게 송유관을 확장하겠다는 겁니까? 논리적으로 말이 안 됩니다."

벼랑 끝으로 몰린 부시넬 측은 이제 최후의 일격을 가해 나를 쫓아낼 때가 됐다고 생각한 모양이었다. 부시넬 형제는 더는 핑계 댈 거리가 없는 듯 승산 없는 말싸움을 그만 끝내려고 했다. 이런 사람들이 최후의 일격으로 꺼내 드는 바로 그 마지막 핑계로 말이다.

"자, 그레이엄 씨. 당신 말을 더 듣고 있기가 정말 힘드네요. 이 정도면 우리도 시간을 많이 내드렸다고 생각합니다. 송유관 사업은 아주 복잡하고 전문적인 일입니다. 당신은 이 일을 잘 몰라요. 아니 당신이 뭘 좀 안다고 해도 평생 이 일을 해온 우리만큼 잘 알겠어요? 회사와 주주에게 도움 되는 일이 뭔지는 당신보다 우리가 더 잘 알지 않겠어요? 우리 회사 방침이 마음에 들지 않으면 그냥 주식을 팔아버리세요. 당신처럼 불만 많은 투자자는 다들 그렇게 하던데 말입니다."

이날 만남은 이렇게 끝났다. 구체적 내용에 약간의 차이가 있을지언정 이 업계에 있으면서 이런 말은 수도 없이 들었다. 내가 이런 일을 자주 겪는 데는 특별한 이유가 있었다. 내 기본 거래 방식은 신뢰할 만한 분석 작업을 거쳐 실제 가치보다 훨씬 낮은 가격에 거래되는 보통주를 찾아 매수하는 식이었다. 엄청나게 저평가된 종목임을 알려주는 가장 믿을 만한 신호는 바로 노던 파이프라인 같은 상황에서 나타난다. 즉, 막대한 '실현 가능 자산(아직 현금화하지 않은 미실현 자산)'을 보유하고 있으면서 주주에게 분배하지 않는 것이다. 이런 회사를 발견했을 때 나는 우선 해당 주식을 최대한 매집해 지분을 늘린 다음에 다양한 방법을 동원해 회사의 자본화 혹은 사업 운영 방침의 변화를 유도한다. 이런 주장을 접할 때마다 경영진은 으레 부시넬이 펼쳤던 논리와 비슷한 주장을 하며 버텼다. 이 사람들이 자주 꺼내 드는 '무기'가 전문성 운운하는 논리였다. 자신들의 사업은 고도로 전문화한 영역인데 내가 뭘 알겠냐고 일단 일성을 지른다. 그러고는 회사에 가장 적합한 방침이 무엇인지를 판단할 능력과 자격은 자신들에게 있다고 목소리를 높인다.

이런 생각이 머릿속에 꽉 박힌 경영진에게 1926년에 주주 한 사람으로서 무턱대고 달려들어 감히 이래라저래라 했던 내가 너무 순진했었다. 월가 사람들은 아마도 이런 나를 보면서 거대한 풍차에 달려드는 괴짜 돈

키호테로 보였을 터였다. 노련한 사람이라면, 그것도 외부에서 특정 기업의 정책이나 방침을 바꾸려 애쓰는 따위의 시간 낭비를 하지 않는다. 더구나 겁도 없이 스탠더드 오일 같은 업계 아성에 도전하다니! "경영진이나 이들이 하는 일이 마음에 들지 않으면 주식을 팔고 주주 신분에서 벗어나라." 월가를 오래도록 지배한 불문율인데 지금도 여전히 통용된다. 이 정도는 약과다. 무언가 변화를 시도하는 외부인은 미친 사람이거나 아니면 불순한 의도를 품은 사람으로 취급받았다. 꽤 오래전에 클래런스 베너라는 교활한 인간이 다양한 유형의 재무 비리 혐의를 제기하며 경영진에게 소송을 제기하겠다고 협박해 거액을 뜯어낸 전례가 있었다. 그래서 지금도 경영진에 대항하는 시도 자체를 순수하게 바라보지 않는 분위기가 존재한다. 아주 정중하게 이런저런 일을 해달라고 요청하면 그쪽에서도 어느 정도 예의를 갖춰 거절하곤 한다. 일단 거절을 했는데도 자꾸 똑같은 주장을 계속하면서, 말을 들어주지 않으면 소송으로 갈 수도 있다는 둥 주주들의 위임을 받아서 일 처리를 하겠다는 둥 고집을 피우면 회사 측은 '제2의 베너'를 들먹이면서 뭔가 불순한 의도가 있음이 분명하다며 공세를 취한다. 그런데 대부분 주주의 권익을 위한다면서 나서는 나 같은 사람은 해당 주식을 장기 보유한 사람이 아니다. 그 이유는 간단하다. 가격이 높았던 예전에 주식을 샀던 사람은 해당 회사에 대해 잘 알지 못하거나 회사 측에 이런 요구를 할 정도로 열성적이지 않기 때문에 자신들의 권익을 위해 무엇을 해야 하는지 잘 모른다. 본인과 다른 주주를 위해 대신 총대를 메겠다는 사람은, 최저가에 (그러니까 당연히 가장 최근에) 주식을 매수했고, 주주로서 합당한 이익을 취하는 일에 적극적으로 나설 의향이 있는 데다 관련 지식까지 갖춘 전문가밖에 없다.

그래서 경영진은 변화를 요구하는 사람이 있으면 그 사람이 '최근에' 주식을 매수했다는 점을 부각시킨다. 그러면서 최근에 주주가 됐으므로 이기적인 의도로 사익을 추구하려는 의도밖에 없는 사람이라고 주장한다. 그러나 나는 내 이런 의지와 행동에 윤리적으로 문제가 있다고 생각하거나 양심에 가책을 느낀 적이 전혀 없었다. 내가 한 일은 결국 나 자신은 물론이고 주식을 매수한 시점과 관계없이 다른 모든 주주에게도 도움이 됐다. 해당 회사의 진정한 소유자로서 주주가 누려야 할 권리와 자격을 되찾아줬기 때문이다.

초창기 월가는 참여자 대다수가 규칙이나 관행을 철저히 지키는, 말하자면 '신사의 게임'이 펼쳐지는 곳이었다. 그런 규칙 가운데 하나가 "다른 사람의 영역을 침범하지 마라."였다. 이른바 '기득권층'에 속한 구성원은 서로 각자의 기득권에 반하는 행동은 하지 말아야 한다는 의미였다. 은행과 브로커는 당연하다는 듯 연차 주주총회 위임장을 경영진에게 넘겼다. 지금도 대부분이 이렇게 한다. 특정 기업이나 은행이 해당 회사 경영진과 사전 협의 혹은 권한을 위임받는 일 없이 주주 또는 일부 회사에 인수나 합병 제의를 한다는 것은 상상할 수도 없는 일이었다. 투자은행가는 대체로 기업 경영진과 좋은 관계를 유지하려 하기 때문에 중간에서 허튼 장난질을 친다는 소문이 도는 상황을 원치 않는다. 같은 맥락에서 기업 임원은 다른 기업 임원의 일자리나 특권을 위협하는 어떤 행위에도 가담하지 않는다. 본인이 그와 똑같은 처지에 있을 때 자신에게도 상대가 그런 상도의를 지켜주기 바라기 때문이다. 장교가 전쟁 포로가 됐을 때 특별 대우를 해주는 이유도 이와 비슷한 맥락에서다. 장교는 적군의 장교를 포로로 잡아도 이들을 가혹하게 대하지 않는다. 본인도 적군의 포로가 됐을 때 같은 대우를 받으리라 기대하기 때문이다.

그런데 세월이 흐르면서 이런 상황에 어느 정도 변화가 생겼다. 기업을 인수하려는 쪽에서는 이제 망설이지 않고 해당 기업 경영진과 사전 협의를 하지 않은 채 곧바로 주주에게 인수 제의를 한다. 본인이나 고객을 위해 행동하는 투자은행가도 마찬가지다. 예를 들어 프랑코-와이오밍 오일 컴퍼니에 대한 인수 제의가 있었고, 1964년에 결국 과반수지주지배 majority control가 승인됐다. 이는 노던 파이프라인의 상황과 비슷했다. 즉, 경영진이 회사가 운영하는 사업과 무관한 유가증권을 대량으로 보유하고 있었다.

실망과 분노를 안고 사무실을 나서기 전에 부시넬 형제에게 다음 해 주주총회에 참석해서 다른 주주에게 구두로 내 의견을 전하고 그 내용을 기록으로 남기고 싶다고 말했다. 돌연한 발언에 놀라는 듯하더니 곧이어 언제든 환영이니까 와서 하고 싶은 말을 하라고 했다. 그래서 나는 인사를 하고 그 자리를 떠났다.

이듬해 주주총회는 1927년 1월 초에 펜실베이니아주 오일시티라는 거의 오지 수준의 시골 마을에서 열렸다. 피츠버그까지는 기차를 타고 갔는데 그곳에서 오일시티까지 가는 길은 교통편이 정말 열악했다. 이번 출장길에는 혼자 나섰다. 침대 열차를 타고 밤새 달린 다음에 눈발이 날리는 추운 날씨를 뚫고 심하게 덜컹거리는 낡은 시골 기차를 타고 갔다. 오일시티에 있는 사무실은 허름하고 변변찮아 보이기는 했으나 나와 직원 다섯 명이 참석하는 상황이라 총회를 치르는 데 문제는 없었다. 다른 외부 주주가 없는지 둘러봤는데 나 말고 아무도 없었다. 그러는 동안 부시넬의 '똘마니'로 보이는 이들이 다른 행성에서 온 외계인이라도 보듯 신기하다는 시선으로 이리저리 나를 훑어봤다. 사실 내가 외계인 같은 행동을 하고 다니기는 했다. 몇 가지 의례적 절차를 거친 후 한 직원이 미리 작성한 문서를 읽었다. 1926년도 연차 보고서의 채택 및 승인을 요청한다는 내용이었다. 곧이어 또 다른 직원이 일어나더니 발의發議에 동의한다고 말했다. 그때 내가 일어섰더니 순간 다들 나를 쳐다봤다.

"의장님! 연차 보고서는 어디 있나요?" 당혹감에 일순 침묵이 흘렀다.

"그레이엄 씨, 미안합니다만, 보고서를 보려면 몇 주일은 기다려야 합니다."

너무 황당해서 다시 물었다. "아니, 부시넬 씨. 있지도 않은 보고서를 어떻게 승인합니까?" 그러자 그는 형제인 다른 부시넬과 귓엣말을 나누고는 말했다.

"우리는 늘 이렇게 합니다. 찬성하는 사람은 '예'라고 대답해주세요."

나를 제외한 대리 참석자 전원이 이전 발의 사항에 찬성했다. 몇 가지 절차를 거친 후 의장이 총회 휴회를 발표했다. 그래서 다시 급하게 일어섰다. "일전에 부시넬 씨와 합의한 대로 이 회사의 재정 상태에 관해 할 말이 있고, 그 내용을 기록으로 남기고 싶습니다." 부시넬 형제가 또다시 속닥였다.

"그레이엄 씨. 요청 사항을 안건으로 발의해주시겠습니까?" 그래서 그대로 했다.

"이 발의에 찬성하는 사람 있나요?" 잠시 정적이 흘렀다. 이런 상황은 전혀 예상치 못했기 때문에 내 말을 지지해줄 사람을 뉴욕에서 한 명도 데려오지 않고 그냥 덜렁덜렁 혼자서 왔다.

"그레이엄 씨. 안됐지만 찬성자가 한 명도 없군요. 이 안건은 부결됐습니다."

"하지만, 당신도 알다시피 내 의견을 기록으로 남기겠다는 목적 하나로 고생고생하며 여기까지 왔습니다. 부시넬 씨 당신도 그렇게 하라고 하지 않았나요? 그랬으면 내 발의 사항이 통과돼 보고가 이뤄지도록 하는 정도의 배려는 해주셔야 하는 거 아닌가요?" 또다시 둘이 속닥거리고는 이렇게 말했다.

"유감이지만, 당신의 발의안에 찬성하는 사람이 없는 것 같은데요? 이 정도에서 휴회를 제의해도 되겠지요?" 부시넬의 똘마니들은 대놓고 키득거리며 총회장을 빠져나갔다.

바보 취급을 받은 나는 심한 모멸감을 느꼈고 나 자신의 무능함이 수치스러웠으며 이런 대접을 받았다는 사실에 분노가 치밀었다. 그러나 끓어오르는 감정을 애써 억누르며 조용히 부시넬 사장에게 내 요청을 받아들이지 않은 것은 당신의 큰 실수라고 말해줬다. 여기서 끝이 아니라 다음 해에 또 참석할 생각이고 그때는 이렇게 넘어가지는 않을 테고 내 발의에 찬성을 이끌어내는 일은 물론이고 그 이상의 상황이 전개될 테니 말이다.

그리고 내 이런 협박 아닌 협박은 그대로 실현됐다. 1927년 1월에 겪은 이 참담한 패배는 오히려 내게 큰 도움이 됐다. 1년 동안 꼼꼼하게 계획을 세웠고 재정적 뒷받침을 더 공고히 하는 차원에서 그 회사 지분도 더 늘렸다. 우리 회사의 가용 자본이 증가함에 따라 노던 파이프라인 주식을 더 사 모을 수 있었다. 나는 감당 가능한 수준에서 가용 자본을 더 투자했다. 법률고문을 맡아줄 법무 법인으로는 프레드 그린먼이 추천한 쿡, 내이선 & 리먼을 선택했다. 이곳의 시니어(대표) 파트너는 앨프리드 쿡이었다. 능력이 뛰어난 사람이기는 한데 내 눈에는 오만하고 허세도 좀 있어 보였다.

재무 관련 자료를 검토하다가 당시에는 잘 알려지지 않았던 사실을 알게 됐다. 꽤 많은 주 정부에서 각 기업으로 하여금 누적투표cumulative voting: 동시에 두 명 이상의 임원을 주주들의 투표로 선임하는 경우, 각 주주에게 각자 보유한 주식의 수에 선임할 임원의 수를 곱한 수만큼의 의결권을 주어 주주들이 그 의결권을 한 후보에게 집중하거나 여러 후보에게 나누어 투표할 수 있도록 하는 제도로 이사를 선임하게 하는 법안을 통과시켰다. 위임장을 소지한 대리 투표자 전원이, 소수의 지지밖에 못 얻은 주주 한 사람에게 투표하면 이 사람이 이사로 선임될 수 있었다. 펜실베이니아 역시 이 법이 시행되는 주였는데 다행히 노던 파이프라인 본사도 펜실베이니아주에 있었다. 이사 수가 다섯 명밖에 안 되는 소규모 이사진임을 감안할 때, 전체 주식의 6분의 1에 해당하는 위임장으로 대리 투표권을 확보하면 이사 한 명을 선임할 수 있고, 3분의 1을 확보하면 두 명을 선임할 수 있었다. 나는 주주 한 명씩 일일이 찾아다니며 잉여 자본을 줄이자는 결의안에 찬성표를 던지고 일반 주주를 대표하는 이사 두 명을 선임할 수 있도록 의결권을 위임해달라고 요청했다. 우리 쪽 이사로 과반을 채울 의도는 없었다. 그렇게 되면 사업 운영에도 개입해야 하는데 우리에게 이렇게까지 할 권리는 없었다.

앨프리드 쿡이 회사 측에 주주명부를 요청했더니 사본을 순순히 내줬다. 아마도 부시넬 형제는 우리가 아무리 용을 써봐야 뾰족한 수가 없으리라 자신했던 듯하다. 그렇지 않았으면 회사 측이 주주명부를 넘길 법적 의무가 있느니 없느니 실랑이하며 우리를 최대한 괴롭혔을 텐데 말이다. 우리는 주장하는 바를 조목조목 논거를 들어 설명하는 내용으로 회사 측에 보낼 서한을 준비했다. 나는 쿡, 그린먼과 함께 정말 열심히 준비했고 아주 만족스러운 결과물을 만들었다고 자부한다. 회사 측은 여전히 고압적인 자세로 핵심 쟁점을 교묘히 피해가면서 회사와 주주에게 최대 이익을 가져다줄 능력은 자신들에게밖에 없다고 재차 주장하는 내용으로 답신을 보내왔다. 그러면서 아무래도 우리의 의도가 불순하다며 대놓고 빈정댔다.

대량주 보유 주주가 많지 않았으므로 100주 이상을 보유한 주주 전부를 직접 만나 설득하기로 했다. 회사 측도 자사 직원과 부시넬 일가 사람들을 동원해 위임장을 받으러 다녔다. 요즘과 달리 이때만 해도 주총에서 표 대결이 이뤄지지 않을 때 대규모 조직을 동원해 위임장 '사냥'에 나서던 그런 시절은 아니었다. 가장 중요한 목표는 총주식의 23%인 9,200주를 보유한 록펠러 재단의 위임장을 확보하는 일이었다. 일단 록펠러 재단 재무 책임자 버트럼 커틀러와 만날 약속을 잡았다. 내 말을 끝까지 잘 듣기는 했으나 재단이 투자한 기업의 경영에는 간섭하지 않는다고 단호하게 선을 그었다. 이런 말은 그 후에도 귀에 딱지가 앉을 정도로 자주 들었다. 조직의 재정을 책임진 사람으로서는 과하게 신중할 수밖에 없으니 이런 태도가 한편 이해는 간다. 우리가 다투는 핵심 쟁점은 노던 파이프라인의 경영 방침과는 아무 관계가 없으며 우리는 단지 잉여 자본의 처리를 주주가 결정하자는 외에 다른 의도가 없다고 강조했다. 그러나 이런 주장도 소용이 없었고 결국 빈손으로 돌아오고 말았다.

존 록펠러 주니어와 가깝게 엮인 일은 이번이 두 번째였다. 첫 번째는 록펠러가 서명한 초대장을 받고 리세스 클럽Recess Club에서 열리는 오찬 모임에 참석했을 때였다. 파이 베타 카파 재단 설립을 위한 기금 마련이 목적인 자리였다. 거부가 주최한 자리이니만큼 점심값(기부금)이 엄청나게 비싸리라 생각했다. 그러나 억만장자 자선사업가와 만날 기회가 어디 흔할까 싶어서 그냥 나도 허세나 한번 부려보자고 생각했다. 그래서 그 자리에 참석했다. 록펠러는 자신과 같은 식탁에 앉은 소수 인원들에게 재단 설립에 동참해달라고 했다. 그래서 나는 크게 마음먹고 500달러를 기부했다. 그래도 존 록펠러의 자선사업에 동참하는 아주 특별한 경험을 했다는 생각이 들었다. 파이 베타 카파 재단은 곧 설립됐고 이때부터 〈아메리칸 스칼러The American Scholar〉라는 잡지도 발행하기 시작했다.

노던 파이프라인과 위임장 쟁탈전을 벌이던 1927년으로 다시 돌아가 보자. 나와 그린먼은 특히 록펠러 재단 위임장과 관련한 문제를 논의하려고 리세스 클럽에서 쿡과 만나기로 했다. 그런데 우리와 아주 가까운 자리에 존 록펠러가 스포츠 코트 차림의 상당히 젊은 남성과 함께 점심을 하고 있었다. 알고 보니 이 청년은 백만장자인 금융계 거물이자 미술품 수집가 그리고 당시 미 재무장관 앤드루 윌리엄 멜런Andrew William Mellon의 아들 앤드루 멜런 주니어였다. 우리는 이 우연을 어떻게든 이용하고 싶었다. 그래서 앨프리드 쿡은 록펠러에게 가서 우리가 위임장 쟁탈전을 벌이고 있음을 전한 후 록펠러 재단도 우리에게 힘을 실어달라고 부탁할까 하고 잠깐이지만 진지하게 고민했다. 그러나 별로 바람직한 생각이 아니라고 결론 내렸다.

그런데도 록펠러 재단 말고 다른 곳에서 위임장을 많이 확보했다. 돌이켜 생각하면 그때 우리가 참 대단한 일을 해냈다는 느낌이다. 월가에서 경험을 쌓을수록, 미약한 소액주주의 힘을 깨알같이 모아서 철옹성과도 같은 거대 기업 경영진에 맞서 표 대결을 벌인다는 일이 얼마나 어려운지 새삼 깨닫게 되기 때문이다. 아무리 설득력 있는 논리로 무장한다 해도 결코 쉽지 않은 그 일을 그때 우리가 해냈다.

이듬해인 1928년 1월 드디어 주주총회가 열리는 날이 왔다. 나는 다시 오일시티로 향했다. 그러나 이번에는 나 혼자가 아니었다. 쿡의 법무 법인에서 보내준 변호사 세 명과 함께였다. 물론 무시무시한 능력의 소유자 쿡 역시 함께했고, 필라델피아의 유명 법무 법인의 파트너 헨리 슈나이더와 펜실베이니아 사건 담당 변호사가 같이 갔다. 얼마 후 슈나이더는 필라델피아주 검찰 총장이 됐다. 우리는 원하는 목적을 달성하는 데 충분한 위임장을 확보했다. 계획이 꼬이는 일이 없도록 만반의 준비를 하겠다는 자세로 하루 일찍 오일시티에 도착해서 그곳에서 가장 좋은 호텔(아마도 이 도시에 하나밖에 없을 호텔)에 묵었다. 예비 협상을 통해 그날 저녁에 위임장을 검토하자는 데 합의했다. 주총에서 시간 절약을 하자는 취지였다. 경영진은 우리가 모은 위임장이 훨씬 많다는 사실에 당황하는 빛이 역력했다. 회사 측에 위임장을 주겠다던 주주도 나중에 마음을 바꾼 경우가 꽤 많았다. 우리가 300주를 보유한 주주의 위임장을 받았다는 사실에 한숨을 내쉬던 부시넬의 모습이 지금도 기억에 생생하다. "내 오랜 친구인데, 이럴 수가! 위임장을 써준다고 해서 점심까지 사 먹였더니, 이런."

다음 날 아침 주총이 열리기 전에 회사 측에서 협상을 제의했다. 우리는 위임장으로 1만 5,000주 넘게 확보한 상태라 이사 두 명을 선임할 수 있었다. 따라서 우리는 록펠러 재단이 보유한 9,200주를 제외한 주식의 절반 이상을 확보한 셈이었다. 우리는 록펠러 재단이 경영진 측에 서지 않기만을 바랐었다. 부시넬 사장은 전과 다르게 아주 온순해졌다. 기가 팍 죽었다고나 할까? 승패가 이미 갈린 마당에 주총에서 공개적으로 경영진의 패배를 알릴 이유가 없었다. 그래서 우리 측 이사 후보 두 명을 받아들이겠다고 했다. 회사 측 이사 후보 명부에 이름을 올리고 만장일치로 이사 선임을 하겠다는 입장이었다. 앨프리드 쿡은 슈나이더와 나를 이사로 추천했다. 부시넬은 나를 이사에 올리는 일만은 피하고 싶었던 모양이다. 그래서 나를 대신해 쿡에게 이사를 맡으라고 꼬드겼다. 어떻게든 꼴 보기 싫은 나만 아니면 된다고 생각했나 보다. 그러나 이 제안을 받은 쿡은 나와 상의도 하지 않고 단칼에 거절했다. 쿡은 어차피 이것은 내 싸움이고 승리의 전리품도 오로지 내 몫이라고 말했다. 부시넬도 더는 고집을 부리지 못했다. 우리 후보가 결국 이사에 선임됐고 주총은 대체로 순조롭게 진행됐다.

스탠더드 오일과 직접적인 관련 없이 계열사 이사로 선임된 사람은 내가 처음이었다. 노던 파이프라인은 다른 계열사에 비해 규모가 작지만, 나는 이렇게 얻어낸 승리가 너무도 자랑스러웠다.

오일시티에서 마무리 협상을 할 때 부시넬은 적절한 시점에 노던 파이프라인의 재정 구조 개편에 관해 양자 간 합의를 도출할 수 있을 것이라고 말했다. 그때는 그냥 아부성 발언이려니 싶어서 별로 귀담아듣지 않았다. 그러나 정말 몇 주 후에 부시넬이 우리에게 사무실에서 만나 나머지 문제를 논의하자고 했다. 그렇게 거만을 떨더니 이제는 아주 온순한 양처럼 말했다. "그레이엄 씨, 알다시피 우리가 주주에게 자본금을 분배하자는 의견 자체에 반대한 건 아닙니다. 다만, 시기상조라고 생각했을 뿐입니다. 이제 우리도 여러분의 주장을 실현하도록 실질적인 계획을 세워놨습니다. 아마 만족하실 겁니다."

주식의 액면가를 100에서 10으로 줄이고 현금으로 50달러 그리고 구주 1주당 신주 3주를 주주에게 주겠다고 했다. 또한 구주 기준 주당 20달러를 잉여 자본금으로 비축한다는 내용이었다. 부시넬은 나중에 잉여 자본금을 주주에게 더 분배할 수 있다는 말도 덧붙였다. 물론 성실하게 일한 직원에게 연금을 지급하는 조항도 마련해야 했다. 실제로 최종적으로 주당 70달러를 주주에게 분배했고 신주 가격에다 현금 배당금을 합해 구주 기준 주당 110달러가 넘는 금액이 주주에게 돌아갔다.

그런데 나는 그렇게 빳빳하게 버티던 경영진이 어떻게 갑자기 마음을 바꿨는지 궁금했다. 앨프리드 쿡이 나중에 알게 된 사실이라는데, 록펠러 재단이 대리인을 통해 잉여 자본금을 주주에게 최대한 많이 분배했으면 좋겠다는 의중을 드러내며 경영진을 압박했다고 한다. 록펠러 재단 측도 이렇게 받은 돈을 자선사업에 잘 사용할 수 있을 터였다. 이런 설명이 완전히 맞다고 할 수는 없으나 사실일 가능성이 크다고 생각한다. 이후 송유관 회사 거의 전부가 노던 파이프라인의 사례에 따라 주주에게 상당액을 분배했다는 점을 생각하면 그렇다.

세월이 한참 흐른 후에 록펠러와 또 한 번 엮이는 일이 있었다. 이번에는 내 단독 행동과 관련돼있었고 개인적으로 잘했다 싶은 일이었다. 때는

1945년이었다. 이때 나는 뉴욕주 상공회의소New York State Chamber of Commerce 회원이 됐다. 시민 의식의 발현이랄 수도 있지만, 사실 점심 식사 때 상공회의소 내 클럽을 이용하려는 목적이 더 컸다. 당시 민주당은 지금은 '완전 고용법Full Employment Act of 1946'으로 알려진 혁신적 개혁안을 지지하고 있었다. 정부는 실업률을 최대한 낮춰 고용 안정을 유지하는 데 필요한 모든 조치를 해야 한다는 취지였다. 사업하는 사람은 대체로 민주당을 불신하며 아주 싫어했다. 이 개혁안이 나오자 이들의 보수적 본능이 꿈틀댔다. 뉴욕주 상공회의소 산하의 한 위원회는 이 법안에 노골적으로 반대하는 내용의 보고서를 올리기로 했고 참석 인원 전원이 만장일치로 이 보고서를 채택했다. (이날 나는 참석하지 않았다.) 그러나 1945년 가을에 이 법안이 결국 미 하원을 통과했다. 상공회의소 회원들은 있을 수 없는 일이 벌어졌다는 듯 상당히 당황하며 분개하는 모습이었다. 이에 그 위원회는 이 법안에 반대하는 내용의 보고서를 다시 올려서 기업인들이 시류에 편승해 이 같은 터무니없는 조치에 타협할 의향이 전혀 없다는 점을 대중에게 보여줘야 한다는 뜻을 밝혔다.

월간 회보에서 이 2차 보고서를 읽고 사실 좀 한심하다는 생각이 들었다. 뉴욕주 상공회의소 회원 중 누구 한 사람이라도 나서서 1929년 이후로 정치적, 경제적 환경이 많이 바뀌었다는 점을 지적해야 한다고 생각했다. 그래서 사무총장에게 편지를 보내서 2차 보고서를 채택하기로 돼있는 다음번 회의에서 한 3분여 정도 발언할 기회를 달라고 요청했다. 그리고 이 요청은 당연히 받아들여졌다.

그런데 이날따라 체이스뱅크 총재이자 록펠러의 사위 윈스럽 올드리치가 기조연설을 하기로 돼있었다. 그래서 이 자리에 록펠러도 참석했는데 공교롭게도 바로 내 옆자리에 앉았다. 고용법에 관한 결의안이 상정되자

의장이 내 이름을 불렀다. 어차피 이 보고서에 관해 의견 제시를 하겠다는 사람은 나밖에 없었다. 조금 긴장되기는 했으나 정리해 온 3분짜리 메모를 읽었다. 그리고 건방지게도 다른 회원들을 향해 훈계조로 "언제까지 옛것만 고집하고 새로운 것은 절대 받아들이지 않는 고집불통 보수주의자로 남을 생각이냐."라는 말로 마무리했다. 록펠러를 포함해 모두가 조용히 내 말을 들었다. 연설을 마치고 내 자리로 돌아가는 중에 록펠러를 살짝 스쳐 지나갔다. 투표 결과는 찬성이 압도적으로 많았다. 그런데 뜻밖에 나 말고 '반대'표가 하나 더 있었다. 록펠러가 아니었을까?

우리가 또 한 차례 격전을 벌인 적이 있는데 이때 또 한 번 록펠러와 엮였다. 이번에는 위임장 대결이 아니라 송유관을 운영하는 스탠더드 오일 계열사인 동시에 펌프 제조 회사를 자회사로 거느린 내셔널 트랜싯 컴퍼니와 관련한 법정 소송이 쟁점이었다. 이 회사 경영진은 주 당국에 우리가 주주 이익을 대변해 반대하고 있던 특정 조치를 허용해달라고 요청했다. 이들은 현금 자산 대부분을 엉뚱한 용도로 사용하고 싶어 했다. 어쨌거나 회사는 결국 이 요청을 철회했고 덕분에 상당액을 주주에게 분배할 수 있었다. 이 가운데 우리 몫도 상당했다. 이번에도 아마 록펠러의 입김이 작용한 결과가 아니었을까 생각한다.

내셔널 트랜싯 사례를 소개하는 이유는 크게 두 가지다. 수년 후에 우리는 뉴욕증권거래소 주요 회원사 베르트하임 & 컴퍼니와 함께 이 회사에 대한 지배권을 획득했다. 이 거래와 관련한 흥미로운 세부 내용은 나중에 설명할 생각이다. 또 한 가지 이유는 초기 투자 성공의 결과와 관련이 있고 또 바루크라는 아주 특별한 사람과도 관련이 깊기 때문이다. 회사 규모가 확장되면서 N. H. & L.의 비좁은 사무실에서 나와 비버가Beaver Street 60번지에 있는 면화거래소Cotton Exchange 건물로 이주했다. 이곳에는 유서 깊은 뉴욕증권거래소 회원사 H. 헨츠 & 컴퍼니H. Hentz & Company: 이하 '헨츠' 본사가 입주해있었다. 시니어 파트너는 제롬 르윈과 허먼 바루크 박사였는데 두 사람과 다 친하게 됐다. 이곳에는 아서 뉴마크라는 젊은 파트너도 있었다. 뉴마크 가족과는 아주 오래전 영국에 있을 때 친하게 지내던 사이었다. 돈이 너무 궁했던 시절 아서에게 기하학을 가르친 인연이 있었는데, 훗날 내가 〈매거진 오브 월스트리트〉 조사부에서 일할 수 있게 아서를 도와 월가에 첫발을 디디게 해줬다. 이후 통계원으로 헨츠에 들어갔고 능력을 잘 발휘해 파트너 자리에까지 올라갔다. 우리는 N. H. & L.에 개설한 예전 계좌 외에 다른 두 증권사에 계좌를 개설해야 할 필요가 있었다. 여기에는 여러 가지 이유가 있지만, 주된 이유는 차익 거래 및 헤징과 관련한 주식 차입 규모를 확대하려는 것이었다. 뉴마크가 우리더러 헨츠와 거래하라고 권했다. 이외에 굿바디 & 컴퍼니와도 거래를 텄다.

허먼 바루크는 버나드 바루크의 세 형제 중 한 사람이었다. 바루크 형제 네 명 다 180㎝를 훌쩍 넘는 장신이었다. 허먼은 아버지의 뒤를 이어 의사가 됐고, 롱브랜치 지역에서 잠깐 개업했었다. 그 후 월가로 진출해 매우 독특한 행보를 보였다. 실제로 버나드 바루크의 형제 세 명 전부 브로커가 됐으니 허먼의 월가 진출이 그리 놀라울 일도 아니다. 허먼을 처음 봤을 때 50대 초반이었는데 키가 워낙 크다 보니 체구가 당당했고, 유쾌하면서도 점잖았으며, 풍성한 백발과 자연스럽게 흘러내린 수염이 인상적이었다. 허먼은 롱아일랜드에서 꽤 멀리 떨어진 곳에 바가텔Bagatelle이라는 부동산을 구입했다. 철도왕 밴더빌트 가문Vanderbilts 사람이 아름다운 리나 카발리에리Lina Cavalieri: 이탈리아의 오페라 소프라노, 배우에게 선물했던 곳이라고 한다. 이곳에서 취미로 크리스마스트리를 기르기 시작했는데 나중에는 엄청난 세금 혜택을 받는 수지맞은 사업의 기반이 됐다. 호화로운 대형 요트도 보유하고 있었다. 길이가 약 28m에 달하고 선상 가옥으로도 사용할 수 있는 초호화판 요트로 이름은 '레포소'였다.

1929년 봄에 허먼이 내 방식을 따라 내셔널 트랜싯 주를 대량 매수했는데 아주 만족할 만한 이익을 냈다고 말했다. 내가 대가도 바라지 않고 다른 주주에게 이익이 가도록 애쓰는 모습에 감명받았고, 한편으로는 내게 빚을 진 듯한 기분이라고 했다. 그래서 레포소를 일주일 동안 빌려줄 테니 마음껏 사용하라고 했다. 요트 선장과 선원에게 적당한 선에서 팁을 주는 외에 비용 부담은 전혀 없다고 했다. 여섯 명이 잘 수 있는 요트라서 같이 가고 싶은 사람은 누구든 초대해 함께 즐길 수 있었다.

내셔널 트랜싯 거래가 성공하는 덕분에 허먼 바루크 박사의 호화 요트 레포소에서 8일 동안 꿈같은 시간을 보냈다.

또 한 번의 성공을 기대하며 나섰는데 이익은 별로 안 나면서 골치만 아팠던 거래도 있었다. 이번 거래의 최대 수혜자는 내 아이들이었다. 다들 놀라겠지만, 이 거래로 나는 미국 최대 폭죽 제조사의 부사장이 됐다. 어떻게 된 일인지를 설명하자면 이렇다.

저평가된 종목으로 큰 성공을 거두다 보니 증권거래소에 상장되지 않은 종목을 취급하는 장외거래 전문 대형 증권사의 주목을 받게 됐다. 이 가운데 가장 유명한 곳이 J.K. 라이스 & 컴퍼니였다. 이곳의 수석 매매인이자 영업 담당자가 빌 커리Bill Currie였다. (전화를 받으면 항상 "커리 라이스Currie of Rice입니다."라고 말했다.) 1928년 말경인 어느 날 우리 사무실에 찾아와서 '언 엑셀드 매뉴팩처링 컴퍼니'라는 폭죽 제조사에 관해 귀가 솔깃한 제안을 했다. 이 회사는 현금 자산이 풍부했고 (내 생각에) 사업도 꽤 잘되고 있었다. 단주가 아니라 대량으로 거래하는데 주당 9달러밖에 안 됐다. 이는 회사의 운전자본에도 못 미치는 수준이었고 주당 수익이 1.5달러로 주가수익률은 6배에 불과했다. 이 거래에서 가장 중요한 부분은 우리가 이 회사 주식을 대량 매수하면 경영권이 현 사장인 E. V. 빙글에서 부사장 톰 자다인 쪽으로 넘어간다는 점이었다. 성실하고 유능한 부사장 자다인을 중심으로 한 신진 세력이 알코올중독 문제가 있다고 하는 현 사장 빙글을 그 자리에서 몰아내는 그런 상황이었다. 커리는 이 신진 세력에게 구미가 당길 만한 제안을 했다. 우리가 주식을 대량 매수하고 계획대로 일이 잘되면 내가 이곳의 재무 담당 고문 역할을 훌륭하게 해내리라 장담하면서 이들과 손을 잡으려 했다. 그래서 이들은 약속대로 우리가 회사 주식을 대량 매수하면 내게 부사장 자리를 주고 재무와 관련한 문제가 있을 때만 시간제로 와서 일하는 조건으로 그에 합당한 급료를 보장하겠다고 제의했다.

하나같이 귀가 솔깃해지는 제안이었다. 대기업의 임원이 될 수 있다는 점이 특히 마음에 들었다. 그래서 제리와 나는 BGJA 계정으로 1만 주를 매수하고 나머지는 믿을 만한 사람에게 맡기기로 했다. 그 믿을 만한 사람이 바로 내 소문을 듣고 내 거래 방식에 관심을 갖게 된 버나드 바루크였다.

1929년 1월에 언엑셀드의 연차 주주총회가 열렸다. 이 자리에서 빙글을 처음 봤다. 나이가 많고 살집이 좀 있어 보였으며 겉으로는 꽤 유쾌한 성격 같았다. 그런데 여기서 묘한 일이 벌어졌다. 연차 보고서를 읽을 순서가 됐을 때 빙글 사장이 보고서를 들고는 맨 앞줄에 앉은 나를 보고 이렇게 말했다. "밤톨처럼 깔끔하게 생긴 젊은이로군. 이리 나와서 이 보고서 좀 읽어주겠나?" 빙글은 자신을 사장 자리에서 끌어내려는 이번 모의에서 핵심 역할을 하는 자가 바로 나인 줄도 모르고 그런 부탁을 했다. 어쨌든 빙글이 원하는 대로 해줬다. 그 당시 내가 할 이 행동을 두고두고 후회하리라는 예감이 조금이라도 있었을까? 그때 예감했어야 했는데…….

주총은 계획했던 대로 흘러갔다. 표결에서 절반이 조금 넘는 표를 얻었고 결국 우리가 이겼다. 빙글은 매우 놀라며 어처구니없어하는 모습이었다. 잔뜩 화가 나서 자신이 톰 자다인을 키우다시피 해 이 자리까지 올려놨는데 똘마니들이 배신했다며 소리를 질렀다. 그리고 자다인은 능력이라고는 눈곱만큼도 없기 때문에 자신이 25년 넘게 일궈온 이 거대 기업을 완벽하게 말아먹을 인간이라고 덧붙였다. 그렇게 분개해서 자다인과 그 추종 세력을 향해 악담을 쏟아내고는 주총 회장을 떠났다. 빙글이 나중에 술에 잔뜩 취해 곧 내줘야 할 자신의 사무실에 들어오는 바람에 큰 소동이 있었다는 이야기를 들었다. 그 와중에 우리는 회의를 통해 신임 이사를 선임했다. 이에 따라 자다인은 사장 자리에 올랐고 나는 연봉 6,000달러를 받는 재무 담당 부사장이 됐다.

12

지금 아는 것을 그때 알았더라면

내 사랑하는 아들 아이작 뉴턴은 1918년 5월에 태어났다. 2년 후에는 첫째 딸이 태어났다. 첫 딸 이름은 마저리 에벌린으로 지었는데 특별한 이유는 없고, 오래 의논한 끝에 이 이름으로 정했다. 공교롭게도 마저리가 태어난 1920년에 〈마지Margie〉라는 노래가 나왔다. 그냥 평범한 노래인데 꽤 오래 인기를 끌었다. 그래서인지 우리는 다들 마저리를 '마지'로 불렀다. 유아 때 얼굴이 꼭 보름달처럼 동그래서 '파이 얼굴pie-face'이라고 불렀다. 별명이 기분 나빠 토라지기라도 하면 들쑥날쑥 불안한 음정으로 "마지, 나는 항상 널 생각한단다."라는 가사를 읊으며 달래보려 하지만, 별 소용이 없었다. 마저리가 태어나고 정확히 5년 반 만에 둘째 딸이 태어났다. 푸른 눈에 금발인 내 사랑스러운 둘째 딸 이름은 일레인 도러시였다. 일레인이라는 이름은 테니슨의 〈국왕 목가Idylls of the King〉에서 영감을 얻어 지었다.

아름다운 일레인, 곱디고운 일레인, 백합 같은 일레인
아스톨라트의 여인…….

도러시는 어머니 이름이었다.

뉴턴은 아기 때부터 우리 가슴을 미어지게 하고는 아홉 살 생일을 조금 앞두고 세상을 떠날 그때까지 나무랄 데 하나 없는 정말 멋진 아이였다. 세월이 흐르다 보니 내 아들의 장점만 부각한 점도 없잖아 있다. 내 기억 속의 아들은 이토록 완벽한 사람이지만, 어린아이가 그렇게 완벽하기는 거의 불가능하니 말이다. 어쨌거나 내 아들은 아주 잘생겼고 매력 덩어리에다가 무척이나 똑똑하고 인정도 많았으며 배려심도 남달랐다.

아이가 세 살 때인가 지금은 사라졌지만 멋들어진 쇼 극장 뉴욕히포드롬New York Hippodrome에 데려간 적이 있었다. 이곳은 거대한 수조를 이용한 공연으로 유명해서 항상 이 공연이 전체 쇼의 하이라이트를 장식하곤 했다. 거대한 수조가 모습을 드러내면 인어 복장을 한 수많은 무희가 우아한 동작으로 수조 속으로 뛰어들었다. 관중은 숨을 죽이고 조용히 지켜보는 것으로 여기에 호응했다. 그런데 갑자기 어디선가 앳되지만 또랑또랑한 목소리로 이렇게 말하는 소리가 들렸다. "엄마, 저 사람들은 왜 욕조에 들어가는 거야? 몸이 더러워져서 씻으려고요?" 당연히 이 목소리의 주인공은 우리 뉴턴이었다.

머주어 할머니가 우리 집에 오면 늘 뉴턴 방에서 잠을 잤다. 다음 날 아침에 아들에게 어젯밤에 잠은 잘 잤는지 어땠는지를 물었다. 그랬더니 아주 기운차게 이렇게 대답했다. "네, 아주 잘 잤어요. 그런데 아빠도 알잖아요? 우리가 코를 너무 심하게 고는 바람에 우리 성이 흔들렸어요." 아들이 골백번은 들었을 동화 《잭과 콩나무》에서 무서운 괴물이 자는 모습을 그린 그 구절을 빗대서 한 말이었다. 꼭 집어서 '할머니가'가 아니라 '우리가' 코를 골았다고 표현하면서 혹시라도 기분 나빠 할까 봐 할머니의 감정까지 세심하게 배려하던 아이였다. 물론 우리는 그 말에 웃음을 터뜨렸다.

마운트 시나이 병원에서 보내던 아이의 여생이 몇 주일밖에 남지 않았을 때 동생이 학교에서 최우수상을 받았다고 알려줬다. 그러자 뉴턴의 얼굴이 환하게 밝아졌다. 그러더니 진지한 목소리로 내게 이렇게 말했다. "아빠는 마지의 진가를 잘 몰라. 마지가 얼마나 똑똑한데?"

둘 다 아주 어렸을 때부터 우리는 전혀 못 알아듣겠는데 자기들끼리는 말을 척척 알아들을 정도로 정말 잘 통했다. 마지는 정상적인 발달 수준이기는 한데 말문이 일찍 트인 편은 아니었다. 그래서인지 발음이 부정확하거나 혼자만 알아듣는 말을 할 때가 많았다. 그래서 아이가 무슨 말을 하는지 모르겠는 때가 많았다. 그러나 뉴턴은 동생과 항상 붙어 다니다시피 했기 때문에 마지가 하는 말을 다 알아들었다. 마지가 무슨 말을 하는데 우리가 못 알아들을 때마다 당시 네 살배기 뉴턴에게 마지가 뭐라고 말하는 것이냐고 물을 때가 종종 있었다. 그러면 뉴턴은 우리가 물어보자마자 바로 알려줬다.

아기 때는 얼굴이 정말 보름달 모양에 평범하기만 했던 마저리는 자랄수록 점점 예뻐지면서 아주 매력적인 여성으로 성장했다. 나는 지금도 우리 마저리가 내가 아는 여성 중에 가장 사랑스럽고 성격도 가장 좋다고 생각한다. 어렸을 때 성격은 뉴턴과는 완전히 달랐다. 뉴턴은 늘 다정다감하고 온순한 아이였는데 마저리는 좀 반항적이고 고집도 셌다. 마지가 세 살 때 우리는 마운트버넌에서 다시 뉴욕으로 이사했다. 그리고 두 아이 교육 때문에 루이자 골이라는 입주 가정교사를 고용했다. 항상 프로일라인

Fräulein: '독일인 여성 가정교사'라는 의미으로 불렸던 루이자는 독일 슈투트가르트 출신인데 독일식 태도와 습관이 강하게 남아있었다. 두 아이와 지내기 시작한 후 얼마 되지도 않아 뉴턴과 마저리를 대하는 태도가 확연히 차이가 났다. 뉴턴은 너무 좋아하는데, 마저리는 말썽쟁이로 보였는지 독일식으로 엄격하게 훈육하려고 했다. 우리 딸 마저리와는 잘 맞지 않는 사람이었으나 그때는 그 사실을 깨닫지 못했다. 한동안 우리는 마저리를 보면서 선머슴이 따로 없다고 생각했고 실제로도 그랬으리라 생각은 한다. 마저리 본인에게는 물론이고 우리에게도 정말 다행인 것은 어렸을 때와 달리 점점 바람직하게 자랐다는 점이다. 모범적인 10대 소녀였고 성적도 뛰어나면서 운동까지 잘하는 학생이었다. 마저리는 열세 살 무렵부터는 우리에게 기쁨과 자부심만 안겨준 정말 보물 같은 존재였다.

마저리는 워낙 똑똑한 데다가 뭐든지 해보려는 욕구까지 강했고 무슨 일이든 일단 시작하면 남보다 잘하려는 의지도 상당했다. 어렸을 때 물구나무서기를 배웠는데 우리가 그만 좀 하라고 말할 때까지 그 동작을 하고 있을 정도로 끈기가 대단했다. 여섯 살 때쯤으로 기억하는데 한번은 머리를 바닥에 댄 채로 조그만 입을 움찔거리며 진지하게 물었다. "아빠, 물구나무서기 세계 기록은 얼마예요?"

대체 저런 동작을 왜 하나 했는데 나중에 이 묘기를 써먹을 데가 있었다. 마저리는 링컨 스쿨 수영부에 들어갔는데 물구나무 자세에서 백다이브back dive: 뒤돌아서서 하는 다이빙 하는 종목에서 늘 1등을 했다. 음악에도 소질이 있었는데 작곡을 포함한 창작에 특히 능했다. 마저리처럼 재능이 뛰어난 링컨 스쿨 여학생 두 명과 함께 〈1,700만 명의 주검Seventeen Million Dead〉이라는 제목의 희곡을 써서 무대에 올리기까지 했다. 대학살극과 다를 바 없는 제1차 세계대전의 참상을 일깨우고 평화를 기원하는 내용이었다. 또 자신의 학급에서 석기시대 원시인 이야기를 다룬 〈알타미라동굴의 형제들The Brothers of Altamira〉이라는 영화를 만들었는데 여기에 들어갈 음악을 마저리가 작곡했다. 젊은 영어 선생님은 다양한 교육자 모임에서 이 영화를 자주 보여줬다. 그런데 마저리는 작곡한 곡을 악보에 옮기지 않았기 때문에 영화를 상영할 때마다 마저리가 직접 나가서 피아노 연주를 해야 했다.

마저리가 〈남북전쟁 광시곡Civil War Rhapsody〉이라는 곡을 만들 때의 장면이 기억난다. 나는 차이코프스키의 〈1812년 서곡1812 Overture〉나폴레옹의 러시아 침공을 배경으로 만든 곡과 〈딕시Dixie〉남북전쟁 당시 남부를 찬양하던 곡 그리고 〈양키 두들Yankee Doodle〉독립전쟁 당시 미국 국민의 애창곡을 적절히 섞어 마무리하면 어떻겠냐고 조언했다. 내 생각에 마저리는 이 작업을 아주 잘 해냈다고 본다. 내가 월터 롤리Walter Raleigh 경의 옥중 저서 《세계사History of the World》에 나오는 유명한 대목을 시로 바꿔봤는데 마저리가 여기에 음악을 붙여주기도 했다. 아래는 내가 운문화韻文化한 대목이다.

강하고 정의로운 자의 장엄한 죽음.
그 누구도 설득하지 못했던 사람들을 설득하는 당신,
아무도 감히 하지 않았던 일을 하는 당신,
세상 사람 전부가 아첨을 떠는 그 사람을 경멸하는 당신.

음악과 물구나무서기를 적절히 조합하는 일이 쉽지 않은데 마저리는 그 일을 해냈다. 마저리는 한동안 집에서 젊은 선생님에게서 피아노를 배웠다. 늘 30분 동안 피아노를 치고 잠깐 쉬는 동안에 물구나무를 섰다가 기분 전환이 됐다 싶으면 다시 피아노 앞에 앉았다.

마저리가 했던 말 중에서 통찰력이 대단하다고 생각하며, 지금도 가끔 떠올리며 감탄해마지않는 말이 있다. 학교 친구 중에 피피 가뱃이라는 아이가 있었다. 실력도 좋고 돈도 많이 버는 내과 의사로 명성이 자자한 사람의 딸이었다. 마저리가 피피의 생일 파티에 초대받았는데 헤이즐과 나도 마저리를 그 집에 데려다주는 김에 파티에 같이 참석하게 됐다. 그 자리에 참석하는 일 자체가 영광이요 대단한 특권이었다. 신동으로 통하던 바이올리니스트 예후디 메뉴인Yehudi Menuhin과 오빠 못지않게 실력 있는 피아니스트인 여동생 얄타 메뉴인Yalta Menuhin 그리고 이탈리아계 음악 신동인 바이올리니스트 루지에로 리치Ruggiero Ricci를 비롯해 내로라하는 음악계 인사들이 초대 손님으로 와있었기 때문이다. 쟁쟁한 유명 인사들이 하나같이 반바지 차림을 하고 파티가 이어지는 내내 근엄하고 엄숙한 자세를 취하고 있었다. 이날 밤에, 그때가 아마 서른 살쯤이라고 생각하는데, 아무튼 러시아 출신 테너 가수 막심 카롤리크Maxim Karolik가 우리 집에 왔다. 막심은 늘 하던 대로 장난기 가득한 행동과 말투로 우스꽝스러운 몸짓을 섞어가며 재미난 이야기를 잔뜩 들려줬다. 다음 날 우리끼리 전날 있었던 일에 대해 이런저런 평을 하던 중에 마저리가 무릎을 탁 치게 하는 말을 던졌다. "예술가란 사람들 참 웃기지 않아요, 아빠? 어렸을 때는 어른처럼 행동하고 어른이 돼서는 어린아이처럼 굴잖아요."

카롤리크는 1923년에 음악 하는 친구를 통해 처음 만났다. 유대계 러시아 출신 테너 가수였는데 외모가 에이브러햄 링컨과도 많이 닮았다. 우리가 처음 만났을 때 카롤리크는 굶어 죽기 일보 직전으로 보였다. 그때 우리는 리버사이드 드라이브 160번지 1층에 살고 있었는데 저녁 식사 때면 창문을 두드리는 소리가 들리곤 했다. 한두 번이 아니라 우리 귀에는 아주 익숙한 소리였다. "막심이로군." 다들 이렇게 말하면서 카롤리크를 집 안으로 들여 저녁을 함께 먹곤 했다.

이로부터 몇 년 지나지 않아서 카롤리크는 로드아일랜드주 뉴포트에 있는 누군가의 집에서 노래를 부르게 됐다. 전문 가수이기는 한데 그냥 평범한 수준이었다. 그런데 카롤리크가 고대 로마 귀족 혈통이자 대부호인 자매 두 명의 마음을 온통 사로잡았던 모양이다. 둘 다 독신인 코드먼 자매는 카롤리크보다 무려 서른 살 이상 연상이었다. 그런데 그야말로 전광석화처럼 카롤리크가 자매 중 한 명과 결혼해버렸다. 두 사람 중 누구와 어떻게 해서 결혼하게 됐는지 자세한 내막은 모른다. 카롤리크는 남자 신데렐라가 돼서 뉴포트와 워싱턴, 보스턴 사교계로 입성했다. 전에는 근처에 가기도 어려웠던 유명 인사와 이웃에 살면서 온갖 부와 호사를 누리는 그야말로 인생 역전의 신화를 쓴 셈이었다. 신분이 고속 상승한 덕분에 카네기홀에서 두 차례나 공연할 수 있었다. 당연히 우리도 공연을 보러 갔다. 공연에 대한 평가는 뭔가 석연치 않은 호평이었다. 그 이후로 카롤리크는 뉴욕에 자주 오지 못했다. 어쩌다 뉴욕에 올 때면 우리 집에 들러 함께 식사를 했다. 예전에는 '배가 고파서'라고 하더니, 이제는 '우리 집 음식이 맛있어서'라고 이유를 달았지만 말이다. 그래도 예전과 다름없이 뉴포트 지역 사교계에서 상류층 인사들과 어울린 이야기를 재미나게 풀어놓았다. 아마도 그쪽 사교계가 볼 때 카롤리크는 늘 권태로웠던 일상에서 자신들을 구해주려고 신이 던져준 선물 같은 존재였으리라. 한번은 아주 신이 나서 이 신대륙에서 또 미친 짓을 하나 시작했다고 말했다. 뉴포트 저택에서 비둘기를 기를 생각이라고 했다. 예전에 살던 베사라비아Bessarabia: 몰도바와 우크라이나에 걸친 지역에 있는 작은 고향 마을에서 했던 일을 뉴포트 저택으로 옮겨와서 하겠다는 말이었다. 카롤리크의 아내는 그동안 수집한 미국제 가구 대부분을 보스턴 박물관에 기증했다. 그런데 사람들의 예상과는 달리 유서 깊은 가문의 성姓 '코드먼' 대신에 카롤리크 부부 이름으로 기증했다. 박물관 측에서는 두 사람 이름이 새겨진 전용 전시실을 마련해 이 귀한 소장품을 전시했다.

평생 살면서 사람들의 부와 운명이 크게 변한 사례를 수도 없이 목격했는데 그중에서도 막심 카롤리크처럼 괴이한 사례는 없었다. 카롤리크가 이런 변화에 대해 구체적으로 어떤 대가를 치렀는지는 잘 모르겠지만, 과연 그럴 만한 가치가 있는 변화였을까? 잘은 모르겠지만, 아무래도 "그렇다."라는 쪽으로 기운다.

둘째 딸 일레인 그레이엄 벨은 커서 박사가 됐고, 나중에 시릴 소퍼와 결혼했다. 일레인은 1925년에 하늘이 보내는 영광과 축복 속에서 태어났다. 역시 푸른 눈에 금발이고 얼굴도 예뻤는데 성격까지 좋았다. 모두의 사랑을 듬뿍 받았는데 오빠와 언니도 동생을 너무 귀여워했다. 오빠와 언니는 일레인보다 나이가 각각 일곱 살과 다섯 살이 많았기 때문에 심리학자들이 경고하는 형제자매 간 질투 따위는 우리 아이들에게 해당 사항이 없었다. 독일인 가정교사 루이자 골의 애정은 순식간에 뉴턴에서 일레인으로 옮겨갔다. 예전에도 마저리에 대해서는 조그만 잘못이나 실수도 그냥 넘어가지 않았는데 더 사랑스러운 일레인이 등장하자 그 강도가 더 심해졌다. 헤이즐마저 세 아이 중에서 일레인이 제일 낫다best는 말을 자주 했다. 이 말을 듣자마자 루이자는 일레인을 '베스티besty'라고 불렀다. 동생만 너무 예뻐하고 제일 낫다는 둥 하면서 '베스티'라는 별명까지 달아주면 다른 아이들이 샘을 낼 만도 한데 뉴턴이나 마저리나 그런 별명에 전혀 불만이 없었고 두 아이도 일레인을 '베스티'라고 불렀다.

나는 일레인의 첫 생일을 맞아 시를 한 편 지었고 조촐하게 마련한 생일 파티에서 뉴턴이 이 시를 낭송했다. (뉴턴은 일레인의 두 번째 생일을 보지 못하고 세상을 떠났다.) 앳되지만 또랑또랑한 목소리로 시를 낭송하던 뉴턴의 목소리가 지금도 귓가에 들리는 듯하다.

> 이 작은 여행자를 기쁘게 맞이한다네.
>
> 긴 인생 여정을 시작하는 출발점에서
>
> 날마다 오늘처럼 행복하기를.
>
> 선함과 건강과 사랑이 늘 함께하기를.
>
> 예쁜 모습으로 우리에게 왔는데 앞으로도 계속 더 예뻐지기를.
>
> 날이 갈수록, 달이 갈수록 점점 더,
>
> 사랑의 손길이 우리 베스티를 보듬어주고
>
> 보호의 눈길로 모든 악을 물리쳐주기를.

그런데 베스티는 가끔 엉뚱한 행동을 아무렇지도 않게 할 만큼 개성이 참 강했다. 때로는 자신과 다른 모든 사람과의 사이에 굳건한 장벽을 치기도 하면서 혼자 생각하고 혼자 행동했다. 이런 성향을 아버지인 나한테 물려받았나 싶기도 하고, 베스티만의 개성까지 더해 걷잡을 수 없는 지경까지 갈까 봐 걱정이 좀 됐다. 독립심이 매우 강하다는 점은 아주 어렸을 때부터 분명히 드러났다. 어린아이가 경찰서 신세까지 질 정도였으니 더 말해 무엇하겠는가! 여섯 살 때였는데 베스티는 센트럴파크에서 새들이 가장 먼저 지저귀기 시작한다고 생각했는지 이곳에 가서 새소리를 듣겠다며 아침 일찍 일어나기로 마음먹었다. 진짜로 아침 일찍 일어나서 혼자 옷을 챙겨 입고는 그때 세 살밖에 안 된 막냇동생 (두 번째) 뉴턴을 데리고 일요일 아침 6시에 아파트를 나섰다. 우리는 이런 사실을 까맣게 모르고 있었다. 그런데 센트럴파크가 그리 안전한 장소도 아니고, 게다가 그렇게 이른 시간에 공원을 배회하는 어린아이 두 명을 발견한 경찰 덕분에 이 사실을 알게 됐다. 엉뚱한 모험을 하고 온 이 귀여운 말썽꾼을 혼내줬던가? 기억이 안 난다.

두 번째 '모험'은 더 이상하고 정도도 심했다. 열두 살 때 일레인은 링컨 스쿨을 같이 다닌 친구와 함께 어디로든 무작정 떠나보기로 작정했다고 한다. 두 소녀는 버스를 타고 무려 240㎞나 떨어진 랭커스터까지 갔다. 랭커스터는 펜실베이니아주 아미시파Amish派 사람들의 집단 거주지가 있는 곳이었다. 왜 이곳으로 갔느냐고 했더니 그냥 '진짜 시골 풍경'을 보고 싶어서였을 뿐이라고 했다. 랭커스터 외곽 지역을 터덜터덜 걷다가 농가가 보이기에 가서 우유를 좀 달라고 부탁했다. 안주인의 아들은 경찰관이었는데, 때마침 아들이 지나가다가 이 광경을 목격했다. 그래서 그 아들이 두 소녀를 랭커스터 카운티 유치장으로 데려갔다. 일단 떠돌이 아이들로 보고 그다음 조치를 취할 생각이었던 모양이다. 뉴욕에서 밤늦도록 가슴을 졸이고 있던 양쪽 집 부모들은 실종된 딸들을 찾았다는 전화를 받았다. 다음 날 아침에 아이들은 뉴욕행 버스를 탔다. 터미널에서 아이들을 만났는데 다시 집에 돌아와서 너무 행복하다는 표정이었다. 그러나 어떤 일을 겪었는지는 입을 열지 않았다. 나중에 알고 보니 그 유치장에서 밤새도록 술에 만취한 여자 그리고 매춘부와 함께 있었다고 했다. 아이고, 순진한 우리 베스티!

마저리와 일레인 둘 다 링컨 스쿨에 다니게 됐다는 사실 자체가 크나큰 행운이었다. 링컨 스쿨은 록펠러 재단이 자금을 지원하고 컬럼비아 사범대학이 운영하는 아주 훌륭한 학교였다. 이 학교는 초등 및 중등학교 교육에 관한 참신한 아이디어를 다양하게 실험해보는 데 그 목적이 있었다. 전국에서 최고 수준의 교사를 영입했고 컬럼비아대학 교수진 자녀에게 입학 특혜를 주기는 하지만, 학생도 매우 엄격하게 선발했다. 링컨 스쿨의 개

방적이고 자유로우며 도전 정신을 일깨우는 분위기는 우리 아이들이 올바로 성장하는 데 큰 도움이 됐다. 일레인이 너무 이른 나이에 입학한다고 했을 때 언니만큼 잘하지 못할까 봐 걱정이 많았다. 언니 마저리는 수석 졸업을 앞두고 있어 졸업식 때 고별사를 읽을 예정이었다. 그러나 걱정과는 달리 일레인은 언니에 결코 뒤지지 않았다. 실제로 일레인을 가르친 선생님들은, 머리는 오히려 일레인이 더 명석하다고 했다. 다만, 언니와는 달리 끈기가 좀 부족하다는 말을 덧붙였다. 아버지인 나를 닮아서인지 일레인도 교과서는 그렇게 열심히 들여다보지 않았고 학교 숙제는 언니가 들이는 시간의 절반만에 뚝딱 해치웠다.

일레인은 어렸을 때 몇 가지 일로 우리의 어깨를 으쓱하게 했다. 아홉 살도 안 됐을 때 시청과 카네기홀 무대에 올랐다. 그때 우리 아이들은 새로운 방식으로 음악을 가르치는 딜러-퀘일 음악 학교에 다녔다. 이 학교 학생들은 매년 시청에서 공연했다. 전부 일곱 살인 1학년 학생들은 대개 드럼과 트라이앵글, 심벌즈 같은 작은 타악기를 다뤘다. 그런데 예비 시험을 거친 후 일레인이 이 악단의 지휘자로 뽑혔다. 우리 가족의 작은 보물 일레인이 곡의 미묘한 부분까지 놓치지 않는 섬세한 손놀림으로 본인과 단원 전부를 적절히 통제하며 〈캠벨이 온다The Campbells Are Coming〉를 완벽하게 들려줬다. 아이가 지휘하는 모습을 지켜보면서 목구멍으로 뭔가가 울컥 치미는 느낌이었다. 나만 이렇게 감동스러운가 싶어서 다른 사람들의 반응을 슬쩍 살펴봤다. 1년인가 2년 후에 일레인은 루이손 자매가 후원하는 네이버후드 플레이하우스 무용 학교에서 발레를 배웠다. 이 학교는 독무를 담당할 전문 무용수 알렉시스 코슬로프Alexis Kosloff까지 고용해 〈라 부티크 판타스크La Boutique Fantasque〉를 공연한다는 야심찬 계획을 세웠다. 코슬로프가 춤출 때 양옆에 귀여운 푸들이 같이 등장하는 장면이 있었다. 작은 푸들은 코슬로프 옆에서 구르기와 재주넘기를 했고 그 외 다른 묘기도 선보였다. 그 푸들이 누구였을까? 그중 하나가 바로 우리 일레인이었다. 일레인과 코슬로프가 자신들의 역할을 무사히 끝내자 카네기홀을 가득 메운 관중은 우레와 같은 박수갈채를 보냈다.

마운트버넌에서 다시 뉴욕으로 돌아왔을 때 처음에는 88번가 리버사이드 드라이브 160번지에서 살았다. 위용을 자랑하는 시나시Schinasi의 저택 바로 옆이고 두 블록 떨어진 곳에는 육해군용사 기념비Soldiers and Sailors Monument가 있었다. 그때는 우리 아파트도 크고 호화롭다고 생각했다. 경제적으로 성공했다는 사실을 드러내는 듯해서 '리버사이드 드라이브'라는 주소를 볼 때마다 어깨에 힘이 들어갔다. 뉴저지주 대서양 연안에 있는 딘Dean 마을에 여름 거주지를 마련한 것도 솔직히 내 성공을 과시하고 싶은 마음이 반영돼있었다. 이곳은 좀 고립돼있으나 고급스러운 느낌이 들어서 마음에 들었다. 이곳에서의 첫 여름은 1925년에 해서웨이 여관에서 보냈다. 1926년에는 카지노 인근에 있는 멋진 집을 임대했다. 물론 우리는 이 카지노에 회원 가입을 했다.

뉴욕에서는 '시티 애슬레틱 클럽City Athletic Club: CAC'에 가입했다. 그때는 이 클럽의 첫 번째 규칙이 '클럽 구내 카드놀이 절대 금지'였다. 창립 회원들이 나이가 들고 운동을 별로 안 하게 되면서 이 규칙은 시나브로 사라졌다. 수년 후에 클럽에 갔을 때 여기저기서 카드놀이 삼매경에 빠진 모습을 보고 깜짝 놀랐다. CAC에서는 두 가지 종목을 배웠다. 스쿼시와 골프였다. 내 스쿼시 강사는 젊은 남성이었는데 당시 세계 챔피언인 프로 선수였다. 열성적인 CAC 회원들은 하나같이 지금까지 본 그 어떤 운동선수보다 뛰어나다며 이 강사가 단연 최고라고 단언했다. 이 강사는 게임당 5달러 내기를 하면서 강습생인 상대방에게 19점을 주고 시작하는 식의 핸

디캡을 안고 시합을 해도 22점을 순식간에 따면서 이기는 발군의 실력을 발휘했다. 상대방은 2점만 따면 되는데 그걸 못했다. 그러면서 아주 여유롭게 살고 있었다. 그러나 이렇게 젊고 건강해 보였던 사람이 신경쇠약에 걸려 그만 자살로 생을 마감하고 말았다. 그 내막을 잘 알지는 못하지만, 한 가지 이유 정도는 예측해볼 수 있었다. 내가 아는 한 이 사람은 자신에게도 그리고 이 세상에도 별로 관심이 없어 보였다. 속내를 들여다볼 수 없는 마당에 다른 사람이 무슨 생각을 하는지 우리가 어찌 알겠는가.

골프와 관련해서는 부끄러운 성과밖에 안 났다. 다들 그렇듯이 나는 분명히 방향을 잘 잡았다고 생각했는데 슬라이스slice: 손잡이 방향으로 공이 크게 휘어지며 날아감와 훅hook: 손잡이 반대 방향으로 공이 휘어지며 날아감이 나서 늪에 빠지기 일쑤였고 전반적으로 골프는 영 젬병이었다. 골프를 배운 지 얼마 되지도 않아서 선수가 무조건 자기 본위로만 생각하는 스포츠라는 생각이 든 나머지 골프에 대해 안 좋은 편견이 생겼다. 다들 자기가 잘났다는 식이었다. 누구 샷이 좋았느니 누구 샷은 완전 엉망이라느니, 자기 자랑을 신나게 하다가 남을 시원하게 헐뜯기도 하고, 누구는 홀까지 몇 타를 쳤다느니, 내기 돈이 얼마라느니 이 모든 이야기 자체에 혐오감이 들었다. 규칙대로 점잖게 경기하는 테니스에 익숙한 나 같은 사람 눈에는 정말 한심해 보이는 스포츠였다. 이런 불만을 품고 골프장에서 그래도 7년이나 버티다가 결국 골프는 영원히 포기하고 원래 했던 테니스로 돌아갔다. 60대까지 신나게 즐기던 테니스도 건강과 체력상의 이유로 그만뒀다. 전만큼 체력이 따라주지 않아서였다.

이외에 스키도 즐겼다. 스키는 1924년 겨울에 레이크 마호팩에 있는 딘하우스Dean House: 원래는 2층짜리 소박한 목조 주택을 일컫는 말에서 묵을 때 처음 시작했다. 눈이 많이 온 해였고 스키를 즐기고 싶은 손님에게는 스키 장비를 빌려줬다. 그때는 바인딩binding: 조이는 기구이라고 해봐야 아주 초기식이라서 발가락을 거는 작은 끈 하나가 전부였다. 이곳에는 숙소에서 호수까지 이어지는 작은 슬로프가 있었다. 나는 아주 자연스럽게 스키를 타게 됐고 우리 아들 뉴턴도 그랬다. 그때 우리는 예전 회사 N. H. & L.이 크리스마스 선물로 줬던 아마추어용 동영상 카메라를 가지고 있었다. 영사기와 영사막까지 갖춰져있었다. 사실 이 회사는 이전 해에 내게 대가를 지급할 의무는 없는 상황에서 내 도움으로 일감을 많이 받았는데 아마도 그에 대한 약간의 보상이 아니었을까 생각한다. 우리 가족 기록물 보관소에는 아직도 이 카메라로 처음 촬영한 동영상 필름이 보관돼있다. 이 필름에는 우리 가족이 처음으로 스키를 같이 타며 즐거운 한때를 보내던 장면이 고스란히 담겨 있다.

헤이즐이 권해서 벨 & 하월Bell & Howell 영화 촬영용 카메라를 장만했는데, 이 카메라는 헤이즐의 인생에 생각 이상으로 큰 영향을 줬다. 나중에 전문 사진작가로 활동하게 됐으니 말이다. 헤이즐은 꽤 오랫동안 거대 조직인 하다사Hadassah: 유대인 여성 자선단체의 공식 사진사였고, 장기간 하다사 전국 위원회 위원까지 역임했다. 이스라엘의 풍경과 일상을 담은 영상은 안목 있는 사람들의 찬사를 받으며 여러 곳에서 상영됐다.

근 40년 동안 스키를 타면서 스키라는 스포츠가 극소수 애호가만 즐기던 수준에서 수많은 슬로프를 갖춘 대규모 시설까지 운영될 정도의 대중 스포츠로 자리 잡는 과정을 모두 지켜봤다. 그러나 1924년 당시에는 견인용 밧줄이 무엇인지도 모르는 사람이 태반이었다. 우리가 처음 버몬트 주 스토로 갔을 때는 맨스필드산에 리프트도 견인 밧줄도 없었다. 그래서 네 시간에 걸쳐 미끄럼 방지용 장비를 스키 밑에 붙이고 낑낑대며 산으로 올라간 다음에 슬로프를 타고 내려오는 데 단 20분밖에 안 걸렸다. 크리스티아나Christiana: 노르웨이 옛 지명에서 따온 말로 스키를 평행하게 해 고속 회전하는 기술을 통칭함니 텔레마크 턴Telemark turn: 역시 노르웨이 지명에서 따왔으며 스키를 앞뒤로 벌리는 회전 기법으로 한쪽 무릎을 꺾어 굽히는 것이 특징이니 하는 말을 들어보기는 했지만, 스키를 신고 태어난다는 말이 있을 정도로 스키와 친숙한 스칸디나비아반도 사람들에게나 해당하는 기술이지 우리 같은 사람들은 꿈도 못 꾼다. 우리는 그저 발가락에 힘을 줘서 서거나 회전하는 수준이었다. 수년 후에는 나도 크리스티아나 기술을 꽤 구사할 수 있게 됐다. 그 기술을 한번 보여 달라고 모여드는 사람들에게 멋진 회전 동작을 선보일 때의 그 짜릿함을 영원히 잊지 못한다.

스키 휴가를 즐기던 그때가 내 인생에서 가장 행복하고 생기 넘쳤던 시절에 속한다. 크리스마스 휴가 때면 야간열차를 타고 레이크 플래시드에 자주 갔다. 사람들은 호텔 근처에 있는 스티븐스힐Stevens Hill을 주로 이용했다. 이곳은 견인 밧줄이 하나밖에 없고 난이도가 낮은 슬로프였다. 처음에 스티븐스힐에는 초보자들로 붐볐다. 스키를 처음 타는 사람들은 아무래도 슬로프 아래쪽만 봐도 무서워서 정신이 아득해진다. 실제로 내 앞에서 순서를 기다리다가 기절하는 사람이 한둘이 아니었다. 그래서 다리가 풀려 주저앉거나 아주 정신을 놓은 사람이 기어서 나가거나 다른 사람의 도움을 받아 끌려 나갈 때까지 견인 밧줄이 작동을 멈췄다가 다시 작동하기를 반복해야 했다. 그런데 단 5일 만에 상황이 크게 달라진 모습에 깜짝 놀랐다. 겁에 질려 쩔쩔매던 초보자들이 이젠 준전문가 수준이 됐다. 견인 밧줄도 멈추는 일 없이 순조롭게 작동했고 기절하는 사람도 더는 없어 보였다. 아무리 해도 스티븐스힐은 무리다 싶은 사람들이 이보다 훨씬 쉬운 슬로프로 몰려가서 그랬을 가능성도 물론 있다. 그렇다 해도 단기간에 놀라운 발전을 보이는 모습이 경이롭기는 했다.

그 후 레이크 플래시드에서 다시 크리스마스 휴가를 보낼 때는 우리 가족과 친하게 지내는 찰스 굿맨 가족과 함께 즐겼다. 당시 대학생이던 찰스의 장남 로버트는 정말 멋진 청년이었다. 아래쪽 침대에 모여 앉아 밤새도록 이야기꽃을 피웠던 기억이 새록새록 난다. 철학 이야기도 나누고 시도 읽으면서 즐거운 한때를 보냈다. 이로부터 30년이 지나 이 글을 쓰고 있는 지금 로버트 굿맨 부부는 미시시피강 유역 어딘가에 있는 것으로 알고 있다. 로버트 부부의 사랑하는 아들 앤디Andy: 앤드루가 어딘가에 살아있다는 소식을 애타게 기다리면서 말이다. 물론 허망한 기대인 줄은 다들 안다. 그래서 더 가슴이 아프다. 20일 전에 불에 탄 자동차 하나만 남긴 채 사라진 흑인 인권 운동가 세 명 중 한 명이 앤디였다. 사랑하는 아들을 잃고 상심한 로버트한테 너무 마음이 쓰였다. 오래전에 이상주의를 꿈꾸던 진지했던 청년 로버트와 밤새도록 이야기를 나눴던 기억이 생생해서 가슴이 더 미어지는 듯하다. 이 아름다운 청년은 분명히 아들에게도 그 이상과 꿈을 전했을 터였다. 그러나 이제는 아들의 숭고한 죽음을 현실로 받아들여야 할 텐데 그 일이 가능할까 싶어 마음이 무겁다. 내 아들 벤저민 주니어(버즈)도 지금(1964년 7월 현재) 인도주의적 사명을 띠고 미시시피에 가있기 때문에 로버트의 아픔이 더 남의 일 같지가 않다. 그곳에서는 양심과 정의에 따라 목숨을 걸고라도 반드시 성취해야 하는 사명을 품은 수백 명이 활동 중이다.

이 슬픈 이야기는 이 정도로 하고 다시 레이크 플래시드에서의 한때로 돌아가본다. 당시 이곳에서 나와 헤이즐의 근본적 갈등이 노골적으로 드러난 사건이 있었다. 새해를 호텔에서 맞이하기로 했기 때문에 혹시 몰라서 정장을 준비해 가기로 했다. 그런데 무슨 이유에선지 헤이즐은 그런 행사에 참석하지 않겠다고 했다. 머리 모양이 영 마음이 들지 않아서 그랬나 싶기도 하다. 그러고는 나도 참석하지 말라고 했다. 굿맨 가족도 다 정장을 준비해 간다고 하는데 나도 정장을 입고 참석하고 싶다고 했다. 그리고 결국 나는 정장을 챙겨 갔다. 호텔에서는 정말로 새해맞이 축하 파티가 열렸다. 굿맨 부부가 정장을 갈아입으러 가기에 나도 옷을 갈아입으러 객실로 왔다. 그런데 헤이즐은 내게 정장을 입지 말라고 애원하다시피 했다. 나만 정장을 입고 자신은 안 입으면 이상해 보이지 않겠느냐면서 막무가내로 우겨댔다. 그러나 나는 단호했다. 이 모두가 헤이즐의 변덕 때문에 벌어진 일이라고 맞받아쳤다. 정장을 챙겨오지 않을 이유가 대체 뭐냐고도 했다. 헤이즐이 하는 말은 다 들어줘야 한다는 사실이 진절머리가 났다. 귀찮음을 무릅쓰고 챙겨온 정장을 굳이 입지 말라고 우기는 말까지 들어주면 바보도 그런 바보가 없지 싶었다.

둘 다 물러설 기미가 안 보이니 점점 언성만 높아졌다. 급기야 헤이즐이 침대 위에 펼쳐놓은 내 드레스 셔츠를 집어 들고는 창문 밖으로 냅다 던졌고 셔츠는 쌓인 눈 위로 떨어졌다. 그래도 나는 침착하게 서랍장에서 다른 셔츠를 꺼내 장식 단추를 달 준비를 했다. 그런데 이번에는 내 손에 들린 셔츠를 빼앗아 또 창밖으로 던져버렸다. 이제 더 가져온 셔츠도 없으니 져주는 수밖에 도리가 없었다. 어쩔 수 없이 겸연쩍은 얼굴로 평상복을 입고 파티장으로 내려갔다. 헤이즐은 눈 범벅이 된 셔츠를 찾아왔고 친구들에게 자초지종을 설명하느라 진땀을 뺐다. 객실로 돌아와 보니 장난꾸러기(로버트 굿맨이었음) 침입자가 귀여운 장난을 쳐놓고 나간 모양이었다. 납작한 마네킹이 입고 있는 듯이 바닥에 펼쳐놓은 정장이 눈에 들어왔다. 이 사건은 이렇게 우스운 해프닝으로 마무리됐다. 심리학자나 조르주 심농Georges Simenon: 벨기에 작가로 특히 추리소설로 두각을 나타냈고 가상 탐정 '메그레'를 탄생시켜 많은 사랑을 받음 같은 사람이라면 아마도 이 사건 하나로도 우리 부부가 어떤 상태인지에 관해 많은 단서를 얻었을 것이다. 내 생각에 헤이즐이나 나나 자신의 장점으로 단점을 억지로 눌러 덮는 데 능한 사람들이었다. 실제로 우리는 가장 중요한 아이들 문제에서부터 연극, 오페라, 연주회, 휴가 여행, 스포츠, 자선 활동 등 공통 관심사가 많았다. 결혼 전에 시각장애인을 돕는 활동에 관심을 갖게 된 것도 헤이즐 때문이었다. 헤이즐은 '시각장애인본부 다이커하이츠 지부Dyker Heights Home for the Blind'에서 아이들에게 무용을 가르쳤고 나중에는 새로 설립된 유대인시각장애인협회 뉴욕 지부에서도 아이들을 가르쳤다. 명칭은 조금 바뀌었으나 내가 이 글을 쓰던 해에 이 협회가 창립 50주년을 맞았다. 애초에 헤이즐이 이 분야에 관심을 둔 덕분에 나도 시각장애인 아동 한 명의 후원자 역할을 시작했다. 여기서 더 나아가 나중에는 협회 이사와 예산위원회 회장이 됐으며 최종적으로 협회 회장까지 맡게 됐다. 내가 협회를 책임지면서 연간 예산이 3만 달러 수준에서 130만 달러로 크게 증가했다. 이는 미국 국내총생산 증가율에 맞먹는 수준이었다.

다른 부부보다 우리가 더 행복하고 성공적인 결혼 생활을 하리라 기대할 만한 이유는 차고도 넘쳤다. 그런데 우리는 왜 실패했을까? 신체적 교감이 부족했던 점도 한 가지 이유는 된다고 생각한다. 그러나 결혼 당시에는 둘 다 너무 젊고 경험도 없어서 그 부분을 인식하지 못했다. 물론 파경의 중요한 이유는 따로 있었지만 말이다. 헤이즐의 성격적 결함에 눈을 감아버렸던 점이 패착이었다. 결국은 우유부단한 내 성격적 결함이 문제이기도 했다. 아내는 열정이 넘치고 현실적인 적응력과 실행력에서 발군의 능력을 보이는 사람이었다. 분명히 이는 큰 장점이었다. 그러나 다른 사람에 비해 이런 장점에서 나타날 수 있는 부작용이 너무 심했다. 자신이 다른 사람보다 모든 일을 훨씬 더 잘 처리할 수 있다는 확신이 강했다. 그러다 보니 무슨 일을 하든 자신이 다 좌지우지하려 했다. 결국은 남편을 포함해 주변 사람을 쥐고 흔드는 행동이 습관처럼 굳어졌다. 그러나 나는 이런 취급까지 참아낼 수 있는 사람이 아니었다. 갈등 상황에서 웬만하면 좋게 해결하고 싶고 다툼 자체를 싫어하는 성격이기는 하지만, 또 한편으로는 독립심이 강하고 유형을 불문하고 억압이나 강제 행위는 극도로 혐오하는 성격이기도 했다.

내가 지금 아는 사실을 스물세 살 때 알았더라면 우리 결혼 생활은 지금과는 많이 달랐을 터였다. 처음부터 헤이즐이 내게 강요하는 어떤 일이든 단호하게 거절했을 테고, 모든 문제에서 헤이즐의 의견과 내 의견을 동등하게 조율해야 한다고 주장했을 것이다. 늘 자기 뜻대로만 살 수 없음을 일깨워주는 의미에서라도 헤이즐과 내가 서로 의견이 다를 때 나의 뜻을 적극적으로 피력하여 결국 관철했음이 틀림없다. 또 헤이즐이 자신이 옳고 내가 틀렸다고 우기는 데 사용하는 수많은 책략과 기술을 좀 더 자세하게 분석해 일일이 반박했으리라 생각한다. 그리고 이런 상황에 대비한 아주 효과적인 방책도 준비했을 터였다. 그런데 나는 갈등 상황이 빚어질 때마다 그런 사소한 문제에 일일이 대응할 가치가 있느냐는 식으로 반응했다. 그런 쓸데없는 일에 신경 쓰느니 경제적 성공을 이루는 데 더 매진하는 쪽이 백번 낫다는 주의였다. 사실 어머니를 비롯해 나를 아는 많은 이들이 나를 꿈만 좇는 몽상가로만 봤는데 실제로 금융계에서 큰 성공을 거둔 부분에 대해 상당히 놀라는 눈치였다. 내가 경제적 성공을 통한 풍요로운 삶과 사회적 지위 향상에 더 큰 가치를 뒀던 것이 사실이었다.

우리 결혼 생활은 실패할 운명이었다. 아니, 이미 실패의 씨앗을 안고 시작한 결혼이었다고 봐야 한다. 우리 둘에게 근본적인 문제가 있다는 점을 헤이즐이나 내가 의식하기 시작했을 때는 이미 늦었다. 1926년 여름에는 딜Deal에 있는 별장에서 편안히 휴가를 즐기고 있었다. 수요일이면 호화로운 딜컨트리클럽Deal Country Club에서 맥도널드 지점장이자 같이 거래도 해봤던 버트 파커와 골프를 즐겼다. 어느 모로 보나 당시 내 삶은 안락하고 호화롭고 재미있고 또 풍요로웠다. 어느 주말에 빅터 형이 우리를 찾아왔다. 그리고 모든 일이 이렇게 잘 풀리니 얼마나 좋으냐고 했다. 형의 말에 수긍하면서도 한마디 덧붙였다. "모든 일이 너무 잘되고 있지. 그런데 또 누가 알아? 불행의 씨앗이 우리 사이에 복병처럼 숨어있을지?" 말이 씨가 된다고 했던가! 나는 결혼해서 아이 셋을 둔 남자였다. 철학자 베이컨이 이런 말을 했다. "내 미래를 운에 맡겨 버렸군." 그리고 '운명의 인질'이 된 나는 생각보다 훨씬 더 위태로운 상황에 놓여있었다.

이듬해 3월 초에 플로리다에서 휴가를 마치고 돌아왔는데 뉴턴이 귓병을 앓고 있었다. 그래서 마운트 시나이 병원의 유명한 이비인후과 전문의 프리즈너 박사를 찾았다. 프리즈너 박사는 유양돌기염이라 진단하고 수술을 받아야 한다고 했다. 수술을 받았는데 다시 척수막염에 걸렸고 결국 뉴턴은 1927년 4월 20일에 세상을 떠났다. 돌아오는 5월 12일이면 아홉 살이 되는데 결국 아홉 살도 못 넘기고 우리 곁을 떠났다.

뉴턴이 앓았던 병과 죽음에 관한 수많은 사건 하나하나가 어제 일인 듯 머릿속에 생생히 남아있지만, 그 이야기를 자세히 늘어놓을 용기가 없다. 자식이 이런 일을 당했다면, 아마도 너무 가슴 아픈 일이라 차라리 모르는 편이 낫다는 부모가 꽤 많으리라 생각한다. 그 점에서 오히려 구구절절 슬프기만 한 이야기를 하지 않아서 고맙다는 독자도 있지 않을까! 그래도 내가 그 이야기를 굳이 쓴다면, 사랑하는 아들 이카로스가 자신이 만들어준 날개를 달고 비상하다 너무 높이 올라가 떨어져 죽었을 때 그 비통한 심정을 바위에 새기려 했던 다이달로스의 애처로운 이야기와 비슷하지 않을까 싶다. 내게는 베르길리우스의 시구가 공감이 간다. 세월이 흐른 후에 올더스 헉슬리의 《연애대위법》에서 아이의 죽음을 묘사한 대목을 읽으며 뉴턴을 잃었을 때의 비통한 심정이 떠올라 눈물이 흘렀다. 우리 같은 고통을 겪는 부모가 참 많구나! 그러나 페니실린이 나와서 수막염과 디프테리아는 물론이고, 수많은 아이들의 목숨을 앗아가고 부모의 가슴에 큰 상처를 남기는 기타 여러 질병에서 해방될 수 있다니 이 얼마나 다행스러운 일인지 모르겠다.

뉴턴은 웨스트체스터힐스 공동묘지에 안장됐다. 자유 유대교회당Free Synagogue 회원 자격으로 가족묘를 매입한 지 얼마 되지도 않았는데 이렇게 빨리 묘지를 사용하게 될 줄은 정말 꿈에도 몰랐다. 작은 대석臺石에는 이런 비문을 새겼다. '가장 다정했고 가장 용감했으며 가장 사랑받았던 아이.' 뉴턴은 정말 그런 아이였다. 아니 그보다 훨씬 좋은 아이였다. 그때 어머니는 외가 친척들을 만나러 유럽에 가계셨다. 어머니가 유럽으로 떠날 때 온 가족이 어머니를 배웅하며 행복해하는 모습을 촬영했는데 그 필름에는 아직 살아있던 뉴턴의 마지막 모습이 담겨있다. 뉴턴이 아프다는 소식은 어머니에게 되도록 전하지 않으려고 했다. 그런데 아무래도 이상하다는 생각이 들었던 어머니는 무슨 일인지 솔직하게 말해달라고 했다. 이 가슴 아픈 소식을 전해야 하는 일은 결국 내가 맡았다. 비통한 마음을 최대한 숨기고 어머니가 받을 충격을 조금이나마 줄여주는 데 도움이 될 만한 표현이 없을까 궁리하면서 뉴턴의 소식을 전했다. 어머니는 위로의 말을 가득 담은 편지를 보내왔다. 저 멀리 대서양 건너편에 있는 어머니의 상심과 눈물이 눈에 보이는 듯했다.

가족을 잃은 고통과 슬픔이 우리 부부를 하나로 묶어주는 느낌이었다. 그러나 이런 일시적 연대감은 결국 둘 사이가 얼마나 멀어졌는지를 실감하는 계기가 됐을 뿐이었다. 장례식을 마친 직후 중국 음식점에서 함께 점심을 먹었다. 이제부터 새로운 마음으로 서로 더 노력해보자고 했다. 헤이즐은 그동안 말하지 않았던 자신의 생활이라든가 내게 대한 불만을 털어놔야겠다고 생각한 모양이었다. 나는 너무 냉정하고 무심한 남편이었고 일에만 몰두하느라 아내에게는 거의 시간을 할애하지 않았다. 헤이즐은 다정한 배려와 이해가 필요했고 우리 가족 주치의와 친하게 지내며 그 부분을 해소했다고 했다. 그러면서 그 사람과는 친구일 뿐 그 이상은 아니라고 했다. 여기에 관해서는 더 묻지 않았고 아내의 말에 수긍하면서 앞으로 더 좋은 남편이 되겠다고 약속했다. 헤이즐도 예전처럼 나를 지배하려는 행동은 자제하겠다고 약속했다.

우리 둘 다 아이를 갖고 싶어 했다. 우리 곁을 떠난 뉴턴이 다시 우리 품으로 돌아왔다고 생각하며 살고 싶었다. 얼마 후 헤이즐이 정말 임신을 했고 이제 우리 사이에 아무런 문제가 없으리라 생각했다. 그러나 현실은 그렇지 못했다. 우리를 묶어준 큰 슬픔과 열심히 해보려는 노력만으로 해결될 문제가 아니었다. 부부 사이를 가른 갈등의 골이 생각보다 너무 깊었다. 그 굳은 약속은 온데간데없어지고 어느새 다시 예전으로 돌아갔다. 임신했는데도 그해 가을에 헤이즐은 친한 친구 폴린과 함께 러시아로 여행을 갈 생각이라고 말했다. 나는 일이 바빠서 같이 갈 수 없었다.

그래서 두 달을 꼬박 혼자 지내게 됐다. 그리고 서른세 살 나이에 난생 처음으로 외도를 했다. 결혼 10년 만에 배우자에 대한 신의를 저버린 셈이었다. 이 이야기를 여기서 굳이 털어놓는 이유는, 자신의 연애담을 쓴 자서전《나의 생애와 사랑My Life and Loves》으로 유명한 소설가 프랭크 해리스Frank Harris처럼 여성 편력을 자랑삼아 떠벌리려는 의도도 아니고 또 루소처럼《참회록》을 통해 솔직함을 과시하려는 생각도 물론 아니다. 그러나 3,000쪽이나 되는 회고록《무덤 저편의 추억Mémoires d'Outre Tombe》을 쓰면서 본인의 유명한 연애담은 쏙 빼놓은 샤토브리앙처럼 비겁한 사람은 더 더욱 되고 싶지 않았다. '편집자 주'가 달리지 않았다면, 순진한 독자는 이 대단한 회고록을 읽으면서 결혼 생활을 50년 넘게 한 샤토브리앙이 아내와 보낸 시간이 왜 그렇게 짧았는지 의아해하지 않을까! 나는 이 부분에서 좀 더 솔직해야 한다고 생각한다. 적어도 인간의 본성을 조명하려는 의도가 있었다면 말이다.

내 성생활은 전반적으로 거꾸로 흘러왔다고 생각한다. 빅토리아시대 소설에서는 혈기 왕성한 젊은이가 술과 도박을 하고 사창가를 들락거리면서 방탕한 성생활을 하고 다니는 일을 당연하게 여겼다. 그러다 결혼 후에는 세상 점잖은 척하며 도덕군자로 변신한다. 적어도 표면적으로는 그렇다. 그러나 나는 젊었을 때 사창가 근처에도 간 적이 없다. 술도 안 마셨고 도박도 안 했으며 담배도 안 배웠고 욕설이나 비속어를 쓴 적도 없었다. 광고 전단 속에서 관능적이고 풍만한 몸매를 드러낸 무희가 아무리 유혹의 눈길을 보내더라고 스트립쇼 같은 음란한 쇼 한 번을 보러 간 적이 없다. 사춘기 시절 친구들은 사창가 이야기를 자주 했지만, 나는 그런 곳에 간다는 생각 자체를 하지 않았다. 무슨 이유에선지, 아니 그 이유를 굳이 헤아려보지도 않았지만 나는 또래 젊은이와 다르다고 생각했다. 능력이나 인품 양면에서 다른 사람을 능가한다는 확신에 차있었다. (건방이 하늘을 찔렀다!) 물론 나도 다른 사람처럼 성적 본능과 욕구가 있다는 점을 알고 있었지만, 그런 성욕을 억제하고 참는 것이 내 본분이라고 생각했다. 그러나 이런 노력이 완벽한 성공을 거뒀다고는 할 수 없다. 일례로 나는 자위행위의 유혹에서 벗어나려고 오랫동안 고군분투했다. 그리고 피에르 루이스Pierre Louÿs의 《아프로디테Aphrodite》라든가 페트로니우스Petronius의 《황금 엉덩이The Golden Ass》처럼 다소 외설적인 책은 결국 밀쳐내지 못했다. 그러나 노골적인 성애 장면을 그린 책은 거의 읽지 않았고 어쩌다 읽으면 항상 죄의식에 시달렸다. 성적인 부분과 관련한 이런 죄의식에서 벗어나는 데 수십 년이 걸린 셈이었다.

몇 해 전에 10대인 딸이 집에 있을 때 우연히 딸아이 방에 들어갔는데 대표적인 음란 소설로 알려진 《패니 힐》이 램프 옆에 놓여있었다. 이 책에 관해 내가 아는 정보는 보즈웰Boswell이 《일기Diary》에서 각주에 언급한 내용이 전부였다. 보즈웰은 저자 존 클리랜드John Cleland와 시간을 보낸 적이 있다고 했다. 각주에서 비교적 객관적인 자세로 클리랜드는 '지금까지 발행된 책 가운데 가장 외설스러운 책'으로 알려진 《패니 힐》의 저자라는 짤막한 평을 적어놓았다. 이때는 내가 비록 50대 후반인 나이였지만, 그래도 내 집에서 이런 책이 나온다는 사실 자체가 충격이었다. 아무 곳이나 대충 넘기며 몇 장을 읽다가 내 딸이 이런 쓰레기 같은 책을 본다는 사실에 소름이 끼쳐서 책을 냅다 팽개쳐버렸다. 15년 후 이탈리아 알라시오에서 지금 이 글을 쓰면서 그레이브스Robert Graves의 《하얀 여신The White Goddess》이나 카프카의 《밀레나에게 보내는 편지》(종종 신경쇠약에 걸릴 듯하다!), 《릴케의 전시 편지Wartime Letters of Rainer Maria Rilke》(앞 책보다는 좀 낫다!), 심농이 쓴 책 두 권, 헨리 밀러의 《북회귀선》 같은 책 그리고 《패니 힐》까지 읽으면서 기분 전환을 하고 있다. 격세지감이랄까! 《패니 힐》은 호불호가 완전히 갈릴 만큼 외설스러운 내용으로 가득했다. 성애 소설을 좋아하는 사람이라면 엄청나게 좋아하겠지만, 음란물을 혐오하는 사람은 끔찍해하지 않을까 생각한다. 그러나 내가 보기에 이 책은 적어도 18세기 당시 사회가 허용하는 수준을 넘지 않는 선에서 열정과 욕망의 환희를 섬세하고 풍부한 언어로 묘사하고 있었다. 《북회귀선》은 이와는 좀 다른 맥락이라고 하겠다. 칼 셔피로Karl Shapiro는 밀러가 이 시대의 천재이자 참 예언자라고 극찬했다. 밀러는 충격적인 반항을 불러일으키는 내용을 많이 담아냈지만, 내 눈에는 공공건물 안 남자 화장실에 휘갈겨놓은 낙서 나부랭이와 별다를 바 없어 보였다. 내가 앞으로도 한참을 더 산다면 그때 가서는 밀러가 내뱉는 저 상스러운 네 글자 단어'fuck' 같은 비속어나 외설스러운 단어의 진가를 인정하고 그 천재적인 어휘 구사력에 찬사를 보낼지도 모르겠다. 그러나 나는 그 단계까지는 별로 가고 싶지 않다. 그래도 지금은《패니 힐》정도는 양심의 가책을 느끼지 않으면서 즐길 수 있는 수준은 됐다. 나로서는 이 정도로도 장족의 발전인 셈이다.

스물세 살에 결혼했는데 그 전의 나는 '여자와 잠자리'를 한다는 것 자체가 래피얼 홀린쉐드Raphael Holinshed:《연대기Chronicles》를 쓴 영국 사학자가 '아일랜드에 사는 뱀아일랜드에는 뱀이 없다고 알려져있음' 운운하는 것만큼이나 생경한 일이었다. 신랑과 신부의 혼전 순결을 중시하는 의견이 아직도 만만치 않다. 이론적으로는 지금 나도 그때와는 생각이 다르지만, 내 행동은 여전하다. 성생활은 외부적 규범이나 암묵적 강요가 아니라 각자 성격과 성향에 따라 적절히 영위해야 한다고 생각한다. 그러나 내가 젊었을 때 이런 생각을 했다고 해서 성과 관련한 내 행동까지 달라졌을까? 별로 그랬을 것 같지는 않다. 내 타고난 성향이나 기질상 어차피 금욕주의자로 시작했으리라 생각한다. 금욕주의자에서 점점 쾌락주의자로 바뀌었을 가능성은 있지만, 처음부터 쾌락주의자로 시작해 금욕주의자로 변하는 순서는 아니었으리라 생각한다.

이제 내 평생 처음으로 했던 외도 이야기를 해야 할 듯하다. 일단 상대 여성 이름은 '제니'라고 하겠다. 제니는 내 또래인데 결코 예쁜 여성은 아니었고 심하게 말하면 독설가 수준으로 하고 싶은 말 다 하는 스타일이었다. 우리 가족과는 15년 동안 친하게 지낸 사이였다. 비혼이었고 남자에 별로 관심도 없어 보였다. 꽤 오랫동안 우리 둘은 우정의 키스를 나누는 정도였는데 그해 여름 내내 친구의 선을 넘는 수준의 키스를 했고 그러다 결국 연인 사이로 발전했다. 헤이즐이 러시아 여행 중이던 어느 날 저녁에 연주회를 보고 나서 제니를 집에 바래다줬다. 어느 모로 보나 연애를 시작하기 딱 좋은 상황이었고 그렇게 우리 관계는 시작됐다. 모름지기 외도를 하려면 '끌림'과 '기회'라는 요소가 충족돼야 하는데 이 두 가지 중에서도 기회 요소의 비중이 훨씬 높다. 끌림이 5분의 1이면 기회는 5분 4에 해당하는 비중이다. 서로 아무리 끌려도 기회가 안 생기면 외도 따위는 이뤄지지 않는다는 생각이다. 우리가 나눈 대화를 소개하려고 하는데 그 이유는 연애 혹은 외도에 관한 두 사람의 태도가 이 두 줄에 잘 반영돼있다고 생각하기 때문이다.

나(진지하게): 앞으로 우리가 만나게 되면 그 때문에 당신이 지금보다 더 행복해질까? 공연히 슬프게만 하는 건 아닐까?

제니(주저하지 않고): 그걸 알아내는 확실한 방법이 있지. 한번 해보는 거야.

상대가 이렇게 나올 때 남자가 어떻게 할지는 뻔하다. 나는 이상적인 연인과는 거리가 멀었다. 낭만적 관계라는 관점에서 보면 나는 전혀 연인이라고 할 수도 없었다. 내심으로 제니는 육체적 매력이 느껴지는 아주 좋은 친구로서 늘 함께 있고 싶은 사람이라는 생각을 항상 하고 있었다. 소유욕과 질투밖에 남지 않은 내 불행한 결혼 경험 때문에 낭만적 사랑에 푹 빠지는 일 자체에 늘 조심스럽기만 했다. 적어도 내 성향에 맞는, 그리고 대다수 사람이 생각하는 이상적인 관계는 순수한 우정과 섹스가 결합된 상태라고 봤다. 이런 조합이라야 연애에 따른 어떤 불이익도 없이 사랑이 주는 이득을 온전히 누릴 수 있지 않을까! 이처럼 다분히 현실적인 애정

공식에 열광하는 사람은 극소수에 불과하다. 그래도 워낙 현실적인 성향이 강한 사람이어서인지 다른 대다수 여성과는 달리 제니는 이 공식에 호응해줬다. 그러나 제니마저도 이런 계산적인 연애 방식에 진짜로 만족했으리라고 보지는 않는다.

우리 두 사람의 연애 관계를 위태롭게 하는 장애물이 한둘이 아니었지만, 그중에서도 가장 심각한 문제는 내가 너무 바쁘다는 사실이었다. 그래서 우리는 아주 가끔 그것도 아주 잠깐 만나는 수준이었다. 그래도 7년 가까운 시간 동안 이런 식으로나마 제니에게 충실했다고 생각한다. 우리가 사귀는 동안 제니는 전적으로 내 위주로 행동했고 내 흠을 잡는다거나 내가 줄 수 있는 것 이상을 요구하거나 한 적이 없었다. 그러나 1933년인지 1934년인지 정확하지는 않은데 아무튼 제니가 이런 관계가 전혀 만족스럽지 않고 이젠 진저리가 난다며 그만 헤어지고 싶다고 말했다. 그러면서 멕시코로 장기간 여행을 떠날 생각이라고 했다. 우리는 결국 연인 관계를 청산했지만, 좋은 친구로 남았다. 실제로 워드 라인 증기선 선실에서 마지막으로 제니와 함께 보냈던 시간은 지금도 좋은 추억으로 남아있다. (오래전에 설립된 이 증기선 회사를 훗날 우리 회사가 맡게 될 줄은 이때는 정말 몰랐다.) 제니는 지금도 내 좋은 친구다. 낭만적 감정을 이어가는 데 다소 문제가 있었더라도 우리는 서로에게 도움이 되는 관계였다.

외간 여성과 바람피운 이야기를 실컷 늘어놓다가 천연덕스럽게 아이의 탄생을 기뻐하는 이야기로 넘어가다니 너무 경솔하다고 생각할지도 모르겠다. 그러나 인간의 본성이 원래 그렇다. 아주 짧은 시간 간격을 두고 서로 상충하는 일을 천연덕스레 해치우고 서로 모순되는 감정을 순차로 경험한다. 인간의 마음에 천사가 들어왔나 했더니 순식간에 악마가 들어온다고 말한 사람이 괴테 아니던가! 착한 마음이 나쁜 마음으로 바뀌는 시간은 찰나에 불과하다. 물론 그 반대 상황도 마찬가지다.

1928년 4월 10일에 두 번째 뉴턴(장남 이름을 따랐음)이 태어났다. 10일만 있으면 첫 번째 뉴턴을 잃은 지 1년이 되는 시점이었다. 뉴턴의 탄생은 헤이즐과 내게 큰 기쁨을 안겼다. 자식을 잃은 우리를 특별히 배려해 신이 내려주신 선물처럼 느껴졌다. 이날 아침 일찍 닥터스 병원 대기실에서 아이가 태어나길 초조하게 기다렸던 기억이 생생하다. 드디어 그 순간이 찾아왔다. 그러자 누군가가 내게 어서 축복의 시를 쓰라고 종용하는 느낌이었다. 그래서 머릿속에 떠오르는 대로 적으며 몇 분 만에 시를 완성했다.

부활

아이가 돌아왔다
어둡고 텅 빈 까만 밤
별도 빛나지 않는 그곳에서
아이가 다시 돌아왔다
우리를 기쁘게 하는 아이
아이는 완전히 사라진 게 아니었다
아이가 돌아왔다
아이가 돌아왔다
그때 무덤이 내 아이를 빼앗았지만
그렇게 정적이 흐르는 무덤 속으로 데려갔지만
아이는 돌아왔다
매년 새로운 해가 시작되듯이

꺾이지 않는 강한 의지로
아이가 돌아왔다
작년 봄에 매몰차게 떠날 때처럼
이번에는 '따분한 죽음'을 걷어차고
아이가 돌아왔다
사랑이 보내준 새로운 보물
우리 가슴 속에 환희의 노래가 흐른다
아이가 돌아왔다!

이번에 태어난 뉴턴은 갈색 눈동자의 커다란 눈과 까만 곱슬머리를 한 정말 잘생긴 아이였다. 우리 뉴턴만큼 주변으로부터 그토록 세심한 배려와 관심 그리고 사랑을 듬뿍 받은 아이도 없을 것이다. 그러나 오랫동안 우리 가족 주치의를 맡아왔던 메이 윌슨May Wilson: 훗날 소아 류머티즘 심장병 치료에 일생을 헌신함 선생님은 매우 걱정스러운 소식을 전했다. 흉선에 문제가 있어서 앞으로 심각한 상태가 될 수 있다고 했다. 불안감 속에 우리는 아이를 질병에서 지켜내고자 할 수 있는 모든 노력을 기울이기로 했다. 리버사이드 드라이브에 있는 아파트에서는 이미 이사를 했다. 이곳의 차가운 겨울바람 때문에 뉴턴이 귓병에 걸렸을지도 모른다는 생각이 들었기 때문이다.

뉴턴이 태어나고 몇 년 지났을 때의 이야기를 하자니 벌써 마음이 너무 무겁다. 우리 가족과 함께하는 뉴턴은 전혀 행복해 보이지 않았고 오히려 불안해하고 우울해하는 모습이었다. 가족과 잘 지내지 못하고 늘 겉도는 느낌이었다. 중증 신경과민 증세를 보이는 데다 조현병 조짐도 있어 보였다. 아이에게 장남 이름인 '뉴턴'을 물려주고 처음부터 마치 살아 돌아온 장남 대하듯 했던 우리 행동이 문제가 아니었을까 생각하며 자책하기도 했다. 그래서 혹시 자신의 정체성에 혼란이 온 것은 아니었을까? 흠 하나 없이 완벽했던 죽은 형과 매번 비교당하는 상황에 화가 났을까? 병약한 아이라 모두의 관심이 자신에게 쏠리다 보니 더 나약한 성격이 된 것은 아닐까? 온갖 생각이 머릿속을 어지럽혔지만, 아무 근거도 없는 추측일 뿐 다 소용없다는 사실을 모르는 바 아니었다. 그저 그렇게 태어난 뉴턴의 불행이자 우리 가족의 불행이라고 생각했다.

가슴을 짓누르는 슬픔에서 조금이라도 벗어나고 싶었고 동시에 지적 작업에 대한 욕구 충족을 위해서라도 가외의 일이 더 필요했다. 정확한 이유는 모르겠으나 예전부터 증권분석에 관한 책을 쓰고 싶었다. 기존의 책은 시대에 뒤떨어진 느낌이었고 대체로 현실과는 동떨어진 내용이 많았다. 보통주의 중요성이 부각되고 있음에도 이런 시류를 담지 못했고 기업의 회계 처리에 숨은 함정과 기이한 관행에도 거의 관심을 두지 않은 결과였다. 그래서 증권분석에 관한 교과서를 쓰기 전에 일단 대학에서 강의부터 해보면 좋겠다는 판단이 들었다. 그래서 컬럼비아대학 평생교육학부Extension Division of Columbia 제임스 에그버트 학장에게 연락을 했다. 다행히 내 생각에 긍정적인 반응을 보였고 1927년 가을 학기에 '증권분석' 강의를 개설하기로 했다. 그런데 이 강의에 보인 사람들의 반응에 모두가 깜짝 놀랐다. 강의실은 150명이 넘는 수강생으로 가득 찼다. 돌이켜 생각해보면 놀랄 일도 아니었다. 1927년이면 1920년대 초강세장이 최고조에 달했던 시기 아니던가! 그러니 사람들은 당연히 증권 정보와 조언 그리고 무엇보다 아무 곳에서나 얻지 못하는 내부 정보에 목말라있었다. 게다가 실제로 월가에서 활동하는 실무자가 개설한 강좌는 이곳밖에 없었다. 수많은 사람이 몰려든 상태에서 수강 신청이 마감됐다. 워낙 인기가 많은 강의라서 수강 신청을 못 한 사람이 멋대로 강의실로 들이닥칠까 봐 문 앞에 사람을 세워둬야 할 정도였다. 학생들에게 강의 중에 언급한 종목은 오로지 예시용 일 뿐이고 매수 추천 종목이 절대 아니니 오해하지 말라고 그렇게 주의를 줬는데도 우려했던 일이 벌어졌다. 물론 꼭 내가 언급해서가 아니라 전체적인 시장 상승세에 편승한 상승 폭일 가능성이 크기는 하지만, 강의 중에 저평가 종목으로 언급했던 증권 중 일부가 가격이 급등하는 현상이 나타났다.

1928년 가을 학기에는 전년도보다 훨씬 많은 사람이 수강 신청을 했다. 고수익 유망주에 대한 귀한 정보를 얻을 수 있다는 기대를 품고 재수강을 허용해달라는 요구가 빗발쳤다.

이 일을 시작으로 대학 강의를 40년 동안 계속하게 됐다. 그동안 컬럼비아와 UCLA(캘리포니아대학 로스앤젤레스 캠퍼스)에서 여러 직함으로 교수직을 수행했고, 다른 여러 대학에서도 강의 활동을 이어갔다. 1927년 가을 학기 강의 때 수강생 가운데 한 명이 당시 컬럼비아 경영대학원 조교였던 데이비드 도드David L. Dodd였다. 이후 도드는 내 강의의 조교가 됐고 '월가의 성서'로 인정받는《증권분석》의 공저자이자 주요 투자 거래의 든든한 동료가 됐다. 이후에도 믿음이 가는 내 성실한 친구로 인연을 이어갔다. 첫해 강의를 준비할 때부터 아직 책을 쓰기에는 많이 부족하다고 생각했다. 그래서 결국《증권분석》이 나오기까지 7년이 걸렸다. 하지만 더 일찍 이 책을 출간했으면 어쩔 뻔했나 하는 생각이 든다. 드디어 책이 나온 1934년까지 실수와 실패를 포함해 다양한 경험을 통해 비싼 대가를 치르며 얻은 지식과 정보를 이 책에 다 담을 수 있었기 때문이다. 시간이 걸린 만큼 더 알차고 귀한 정보를 담았다고 자부한다.

1928년 여름에 유럽 여행을 떠나기로 했다. 세기가 바뀌는 시점이자 내가 일곱 살 때 영국에 갔던 이후 처음으로 가는 유럽 방문이었다. 헤이즐은 뉴턴을 돌봐야 해서 같이 떠나지 못했다. (그때 우리는 펜실베이니아주 '리딩 Reading' 근처 언덕에 자리한 대형 호텔 단지인 갤런홀에서 독채를 빌려 여름을 나고 있었다.) 유럽에 있는 어머니를 만나서 같이 영국과 프랑스, 독일, 스위스, 오스트리아로 여행할 계획을 세웠다. 이번 여행의 주된 목적은 우리 같은 바그너 애호가들의 성지 바이로이트에서 열리는 음악 축제에 참가해 바그너 음악을 마음껏 듣고 또 모차르트의 고향 잘츠부르크에서 열리는 여름 축제에도 참가할 요량이었다.

바이로이트에서는 1750년에 건립된 골든 앵커에 묵기로 했다. 그곳에서 가장 좋은 호텔이었는데도 건립 연도에 비해 훨씬 더 오래된 느낌이었다. 그러다 보니 현대적 편의 시설이 전혀 갖춰져있지 않았다. 그러나 호텔에 도착한 첫날 밤에 언덕을 올라 축제 장소인 페스트슈필하우스Festspielhaus까지 걸어가는 동안 처음 느꼈던 불만이 싹 사라지는 기분이었다. 사람들이 다들 약속이나 한 듯이 그곳으로 모여들었다. 사람들은 각자 자기 자리에 선 채 호기심 가득한 눈빛으로 서로 바라보았다. 화려한 야회복에 보석과 머리 장식으로 잔뜩 멋을 낸 여자들, 정장을 빼입고 온 남자들, 인도식 터번을 두르고 제복을 갖춰 입은 사람들이 축제의 화려함을 더욱 만끽하게 해줬다.

오페라는 〈뉘른베르크의 명가수Der Meistersinger〉, 〈니벨룽겐의 반지Der Ring des Nibelungen〉, 〈트리스탄과 이졸데Tristan und Isolde〉에서 네 편 등 총 여섯 편으로 구성됐다. 공연을 보면서 형언할 수 없는 희열과 전율을 느꼈다. 공연하는 사람 전부가 나무랄 데 없이 잘해줬기 때문임은 말할 것도 없다. 그러나 고고한 전통과 아름다운 음악이 어우러진 비현실적인 황홀경이 빚어내는 분위기에 압도당하는 느낌이 더 좋았다.

바그너 일가 사람들은 누가 가르쳐주지 않아도 바로 알아볼 수 있었다.

지크프리트 바그너가 세 개 공연을 지휘했다. 그렇다. 바그너가 장남의 탄생 축하곡으로 만든 〈지크프리트 목가Siegfried idyll〉에 나오는 그 지크프리트 맞다. 금발 머리인 지크프리트의 아내 위니프레드는 맨 뒤쪽에 마련된 독립된 객석에 여왕처럼 고고하게 앉아있었다. 위니프레드는 훗날 히틀러와 자신을 동일시할 정도로 열렬한 지지자가 된다.

공연 후에는 다들 반프리트Wahnfried로 향했다. 당시 아흔 살이었고 임종을 눈앞에 뒀다고들 하는(실제로는 이후로도 몇 년 더 살았음) 리하르트 바그너의 미망인 코지마를 비롯해 바그너 가족이 사는 별장이었다. 관광객은 위층으로 올라가서 코지마 방의 문틈으로 안을 들여다볼 수 있었다. 그러나 어머니와 나는 점잖지 못하게 남의 방을 굳이 그렇게까지 해서 들여다볼 필요가 있나 싶었다. 그래서 그냥 아래층에만 있었다. 대신에 아이들 방을 둘러봤다. 그중 하나가 남자아이들, 그러니까 볼프강과 빌란트가 쓰는 방이었는데 두 아이가 이곳에 뒤러의 동판화(물론 복제품이었음)를 전시해놓고는 입장료를 조금씩 받고 있었다. 기껏해야 열 살이나 됐을까 말까 한 금발 소년들이 깜찍하게도 꽤 놀라운 장사 수완을 발휘하고 있었다. 두 아이를 다시 만났을 때는 30여 년이 훌쩍 흐른 뒤였다. 그때는 풍채 좋은 40대 아저씨가 돼있었다. 바이로이트 축제 총책임자가 돼서 할아버지인 바그너의 영령 앞에서 그리고 수많은 사람 앞에서 오랫동안 고수했던 축제 절차에 과감한 변화를 꾀한 이유를 차분하게 설명하던 모습이 기억에 남는다. 처음 반프리트에 방문했을 때는 이 아이들의 여동생은 보지 못했다. 아직 너무 어려서 그랬지 않았나 생각한다. 그러나 나중에 히틀러와 히틀러를 추종하는 어머니에게 반기를 들고 미국으로 건너왔을 때 만나봤다.

바그너 애호가라면 당연히 그 집 전면에 이 위대한 작곡가가 써놓은 글귀에 온통 마음을 빼앗기기 마련이다. 나도 당연히 그랬다.

헛된 망상이 사라지고 평화가 찾아오는 곳

이 집을 '반프리트(망상 속 평화)'라고 하자

이 글귀가 너무 마음에 와닿았던 나는 미국으로 돌아왔을 때 내가 아는 독일인 치과 의사에게 치과 치료용 의자에 '잔프리트Zahnfried: Zahn+fried=치아+평화'라고 써 붙이면 어떻겠냐고 했다. 그리고 잔프리트에 어울리는 다음과 같은 시구까지 만들어줬다.

치통이 사라지고 내 치아가 평화를 찾은 곳

이곳을 '잔프리트'라고 하자

그런데 어떤 이유에서인지는 모르겠는데 내 제안을 거절했다. 바이로이트에서 열린 바그너 공연은 여러 면에서 다른 어떤 곳에서의 공연과 달랐다. 공연 중 휴식 때 시간을 잘 맞춰 식사하는 일도 꽤 중요했다. 축제 참가자는 이곳에 도착 후 가장 먼저 공연장인 페스트슈필하우스 근처 레스토랑에 식사 예약을 해야 했다. 그러자면 수석 웨이터에게 팁을 두둑이 챙겨줘야 한다. 우리도 오페라가 시작하기 전에 혹은 전날 밤에 두 사람분 식사를 주문해놓아야 했다. 그때 오페라 〈신들의 황혼Götterämmerung〉은 오후 4시에 시작했는데 일정이 좀 이상하다 싶었다. 어쨌거나 다들 정장을 빼입고 오후 3시 45분쯤에 페스트슈필하우스 쪽으로 걸어갔다. 제1막 공연은 정확히 두 시간이 걸렸고 이후 한 시간 동안 주어지는 비교적 '짧은 휴식Kleine Pause' 시간 동안 양껏 식사들을 했다. 한 시간 후인 오후 7시에 곧바로 제2막 공연이 시작됐다. 2막은 한 시간 반 만에 끝났고 그래서 '좀 긴 휴식Grosse Pause' 시간이 이어졌다. 여기서는 먹고 마시는 장면도 또 다른 볼거리였다. 약 한 시간 반 동안의 휴식이 끝나고 오후 10시에 제3막 공연이 시작돼 두 시간 만에 끝이 났다. 이제 다들 뿔뿔이 흩어질 시간이었다. 지치고 피곤하긴 했으나 행복한 마음으로 야식을 먹으러 갔다. 장장 여덟 시간에 걸쳐 훌륭한 음악과 맛있는 음식을 즐긴 잊을 수 없는 경험이었다.

바이로이트를 떠나 잘츠부르크로 갔다. 잘츠부르크에서는 무엇보다 좋은 욕실에서 느긋하게 목욕을 즐기고 싶었다. 다행히 우리는 최근에 신축한 유로파 호텔 특실을 예약해뒀다. 기차 여행으로 기진맥진한 상태로 호텔에 도착하자 한 무리의 사람들이 로비에서 서성대고 있었다. 우리는 사람들 사이를 헤치고 프런트로 가서 '나 미리 예약하고 온 사람이야!'라는 듯이 약간 거드름을 피우며 그레이엄으로 예약한 방을 부탁한다고 말했다. 한참 후에 프런트 직원이 오더니 미안하다면서 예약이 안 돼있고 게다가 지금 남은 방도 없다고 했다. 나는 다소 거만한 태도로 이렇게 말했다. "다시 한번 확인해보시지요. 오늘 밤 예약이 확인됐다는 내용의 호텔 측 서명까지 들어간 전보가 여기 있단 말이요." 그러나 그 직원은 미안하다는 말만 되풀이했다. 누군가 있을 수 없는 실수를 한 모양인데 남은 방이 없으니 자신도 어찌해볼 도리가 없다고 했다. 말은 그렇게 해도 아마 다른 손님이 큰돈을 뇌물로 주고 우리 방을 차지했음이 틀림없었다. 화도 나고 어찌해야 할지 난감하기도 해서 일단 잘츠부르크 관광 사무국에 이 사실을 알렸다. 그러나 담당자들은 어깨를 으쓱하며 나 몰라라 할 뿐 아무런 구제책도 제시하지 않았다. 게다가 미국에서 관광객이 너무 많이 몰려와서 지금 이곳에서는 어딜 가도 방을 구하기는 힘들 것이라고 말했다. 그러더니 결국 '가스트하우스스트라세Gasthausstrasse: 여관 거리'라는 명칭만으로도 지저분한 뒷골목 분위기가 물씬 풍기는 곳에서 겨우 방 하나를 찾아줬다. 이런 방 하나짜리 숙소에서 우리가 어떻게 지냈을까? 여주인이 방 한가운데에 빨랫줄을 치더니 줄에 시트를 걸었다. 아쉬운 대로 방이 두 개로 나뉘기는 했다. 그리고 욕조 대신 큰 빨래 대야에 따뜻한 물을 넣어줬다. 이렇게 급조된 욕실을 보니 1910년 여름에 바면 씨 농장에서 뜨거운 물을 받아다 목욕하던 기억이 떠올랐다. 유로파 호텔 특실에서 호화로운 욕조에 몸을 담그려던 야무진 꿈이 이렇게 바뀌고 말았다.

그래도 잘츠부르크 여행이 내게는 좋은 기억으로 남았다. 대성당 광장에서 열리는 〈예더만Jedermann〉‘후고 폰 호프만슈탈Hugo von Hofmannsthal’의 연극으로 ‘모든 사람’이라는 의미이며 잘츠부르크 음악 축제의 하이라이트을 관람했다는 사실만으로도 너무 행복했다. 저 유명한 알렉산더 모이시Alexander Moissi가 주인공을 맡았고 연출가 라인하르트의 아내 헬렌 티미그Helen Thimig가 ‘믿음faith’ 역할을 그리고 여동생이 또 다른 역할을 맡아 열연했다. 대본집을 미리 사 갔기 때문에 연극 내용을 제대로 이해하면서 즐길 수 있었다. 여름이라 낮이 길어서 늦은 오후였는데도 읽는 데 무리가 없었다. 한마디도 놓치지 않고 다 이해했으며 ‘믿음’ 역을 맡은 헬렌 티미그의 훌륭한 연설에 큰 감명을 받았다. 물론 모이시도 두말할 필요 없이 훌륭했다. 모이시는 괴테의 〈타우리스의 이피게네이아〉에서 오레스트 역을 맡아 헬렌 티미그와 이곳 잘츠부르크에서 다시 합을 맞췄었다. 이로부터 15년 전에 괴테의 〈타우리스의 이피게네이아〉와 에우리피데스의 〈이피게네이아〉를 비교 분석한 글을 쓴 적이 있었다. 그래서인지 이 고전극이 남의 작품 같지 않은 느낌이었고 당대 최고 배우 두 명을 눈앞에서 지켜본 일 자체가 값으로 따질 수 없는 귀한 경험이었다. 이외에도 뉴욕에 있는 옛 어빙플레이스 극장에서 독일어로 바꿔 공연한 입센의 〈유령〉에서 모이시를 또 한 번 볼 기회가 있었다.

뮌헨에도 며칠 있었는데 인상적인 공공건물이 참 많다는 점이 놀라웠다.

뮌헨 최고의 미술관으로 알려진 알테 피나코테크Alte Pinacothek에 루벤스 그림이 그렇게 많이 전시돼있어서 부럽기도 하고 놀랍기도 했으며 또 비길 데 없이 훌륭한 '독일 기술 박물관'도 정말 멋졌다. 야외 놀이공원 아우스델룽스파크Ausstellungspark에 가서 공연도 두 개나 관람했다. 첫 번째는 〈남편이 둘인 여자The Woman with Two Husbands〉라는 제목의 마리오네트(인형극) 공연이었다. 주인공은 낮에 바쁜 일반 사무원과 밤에 일하는 노상강도 이렇게 두 남자와 결혼했다. 전체 장면 중 침대에서 벌어지는 일이 대부분이었고 인형 조종사는 능숙한 손놀림으로 아주 야한 동작을 만들어내고 있었다. 요즘도 아니고 1928년이었는데 아무나 드나드는 공원에서 저렇게 노골적인 성애 장면을 공연하는 일을 허용한다는 사실이 너무 놀라웠다.

공연 관람을 마치고 야외 레스토랑으로 갔다. 어머니는 늘 가벼운 식사를 하는 편이라 이번에도 반숙란 두 개를 주문했다. 그런데 웨이터는 스크램블드에그나 수란, 달걀부침은 주문할 수 있는데 반숙란은 차림표에 없어서 주문이 안 된다고 했다. 어머니는 믿기 어렵다는 듯이 이렇게 말했다. "아니, 달걀부침은 된다면서요, 그런데 삶는 건 왜 안 돼요?" 그래도 웨이터는 정말 안 된다면서 미안하다는 말만 계속했다. 지금 생각해보면 아마 반숙으로 삶기가 어려워서 그랬지 않았나 싶다. 예전에 들은 이야기인데 예쁘게 생긴 한 식당 여종업원이 여행 중이던 영업 사원에게 무엇을 주문하겠느냐고 물었다고 한다. 그래서 그 사람은 이렇게 말했다. "햄하고 달걀이요. 그리고 마지막으로 친절한 말 한마디?" 잠시 후 여종업원은 아무 말도 하지 않고 주문한 음식 접시를 내려놓았다. 그러자 그 손님이 이렇게 물었다? "아니 '친절한 말'도 시켰는데? 그건 어디 있어요?" 그러자 여종업원이 정말 친절한 말을 해줬다. "그 달걀 먹지 마세요."

다음은 어머니 조카딸을 만나러 취리히로 갈 예정이었다. 기차를 타면

산악 지대를 넘어 취리히까지 장장 여덟 시간이나 가야 하는 지루한 여정이었다. 어머니는 뮌헨과 취리히를 잇는 첫 항공 노선이 생겼는데 비행기를 타면 두 시간밖에 안 걸린다는 말을 이미 들었다고 했다. 비행기를 타고 가자는 말이었다. 그러면 나는 비행기를 타고 싶었을까? 어머니나 나나 애틀랜틱시티에서 곡예 비행사가 관광객들에게 맛보기로 잠깐 태워줄 때 딱 3분간 타본 적 외에는 비행기를 탄 적이 없었다. 그러나 어머니가 무서워하지 않는데 내가 무서워서 못 타겠다고 할 수는 없었다. 비행기를 타겠다고 줄을 선 승객은 극소수였다. 그 극소수 중에 우리도 끼어있었다. 비행기 앞에 줄 선 사람들 양옆으로는 구경꾼이 늘어서서 마치 사형장에 끌려가는 사람 보듯이 호기심 가득한 시선으로 우리를 바라보고 있었다. 그러나 다행히 걱정했던 일은 일어나지 않았다. 우리는 비행기를 타고 보덴 호수 상공을 날고 있었다. 보덴 호수는 대형 체펠린zeppelin 비행선이 처음으로 제작돼 시험비행을 했던 프리드리히스하펜 공항에서 멀지 않은 곳이었다. 저 발아래 호수 위를 떠다니는 증기선이 물 위를 기어 다니는 딱정벌레처럼 조그맣게 보였다. 상공에서 내려다보며 독일에서 스위스로 넘어가다 보니 두 지역 경치에서 나타난 차이점 하나가 뚜렷하게 보였다. 독일 들판은 나무가 구석에 늘어서있는데 스위스는 들판 한복판에 나무 한 그루가 덜렁 서있었다. 땡볕에서 일하는 농부가 쉽게 그늘로 들어갈 수 있게 하려는 목적에서였다.

취리히에 머물 때는 자연 생태계의 신비를 느끼게 하는 신기한 장면이 특히 기억에 남는다. 사촌들과 함께 소풍 삼아 취리히 호수를 찾았다. 그때 커다란 바위 옆에 앉아있었는데 두 개미 군단이 혈투를 벌이는 모습이 눈에 들어왔다. 가만히 들여다보니 한쪽은 날개가 있었고 다른 한쪽은 없었다. 지면 죽는 그야말로 목숨을 건 격전이었다. 다른 가족은 그런 장면에 영 관심이 없었기 때문에 대체 뭘 그렇게 보느냐고 볼멘소리를 하는데도 나는 한참이나 개미 군단의 싸움을 지켜봤다. 그 장면을 보면서 매슈 아널드가 쓴 〈도버 해안Dover Beach〉 중 '무지한 군대가 피아 식별도 안 되는 한밤중에 싸우는'이라는 시구가 떠올랐다. 그리고 개미든 사람이든 똑같이 무의미한 격돌을 일으키고 결국 전멸로 끝나버리게 하는 이상한 열정 혹은 이보다 훨씬 더 이상한 타산에 대해 생각해봤다.

1928년 가을에 나는 이번에야말로 호화로운 삶이 무엇인지 만끽할 만반의 준비를 갖췄다. 뉴욕 중심가 곳곳에 으리으리한 상용 건물과 호화로운 아파트가 속속 들어서고 있었다. 81번가 센트럴파크 웨스트에 있던 베리스퍼드 호텔이 헐리고 그 자리에 30층짜리 초호화 아파트가 들어선다는 소식을 들었다. 그 지역은 내 오랜 친구 그린먼이 결혼 후 몇 년 동안 살았던 곳이기도 하다. 잘나가는 나, 벤저민 그레이엄이 원했던 그림이었다. 아파트 건축 설계도를 보고 우리는 테라스가 딸려있고 18층과 19층을 쓰는 복층형 아파트를 선택했다. 방이 무려 열 개나 됐다. 아니, 그러면 화장실은 몇 개지? 일하는 사람들이 사용하도록 다락방식으로 만든 방도 있었다. 임대료는 연 1만 1,000달러고 임대 기간은 10년이었다.

이 정도는 전혀 부담스럽지 않았다. 이제는 내가 거의 익숙하게 굴리는 돈 단위를 생각하면 이 정도는 새 발의 피 수준이었다. 마감한 지 얼마 안 된 이전 회계연도에 우리는 초기 자본금 150만 달러의 약 60%에 해당하는 이익을 얻었다. 내가 번 돈은 세금 공제 전 기준으로 60만 달러가 넘었다. 나는 주변에서 온통 투기 광풍에 휘둘릴 때 투자 위험 수준을 최소한으로 유지하면서 가장 보수적인 방식을 고수한 덕분에 이런 성과를 낼 수 있었다. 정말 나는 투자의 귀재였단 말인가! 멀지 않은 곳에서 대재앙이란 녀석이 기다리고 있을 줄은 꿈에도 모른 채 오만에 가득 차있었다. 그해

(1928년)에 내가 마지막으로 한 일이 무엇인 줄 아는가? 1929년 가을에 완공과 함께 효력이 발생하는 베리스퍼드 아파트 10년 임대계약을 맺었다. 기가 막히지 않은가? 1929년이라니! 크리스마스 휴가를 즐기러 팜비치로 가는 특별 객차 안에서 임대계약서에 서명했다.

13

끝없는 폭락장에서

내 인생 여정의 중간쯤에서 보니

나는 깜깜한 숲속에 있었다.

단테는 서른다섯 살이던 1300년에 그 위대한 작품《신곡》을 이렇게 시작했다. 사실 단테는 50대 초반에 세상을 떠났기 때문에 서른다섯이면 자신의 인생 여정을 절반 이상 지나온 셈이었다. 단테의 우상 베르길리우스가 그랬고, 위대한 왕 카이사르와 셰익스피어, 몰리에르, 베토벤, 나폴레옹 그리고 다른 수많은 위인들이 그랬던 것처럼. 1929년은 내가 서른다섯이 되던 해였는데 아버지는 바로 이 나이에 세상을 떠났다. 그러나 나는 1964년 여름에 이 글을 쓰고 있다. 정확히 35년이 지난 때이니 이 장의 제목처럼 진짜로 내 인생의 딱 절반에 해당하는 시점에서 과거를 돌아보는 일이 더욱 의미가 있지 않을까. 내 인생길을 반쯤 걸어왔을 때 단테처럼 나도 지옥을 맛봤다고 말하면 과장이 심하다 할지도 모르겠다. 그러나 적어도 나는 그렇게 느꼈다. 성공의 환희와 기쁨으로 충만했던 시절과 너무도 극명한 대조를 보이며 마치 끝이 없어 보이는 나락으로 추락할 때의 그 참담함과 고통스러움으로 가득한 그 시절이 더욱 크게 다가왔다. 정쟁에 휘말려 피렌체에서 추방당했을 때 단테의 심정이 딱 이와 같지 않았을까? 그래서 〈지옥 편〉에 등장하는 프란체스카 다 리미니의 입을 통해 저 유명한 말을 남겼다.

> 비참한 순간에
> 가장 행복했던 시간을 떠올릴 때만큼
> 슬픔이 깊어질 때도 없다.

(그러나 단테는 왜 여기에 "네 스승도 알고 있어."라는 말을 덧붙였을까? 베르길리우스는 자신의 작품들이 불멸의 명작이라 추앙받는데도 본인은 작품에 만족하지 못했다는 점을 제외하고는 비참하거나 고통스러운 경험을 한 적이 없는데 말이다.)

사실 나는 1929년 상반기에는 예전과 다름없는 환희와 기쁨을 누렸고 하반기에 들어서 본격적인 시장 폭락으로 다들 정신을 못 차릴 때도 상대적으로 큰 손해를 입지 않았다. 내가 실질적으로 큰 타격을 입은 기간은 이후 3년 동안이었다. 그러나 굳이 따져보자면 1929년의 대재앙은 모두에게 운명적인 사건이었다. 물론 나도 예외는 아니었다.

1월 휴가 여행 때는 개인적으로 결코 자랑스럽지 않은 일도 겪었다. 젊은 나이에 유명한 증권사인 헨츠 & 컴퍼니의 시니어 파트너가 된 제롬 르윈이 내게 돛새치 낚시를 같이 가자고 했다. 이때 같이 가기로 한 사람이 나 말고 두 명이 더 있었다. 한 사람은 잘나가는 금융 전문 변호사 이시도르 크레셀이었고, 또 한 사람은 역시 변호사인 오스카 루이스였다. 우리는 내 눈에 너무 작아 보이는 배를 타고 출발했다. 출발할 때부터 작아 보였는데 육지에서 멀어질수록 더 작아지는 듯했다. 그렇게 30분 정도 갔는데 멀미가 나기 시작했다. 동행한 오스카도 마찬가지였다. 제롬은 우리를 위로한답시고 평상시였으면 먹음직스러웠을 샌드위치를 몇 개 꺼내더니 우리에게 먼저 고르라고 했다. 몸 상태가 영 말이 아니었던 우리는 샌드위치고 뭐고 다 귀찮았고 안 먹는다는 표시로 손을 겨우 저을 정도의 기운밖에 없었다. 체구가 작은 이시도르와 제롬은 샌드위치를 아주 맛있게 먹기 시작했다. 먹는 모습을 보니 속이 더 뒤집히는 듯해서 오스카와 나는 기다시피 해서 선실로 들어가 누워버렸다. 1분 1초가 너무 고통스럽다 보니 시간이 느리게 갔고 몇 분이 몇 시간은 되는 듯했다. 그렇게 누워서 (곧 죽을 것 같은) 두 번째 공포에서 (차라리 죽었으면 좋겠는데 빨리 죽지도 않을 것 같은) 세 번째 공포 단계로 막 넘어갔을 바로 그때 승강구 쪽에서 누군가 이렇게 외쳤다. "오스카, 벤, 어서 올라와봐. 내가 돛새치를 잡았단 말이야." 그러나 우리는 끙끙대면서 "돌아가자, 제발!"이라는 말을 겨우 내뱉고는 벽 쪽으로 얼굴을 돌려버렸다. 제롬은 결국 뱃머리를 돌려 항구로 향했고 오스카와 나는 기어들어가는 목소리로 고맙다고 말하고 비틀거리며 해안으로 걸어갔다.

그 이후로 이시도르 크레셀을 다시 만나지는 못했다. 그러다 나중에 뱅크 오브 유나이티드 스테이츠 파산과 관련한 법률 위반 혐의로 맥스 스토이어 검사가 크레셀을 형사 기소했다는 기사를 읽으면서 너무 안타까운 마음이었다. 스토이어는 나와도 인연이 있다. 1939년 코프만 백화점 가치 평가 소송 당시 3일간 이어진 격렬한 반대 신문 때 나를 증인으로 세운 사람이 바로 스토이어였다. 오스카 루이스는 다시 만났다. 또 다른 기업의 자산 가치 평가 사건에서 루이스가 특별판사보좌관일 때 나는 채권단 측 전문가 증인으로 법정에 출석했다. 처음에는 오스카를 못 알아봤다. 그러나 휴정 중에 나를 벤치로 불러낸 오스카가 돛새치 낚시 때 함께 생고생한 전우를 어떻게 잊을 수 있느냐고 했다.

그때 제롬 르윈이 잡았다던 돛새치는 어떻게 됐을까? 이와 관련된 이야기도 하나 있다. 그 일이 있고 한 달쯤 후에 점심 식사 초대를 받아 헨츠 & 컴퍼니 안에 마련된 전용 식당으로 갔다. 제롬은 식당 벽에 걸린 새로운 장식품을 가리키며 자랑을 늘어놨다. 생각만 해도 속이 매슥거리는 그 돛새치였다. 멋지게 박제해서 고정해놓았는데 잡은 장소와 날짜, 무게 그리고 잡은 사람 이름까지 은색 글씨로 떡 하니 새겨놓았다. 나는 진저리를 치며 애원하듯 말했다. "끔찍한 저 녀석, 제발 내 눈앞에서 치워줘. 보기만 해도 다시 멀미가 올라온다니까." 비록 팜비치에서는 끔찍한 경험을 하고 왔지만, 따가운 햇볕에 노출됐던 피부는 고운 갈색으로 멋지게 그을어 겉보기에는 꽤 건강한 모습으로 뉴욕으로 돌아왔다. 마음먹고 일광욕을 하고 온 느낌이었다. 갈색 피부로 강의실 안으로 당당하게 걸어 들어와 교단에 오르자 학생들이 '와'하는 감탄사와 함께 일제히 발을 구르며 환호했다.

이 기간에는 다양한 유형의 투자신탁 회사들이 설립됐다. 첫 번째 유형은 고정형 신탁fixed trust: 투자 대상 자산을 미리 정해놓음이었다. 은행이 수탁자 역할을 하면서 특정한 보통주로 포트폴리오를 구성하고 주주는 각기 보유 주식에 비례해 이 고정형 포트폴리오의 지분을 보유하는 형태였다. 그다음으로는 관리형 신탁management trust이 있는데, 이는 담당 직원이 포트폴리오 구성을 언제든 변경할 수 있다. 우리 BGJA를 운용하는 방식과 거의 같다고 보면 된다. 신탁 회사가 진행하는 거래 속성상 부당한 요소가 내재해있거나 하는 그런 상황은 전혀 아니었다. 실제로 여느 금융기관과 마찬가지로 올바른 방향성과 건전한 정책이 필요하기는 하지만, 영국에서는 이런 신탁 회사가 수십 년 동안 성공적으로 운영돼왔다. 그러나 1920년대 말 금융계에 투기 광풍이 몰아치면서 그동안 정도를 벗어나지 않고 착실하게 운영하며 신뢰를 받아왔던 주요 금융기관마저 이해 못 할 그 광풍에 동참하기 시작했다. 사실 이때는 착실한 쪽이 바보가 되는 그런 분위기 속에서 다들 제정신이 아니었다.

그리고 대형 증권사 중 자체 투자 회사를 만들어 자사 고객 대상으로 증권을 판매하는 곳이 한둘이 아니었다. 증권사는 이런 방식을 통해 3중으로 이익을 냈다. 우선 주식 판매에 따른 가격 상승 이익, 자금 운용 명목으로 부과하는 관리 수수료, 포트폴리오 매수 및 매도에 따른 중개 수수료 등 세 가지 수입원이 생겼다. 헨츠 측은 자사 또한 자체 펀드 회사 설립에 적합하다고 판단했다. 아니 그 어느 곳보다 자사가 가장 적합하다고 봤다. '벤저민 그레이엄'이라는 '거물'을 끌어들일 수 있다고 생각했기 때문이다. 그러나 정작 나는 그 일이 별로 탐탁지 않았다. BGJA에서 받았던 20~50% 수익 배분 비율 정도의 보수 협상은 가능하지 않으리라 봤기 때문이다(물론 BGJA에서는 이를 또 제리 뉴먼과 나누기는 했지만).

그러나 헨츠는 생각보다 끈질겼다. 운용할 펀드 규모가 무려 2,500만 달러라고 했고 내게 이 대형 펀드의 최고 책임자 자리를 맡기겠다고 했으며, 단기 고용이 아닌 장기 계약을 보장한다는 말까지 했다. 하나같이 귀가 솔깃해질 만한 제안이었다. 제리 르윈은 유리한 시장 분위기를 포착하는 자신의 탁월한 능력, 그리고 이제 월가에서 다들 내 전문 분야로 인정하는 특정한 시장 혹은 종목을 포착하는 내 특화된 능력에다 전반적인 증권분석 능력을 결합하면 그야말로 환상의 조합 아니겠냐며 아주 열성적으로 달려들었다. 펀드 운용 규모가 상당해서 솔직히 마음이 많이 흔들렸다. 그래서 구체적으로 실현이 가능한지를 알아보려고 여러 차례 만나 이야기를 나눴다.

이 와중에 생각지도 못한 방식으로 버나드 바루크가 등장했다. 1년여 전에 이 금융계 거물을 만나서 내 방식대로 선정한 유망 종목에 한번 투자해 보라고 권할 기회가 있었다. 이 투자 귀재가 판단하기에도 내가 권한 종목의 내재 가치가 상당해 보였던 모양이다. 이때 권한 종목에는 플리머스 코디지가 포함돼있었다. 운전자본만 주당 100달러가 넘고 배당금도 쏠쏠히 지급하는데 시장가격은 주당 70달러 정도였다. 이와 비슷한 종목으로 시트와 베갯잇을 포함한 유명 침구류 제조사 페퍼렐 매뉴팩처링 컴퍼니 그리고 역시 선도적 유모차 제조사 헤이우드 & 웨이크필드가 있었다. 이들 종목 전부 민간 기업에 대한 일반적 기준으로 봤을 때 최소한의 가치에도 못 미치는 가격에 판매되고 있었고, 이는 당시 대다수 인기 종목과 비교하면 터무니없이 낮은 가격이었다. 이런 수준의 가격 불균형은 1920년대 말 주식시장의 비정상적 분위기를 여실히 보여주는 특성이었다. 그때는 업종별 전망(전기 등 공익사업과 화학 종목이 인기주였음), 지배적 규모 및 지위(다우존스 산업평균지수에 편입된 기업) 혹은 투기 분위기 및 시장 조작적 과대 선전에 기초한 최근 성장률 등에만 관심이 집중됐다. 그러다 보니 플리머스 코디지와 페퍼렐 매뉴팩처링 컴퍼니처럼 예전부터 좋은 성과를 꾸준히 올렸지만 최근 시장이 선호하는 범주에서 벗어난 기업은 철저히 외면당하면서 말도 안 되는 낮은 가격에 거래됐다.

바루크는 내가 분석한 내용을 들어보고 내 선택이 맞는지 판단한 후에 각 종목을 대량 매수할 계획이었다. 아마도 바루크 입장에서는 자신과 같은 업계 거물이 내 의견에 동조해준다는 것 자체가 내 노고에 대한 충분한 보상이 되지 않겠는가 생각했을 듯하다. 어떤 의미에서는 바루크의 생각이 크게 틀리지는 않았다. 실제로 내 의견에 일리가 있다는 판단을 해준 사실 하나만으로도 또 적어도 당시 금융계를 보는 시각이 나와 비슷하다는 점을 확인한 것만으로도 내게는 엄청나게 가치 있는 일이었다. 바루크는 두 번에 걸쳐 우리 둘 다 주주였던 기업의 이사회에 내가 이사로 선임되는 데 힘을 보태줬다. 이 두 번 중 한 번은 성공했다. 그러나 엄밀히 말해 바루크가 내 편을 들었던 이유는 나를 돕자는 의도가 아니라 자신의 투자 이익을 확보하려는 목적에서였다. 월가에서 활동하는 이 대단한 인물과 상당히 많이 엮였었지만, 특별히 나를 도와줬다거나 관대하게 대했다는 생각은 전혀 들지 않았다. 게다가 나뿐 아니라 그 누구에게도 그렇게 했다는 이야기를 들어본 적이 없다. 심하게 이야기하면 좀 특출한 사람이 있으면 그 사람의 역량을 어떻게든 가리거나 깎아내리는 데서 묘한 만족감을 느끼는 이상한 허영심이 있었다. 그리고 자선사업이나 대의를 위한 활동에 거액을 턱턱 내놓았지만, 이마저도 순수한 마음이나 관대함의 발로라기보다는 이 허영심 때문이었는지도 모른다. 어쨌거나 이렇게 큰돈을 기부한 덕분에 자신이 늘 갈망했던 남들로부터의 찬사와 갈채를 받기는 했다.

바루크와는 브로드웨이 120번지 40층짜리 초고층 건물인 에퀴터블 빌딩에 있는 그의 사무실에서 금융계 전반에 관해 이런저런 이야기를 몇 번 나눴다. 우리는 당시의 주식시장 상승이 비정상적인 수준이고, 투기 열풍이 도를 넘었으며, 착실한 투자은행마저 이 말도 안 되는 광풍에 휩싸였고, 이 비정상적인 시장 상황은 대폭락으로 끝맺음 하리라는 데 의견이 일치했다. 바루크는 주식의 배당수익률이 겨우 2%인데 그에 대한 정기 대출 time loan: 일정 기간 정기적으로 상환함 금리가 8%라는 사실이 말이 되느냐고 했다. 이 말에 나는 이렇게 대답했다. "그러게 말입니다. 언젠가는 이게 뒤집혀야 하지 않겠어요? 정기 대출 금리 2%에 배당수익률 8%, 이렇게요. 그래야 이익이 나도 날 텐데." 상황이 하도 어이가 없어서 그냥 던지듯 한 말이었는데 거의 예언처럼 돼버렸다. 정확하지는 않아도 1932년 무렵에는 이와 크게 다르지 않은 상황이 전개됐고, 약 20년 후 달라진 시장 환경에서 이 말이 거의 정확히 실현됐다. 지금 생각하면 조만간 내 집이 비에 떠내려갈지도 모를 판국인데 한가하게 남의 집 걱정만 하며 혀를 차던 나 자신이 한심하기도 하고 우습기도 하고 그렇다. 내 BGJA가 어떤 위기에 놓일지도 모르면서 강 건너 불구경하듯 한가하게 예언 놀이나 하고 있었다니!

한번은 바루크 사무실에서 기다리고 있는데 바루크가 나이는 그와 연배로 보이는 좀 뚱뚱하고 얼굴이 둥그렇게 생긴 남자와 함께 대기실에 나타났다. 바루크는 잠시 머뭇거리다가 이렇게 말했다. "윈스턴, 이 젊은 친구를 소개하지. 벤저민 그레이엄이라고 하는 친군데 아주 똑똑한 청년이라네." 우리는 악수를 나눴다. 나는 처칠이 제1차 세계대전 때 어떤 일을 했는지 대충 알고 있었고, 당시에는 영국 내각에서 물러나 있는 상태라는 사실도 알고 있었다. 그 대단한 인물과 만나 악수까지 나눈 장면은 두고두고 잊지 못할 감동적인 순간이었다.

바루크 덕분에 또 한 사람을 만나 볼 기회가 있었다. 제2차 세계대전이 끝난 직후에 아이젠하워 장군이 '미래를 생각하는 미국 군사력'을 주제로 컬럼비아대학에서 강연회를 했는데 이 자리에 초청을 받았다. 바루크도 참석했다. 강연이 끝나자 바루크가 나를 칭찬하는 말과 함께 이 전설적인 최고 사령관 아이젠하워 장군에게 나를 소개해줬다. 이후 건물을 나서려는데 비가 세차게 내리기 시작했다. 다행히 나는 미리 준비해온 우산을 펼쳤다. 바로 그때 아이젠하워 장군이 안에서 나왔고 한동안 내 옆에 서있었다. 그래서 내가 이렇게 물었다. "장군님, 저랑 우산을 같이 쓰시겠어요?" "아, 아니요. 정말 고맙지만 저는 괜찮습니다." 그렇게 말하고는 쏟아지는 비를 맞으며 성큼성큼 걸어갔다. 제복을 입은 군인은 아마 우산을 쓰지 않는가보다 생각했다. 이 대단한 두 사람을 만난 것은 분명히 바루크 덕분이었고 이에 대해서는 바루크에게 정말로 감사한 마음이다. 그러나 무례를 무릅쓰고 한마디 하자면 지금(1964년)은 아흔두 살 노인이 된 바루크가 그때 내가 신세 졌던 이상으로 내게 신세를 지고 있다.

1929년으로 다시 돌아가자. 바루크가 자신의 사무실에서 나를 만나고 싶다며 연락을 해왔다. 사무실에 도착하니 나도 잘 아는 바루크의 비서 보일 양이 지금 바쁜 일을 처리 중이니 잠시만 기다려달라고 했다. 한 30분쯤 후에 바루크가 나왔고 기다리게 해서 미안하다고 했다. 사실 바루크는 안에서 낮잠을 자고 있었다. 깨우기가 좀 그랬더라도 보일 양은 내가 와 있다고 말해야 하지 않았을까! 사무실 안으로 들어가니 온갖 기념 명판이 널따란 공간을 가득 채우고 있었다. 지나온 시간 동안 얼마나 대단한 업적을 쌓았는지가 한눈에 들어오는 듯했다. 바루크는 내게 그동안 누구에게도 해본 적이 없는 제안을 할 생각이라고 말했다. 내가 자신의 금융 파트너가 돼줬으면 좋겠다고 했다. 한마디로 같이 동업해보자는 말이었다. "나도 이제 쉰일곱이야. 좀 쉬엄쉬엄할 때가 됐지. 자네 같은 젊은 사람과 함께하면서 이익은 나누고 부담은 좀 덜면서 가고 싶네그려." 그러면서 내가 지금 하는 일을 정리하고 자신과 함께 만들 새로운 회사에 전념해주기 바란다는 말을 덧붙였다. 나는 일단 내게 이런 제안을 해준다는 사실만으로도 몸 둘 바를 모를 정도로 영광스럽다고 말했다. 사실 많이 놀랐다고도 했다. 그러나 친구들이나 고객들과 맺었던 아주 만족스러웠던 관계를 갑자기 청산하기는 어렵다고 대답했다. 이런 이유와 나중에 설명하게 될 또 다른 이유로 이 제의는 없던 일이 됐다. 이때 이렇게 다른 사람 생각을 하지 않고 이 제안을 받아들였더라면 이후 7년이 얼마나 많이 달라졌을까? 얼마나 더 좋았겠는가 말이다.

헨츠 측과 공동으로 운영할 투자신탁 회사 설립에 관한 협상은 이후 몇 달을 질질 끌며 진행이 안 되고 있었다. 그쪽에서 협상을 왜 이리 질질 끌었는지는 잘 기억이 안 난다. 그러는 와중에 8월에 심각한 시장 하락 조짐이 처음으로 나타났고 우리는 합작 펀드 설립 계획을 당분간 보류하기로 했다. 이 계획은 결국 무산될 운명이었다. 9월에 들어서면서 시장이 폭락하며 단 며칠 만에 평균 주가가 반 토막이 났다. 수백만 주가 시장에 쏟아져 나왔고 정신없이 주인이 바뀌는 상황에서 시세표시기는 몇 시간이나 작동이 지연됐으며 다우존스산업평균지수Dow Jones Industrial Average: DJIA는 아주 바닥을 쳤다. 그레이엄-헨츠 투자 펀드 계획이 실현될 가능성은 희박해졌다. 뉴먼과 나는 BGJA 쪽을 다시 살펴보기로 했다. 생각해볼 부분이 상당히 많았다.

1929년 중반 시점에서 BGJA 상황을 정리하면 이렇다. 일단 자본금은 250만 달러였다. 1929년 상반기는 최소한의 이익을 냈을 뿐이었다(앞으로 다가올 큰 시련의 전조였음). 당시 우리는 약 250만 달러 상당의 매수 포지션과 엇비슷한 수준의 공매도 포지션을 포함해 대규모 차익 및 헤징 거래 포지션을 취하고 있었다. 우리 계산으로는 이렇게 매수 및 매도 포지션을 엇비슷하게 취하면 이론상 시장 상황에 관계없이 일방적인 손실 위험을 효과적으로 피해 갈 수 있고 따라서 명목상 자본금만 확보하고 있으면 된다고 봤다. 게다가 200만 달러 상당의 부채 대비 실질적 매수 포지션 혹은 기타 다양한 유형의 투자 자본금이 450만 달러나 됐다. 당시 증거금 규모는 125% 수준이었다. 이 정도면 브로커에 대한 최소 기준 요건의 6배에 해당하는 수준이고, 안전한 수준으로 간주하는 일반적 기준과 비교해도 3배나 많은 수치였다. 그리고 우리가 보유한 모든 장기 증권의 내재 가치가 현 시장가치를 상회한다고 확신했다. 우리가 보유한 종목 대부분이 적극적으로 활동하는 이른바 월가 '선수'들에게는 잘 알려지지 않았지만, 우리는 이미 이와 유사한 종목에 투자해 좋은 성과를 낸 경험이 있었다. 이런 종목을 우리가 매수한 후 일정 기간이 지나자 내재 가치가 발현되면서 시장의 주목을 받아 가격이 상승했다. 그 덕분에 상당한 이익을 내면서 매도했고 이와 비슷한 종목을 다시 찾아 매수했다. 우리는 이렇게 흙 속에 묻힌 보물을 다시 발굴해서 매수하는 방식을 고수해왔다.

우리가 주로 쓰는 헤지 거래 방식은 이렇다. 우선 전환 가능한 우선주를 매수한 후 이와 비슷한 가격수준에서 관련 보통주를 공매도한다. 약세장에서 보통주가 우선주보다 가격 하락 폭이 더 커지면 적정 수준의 이익을 내면서 환매수를 통해 매도 포지션을 청산할 수 있다. 브로커는 4배나 되는 수수료 수입으로 희희낙락하겠지만, 그러고도 이익이 쏠쏠했다. 원래 우리는 보통주를 환매수 하면서 우선주를 팔아버리는 식으로 이런 거래를 종료했었다.

그러나 나중에 해당 포지션을 회복할 필요가 있어서 더 높은 가격에 우선주를 다시 사들여야 할 때가 종종 있다는 사실을 알고 나서는 포지션을 일부만 청산하는 방식을 택했다. 보통주를 매수하지만, 비슷한 가격으로 보통주를 다시 공매도할 수 있을 때까지 우선주를 보유하는 방식을 취한다. 게다가 우리는 부분 헤지partial hedge 방식도 활용했다. 구체적인 방식은 이렇다. 가격이 더 상승할 나머지 기간에 더 나은 이익을 보려는 일종의 대비책으로서 보통주는 우선주 보유분의 절반만 공매도한다. 이는 보통주 가격이 상승하든 하락하든 관계없이 이익을 낼 수 있는 방법이다. 보통주 가격이 하락하면 절반만 매도한 포지션을 좋은 조건으로 청산한다. 반대로 가격이 상승하면 매도하지 않은 나머지 절반의 포지션에서 발생하는 가격 상승 이익을 챙길 수 있다.

1929년 9월 이후로 정신을 못 차릴 정도의 폭락 장세에서 우리는 대규모 매도 포지션을 청산하며 상당한 이익을 챙겼다. 그러나 우선주(혹은 전환사채)는 가격이 너무 낮아서 거의 팔지를 못했다. 우리는 손실 규모가 더 컸던 DJIA보다는 그래도 좀 나은 수준으로서 정확히 20%의 손실을 기록하며 이 해를 마감했다. 투자 고객 대다수의 증거금 계정은 차입금의 피라미딩pyramiding: 매수 후 주가 상승 시 추가 매수로 매수 평균 단가를 높이는 방식으로서 수익률이 아니라 수익금에 초점을 맞추므로 주가 상승 추세에 대한 판단이나 손절매 시점 포착에 오류에 있을 때 큰 손실 위험이 있음 기법의 효과 때문에 손실 규모가 훨씬 더 컸다. 그래도 이번 해에 올린 계정 실적에 대해서는 다들 만족스러워했다. 실제로 더 큰 손실을 내지 않았다는 이유로 나를 '금융 천재'라고 치켜세우는 말을 여러 번 들었다. 1929년은 시장이 어느 정도 회복세를 보이며 비교적 차분하게 마감됐다. 그래서 대다수가 최악의 상황은 이제 끝났다고 믿었다.

신축 중인 베리스퍼드 아파트의 완공이 지연되면서 이 복층형 초호화 아파트로 이사하지 못하다가 하필이면 월가 대참사가 최고조에 달했던 1929년 10월에 입주하게 됐다. 그런데 이 궁궐 같은 집에서 나는 전혀 행복하지 않았다. 연간 임대료 1만 1,000달러와 10년 장기 계약이 현실로 다가오자마자 후회가 밀려왔다. 게다가 집이 넓어도 너무 넓었다. 그 공간을 채울 가구와 장식품을 선택하는 일이 간단치가 않았다. 뭔가를 계속 결정해야 하는 그 상황이 너무 지루하고 짜증이 났다. 그렇다고 그 결정을 아내에게 미루자니 그것도 문제라 진퇴양난이었다. 사실 나는 가구니 장식품이니 하는 것에, 아니 그 어떤 물건에도 별로 관심이 없었다. 그래서 이런 물건을 사러 다니는 일 자체가 너무 귀찮았다. 그렇다고 헤이즐에게 결정권을 일임할 수도 없는 노릇이었다. 그렇지 않아도 혼자 잘났다는 사람인데 그렇게 맡겨버리면 집안일에 대해서는 그녀가 더 잘 안다는 점을 대놓고 인정하는 꼴이라 앞으로 온 집 안을 다 휘젓고 다니며 주인 행세를 당당히 하고 다닐 테니 말이다.

알라시오에서 지금 이 글을 쓰고 있을 때 보니 내 방에 사용한 적 없는 작은 재떨이가 하나 있는데 여기에 새겨진 글귀가 눈에 띄었다. "나는 보스고 아내는 명령하는 사람이다." 요즘에는 온 가정마다 아내 목소리가 커져서 아내가 명령하는 일이 얼마나 많은가! 그때 이 딜레마를 어떻게 해결했는지는 기억이 나지 않는다. 다만, 가구를 사들이는 데 큰돈을 썼다는 사실은 기억난다.

새집 살림은 집사 한 명과 내 개인 종복을 포함해 일하는 사람을 여럿 거느리고 시작했다. 그 무렵에 친구인 데이비드와 리제트 사리노프 부부가 5번로로 이사했을 때 새집을 보러 갔는데 집 안에 이발소 의자가 붙박이로 설치돼있어서 전용 이발사가 매일 데이비드의 면도를 해준다고 했다. 데이비드 사리노프David Sarnoff는 러시아 이민자 출신에서 거대 기업 RCARadio Corporation of America의 사장 자리에까지 오른 입지전적인 인물이었다. 내 종복의 업무 가운데 하나는 매일 마사지를 해주는 일이었다. 그러나 얼마 지나지 않아 성가시고 시간만 아깝다는 생각이 들었다. 그래서 내가 종복은 내보내자고 했다. 내 평생 전일제 종복을 뒀던 일은 이때가 처음이자 마지막이었다.

샤토브리앙은 자신의 회고록에서 부분적으로는 영국 망명 시절에 가난과 배고픔 때문에 생겼다는 자신의 '소박한' 음식 취향에 관해 여러 번 언급했다. 샤토브리앙은 주영駐英 프랑스 대사 자격으로 특별 군함을 타고 영국으로 돌아갈 때 개인 요리사를 데려갔다. 그런데 미국인 열 명 가운데 아홉은 '샤토브리앙'이라고 하면 차림표에 오른 스테이크 가운데 '가장 비싼 스테이크'라고 알고 있다는 사실이 참으로 아이러니하다. 어떤 의미에서 이 위대한 작가의 이름을 널리 알린 사람은 '샤토브리앙'이라는 고급 요리를 만들어낸 이 요리사였다. 샤토브리앙의 '소박한' 음식 취향을 널리 알린 사람도 말이다!

베리스퍼드 아파트 18층에는 건축 후퇴선이 시작되는 곳에 넓은 테라스가 있었다. 동쪽으로는 센트럴파크가 보이고 남쪽으로는 도심지가 보여 전망이 너무 좋았다. 우리 아이들 셋이 이 테라스에서 큰 장난감과 애완토끼 한 마리랑 어울려 놀았다. 옆집에는 네이선 스트라우스 주니어Nathan Strauss, Jr. 가족이 살고 있었다. 네이선은 도시 빈민에게 우유 한 잔을 1센트만 받고 팔았던 유명 자선가 네이선 스트라우스의 아들이었고 유대인 최초 터키 주재 미국 대사였던 오스카 스트라우스Oscar Strauss의 조카였다. 나는 1912년에 혁신당Bull Moose 뉴욕 주지사 후보로 나선 오스카의 연설을 들었었다.

그런데 참으로 유감스럽게도 우리가 이사 오고 나서 얼마 되지 않은 어느 날 스트라우스가 양쪽 집 테라스 사이에 철제 벽을 세워버렸다. 그래서 우리는 남쪽 전망이 완전히 막혔고 미관상 보기도 안 좋았다. 이 '스트라우스 벽'은 한동안 장안의 화제가 됐다. 우리는 이 벽을 설치한 것이 개인에 대한 모욕 행위일 뿐 아니라 심각한 권리 침해라고 주장했다. 당시에는 그 일이 내게 왜 그렇게 중요했는지 지금 생각하면 웃음이 난다. 나는 저명한 법무 법인 C.N. 리먼 & 그린먼 소속 변호사 E.F. 그린먼을 고용해 스트라우스 측과 협상을 진행했다. 스트라우스는 우리가 테라스에서 기니피그들을 키우는데 이 동물들이 자신의 테라스로 넘어오는 것이 싫었다고 주장했다. 우리는 '기니피그들'이 아니라 작은 '토끼 한 마리'라고 반박했다. 그랬더니 이번에는 사생활 침해 문제를 들고나왔다. 계속해서 이 주장 저 주장을 반복하다가 이 시끄러웠던 분쟁이 드디어 해결됐다. 철제 벽 대신 나무를 심기로 했다.

몇 년 후 한 자선 만찬회에서 스트라우스 가족과 같은 자리에 앉게 됐다.

누가 먼저랄 것도 없이 다들 그때 그 '베를린 장벽' 사건을 떠올렸다. 화가 나기는커녕 지난날에 대한 향수가 느껴지는 그런 기분이었다. 게다가 스트라우스 부인은 이런 말로 내 어깨를 으쓱하게 해줬다. "따님 마저리 얘기는 많이 들었어요. 우리 아들이 링컨 스쿨 다닐 때 따님과 같은 반이었거든요. 아들이 그러더라고요, 마저리는 전 과목 A를 받았다고요. 우리 애가 숫기가 없어서 같이 춤추자는 말도 못 했다고 하더군요."

1930년 겨울에는 헤이즐이 플로리다주 세인트피터즈버그에 있는 아파트를 구해 여기서 아이들과 함께 지내기로 했고 나는 휴가 때 가기로 했다. 햇살 가득한 이 도시로 처음 차를 몰고 가면서 보니 꽤 많은 사람이 죄다 막대기를 들고 공원에 모여있는 괴이한 광경이 눈에 들어왔다. 나중에 알고 보니 셔플보드shuffle-board: 긴 막대기로 원반을 밀어치는 놀이를 즐기는 사람들이었다. 1월 한 달은 플로리다에 머물렀는데 그때는 별로 기억에 남을 만한 일이 없다고 생각했지만, 시간이 지날수록 가끔 떠올리게 되는 아주 중요한 일이 있었다.

헤이즐이 아흔세 살이나 된 존 딕스라는 노인을 만났다고 했다. 이 노인의 부친은 뉴저지주 롱브랜치에 있는 존 딕스 유니폼 컴퍼니의 창업자였다. 딜Deal에 가는 길에 나도 이 큰 공장을 자주 지나다녔다. 세인트피터즈버그에 있는 딕스 씨 집을 방문했는데 100세 가까운 나이인데도 상당한 총기가 느껴져 적잖이 놀랐다. 딕스 씨는 내게 무슨 일을 하느냐, 고객이 몇이나 되느냐, 은행과 브로커에 진 빚이 얼마나 되느냐 등등 이것저것 상세히 물었다. 어른의 질문에 공손하게 대답은 했으나 우쭐해지는 마음까지 감추지는 못했다. 존 딕스가 갑자기 매우 강한 어조로 이렇게 말했다. "그레이엄 씨, 이번에 본인을 위해서라도 당신이 아주 중요한 결단을 내렸으면 합니다. 내일 기차를 타고 뉴욕으로 가세요. 그리고 곧장 사무실로 가서 보유 중인 증권을 다 파세요. 부채도 다 청산하고 자본금은 파트너에게 분배하시지요. 이런 상황에 내가 지금 당신 처지라면 밤에 한숨도 못 잘 겁니다. 당신도 그래야 해요. 지금 상황이 아주 엄중합니다. 내가 나이도 훨씬 많고 경험도 많아요. 그러니 내 말을 듣는 게 좋을 겁니다."

어른의 말을 겸손하게 받아들이는 척하면서 조언 고맙다고 말하고 해주신 말씀 잘 생각해보겠다고 대답했다. 그러고는 바로 그 노인의 말은 깡그리 무시했다. 딕스라는 노인은 거의 노망난 수준이라서 내가 하는 거래를 이해는 하는지 모르겠고 당최 이치에 닿지도 않는 말을 늘어놨다고 생각했다. 그러나 딕스가 전적으로 옳았고 내가 틀렸다. 가끔 그때 그 조언을 받아들였다면 내 인생이 어떻게 됐을지 궁금할 때가 있다. 그 말대로 했다면 아마 걱정과 후회가 많이 줄어들었을 터였다. 그러나 그 호된 시련을 겪고 난 후에 형성된 성향과 활동 특성이 또 그만한 가치가 있었을지도 모를 일이다.

1930년 초 주식시장은 전년도의 폭락세에서 상당히 회복되는 모습이었다. 4월이 되자 DJIA가 279까지 올라가면서 1929년 11월 3일에 기록한 시장 저점 198에서 41%가량 상승했다. 그러나 크레디트 안스탈트가 파산하면서 전체 경제에 어두운 그림자가 드리워졌고 곧이어 2차 폭락장이 시작됐다. 이후 잠깐 조정 기간을 거치더니 본격적인 침체기로 들어서버렸다. 1932년 6월이 되자 DJIA가 42로 폭락하며 바닥없는 추락 상황을 보여줬다.

회복세와 함께 일말의 기대를 품게 하며 시작한 1930년은 결국 33년 동안 펀드 운용을 해온 내게 최악의 한 해로 기록됐다. 우리로서는 기존의 매도 포지션을 전부 청산해버렸기 때문에 더욱 어려운 상황이었다. 부채 규모가 상당해서 시장 하락의 영향이 더욱 크게 다가왔고 채권자의 손에 우리 운명이 달린 꼴이 됐다. 약 3년 동안 거의 모든 기업의 미래 전망이 어두웠음에도 우리는 보유 포지션의 내재 가치를 손상하지 않는 범위에서 부채 수준을 최대한 줄이는 데 집중했다.

1930년에는 손실이 무려 50.5%나 됐다. 1931년에는 조금 줄어서 16%였다. 그러나 1932년에는 3%밖에 안 됐다. 이 정도면 엄청나게 선방한 셈이었다. 따라서 1929년부터 흐름이 바뀌기 전인 1932년까지 누적 손실은, 1929년 1월 기준 자본금 250만 달러의 70%였다. 그러나 우리는 분기마다 배당금을 1.25%씩 꼬박꼬박 지급했다. 물론 나와 제리의 자본금에서 나간 돈이었다. 그래서 1932년 말에는 원 자본금의 22%밖에 남아있지 않았다. 이 기간에 수많은 투자 고객이 자본금 전액 혹은 일부를 회수해 갔다. 이 가운데 한 사람이 밥 마로니였다. 투자금을 빼면서 다른 곳에 더 급하게 써야 해서 어쩔 수 없다며 정말 미안해했다. 그 당시 그렇게 침착하고 늘 패기 넘치던 아일랜드 사람 밥이 100만 달러 넘게 손실이 났다는 사실을 알고 눈물까지 흘렸다는 말을 프레드 그린먼이 내게 해줬다. 우리는 포트폴리오 지분을 밥에게 돌려줬다.

이 어려운 시기에 우리 펀드에 신규 투자를 한 사람은 단 한 명이었다. 바로 제리 뉴먼의 장인 엘리아스 라이스였다. 우리의 재정 상태가 최악이었을 때 5만 달러를 투자했다. 평소 빈틈없고 신중하기로 정평이 난 라이스가 투자했다는 사실은 분명히 우리가 큰 이익을 내주리라 믿었다는 의미였다. 어쨌거나 우리가 가장 어려워할 때 여러 가지로 도움을 주려 했던 라이스에게는 항상 감사하는 마음이 앞선다. 우리가 신용 잔고debit balance 때문에 전전긍긍한다는 소식을 전해 듣고, 또 그 때문에 담보로 넣은 증권을 매각해야 할지도 모른다는 사실을 알고는 자신이 보유한 미국 국채 일부를 맡길 테니 필요하면 알아서 처분해 쓰라고까지 했다. 정말 고마운 제안이었지만, 이마저 덥석 받는 것은 너무 염치없는 일이었다.

우리는 이 기간에 우리가 보유한 지분에 긍정적 영향을 줄 만한 일은 뭐든 다 하면서 자산 가치 회복을 위해 무진 애를 썼다. 실제로 아연광 채권의 손실을 만회하려고 몇몇 증권사를 상대로 소송까지 제기했다. 투자 설명서에는 과거에 올린 좋은 이익 실적이 명시돼있었다. 그러나 이 좋은 실적은 품질이 좋은 광석을 제련한 결과였다는 점을 명시하지 않았다. 따라서 품질이 낮은 나머지 광석을 제련한 결과로는 당연히 이보다 좋은 실적을 낼 수가 없다. 우리 측 변호인은 통상적인 사건은 아니더라고 한번 해볼 만하다고 했다. 앨프리드 쿡은 항상 이기기만 하는 맥스 스토이어가 피고 측 변호인만 아니라면 우리가 이긴다고 했다. 그래서 우리가 어떻게 했을까? 프레드 그린먼이 맥스 스토이어를 우리 측 고문으로 고용하자고 제안했다. 그러면 피고 측이 스토이어를 변호인으로 내세우지 못할 테니 말이다. 그래서 스토이어에게 5,000달러 수표와 함께 사건 개요서를 보냈다. 그러자 그는 사건 개요를 잘 봤고 해볼 만한 사건이라고 하면서 동봉한 보수를 받아 챙겼다. 그 결과 피고 측이 우리가 매수한 가격의 3분의 2 가격으로 채권을 환매수 하는 선에서 합의가 이뤄졌다. 이 정도로도 우리는 손실을 상당 부분 만회했다.

우리가 대규모로 보유한 종목 가운데 하나가 유니버설픽쳐스의 8% 누적적우선주cumulative preferred stock: 당해 배당이 이뤄지지 않거나 특정한 배당률에 미치지 못한 경우 다음 해에 그 부분을 우선해 배당받을 수 있는 우선주였다. 대공황 전만 해도 수차례 배당금을 지급했던 소형주였다. 그러나 대공황 여파로 배당금을 지급하지 못하게 됐다. 주가는 원래 가격의 30% 수준으로 떨어졌고 이는 우리에게 너무 큰 타격이었다. 그런데도 창립자이자 사장인 칼 렘리Carl Laemmle는 자신의 급료를 꼬박꼬박 챙겨갔다. 본인은 주당 3,000달러 그리고 조카인 맥스 렘리

Max Laemmle는 주당 1,000달러를 계속 받았다. 이 급료는 우선주에 지급할 배당금의 총액보다 많은 액수였다. 시장 폭락으로 다들 혼비백산한 지경에 이는 너무 과도한 급료라고 생각했다. 그래서 이 부분을 논의하고자 렘리 씨와 만날 약속을 했다. 사무실 밖에서 잠시 기다리고 있는데 안에서 상냥한 목소리가 들렸다. "그레이엄 씨? 들어오세요." 조금 어리둥절한 채로 안에 들어갔더니 책상 앞에 다소 기가 죽은 얼굴로 체구가 작은 남자가 앉아있었다. 그러자 상대가 약간 짜증이 난 목소리로 이렇게 말했다. "그레이엄이라고 해서 난 그레이엄 맥너미Graham McNamee인줄 알았네." 맥너미는 유니버설픽쳐스의 유명한 뉴스 해설가였다. 협상 결과만 말하자면 렘리의 급료를 삭감해야 한다는 주장은 씨도 안 먹혔지만, 꽤 괜찮은 가격으로 우리가 매수했던 주식을 떠넘길 수 있었다.

우리 가족이 과도한 생활비를 줄여야 한다는 점은 너무도 분명했다. 특히나 나는 급료를 따로 지급받지 않고 사업 운영 수익의 일정 비율을 가져가는 조건으로 보수 계약을 체결했기 때문에 생활비 절감이 더욱 시급했다. 무엇보다 베리스퍼드 아파트 임대비 부담을 더는 일이 급선무였다. 그래도 다행히 댈러스에 있는 니만-마커스 백화점 소유주인 마커스 부인에게 가구 미설치 조건으로 우리가 낸 금액과 비슷한 가격에 재임대하기로 했다. 1년을 다 채우려면 아직 기간이 많이 남았기 때문에 일단 1년분 임대료는 얼추 만회한 셈이었다. 이후 일정액을 배상하고 장기 임대계약의 굴레에서 벗어났다. 그리고 이보다 훨씬 싸지만, 썩 훌륭한 다른 아파트를 구했다. 91번가 센트럴파크 웨스트에 있는 엘도라도 아파트였다.

엘도라도는 내 친구 찰스 굿맨이 건설한 아파트였다. 찰스는 전에 말했던 밥(로버트)의 아버지이자 앤디의 할아버지다. 찰스는 자수성가한 사업가로 엔지니어에서 지하철 건설업자로 변신해 큰 성공을 거뒀다. 고위험을 무릅쓰고 호기롭게 시작한 다른 초대규모 건축 사업과 비슷하게도 이 초호화 아파트 역시 시장 대폭락 사태 직전에 완공됐다. 당연하게도 찰스는 장기 차입이 불가능해지면서 건축비를 충당할 수 없게 됐다. 결국 건축물을 압류당했고 손실 규모는 100만 달러가 넘었다. 이렇게 엄청난 돈을 날린 후 찰스에게 남은 재산이 얼마나 되는지는 잘 모른다. 그러나 부자가 망해도 3년은 간다는 말처럼 그래도 남은 재산이 상당했던 모양이다. 야심 차게 시작했던 계획이 망가지기는 했으나 자신이 건설한 그 아파트 펜트하우스에서 계속 거주하면서 여름에는 터퍼 레이크의 별장에서 지내는 등 굿맨 일가는 여전히 호화롭고 여유로운 생활을 했으니 말이다. 터퍼 레이크에서는 찰스가 소유한 크리스-크래프트Cris-Craft 보트에 매달려 수상스키를 배운 기억이 난다. (호수에 빠졌을 때 물이 얼마나 차가웠는지 모른다!) 그러나 찰스는 엘도라도 아파트를 잃고 나서 강성 '혁명가'로 거듭났다. 대화를 나눌 때면 항상 '현 시스템system'의 부당성을 논하느라 정신이 없었다. 찰스 특유의 혀 짧은 발음으로 '현 디드템thithtem'을 성토하며 침을 튀겼고 미국 자본주의는 결국 망하고 다른 '디드템'이 들어선다고 주장했다. 막대한 자금과 열정을 갈아 넣으며 애써 지은 아름다운 건축물을 은행이 홀랑 빼앗아 갈 수 없는 정의로운 '디드템'이 다시 들어서야 한다며 핏대를 올렸다.

1929년 대공황 기간에 돈을 다 날린 투기자들의 투신자살 행렬이 이어졌다는 소문이 파다했다. 그러나 이런 이야기는 사실 과장된 측면이 있다. 대중의 공포 심리나 비극을 상정한 블랙 유머 분위기를 자극하는 소재로는 이만한 이야기가 없기 때문이리라. 집단 투신자살이니 뭐니 하는 이야기는 과장이라고 해도 수많은 사람이 깊은 절망에 빠져 자포자기한 것 또한 사실이다. 실제로는 파산까지는 아니었는데도 스스로 파산했다고 생각하는 사람이 꽤 있었기 때문이다. 안타깝게도 내 첫 번째 연인이었던 제니의 삼촌이 이 경우에 해당했다. 제니의 삼촌은 신발 사업으로 큰돈을 벌었고 이후 부동산 사업에 손을 댔다. 그러나 다양한 유형의 자산 손실이 발생하자 상심이 깊어져 결국 위스키 한 병을 들고 차고로 들어가 문을 잠그고 자동차 시동을 켜놓은 채 생을 마감했다. 그러나 사실 제니의 삼촌은 재산을 완전히 날린 상태가 아니었고, 그래서 유족이 안락한 생활을 할 수 있을 만큼의 상당한 재산을 남겼다. 그리고 우리 펀드에도 투자 지분이 있어서 훗날 수백만 달러로 불어났을 정도였다.

내 오랜 친구가 느꼈을 절망감과 비극적 삶에 연민이 느껴진다. 어떤 면에서 보면 나도 그에 못지않은 시련과 고통 속에서 헤매며 3년 넘은 시간을 견뎌왔기 때문이다. 그래도 나는 파산하지 않았고 최악에 몰린 상태라 해도 10년 전에 비하면 아직 많이 가진 셈이었다. 그러나 부와 가난은 상대적인 개념이다. 뉴욕에 사는 가난한 사람도 인도 콜카타에 가면 부자 대접을 받을지 모른다. 전 재산의 5분의 4를 잃은 사람은 남은 5분의 1이 얼마나 되든 상관없이 쫄딱 망했다며 비통해한다. 내 가슴을 짓누르는 이 큰 부담감은 단순히 재산이 줄어서가 아니었다. 그보다는 드디어 시장 흐름이 바뀌었다고 생각할 때마다 어김없이 다시 폭락하는 시장 그리고 이 공황과 대손실 사태가 대체 언제 끝날지 모르겠다는 불확실성이 더 큰 문제였다. 게다가 수많은 친척과 친구의 재정 부분을 책임지고 있다는 부담감 그리고 이들 또한 나만큼이나 걱정하며 전전긍긍하고 있고 또 어쩌면 당시 내가 느꼈을 절망감과 패배감을 더 절실히 이해하고 있었을지 모른다는 사실이 크나큰 압박감으로 다가왔다. 1932년 초 어느 추운 겨울날에 쓴 짤막한 시에 이런 감정을 담았다.

곱디고운 눈처럼 조용하고 부드럽게
죽음의 그림자가 저 고독한 사람에게 드리워져 있네.
차가운 감촉, 그러나 이 고통보다는 따뜻하다네.
깜깜한 밤, 그러나 슬픔으로 맞이하는 새벽보다 더 밝다네.
쉴 곳 없는 이 영혼이 편히 잠들 곳은 어디인가?
숲속에서 헤매는 불쌍한 수사슴인가?
이 땅에는 지친 머리를 받쳐줄 베개가 있네.
먼지에는 절망을 치료해주는 약이 들어있어.

경제적으로 궁핍했던 청소년 시절에 습관이 됐다가 이후 성공한 삶을 살면서 거의 극복했다고 생각한 구두쇠 본성이 대공황을 계기로 다시 꿈틀대며 수면으로 올라왔다. 금융 일을 한다는 사람이 자신이 예측한 암담한 경제 환경에 대비하지 못하고 여느 사람과 마찬가지로 고통을 겪는다는 사실이 더 뼈아프게 다가왔어야 했다. 그런데 어이없게도 나는 돈 좀 벌었다고 타고난 기질이나 취향에도 맞지 않는데 쉽게 사치스러운 생활에 빠져들었다는 사실이 더 마음에 걸렸다. 물질적인 행복은 늘 검소한 생활방식을 유지하는 삶에서 나온다고 확신했다. 결코 경제적 상황에 따라 기복이 심한 삶 속에서는 얻을 수 없다. 두 가지 측면에서 이 새로운 원칙을 적용했다. 하나는 나름대로 논리적이고 바람직한 측면인데 나머지 하나는 좀 편협하고 좀스러운 측면이기는 했다.

일단 겉치레, 불필요한 사치, 감당하기 어려운 지출과는 단호하게 선을 긋겠다고 다짐했다. 베리스퍼드 아파트 임대 건은 뼈아프기는 해도 덕분에 소중한 교훈을 얻었다. 이후 35년 동안 실속은 하나 없고 덩치만 큰 부동산은 근처에도 가지 않았다. 그러나 개인 지출 부분은 생각해볼 여지가 많다. 좀 전에 말한 '좀스러운' 측면에 해당하는 문제였다. 사업 영역이나 개인 지출이라도 큰돈이 오가는 영역이라면 또 모르겠는데 푼돈을 쓰는 영역에까지 이 새로운 '근검 원칙'을 적용하려 한 것이 과연 잘한 일일까? 그러다 보니 수만 달러가 오가는 상황에서 나는 구두쇠 노인처럼 10센트 혹은 25센트를 따지고 있었다. 예전처럼 택시 대신 지하철을 이용했다. 지하철이 더 빠르다며 나 자신에게 핑곗거리를 대줬지만, 빠르기는 뭐가 빠르단 말인가! 실제로는 늘 허둥댔다. 그리고 사실은 돈 몇 푼 아끼고 싶어서 지하철을 탔다는 점을 그 누구보다 내가 더 잘 알고 있었다. 또 식당에 가서 음식을 시킬 때도 차림표에서 값이 덜 비싼 음식을 골라 주문했다. 고백하기 정말 부끄럽지만, 심지어 어머니까지 모시고 일주일에 한 번 가족 외식을 할 때면 아무래도 프랑스 요리보다는 값이 좀 싼 중식당으로 갔다. 경제 사정이 좋았을 때는 어머니에게 운전기사 딸린 자동차까지 사용하게 해드렸었는데(물론 나는 운전기사를 고용한 적이 없지만), 당시에는 어머니도 그런 호사를 누리지 않아도 이해해주리라 생각했다. 그러나 다행히 나를 위한 씀씀이와 다른 사람에 대한 대우는 철저히 구분했다. 그래서 나를 보고 구두쇠라고 한 사람은 거의 없었다고 생각한다. 물론 나 자신에게 들이는 돈은 벌벌 떨며 아꼈다는 사실을 그 사람들이 알았다면 이야기는 달라지겠지만 말이다.

시련기에 해당하는 1930년부터 1932년까지는 여러 활동을 하느라 바빴다. 우선 〈포브스 매거진Forbes Magazine〉에 세 편의 글을 기고했다. 주요 보통주와 그 가치를 뒷받침하는 유동자산(현금 자산 포함)의 가치 격차가 비정상적 수준이라는 점을 지적하는 내용이었다. 중요한 보통주 가격이 너무 낮고 유동자산은 너무 높다는 취지였다. 이 가운데 하나는 '미국은 죽은 기업이 산 기업보다 가치가 더 높은가?'라는 제목의 기고문이었다. 이후 이

질문 자체가 금융계의 주요 화두가 됐다. 실제로 이 현상이 대공황 이후에도 오랫동안 수많은 기업에 계속해서 영향을 미쳤다. 글을 쓰는 외에 다양한 집단과 함께하는 경제 토론회에 자주 참석했다. 비록 규모는 줄었으나 컬럼비아대학에서 하던 강의는 계속 진행했고 1932년에 드디어 집필 작업에 들어갔다. 한참 경기가 좋았던 1927년에 처음 생각했던 일이었다.

데이브(데이비드) 도드에게 이 작업을 같이하자고 제안했다. 제1 저자를 맡아 내가 본문 전체를 쓰기로 했다. 데이브는 제안 사항이나 평가 부분을 담당하고 사실관계나 참고 자료를 검토하는 한편 표 작업 전반을 맡아주기로 했다. 먼저 견본용으로 목차와 제1장을 준비해서 컬럼비아 졸업생이기도 한 맥그로힐 & 컴퍼니의 똘똘한 젊은 직원 휴 켈리 편에 출판사로 보내 출간 의사를 타진했다. 휴 켈리는 훗날 이 출판사의 부사장이 됐다. 맥그로힐은 우리 원고를 자사 독자이기도 한 하버드대학 재정학 교수에게 보내 평가를 부탁했다. 원래 규정에 따르면 원고에 대한 평가 내용을 저자에게 보여주지 않는데 이번에는 예외였다. 평가 보고서를 보여줘서 봤는데 이 교수는 아주 우호적인 평가를 했으며, 이 야심 찬 계획을 끝까지 해낼 수 있을지가 문제지 내용 자체는 나무랄 데 없다는 취지였다. 이 긍정적인 추천에 한껏 고무된 출판사 측은 처음부터 인세 15%를 제안했다. 출판계에서는 통상 10%로 시작해 판매 부수에 따라 비율을 늘려주는 이른바 '부수 인세 연동제sliding scale'가 일반적이었다. 인세는 나와 데이브가 각각 5분의 3과 5분의 2를 취하기로 합의했다. 이 계약은 1932년 말에 체결됐지만, 이로부터 1년 6개월이 지나서야《증권분석》초판이 나왔다.

대공황이 끝나기 전인 1932년 12월부터 내 삶에 중요한 역할을 하게 될 완전히 새로운 두 가지 활동을 시작했다. 하나는 가치 평가 소송에 전문가 증인으로 출석해 필요한 증언을 하는 일이었다. 또 하나는 상품기반준비통화commodity reserve currency라는 전혀 새로운 제도를 고안했다. 이 제도는 이후 수많은 경제 교과서에 등장하게 된다. 이 제도에 관해서는 1933년 3월 루스벨트 대통령 취임식과 함께 시작된 내 다음 생애 단계에서 상세히 다룰 예정이다.

14

시장 분석과 가치 평가

1932년에 다우지수는 42로 바닥을 쳤고 59로 해를 마감했는데, 루스벨트 당선인의 은행 폐쇄 조치 여파로 다시 53으로 하락했다가 이후 상승세를 타기 시작했다. 1933년은 99로 마감했고 이듬해인 1934년에는 큰 변화가 없었다. 그러다 1935년 말에 144까지 상승하더니 1937년 3월에는 197로 고점을 찍었다. 우리도 만족스러운 성과를 내며 다시 성공의 맛을 보기 시작했다. 실제로 우리는 시장 평균을 훨씬 웃도는 실적을 올렸다. 1933년에는 자본금 37만 5,000달러로 시작했다. 물론 4년 전 250만 달러에는 비할 바가 못 되는 수준이었다. 그러나 1933년 한 해에만 50%가 넘는 이익을 냈다. 큰 시련을 겪은 후라 자연스레 겸손해지는 상황이었지만, 이런 괄목할 만한 성과에 다시금 내 능력에 대한 자신감이 생겼다. 어려운 시기를 함께하며 버텨준 오랜 친구와 지인이 대부분이었던 우리 투자 고객들도 이와 마찬가지였다.

가이 레비도 이 든든한 '지원군' 중 한 명이다. 레비는 1926년에 체결한 계약을 변경해서 제리와 내게도 경상이익 배분에 참여할 기회를 주자는 의견을 제시했다. 이전 계약에 따르면 우리 두 사람은 손실 부분을 다 메운 후에야 보수를 챙길 수 있었다. 이 조항대로면 1929년 1월 수준을 회복하려면 1933년 자본금의 세 배 이상 이익이 나야 우리 둘이 급료를 받을 수 있다는 의미였다. 주요 파트너들이 간단한 협의를 마친 후 새로운 합의 사항을 도출했다. 일단 파트너들은 제리와 내게 손실 회복 후 급료를 받으라고 요구할 권리를 포기하고, 제리와 내 보수는 예전에 받았던 총이익의 3분의 1 혹은 2분의 1이 아니라 이익의 20%로 제한하기로 했다. 이 같은 변경 사항은 1934년 1월부터 적용하기로 했다. 다른 참여자에 대해서는 최대 지분 보유자 5인이 서명한 서한을 통해 새로운 계약 조건에 대한 동의를 구했다. 다행히 한 사람을 제외한 파트너 전원이 동의를 구하는 서면에 서명했다. 그 한 명은 다름 아닌 내 처남이었다. 1935년 12월에 드디어 우리 계좌의 이전 손실을 전부 메울 수 있었다. 무엇보다 처남이 홀로 동의하지 않았기 때문에 새 조항이 아니라 이전 조항에 따라 처남 계좌에서는 훨씬 높은 비율로 이익금을 챙길 수 있었던 부분이 특히 만족스러웠다.

그러나 새로운 문제가 발생했다. 국세청이 우리 회사는 진정한 의미에서 '공동 계좌joint account'도 '합자 혹은 합명회사partnership'도 아니고 세법상 특정 조항에 따라 '일종의 법인으로서 과세 대상이 되는 조합association'이라는 주장을 제기하고 나섰다. 프레드 그린먼은 회사의 법인화를 고민해보라고 했다. 그렇게 하지 않으면 세법상 회사 지위에 관한 논란이 계속 이어질 테고, 재무부는 세금을 더 많이 걷을 수 있다고 판단되면 우리 회사를 두고 합자회사라고 했다가 준법인이라고 하면서 조세 행정상 당국에 유리한 쪽으로 매번 자의적으로 해석할 공산이 크다고 했다. 이 조언에 따라 벤저민 그레이엄 조인트 어카운트BGJA를 해산하고 1936년 1월에 그레이엄-뉴먼 코퍼레이션을 출범시켰다.

또 금융 관련 자문 서비스 활동도 늘렸다. 재무부가 체인 제조사 휘트니 매뉴팩츄어링 컴퍼니의 지배 지분Controlling Share: 기업에 대한 지배권을 보장하는 일정 수준의 지분에 부과할 유산 상속세 관련 소송을 진행 중이었다. 재무부는 시장에 거래된 적 없는 이 회사 주식의 가치에 대해 증언해줄 전문가 증인을 찾는 중이었다. 그런데 컬럼비아 경영대학원 측에서 나를 추천해서 내가 전문가 증인이 됐다. 이렇게 해서 새로운 활동 영역에 발을 들였다. 유산 집행인 측은, 해당 주식의 가치는 1932년 소유자가 사망한 날 주식시장의 최저점을 기준으로 결정해야 하며, 다른 대다수 기업처럼 이 회사도 시장 폭락으로 엄청난 손실을 봤다는 사실 또한 고려해서 산정해야 한다고 주장했다. 나는 이 회사 주식의 가치는 민간사업체의 주식과 동일한 방식으로 평가해야 한다고 봤다. 주식이 지배 지분을 대표하고 있으며 소유자는 회사와 그 자산으로 가능한 모든 일을 할 수 있기 때문이다. 그래서 지배 지분의 최소 가치는 이 회사를 청산할 때의 기업 가치를 기준으로 평가해야 한다고 결론 내렸다. 명백한 반박 증거가 없는 한 기업이 사업을 계속하는 이유는 청산할 때보다 영업을 계속할 때 기업 가치가 더 높다는 전제가 깔렸기 때문이다. 따라서 기업의 가치는 청산 시점에서 최저점을 찍는 것이고, 청산을 아직 하지 않은 이상 해당 기업의 가치를 최저로 평가하는 것은 불합리하다는 취지였다. 그래서 이 회사의 청산 가치를 산정한 다음에 이를 근거로 주식 가치도 계산했다. 금액 기준으로 볼 때 이 회사의 주식 가치는 막대한 규모의 시설 투자 충당금을 고려하지 않은 상태에서 순 운전자본과 동일하다고 평가했다. 이런 견해는 그동안 여러 기고문에서 밝혔던 증권분석 및 가치 평가 원칙과 다르지 않았다. 특히 1932년에 〈포브스 매거진〉에 3회 연속으로 게재했던 기고문 내용과 거의 일치했다.

조세 법원은 결국 이 회사의 주식 가치가 내가 평가한 수준과 동일하고 유산 집행인 측이 주장한 결과보다는 훨씬 높다는 결론에 이르렀다. 이는 내가 가치 평가에 관한 전문가 증인으로 나선 첫 번째 사건이자 첫 '승리' 사례였다. 그 이후로 금융 상황 전반에 걸쳐 다양한 부문을 포괄하며 40여 차례나 전문가 증인으로 나섰다. 여기서 휘트니 사례를 꽤 상세히 설명한 측면이 있다. 나로서는 새로운 활동 영역으로의 중요한 출발점이기도 하려니와 월가에서 금융인으로 활동하는 내내 투자 활동과 글쓰기, 강의, 보고서 및 증언 등을 통해 일관되게 고수했던 기본 가치에 대한 철학을 보여주는 행위이기 때문이기도 하다.

전문가 증인으로 활동한 내용을 다 쏟아놓으면 이 주제 하나로 장章 하나를 채울 수 있을 정도고 또 그럴 만한 가치도 있다. 정말 쓴다면 그 장의 제목은 아마도 내 친구 루이스 나이저Luis Nizer가 쓴 베스트셀러 자서전《법정과 함께한 내 삶My Life in Court》정도가 되지 않을까! 1933년에 또 한 번 법정 자문을 시작했는데 이번에는 시간이 꽤 걸렸고 생각도 많이 해야 할 만큼 간단치 않은 사건이었다. 뉴저지에서 사업을 운영 중인 6개 철도 회사가 자사 자산 가치 평가액을 줄여달라는 취지로 주 정부를 상대로 소송을 제기했다. 자산에 대한 가치 평가는 법에 따라 뉴저지 지역 내 보유 자산의 진정한 가치를 반영해야 한다는 사실을 근거로 들었다. 그들은 조세 산정인tax assessor이 대공황 기간에 자산 가치가 크게 감소된 부분을 전혀 고려하지 않았다고 주장했다. 쟁점이 된 자산 규모는 수백만 달러에 이르렀다. 주지사는 주 내에서 활동하는 주요 변호사 중 한 명을 선정해 특검보라는 직함까지 주면서 이 조세 산정 문제를 다루게 했다. 전문가 증인이 필요하다고 판단한 이 '특검보'는 먼저 가치 평가 부문의 고전이라 할《자산 가치 평가The Valuation of Property》를 쓴 컬럼비아 경영대학원 제임스 본브라이트James Bonbright 교수를 찾아갔다. 본브라이트 교수는 나를 고용해 함께 일하겠다고 했다. 수많은 사람을 소개받았는데 복잡한 수치를 다뤄야 하는 작업이라 내가 적임자라고 판단했다고 했다. 특검보가 된 이 변호사가 본브라이트의 제안을 받아들였다. 나는 이 중요한 일을 맡게 돼 무척 기뻤다. 투자 이익이 나지 않던 시기라서 돈이 필요했기 때문이다. 본브라이트는 우리가 받을 보수에 대해서는 표준 요율을 정해 진행하기로 못을 박았다. 구체적으로 법정에 출석해 증언하는 날은 일일 250달러 그리고 준비 기간에는 일일 100달러를 받기로 했다. 내게는 꽤 후한 요율이었고 이후에 의뢰를 받을 때도 나는 이 요율을 기준으로 삼았다.

본브라이트와 나 두 사람에게는 천만다행으로 우리가 해야 할 임무는 뉴저지 내 철도 회사 자산에 대해 주 당국이 행한 가치 평가 결과를 합리화하는 일이 아니었다. 그런 일은 할 수도 없었고 또 할 생각도 없었다. 오랫동안 유효하게 적용했던 기존 방식 말고 이와 다른 자산 가치 평가 방식을 제안할 의무는 법적으로 철도 회사 측에 있었다. 그리고 자신들이 제안한 새로운 평가 방식이 '정확한' 평가 결과를 도출한다는 사실 또한 철도 회사 측이 입증해야 했다. 우리는 철도 회사 측이 제시하는 다양한 실제 상황이나 가설적 상황이 서로 모순되거나 이례적인 결과를 도출한다는 사실을 보여줌으로써 이들이 주장한 내용에서 허점을 찾아내 밝히기만 하면 됐다. 그런데 나는 수년간을 끌어온 이 사건에서 핵심적인 내용은 별로 기억나지 않는다. 오히려 사건 자체와는 직접적인 연관이 없는 주변적인 사실이 훨씬 더 흥미로웠다. 개인적으로 이 소송 사건에서 가장 놀라운 점은 이 수석 변호사라는 사람의 정체성이랄까 그 위치가 참 묘하다는 것이었다. 이 변호사가 속한 법무 법인이 이번 소송에서 진정인 측에 속한 철도 회사 '뉴욕 센트럴 레일로드'의 법률 자문을 맡고 있었다. 그래서 내가 어떻게 양측에 한 다리씩을 걸치고 있을 수 있느냐고 물었더니 이런 대답이 돌아왔다. "전혀 문제가 없는데요? 그 정도는 뭐 애교 수준이지요. 위버 씨 사건 담당 변호도 내가 맡고 있는데요, 뭘." 맙소사! 위버는 조세형평위원회Tax Equalization Board 위원장이었다. 그는 우리가 진행하고 있는 소송 사건을 주재하고 있었고, 우리는 그가 같은 장소에서 이끌 청문회에도 출석해야 했다. 우리 쪽 수석 변호사는 위버가 피고소인이 된 다른 소송에서 그를 변호하고 있었다. "그리고 그게 다가 아니에요. 우리 법정에서 속기사 봤죠? 방금 그 사람 이혼 소송도 맡기로 했거든요." 이곳에 변호사는 이 사람밖에 없나 싶었다. 어떤 방식으로든 이 철도 회사 소송에 참여하는 사람 전부가 이런저런 사건 때문에 이 변호사한테 매달려있었다. 이번 사건을 주재하는 참으로 '존경스러운' 위버 씨는 핏기 없는 창백한 얼굴에 바싹 야윈 모습이 도미에Honoré Daumier: 풍자만화로 유명한 19세기 프랑스 화가가 그린 판사 캐리커처와 아주 비슷하게 생겼다. 어느 날 생기 없는 육체는 벗어던지고 냉랭한 '영혼'만으로 사는 듯했던 위버가 아내에게 이혼 소송을 제기했다는 내용의 신문 기사를 읽고 더 놀랐다. 위버는 부부 싸움 중에 아내가 넥타이로 자신의 목을 졸라 죽이려 했다고 주장했다.

이 일을 하면서 우리가 상대에게 유효타를 날렸구나 싶었던 때는 제임스 본브라이트 교수가 가치 평가 이론에 관한 증언을 했을 때였다. 사실 '가치 평가'만큼 형이상학적 추론이나 난해한 어휘, 현란한 언변, 극단적 현학성과 불명료성이 잘 어울리는 영역도 없을 터였다. 여기서 본브라이트의 임무는 철도 자산의 가치 평가가 완벽할 수 없는 이유를 나름의 논리로 설명하는 일이었다. 그런데 나는 본브라이트가 듣는 사람들이 쉽게 이해할 수 있도록 좀 더 명확한 표현을 썼으면 했는데 그렇게 하지 않았다는 생각에 걱정이 좀 됐다. 본브라이트는 말하는 중에 '포 더 미어faute de mieux: '부득이'라는 의미' 같은 외국어까지 간간이 써가면서 물 흐르듯 말을 이어갔고 나

같은 사람도 처음 들어보는 아주 난해한 전문용어까지 끌어다 썼다. 증언을 들은 사람 전부가 몹시 혼란스러워하는 빛이 역력했고 우리 측 변호인은 나쁘지 않은 반응을 이끌어냈다고 평가하는 듯했다. 다른 것은 몰라도 오랫동안 법정 속기사로 일한 사람에게는 이날이 가장 힘든 날이었다는 데 다들 고개를 끄덕였다.

상대적으로 내 증언은 아주 평범했다. 주로 철도 회사 측이 제출한 증거 서류와 내가 제출한 관련 서류를 수학적 관점에서 분석하는 데 주안점을 뒀다. 철도 회사 측 수석 변호인 스톨만은 반대 신문에 역량을 집중하는 모습이었고 그냥 봐서는 신문이 끝이 안 날 것만 같았다. 도대체 이 소송을 빨리 끝내고 싶어 하는 사람이 하나도 없다는 느낌이었다. 사실 이 소송에 걸린 세금이 무려 수백만 달러에 이르다 보니 전체 소송비와 기타 경비 규모가 상당할 것이고, 그러다 보니 이쪽이든 저쪽이든 세월아 네월아 시간만 질질 끌고 있었다. 증언대에 서서 스톨만이 끝없이 던지는 질문과 반론에 답하는 동안 우리 측 변호인석에서는 변호인이 아주 느긋하게 낮잠을 자던 모습이 기억에 생생하다. 심리가 끝난 후 그 변호인은 내가 증언대에 서면 아무 걱정 없이 낮잠을 잔다고 말했다. 자신이 도와주지 않아도 알아서 잘하리라 믿기 때문이라고 했다. 나는 이 말을 내 능력에 대한 최고의 찬사로 받아들였다.

트렌턴Trenton: 뉴저지주 주도에서 보내던 어느 여름날 법원 앞 계단과 광장에 기자를 비롯한 수많은 사람이 잔뜩 모여있어서 청문회가 열리는 법원 안으로 들어가기가 어려울 정도였다. 린드버그 유괴 사건 피고인 브루노 하우프만의 재판이 열리는 날이었다. 인근인 레밍턴에서 재판을 열기 전에 이곳 주도에서 몇 가지 판결할 사항이 있었기 때문이다.

그러면 철도 회사 사건은 어떻게 됐을까? 이후 몇 년간 새로운 안건을 계속 가져왔지만, 조세 법원 결정에 대한 항소가 있었음에도 쉽게 결말이 나지 않았다. 결국은 철도 회사 측이 주 정부와의 자발적 합의를 통해 일부 구제를 받는 선에서 이 소송 건은 마무리됐다. 길게 이어진 이 지루했던 소송에서 내가 한 역할에 대해 자랑스럽다는 생각은 들지 않는다. 사실 철도 회사 측에 물린 세금이 과도하다고 봤고 그래서 굳이 따지자면 법적 정의는 철도 회사 측에 있다고 생각했기 때문이다. 그러나 내가 한 일이 부끄럽지도 않다. 양심을 걸고 말하건대 소송이 진행되는 동안 진실이 아니라고 생각하는 내용을 주장한 적은 없었기 때문이다. 여기서 내가 한 일은 본질적으로 기술적인 속성을 지닌다. 주 정부는 가능한 한 능숙하게 그 일을 처리해야 했고 나는 '고용주'인 주 정부 측이 만족할 만하게 내 임무를 수행했다.

《증권분석》은 계속해서 개정했다. 1940년에 출간한 첫 번째 개정판에서도 투자에 대한 내 견해는 여전히 보수적이었고 경고성 어투도 그대로였다. 위험을 경계하는 이런 보수적 태도가 역시 옳았다고 생각한다. 시장 상승세가 두드러졌으나 이후 몇 년간의 시장 흐름을 보면 일반 투자자가 걸려들 함정이 곳곳에 숨어있었기 때문이다. 가장 최근에 나온 책이 세 번째 개정판이었다. 내가 이 글을 쓸 즈음(1962년)에 출간됐는데 이 개정판이 가장 어려웠고 시간도 엄청나게 많이 걸렸다. 그러나 시장 분석과 가치 평가에 관해 도저히 풀리지 않을 것 같았던 가장 어려운 문제와 씨름한 끝에 내가 생각해도 어이없을 정도로 단순한 두 가지 해법을 찾아냈다. 첫 번째는 투자 포트폴리오 구성에서 주식과 채권(혹은 저축 계좌)의 비율을 정할 때 적정 수준에서 타협점을 찾는 부분과 관련이 있다. 일단은 주식과 채권의 비율은 항상 일정 수준을 유지해야 한다고 봤다. 채권과 주식의 기본 비율이 각각 25%는 넘어야 하고 나머지 50%는 주식시장 수준이 '높은지',

'평균적인지' 아니면 '낮은지'에 대한 투자자 개인의 확신이나 느낌에 따라 적절히 배분하는 방식을 취한다.

개별 종목 선택에 관해서는 이렇게 생각한다. 무엇보다 채권은 우량 종목만 선택해야 한다. 비교적 소액 투자일 때는 미국저축채권U.S. Savings Bond, 이보다는 고액 투자를 원하고 세율이 낮은 쪽을 선호한다면 회사채, 과세 등급이 높은 고소득층 투자자는 면세(비과세) 채권 등을 고려해봄 직하다. 어느 쪽이든 간에 특정 종목을 선택하는 데 아무런 문제도 없을뿐더러 각 증권사 소속 분석가를 통해 쉽게 종목을 선택할 수 있다. 보통주 선택에 관해서는 대다수 투자자와 비슷하게 생각한다. 즉, 경험이 부족한 투자자는 차치하고라도 전문 분석가라는 사람들의 능력에 별 기대가 없다. 평균 이상의 성과를 내줄 보통주를 제대로 선택하는 능력에 관한 한 분석가들이 전혀 미덥지가 않다. 이 부분을 회의적으로 보게 된 이유는 너무 복잡하므로 여기서 다루지는 않을 생각이다. 궁금한 사람은《현명한 투자자》를 참고하기 바란다. 그래서 표준 포트폴리오 전략은 DJIA를 기준으로 하는 편이 낫다고 생각한다. 다우지수의 결과를 개선할 믿을 만한 방법이 몇 가지 있다. 이에 관해서도《현명한 투자자》에 간략히 설명했다. 그러나 여러 가지 이유 때문에 대다수 투자자가 이 방식을 따를지는 의문이다.

1939년에 헤이즐과 이혼하고 캐럴 웨이드와 재혼했다. 캐럴 웨이드는 아름다웠지만, 오래 같이 살기는 어려운 여성이었고 결국 1940년에 또 이혼했다. 만남과 헤어짐이 마치 폭풍처럼 순식간에 지나가며 호사가 사이에서 우리 둘 관계가 화제였다. 그러나 나는 아랑곳하지 않고 사교 활동을 이어나갔다. 일례로 나는 헬렌 슬레이드의 아파트에서 매달 열리는 증권 분석가 모임의 일원이었다. 모임이 있는 날이면 안주인 헬렌과 남편인 헨리 샌더스가 마련한 푸짐한 뷔페식 음식과 술, 다과를 양껏 즐기며(나만 빼고 다들) 이런저런 이야기를 나눴다. 헬렌 슬레이드는 금융계에 종사하는 사람이면 모르는 사람이 없을 정도로 전부 알고 있었다. 유명 인사 중에는 헬렌이 없으면 안 된다고 말하는 사람도 십여 명은 되고 하루라도 헬렌과 통화를 안 하면 큰일이라도 나는 듯 매일 전화로 연락하는 사람도 여럿이었다. 말년에 몹쓸 병에 걸릴 때까지 수년 동안 헬렌은 〈파이낸셜 애널리스츠 저널Financial Analysts Journal〉의 정신적 지주 역할을 했다. 헬렌이 주도하는 이 월례 모임은 일종의 월가 상류사회 모임이었다. 20세기 레카미에Juliette Récamier: 19세기 초반 프랑스에서 당시 정계 및 예술계에 강력한 영향력을 행사했던 여성 부인이라고 해도 될 듯하다. 물론 레카미에는 상당한 미인이었다는 점에서 헬렌과는 큰 차이가 있지만 말이다. 아니, 레카미에보다는《잃어버린 시간을 찾아서》에 나오는 베르뒤랭 부인과 더 비슷하다. 프루스트가 만들어낸 이 독특한 주인공의 특성 대부분이 헬렌과 너무 닮아있었다. 한때 친구였던 〈파이낸셜 크로니클Financial Chronicle〉의 윌프레드 메이에 대한 끈질긴 복수는 샤를뤼스 남작에 대한 베르뒤랭 부인의 복수와 많이 닮았다. 이 '증권분석가들의 여신'과 나는 끝까지 우정 관계를 유지했다. 슬레이드는 첫 남편의 성姓이었는데 헬렌은 계속 이 성을 예명으로 사용했다. 언뜻 이해는 안 가지만, 헬렌은 못생겼는데 두 번째 남편 헨리 샌더스는 잘생긴 남자였다. 머리도 좋고 성실한 사람이라 빈손으로 시작해 퍼블릭 뱅크 부행장 자리에까지 올랐고 나중에 이 은행이 케미컬 내셔널 뱅크에 흡수, 합병됐을 때도 부행장을 맡았다. 신체적으로 별로 매력이 없는 아내에게 지극 정성인 샌더스를 보니 디즈레일리Benjamin Disraeli: 영국 정치가이며 열다섯 살 연상인 부유한 미망인과 결혼함가 떠올랐다.

헬렌은 심하다 싶을 정도로 고양이를 좋아했다. 그렇다 해도 '고양이를 사람 대하듯' 하는 정도가 너무 지나쳤다. 나 역시 고양이를 좋아했지만 그런 행동은 꿈도 못 꿨다. 헬렌은 사랑하는 고양이 알렉산더를 다음과 같이 대했다. 진짜 진주 목걸이를 사서 공개적으로 고양이 목에 그 목걸이를 걸어주거나, 우량주를 매수하고 고양이 이름으로 주주 등록을 했다. 고양이가 죽은 후에는 '알렉산더상'을 제정하고 매년 〈파이낸셜 애널리스츠 저널〉에 게재한 글 중 최고작을 선정해 이 상을 수여했다. 헬렌이 사망한 후에는 상 이름을 이보다 훨씬 더 적합한 '헬렌 슬레이드상'으로 변경했다. 이후 '그레이엄 & 도드상'으로 다시 변경했다. 그러므로 어떤 의미에서는 원래 죽은 고양이에게 바친 영광을 내가 계승하는 셈이었다.

헬렌 슬레이드는 월례 모임에 초대할 사람을 매우 까다롭게 선정했다. 그래서 금융 분석가들 사이에서는 이 모임에 초대받았다는 것 자체를 매우 높이 평가했다. 헬렌은 훌륭하고 충실한 내 친구였고 나한테만은 자신의 침실에 들어와도 된다고 했다. 다른 목적이 있어서는 아니고 잠깐 이야기를 나누고 헬렌의 고양이 세 마리와 장난치며 놀려고 그랬을 뿐이다.

캐럴과 나도 고양이를 무척 좋아했다. 비이성적일 정도로 고양이에 대한 애정이 깊었는데 캐럴도 이에 못지않았다. 우리는 아기 샴고양이를 사서 셰에라자드(줄여서 '셰리'로 불렀음)라는 이름을 지어줬다. 셰리는 예쁘게 자랐을 뿐 아니라 순종적이고 아주 얌전했다. 샴고양이한테서는 좀처럼 보기 힘든 특성이었다. 셰리에 대한 사랑은 우리 두 사람이 공유한 몇 안 되는 감정 가운데 하나였다. 셰리가 없었다면 결혼 첫해가 아마 '그냥 재앙'인 수준이 아니라 '완벽한 재앙'이었을지도 모른다.

맨해튼 아파트에서 살 때 셰리는 실내에서만 있었고 신체적으로나 정신적으로 아무런 문제가 없었다. 큐 가든스 여관에 갔을 때 셰리가 그 여관 주변 정원에서 뛰어놀았다. 이것이 큰 실수였다. 고양이에 대한 지식이 얕았던 우리는 장염 예방접종을 해주지 않았다. 그런데 장염은 길고양이라면 쉽게 이겨낼 수 있는데 셰리 같은 순종 고양이에게는 치명적일 수 있다. 생전 처음 해봤던 짧은 여행을 마치고 며칠 후 셰리에게 병증이 나타났다. 이틀 뒤에 캐럴이 내 사무실로 와서 사랑하는 우리 고양이가 죽었다는 슬픈 소식을 알렸다. 수의사가 끝까지 애를 썼는데도 소용이 없었다. 캐럴이 너무 구슬프게 우는 바람에 무슨 말을 하는지 알아들을 수가 없었다. 나도 상실감이 너무 컸다. 그러나 우선은 캐럴을 위로해야 했다. 그래서 어느 모로 보나 셰리가 살아왔다고 느낄 수 있도록 같은 혈통 중에서 한 마리를 다시 사주겠다고 약속했다. 그러나 나도 괴로웠다. 배가 난파된 후 자신의 고통은 억누른 채 선원들을 위로하는 아이네이아스Aeneias: 아프로디테의 아들 같은 심정이었다.

> 얼굴에는 짐짓 희망의 빛이 보였지만, 마음속 깊은 곳에서 끓어오르는 슬픔을 애써 억눌렀다.

나는 다른 사람들과는 달리 미신에 별로 혹하지 않는 성격인데도 셰리의 죽음이 캐럴과 내 운명을 암시하는 듯한 느낌을 지울 수가 없었다. 새로 들인 샴고양이는 죽은 셰리와 구별이 안 될 정도로 똑 닮았다. 이 고양이에게 나는 '오퍼스O-Puss 2'라는 이름을 지어주고 싶었다. 중의적 의미로 '오퍼스opus 2'라고 발음하면 '작품 번호 2', 즉 두 번째 작품이 되고 '오! 퍼스O-puss 2'로 보면 '두 번째 고양이'가 된다. 스스로 익살꾼이라고 생각하는 사람이 다들 그렇듯이 나 또한 창의적이고 재치 있는 작명 감각에 과도한 자부심을 느꼈다. 그러나 더 나은 생각이 떠올라 첫 번째 고양이 이름을 그대로 물려줬다. 새 고양이도 정성껏 돌봤으나 첫 번째 셰리에게 느꼈던 그런 기쁨을 맛보지는 못했다. 두 번째 셰리가 그리 사랑스럽지 않아서였을지 모른다. 어쩌면 처음부터 우리가 너무 큰 기대를 했었는지도 모른다. 두 번째 셰리는 죽은 셰리에 대한 기억만 안고 사는 우리가 야속했을지도 모른다. 그래서 그 야속하고 분한 마음이 다소 거친 행동으로 나타났는지도 모른다. 솔직히 이 글을 쓰는 지금 나는 두 마리 셰리가 아니라 내 두 아들 뉴턴 생각이 더 난다. 아홉 살 생일을 한 달 앞두고 우리 곁을 떠난 장남 뉴턴은 정말 훌륭한 아이였다. 그리고 1년 만에 다시 우리에게 태어나준 두 번째 뉴턴은 헤이즐과 내게 기쁨보다는 슬픔을 더 많이 안긴 아이였다.

캐럴과 헤어진 후에는 주로 어머니 그리고 내 형제들과 시간을 많이 보냈다. 또 데이비드 도드와 함께 1940년에 출간할《증권분석》첫 개정판의 마무리 작업을 하느라 바빴다. 다음번 개정판에 비해 이번 판은 수정이나 보충할 내용이 그리 많지 않았지만, 그래도 최신 정보를 반영한 도해 작업도 해야 했고, 증권거래위원회가 주도한 수많은 변화 사항도 담아내야 했기 때문에 개정 작업이 간단치는 않았다.

순탄치 않은 가정생활로 어려움을 겪는 와중에 국제 정세까지 혼란스러워 여러 가지로 마음이 무거웠다. 히틀러의 등장과 부상에 어이가 없었고 체임벌린Chamberlain: 당시 영국 총리이 유화정책이라는 미명하에 뮌헨 회담에서 독일과 히틀러에게 무릎 꿇은 것과 다를 바 없는 행동을 보인 데 경악했다. 내가 참여했던 소수 정예 금융 분석가 모임에서 이 같은 일련의 사건에 관해 열띤 토론을 벌이기도 했다. 1939년 9월에 제2차 세계대전이 발발했을 때 이 대사건이 주식시장에 미친 영향은 제1차 세계대전 때와는 판이했다. 아니, 그때의 충격과는 정반대 상황이 전개됐다. 그 즉시 강한 가격 상승세가 나타났다. 전쟁 발발 초기 몇 개월 동안 전투다운 전투가 거의 없었고 전사자도 상대적으로 소수에 불과했다. 그러자 미국 대중 사이에서는 '싸우지 않는 가짜 전쟁'이라는 말까지 나오며 이 전쟁에 심드렁한 분위기였다.

그러나 1940년 5월과 6월에 독일이 전광석화 같은 대공세를 펼치면서 순식간에 프랑스가 함락됐고 영국군은 됭케르크에서 필사의 탈출을 했다. 기적적인 그러나 너무도 참담한 퇴각이었다. 그때는 정말 눈앞에서 벌어지는 일들을 보며 크게 동요했다. 너무 불안하고 우울했다. 그동안의 나와는 크게 달랐고 이런 심리 상태가 될 줄은 나도 예상치 못했다. 그러다 보니 가정불화에 대처하는 능력도 전에 비해 많이 떨어졌다. 정신적으로 혹은 심리적으로 불안한 상태인지라 나 자신이 비정상적인 대응을 하고 있었다. 그중에는 좀 유치하다 싶은 '대책'도 있었다. 일례로 기분 전환을 한다며 롤러스케이트를 타러 갔다. 어렸을 때 이후로는 거의 하지 않던 일이었다. 스케이트장 계속 빙빙 돌기, 율동적인 몸동작, 마음을 진정시키는 음악, 스케이트 바퀴 수백 개가 일제히 굴러가며 내는 소리 등이 묘하게 위안이 됐다. 처음에는 불안한 국제 정세와 캐럴을 향한 분노 때문에 머릿속이 어지러워서 시작했지만, 스케이트를 계속 타다 보니 잡스러운 생각이 사라지고 마음의 평화가 느껴졌다.

캐럴과 헤어진 후에도 프랑스의 함락과 내 조국 영국이 처한 치명적인 위험에 대한 걱정이 뇌리에서 떠나질 않았다. 이런 혼란스러운 생각에서 벗어나려고 롤러스케이트 외에 또 다른 소일거리를 찾아냈다. 브루클린 에베츠 필드 야구장으로 다저스Dodgers(그때는 '범즈Bums'라는 명칭이 더 익숙했다.) 경기를 보러 다니기 시작했다. 열광적인 관중 분위기에 완전히 몰입하고 싶어서 외야석에 자리를 잡았다. 마치 투수가 던지는 공 하나하나에 자신의 인생과 행복, 영광이 달렸다는 듯이 선수의 동작 하나하나에 환호하다 탄식하고, 열띤 응원을 보내다 야유를 보내고, 희망과 절망 사이를 수도 없이 오가며 웃통까지 벗어젖힌 수많은 관중의 열기에 둘러싸여 같이 흥분하고 같이 실망했다. 이런 열광적인 모습이 바보스럽다거나 감성에 치우친 사람들이 혐오스럽다기보다는 마치 따듯한 욕조 물에 몸을 담그듯 이 '유치한' 멜로드라마에 흠뻑 빠져들었다. 어느 모로 보나 당시 내가 열성적인 다저스 팬처럼 행동했다고는 못 하겠지만, 대여섯 차례 에베츠 필드 외야석에서 보냈던 그 경험 때문에 이후 평생 다저스 팬이 돼버렸다. 그리고 내가 로스앤젤레스로 이사했을 때 마치 나를 따라오듯이 다저스 연고지도 로스앤젤레스로 바뀌었다. 이에 따라 다저스 애칭도 '범즈'에서 '에인절스'가 됐다. 유럽에서 살 때도 다저스에 대한 애정과 충성심은 여전했다. 올해 쿠팩스Sandy Koufax: 다저스의 전설적 투수가 1966년 시즌 마지막 경기에서 이겼을 때는 너무 기뻤고 월드 시리즈에서 4연패 하며 우승하지 못했을 때는 너무 속이 상했다.

15

브로드웨이 출정기

내 본업에 충실한 기간에도 시간을 내서 단막극 한 편과 장막극 세 편을 썼다. 이 가운데 한 편은 무대에도 올렸다.

첫 번째 희곡을 쓴 계기가 좀 희한하다. 베리스퍼드 아파트에 살던 1930년에 옛 서류를 찾다가 선반에서 종이 상자를 하나 발견했다. 아무 생각 없이 상자를 열었더니 그 안에 오래전에 알고 지내던 기혼 예술가가 내 아내에게 보낸 편지가 잔뜩 들어있었다. 낯부끄러운 내용이었음이 분명한 구절은 지워진 상태였지만, 이 중 몇 개는 아내의 불륜을 입증하는 증거로 손색이 없어 보였다. 그때는 이미 헤이즐과 내 관계가 악화할 대로 악화한 상태였다. 둘 사이에 애틋한 사랑이 사라진 지 이미 오래고 1927년 가을에 아내 혼자 러시아로 여행을 떠나면서 실질적으로 별거에 들어갔다. 우리는 결국 1938년에 어렵게 이혼을 했다.

당시 이 편지를 내가 이용하려고만 했다면 꽤 유용하게 써먹을 수도 있었다. 그러나 결혼 생활에 종지부를 찍는 시점에 헤이즐 측 변호사와 내 변호사 간에 은밀히 이 편지 이야기가 오고 갔을 때를 제외하고 편지 건은 불문에 부쳤다. 편지 공개를 꺼린 두 가지 이유가 있었다. 하나는 그때 내가 외도를 하고 있었기 때문이다. 헤이즐이 유럽에 가있는 동안에 다른 여성과 만나기 시작했다. 그러니 헤이즐도 다른 남성과 만나 행복을 누릴 권리가 있다고 생각했다. 알량한 양심상 그래야 공평하지 않겠느냐는 생각이었다. 또 하나는 어쨌든 우리 부부의 일인데 그 허물을 세상 사람들이 다 알게 떠들고 싶지는 않았기 때문이다. 가족에게 상처만 줄 뿐인데 무슨 좋은 꼴을 보겠다고 그렇게까지 하나 싶었다.

꽤 많은 편지 중에서 딱 두 통만 남겨뒀다. 돌이켜보면 잘한 일이었다는 생각이 든다. 내가 편지를 봤다는 말은 헤이즐에게 하지 않았다. 이혼 후 35년 동안 이런저런 일로 헤이즐을 만났는데도 그 일에 관해서는 지금까지도 말해본 적이 없다. 그러나 나는 이 일에서 영감을 받아 희곡을 쓰기 시작했고 이 작업에 정말 열심이었다. 정신분석학자라면 이를 두고 고통스러운 경험의 '승화'라고 말하지 않을까?

제목은 〈도혼식China Wedding〉'결혼 20주년 기념'이라는 의미으로 정했다. 결혼 20주년을 맞은 부부를 주인공으로 한 이야기이기 때문이다. 그리고 희곡 속 부부는 아주 훌륭한 사람들이었다. 이 또한 전혀 훌륭하지 않았던 우리 두 사람의 모습을 고매하게 승화시킨 셈이다! 남편은 성공한 변호사고 아내는 자선 활동에 열심인 아름다운 여성이다. 여기에 프랑스인 예술가가 한 명 등장하는데 수년 전에 여주인공과 사귄 사람이었다. 아내는 남편이 너무 지성과 논리만 따지고 자신에게 신경을 쓰지 않았기 때문이라는 핑계를 댔다. (약간의 자기 분석!) 그러나 나중에는 이 예술가와 여주인공의 사랑이 우정으로 바뀌면서 두 사람 간의 애정 관계는 끝이 났다.

그러나 아내는 열렬했던 그 시절의 연애편지를 계속 간직한다. 주소지는 우체국 개인 사서함으로 돼있었으나 편지는 묘하게 남편 책상 위 폴더에 꽂혀있다. 문제는 남편이 편지를 발견하고 펴서 읽어봤느냐다. 연극이 진행되는 내내 남편은 편지 이야기는 꺼내지 않는다. 그러나 아내는 남편이 설사 아내의 비밀을 알았다 하더라도 성격상 아무 말도 안 하는 사람이라는 점을 잘 알고 있다. 남편이 편지를 봤는지 안 봤는지를 아내도 관객도 모르는 채 연극은 끝이 난다. 남편이 아내의 외도를 아는지 모르는지는 관객이 판단할 몫이다. 물론 이 연극에는 조연도 등장한다. 열여덟 살 된 딸과 약혼자가 나온다. 남편은 이 예비 사위에게 성에 관한 조언을 마음껏 해준다. 이 약혼자는 아주 이상적인 젊은 작가로 묘사하려고 했다. 극중에서 라틴어로 말재간을 부리고 자작 연애 시도 두 편이나 낭송한다. 물론 남편은 내 10년 후 모습을 반영해 그렸고 아내는 헤이즐의 그동안 모습은 물론이고 성격적 특성도 많이 반영해 묘사했다. 타자수가 정리한 원고를 받아서 헤이즐에게 한번 읽어보라고 했다. 헤이즐은 원고를 읽고 나서 돌려주면서 희곡이 아주 마음에 든다고 말했다. 희곡의 중심 주제에 관해서는 한마디도 하지 않았다. 비밀에 속하는 다른 남성과의 연애를 내가 눈치챘다는 점을 알았을 법도 한데 그 부분에 대해 화를 내지도 놀라지도 않았다. 세상에나, 여자들이란!

당시 우리는 〈시어터 매거진Theatre Magazine〉 편집자이면서 연출가 존 골든John Golden의 여동생인 실비아 골든과 친하게 지냈다. 실비아도 내 희곡을 마음에 들어 했고, 위대한 극작가이자 연출가 데이비드 벨라스코David Belasco가 무대에 올려줄지도 모른다고 생각했다. 그래서 벨라스코에게 원고를 보냈고 얼마 후 우리는 '데이비드 벨라스코 극장' 사무실에서 만났다. 그런데 그때 상황이 자세히 기억나지는 않는다. 푸치니 오페라 〈나비 부인Madam Butterfly〉을 희곡으로 각색했던 벨라스코는 잘 알려진 대로 성직자 스타일 복장을 하고 있었다. 이때 꽤 예의 바르게 이야기를 했다고 생각한다.

그러나 이 예의 바름보다는 내 희곡을 받아주지 않았다는 부분이 더 확실하게 기억이 난다.

나중에 유명 공연 대행사 '영 & 럽사만'이 내 희곡을 받아줬다. 그러나 말 그대로 그냥 '받아만' 줬다. 그러나 무대에 오르기 일보 직전까지 갔던 적도 있었다. 존스홉킨스대학은 신인 극작가를 대상으로 매년 희곡 공모전을 열고 여기서 1등으로 뽑힌 작품을 무대에 올린다. 나도 공모전에 참가했다. 그런데 내 작품을 금방 돌려주지 않고 꽤 오래 가지고 있기에 은근히 기대했다. 그러나 결국 내 희곡을 돌려줬다. 그래도 동봉한 편지에 내 〈도혼식〉과 다른 작품이 마지막까지 경합을 벌였다고 쓰여있기에 좀 위로가 됐다. 상당히 '강렬한 작품'이라는 평이 있었지만, 결국 다른 작품이 뽑히고 내 작품은 2등에 머물렀다. 그래도 2등이라니까 위안이 좀 되기는 했지만, 괴테가 〈타우리스의 이피게네이아〉에서 토아스Thoas: 타우리스의 왕의 입을 통해 말했던 구절이 떠올랐다. "다른 사람은 '안 돼!'라는 말밖에 못 듣는다."

그러나 나는 다른 희곡을 쓸 생각이었고 구상도 하고 있었다. 단막 보드빌vaudeville: 노래·춤·곡예·촌극 등 다양한 볼거리로 꾸미는 일종의 통속 희극에 대한 줄거리가 떠올랐고 앉은자리에서 대사를 거의 다 썼다. 이 희곡 제목은 〈심판의 날The Day of Reckoning〉이었다. 무대 배경은 이발소였다. 오래전에 이발사의 아내가 교활한 친구의 유혹에 넘어갔고 이 친구는 결국 부부가 저축한 돈을 홀랑 털어 달아났다. 어느 날 수염이 덥수룩한 손님이 이발소로 들어와 깨끗하게 면도를 해달라고 했다. 이발사는 의자에 앉아 턱을 내놓고 있는 그 손님이 자신의 가정에 불행을 몰고 온 원흉임을 바로 알아차렸다. 이 장면을 한번 상상해보라. 섬뜩하지 않은가! 연극은 이 손님이 무시무시한 면도칼 아래에서 공포에 떨며 하얗게 질린 표정을 한 채 끝이 난다.

〈도혼식〉도 그렇고 이 작품이 걸작이라고 생각하지는 않지만, 그래도 두 작품을 헤이즐의 친구 해리 델프에게 보내봤다. 여동생 줄리엣도 그렇고 해리는 보드빌 분야에서 나름의 성공을 거둔 사람이었다. 해리는 춤이 전공이었고 줄리엣은 모방과 독백에 능했다. 게다가 해리는 극작가이기도 하며 〈위층 가족The Family Upstairs〉이라는 희곡으로 큰 성공을 거둔 바 있다. 내가 보냈던 작품 구상도를 돌려주면서 작품은 괜찮은데 구성이 〈황제의 이발사Emperor's Barber〉(이 극의 주인공은 나폴레옹)와 거의 같다고 말했다. 그리고 현재 보드빌은 별로 인기가 없어서 누가 쓴 극이든 간에 무대에 올라갈 가능성이 거의 없다는 말도 덧붙였다. 〈심판의 날〉은 결국 내 서재 어딘가에 처박히는 신세가 됐다.

그 직후에 해리 델프가 한 가지 제안을 했다. 3막짜리 희가극을 구상 중인데 대사를 쓰는 내 능력이 탁월하다고 생각한다면서 공동 작업을 통해 대흥행작 한번 내보지 않겠느냐고 했다. 그러나 이 계획을 실행하는 데는 작은 문제가 하나 있었다. 어찌 보면 내게 유리한 상황일 수도 있었다. 해리는 버거병을 앓고 있었다. 의학적으로는 '폐색성 혈전 혈관염'이라는 무시무시한 명칭으로 불린다. 그런데 이 병이 다리에 영향을 주는 바람에 무대에서 직접 연기를 하지 못하게 됐다. 그러나 선견지명이 있었는지 거액의 보험을 들어놨는데 '신체장애 조항disability clause' 덕분에 지금은 매달 상당한 금액을 보험금으로 받고 있었다. 그런데 피보험자가 자립 능력이 회복되면 해당 보험금 지급이 중지된다. 따라서 보험사는 피보험자의 활동 상태를 늘 지켜본다. 보험사의 감시 아닌 감시를 받고 있던 처지라 자신이 새 희곡의 공동 저자라는 사실이 알려지면 곤란하다고 생각했다. 그래서 이번 희곡 작자로는 내 이름만 나가게 됐다. 물론 큰 비중을 차지하는 영화 판권을 비롯해 여기서 벌어들이는 수익은 공평하게 나누기로 했다.

모든 조건이 내게 유리하다 싶어서 더 깊이 생각하지 않고 그 제안을 받아들였다. 돌이켜보면 내 입장에서는 결코 칭찬받을 만한 일이 아니었다. 어찌 보면 보험사를 이용해먹으려는, 더 정확히 말하면 보험사를 '속이려는' 수익자 편에 서서 일종의 보험사기를 도와준 꼴이었다. 재정적 부분에서는 누구보다 청렴하게 일을 처리해왔다는 점에서 늘 자부심을 느끼던 나였다. 그런 내가 그런 범법 행위를 눈감아줬다는 사실이 어이없기도 하고 한심하기도 했다. 대다수 사람이 그렇듯이 나도 보험사를 속이는 일은 범죄가 아니라고 생각했단 말인가? 게다가 지난 수년간 보험사 주식 보유로 큰돈을 벌었기 때문에 내 태도가 더더욱 신용을 저버린 행동으로 느껴졌다. 나만 손해 안 보면 그만이란 말인가! 이 무슨 염치없는 태도인지.

가제를 〈해병대의 진실True to the Marines〉이라고 붙인 이 희곡의 주인공은 잘나가는 유명 논설위원으로 한다는 생각이었다. 허스트 그룹당대의 미국 최대 언론사 소속의 당대 최고 언론인으로 꼽히던 아서 브리즈번Arthur Brisbane을 염두에 뒀다고 해도 과언은 아니다. 우리 주인공에게는 아름답기는 한데 차분하지 못하고 좀 덜렁거리는 성격의 연인이 있다. 멍청해 보이는 이 연인이 그래도 각종 시사에 대해 툭툭 던지는 말이 칼럼을 쓸 때 상당한 도움이 된다. 두 사람 외에 다른 등장인물도 있다. 이 여성과 사랑에 빠지는 젊고 매력적인 남성도 등장한다. 또 한 사람은 주인공의 아내인데 남편의 행복이나 일에 관한 부분에서 이 여성이 큰 역할을 한다는 사실을 잘 알고 있다. 그래서 남편의 연인이 젊은 남성과 사랑에 빠졌을 때 남편의 상실감을 덜어주려고 애를 쓴다.

본격적인 대본 작업은 1933년 여름에 시작했다. 그동안 바닷가에 사는 해리 델프에게 일주일에 한 번씩 찾아가 장시간 논의를 했다. 드디어 탈고했고 해리도 만족스러워했다. 이제 이 작품을 무대에 올리는 작업은 해리의 몫이었다. 이와 관련해 한 가지 거래를 성사시켰다. 환호성을 올릴 만한 수준은 아니지만, 전혀 안 하는 것보다는 나았다. 롱아일랜드 로커스트 밸리에 있는 레드 반 극장 소속의 한 레퍼토리 극단stock company: 한 극장에 전속돼 한 시즌에 연극 여러 편을 공연하는 극단이 시즌 개막작으로 한두 주 동안 우리 희곡을 시험 공연하기로 했다. 그리고 우리는 희곡 사용 허가료 명목으로 소정의 비용을 받는 조건이었다. 첫 공연은 1934년 6월에 있었는데 《증권분석》이 첫선을 보인 시기와 얼추 비슷했다. 나는 집에서 멀리 떨어진 로커스트 밸리에 가서 두 차례 공연을 봤다. 그때 공연 반응이 어땠는지는 기억이 안 난다. 내 느낌으로는 '상당히 성공적'이라고 봤다.

내 첫 번째 책과 첫 번째 희곡이 거의 동시에 세상에 나온다는 사실이 내 허영심을 크게 만족시켰고, 너무 기분이 좋아 어깨가 잔뜩 올라갔다. 당시 BGJA도 고수익을 올리면서 재정적 압박에서 벗어났고 고객에 대한 걱정도 한시름 덜게 됐기 때문에 기쁨과 행복감이 더욱 컸다. 게다가 나를 전문가 증인으로 부르는 곳도 점점 늘어났다. 이보다 더 짭짤한 부업이 어디 있겠는가! 이제 내 나이 마흔이 됐다. 어느 프랑스 작가가 '중년의 사춘기'라고 했던 바로 그 나이 말이다. 그런데 놀랍게도 이 나이가 된 내가 이전과는 성격이 많이 다른 애정 관계에 빠져들고 있었다. 연극계 분위기에 휩싸이고 본업 외에 다양한 활동을 한 부분이 잠재적으로 내 애정 생활에 영향을 미쳤는지도 모르겠다.

해리 델프는 내 희곡 〈해병대의 진실〉을 무대에 올려줄 브로드웨이 제작자를 열심히 물색했다. 제목은 〈베이비 퐁파두르Baby Pompadour〉로 바꾸기로 했다. 우리는 루이 15세의 궁에 머물던 퐁파두르 부인의 상황과 저명한 논설위원의 서재에 있는 여주인공의 상황에 유사점이 있다고 봤다. 몇 달간 열심히 찾아본 끝에 우리 연극을 브로드웨이 무대에 올릴 의향이 있고 또 그럴 능력도 되는 사람을 만났다. 해리는 만족스럽지는 않지만, 계약 조건을 수락하는 편이 낫겠다고 말했다. 희곡에 대한 저작권 사용료로 500달러를 선지급한다는 조항도 포함돼있었다.

실제로 이보다 나은 거래를 바랐는데 현실은 그렇지 못했다. 제작을 맡을 사람은 어빙 스타인먼이었다. 허드슨강 유역에 대규모로 조성된 위락단지 '팰러세이즈 놀이공원'의 주요 소유자 중 한 사람으로서 연예 사업 부문에 경험도 있고 성공도 해본 사람이었다. 그러나 브로드웨이 극장에 정식으로 연극을 올리는 일은 이번이 처음이었고 또 온전히 사업적인 측면에서 벌인 일도 아니었다. "여자가 있는지 찾아보라Cherchez la femme." 모든 사건 뒤에는 여자가 있다는 말이 있지 않은가! 역시나 어빙에게는 결혼을 약속한 젊은 여자가 있었다. 셜리 밀러라는 여성이었는데 상류층 유대인 집안 출신이었고 아버지가 월가 브로커였다. 어릴 때부터 오로지 연기에만 관심이 있었다. 연극 학교 때 무대에 올린 연극에서 주요 배역을 여러 번 맡았기 때문에 본인은 그 정도 경력이면 직업 배우로 나서도 문제가 없다고 생각했다. 그러나 밑에서부터 차근차근 단계를 밟아나가는 쪽이 아니라 대다수가 그렇듯이 처음부터 주인공을 맡아 단번에 출세하는 이른바 벼락스타를 꿈꿨다.

셜리는 로커스트에서 공연한 내 연극을 보고 여주인공 역을 맡을 사람은 자신밖에 없다고 생각했다. 나중에 셜리는 약혼자가 워낙 빈틈없는 사람이라서 이 연극을 후원해달라고 설득하기가 무척 어려웠다고 털어놨다. 그러나 만약 이 연극에 투자하지 않으면 파혼하겠다고 으름장을 놔서 겨우 허락을 받아냈다고 한다. 그래서 어빙 스타인먼과 연극 제작 협상을 할 때 생짜 신인인 셜리를 주인공으로 할 수밖에 없었다. 돌이켜보면 이로써 우리는 '흥행 실패 보증수표'부터 발행해놓고 일을 진행한 셈이었다. 그러나 우리 작품을 무대에 올리겠다는 의지와 열망이 너무 커서 위험 요소는 애써 외면했던 듯하다. 이 부분에서만큼은 경험 많은 해리 델프도 예외는 아니었다. 실패 요소에는 눈을 감고 성공 확률이 높다고 말해주는 이유만 계속 찾으려 했다.

최종 계약서에 서명하려고 대행사 사무실을 찾았다. 이 자리에서 스타인먼은 내게 무슨 일을 하느냐고 물었고 나는 정직하게 금융 일을 한다고 대답했다. 자연스럽게 우리는 주식시장 전망이라든가 스타인먼이 투자한 종목의 이점 등에 관해 열띤 토론을 벌였다. 대행사 측은 극작가와 후원자 간에 이런 대화를 나누는 장면은 생전 처음 봤다며 놀라워했다. 그러나 결과적으로 이렇게 금융 지식을 줄줄이 쏟아낸 점이 내게는 득이 되지 않았다. 스타인먼은 연극 제작 후원금 1만 5,000달러 중에서 2,500달러를 분담해 줄 사람을 찾고 있는 듯했다. 요즘 제작비 규모에 비하면 푼돈 수준인데 말이다. 결국은 1만 2,500달러를 내는 스타인먼과 동일한 조건으로 내가 나머지 2,500달러를 내기로 했다. 스타인먼은 결혼한 여자가 있으니 투자 위험을 감수하겠지만, 나는 왜 그런 위험 부담을 졌을까? 셜리가 스타인먼의 연인이듯 연극 자체가 내 연인이라고 생각하지 않았나 싶다. 스타인먼이 연인 때문에 사업적인 목적과는 별개로 이 일을 시작했듯이 나도 연극에 대한 사랑 때문에 비사업적인 목적으로 투자한 셈이었다.

어쨌거나 계약서에 서명은 했고 제작비는 투입됐다. 이제 무대 공연을 목표로 만반의 준비를 갖춰나가면 된다. 누군가가 제작사를 수배했다. 키네코트 & 워너라는 곳이었다. 대표인 두 젊은이는 이제 막 제작 사업을 시작한 사람들이었다. 키가 크고 잘생긴 청년인 키네코트가 자금을 대고 키가 작고 대머리에 안경을 쓴 워너는 다양한 제작사 밑에서 수년 간 조연출을 해본 경력을 바탕으로 실무를 담당하는 모양이었다. 이미 연극 한 편을 제작했다는데 곧바로 접었다고 한다. 그러나 늘 그렇듯이 실패하는 데는 그럴만한 이유가 있는 법이다.

영 미덥지 못한 출발이기는 했으나 그래도 우리 연극에는 한 줄기 희망이 있었다. 클래런스 더원트Clarence Derwent가 연출을 맡았다는 점이다. 브로드웨이 최고 연출가에게 매년 '클래런스 더원트상'을 수여한다는 사실에서 확인할 수 있듯이 더원트는 영국인 출신으로 미 연극계에서 알아주는 유명 인사였다. 그 더원트가 이 '무모한' 작업에 뛰어들 정도로 일자리가 궁했는지도 모르겠다. 그러나 더원트는 아주 열심히 일했다. 연출가인 더원트는 제작자들과 함께 여주인공 역인 셜리 밀러를 제외한 나머지 출연진을 선발했다. 다들 경험이 풍부했고 내가 보기에는 다 재능 있는 사람들이었다. 그러나 연극계를 포함해 금융계 이외 분야에 대한 내 비평 능력은 전혀 향상되지 않았음을 고백하지 않을 수 없다.

제작 실무를 맡아 열심히 뛰던 워너는 44번가에 있는 밴더빌트 극장에서 공연하기로 했다고 밝혔다. 가격이 더 싼 극장도 여럿 있었지만, 성공을 보장하려면 극장의 명성과 이름값도 중요하다고 말했다.

공연까지 6주일 남짓한 기간이 내게는 엄청나게 긴장되고 또 흥분되는 시간이었다. 퇴근 후에는 주기적으로 리허설 현장에 참석했고 대사 수정 논의를 할 때도 있었다. 배우들이 내가 쓴 대사를 익혀나가는 과정, 연출가 더원트가 배우의 연기와 표정에 관한 지시를 내리는 장면, 속속 도착하는 무대장치와 의상(아마도 가장 멋지고 흥분되는 장면이었을 듯) 그리고 마지막으로 의상을 다 갖춰 입고 하는 총 리허설을 지켜보는 일은 정말로 황홀한 경험이었다.

개막일이 얼마 남지 않은 시점인데 결말 부분을 바꿔야겠다는 생각이 들었다. 그러면 마지막 부분을 거의 다 고쳐야 한다. 수정할 부분에 대해 해리와 협의를 끝낸 후에 다음 날까지 수정 작업을 완료하기로 했다. 그날 헤이즐이 계속 타주는 커피를 마셔대며 타자기 앞에서 거의 밤을 새우다 시피 했다. 약속대로 다음 날 수정을 마친 원고를 전달했고 최종 승인까지 받았다.

드디어 첫 공연 날 밤이었다. 개막일 며칠 전에 있었던 두 가지 일이 생각난다. 무대 담당자였는지 심부름꾼이었는지는 잘 모르겠는데 아무튼 어떤 사람이 내게 다가와 브로드웨이 연극판에서 〈베이비 퐁파두르〉가 대박이 난다는 소문이 파다하다면서 미리 축하한다고 말했다. 그냥 좋은 말을 해주고 싶어서였을까 아니면 팁을 달라는 의미였을까? 이보다는 두 번째 일이 더 중요했다. 젊은 조연출이 나를 불러내더니 눈물까지 글썽이며 이렇게 말했다. "그레이엄 씨, 이건 범죄예요." 이 말에 나는 대체 무슨 소리냐는 듯이 물었다. "왜요?", "모르겠어요? 이 작품, 무대에 오를 준비가 안 돼있어요. 아직 손볼 곳이 너무 많다고요. 뉴헤이븐이든 애틀랜틱시티든 어느 곳에서든 적어도 2주일 정도 시험 공연을 한 다음에 이 극장에 올려야 합니다." 이 말에 내가 무슨 말을 어떻게 할 수 있었겠는가? 그저 제작진과 스타인먼이 알아서 잘하기만을 바랄 뿐이었다. 무엇보다 시험 공연을 할 만큼의 여유 자금이 없었다. 이런 김빠지는 반응에 이 청년은 하는 수 없다는 듯 두 손을 들고 어깨를 한번 으쓱하더니만 그냥 가버렸다. 물론 이 청년의 판단이 전적으로 옳았다.

시어터 프로그램 컴퍼니라는 회사에서 나온 사람이 밴더빌트 극장에 있는 내게 다가오더니 프로그램연극의 진행 차례나 진행 목록에 들어갈 자료라면서 내 경력 사항을 물었다. 그 사람의 질문에 솔직하게 대답했다. 그러나 유감스럽게도 프로그램에 나온 자료에는 내가 아마추어 극작가이고 이번이 첫 공연인 데다 원래 금융계에서 일하는 사람이라는 점만 부각되었을 뿐이었다.

첫날은 그래도 관객이 많이 왔다. 연극 공연장 분위기에 맞게 대다수가 야회복 차림이었다. 연극은 잘 진행되는 듯했고 관객석에서 웃음도 많이 터져 나왔다. 그러나 박수갈채가 영 신통치 않았다. 막이 내려졌을 때 '작가! 작가!'를 외치는 소리가 간간이 들렸을 뿐(아마도 내 친구와 친척들 목소리) 열광적인 반응은 없었으며 다들 극장을 나서기 바빴고 연극의 여운을 느긋하게 즐기려는 사람은 없었다(즐길 '여운'도 없었겠지만). 밖으로 나왔을 때 평상복을 입은 두 남자가 하는 말이 들렸다. "와, 어떻게 커튼콜 한 번이 없지?" 심장이 쿵 하고 내려앉는 느낌이었다. 신문에 평을 쓰는 비평가들이었다.

연극계 관례에 따라 배우들과 연출가, 기타 직원이 엘도라도에 있는 내 아파트에 모여 첫 공연 기념 파티를 열었다. 커피와 케이크, 샴페인이 준비돼있었다. 누군가 다음 날 아침 조간신문 초판이 나올 때까지 밤새 파티를 즐기자고 했다. 그러나 다들 피곤해 보였고 대충 끝내고 집에 돌아가고 싶어 했다. 바보가 아닌 이상 어떤 평이 나올지 다들 짐작하고 있었기 때문이리라. 연극에 대한 평은 더할 수 없을 정도로 처참했다. 월가 경력과 브로드웨이 연극인의 어설픈 조합이라는 평까지 나왔다. 이 와중에 우호적인 비평도 있기는 했다. 우리가 주인공을 창조할 때 참고했던 바로 그 아서 브리즈번이 주필로 있는 〈뉴욕 이브닝 저널New York Evening Journal〉의 비평은 나름대로 괜찮았다.

한마디로 이 공연은 대실패였다. 이 연극은 몇 안 되는 관객을 모으며 1주일 동안 버텼다. 스타인먼은 다른 일을 할 때와 마찬가지로 분위기와 흐름을 좀 바꿔보겠다며 무료 입장권을 뿌리고 추가 공연을 추진하는 등 다각도로 전략을 마련하려 했다. 너무 고상하게만 가지 말고 성적인 내용을 더 첨가하면 관객을 더 끌어올 수 있지 않겠느냐며 그런 쪽으로 대사를 바꿔보자고도 했다. 그리고 제작비 절반을 내가 부담하면서 공연을 계속하자고 했다. 그러나 나는 전혀 그럴 마음이 없어서 그 제안을 거절했다. 결국은 그 주가 끝나면서 연극도 내렸다. 배우에게는 적정 수준의 보상금을 지급했고 무대장치는 헐값에 원래의 설계자에게 넘겼으며 각종 비용도 다 결제 처리했다. 그러고 나니 제작자가 가져갈 돈이 없었다. 〈베이비 퐁파두르〉는 그렇게 막을 내렸다.

연극이 그렇게 형편없었는지 내가 어떻게 판단하겠는가. 그때는 정말 훌륭하다고 생각했고, 그 연극에 관련된 사람 전부가 아마도 같은 생각이었으리라. 몇몇 아이디어는 정말 괜찮았고 좋은 장면도 분명히 있었으며 웃음을 유발하는 재기발랄한 표현도 많았다. 그 희곡을 읽은 지 벌써 30년이 지난 시점이라 대사며 세부 내용이 잘 기억나지 않기 때문에 제대로 된 평가는 불가능하다. 다만, 브로드웨이에서 성공할 정도로 훌륭하지 않았고 그래서 실패할 만했다고 봐야 할 듯하다.

해리 델프는 공연 실패에 대해 체념하듯 고개를 절레절레 흔들며 화가 난다기보다는 속상하다는 듯이 내게 이렇게 말했다. "벤, 월가에서 일한다는 말은 하지 않는 편이 좋았어. 그게 치명적이었다고." 그 후 1년여 동안 해리는 영화계 문을 두드렸다. 할리우드에 내 희곡을 팔려고 애를 썼는데 몇 차례 거래 제의도 있었던 모양이다. 그런데 내가 알기로 너무 터무니없는 조건이라 그런 제의를 거절했고 그 이후에는 별 소식이 없었다. 그 후로 해리를 보지 못했다.

전체적으로 보면 해리는 썩 괜찮은 사람이고 사업적 측면에서도 꽤 영리했다고 생각한다. 적어도 해리는 이 연극으로 250달러를 벌었고 제작비로는 한 푼도 투자하지 않았으니 말이다.

연극 평이 쏟아진 다음 날 가장 신랄한 악평 기사 사본을 한 장 받았다. 그 기사 위에 '하하하'라고 휘갈겨 쓴 글씨가 보였다. 그뿐이었고 다른 말은 없었다. 내게도 분명히 적敵이 있는 모양이었다. 그러나 축하한다는 말과 함께 우리 연극에 호의적인 비평을 했던 〈뉴욕 이브닝 저널〉 기사를 보낸 친구들도 있었다. 아마도 이 친구들은 악평을 한 다른 기사는 읽어보지 않았음에 틀림이 없다. 나는 내 친구인 타신 교수에게 이번 연극이 실패해서 너무 속상하다고 했다. 그랬더니 이 친구 반응이 의외였다. "벤, 자네는 어떻게 내 앞에서 그런 말을 할 수가 있나? 겨우 공연이 실패했다고 지금 그러는 거야? 나 같은 사람도 있는데. 나는 평생 배우이자 극작가 그리고 선생으로 살았어. 그동안 희곡을 여섯 편 썼는데 다 내 돈으로 출판을 했다고. 내 유일한 꿈이 뭔지 알아? 단 한 편이라도 아마추어 무대가 아니라 브로드웨이 같은 정식 극장에 올려보면 소원이 없겠어. 그런데 지금까지 그걸 못했단 말이지. 하지만 자네는 어떤가 봐. 희곡을 처음 썼고(사실 처음은 아님) 두 편이나 무대에 올렸잖아. 게다가 그 두 번 중 한 번은 브로드웨이에 올린 거고. 그게 성공이 아니고 실패라고? 지금 날 놀리는 거지?" 타신은 진심으로 그렇게 말했다고 생각한다.

변호사이자 회계사인 내 친구 솔 레비가 자꾸 부추기는 바람에 희곡을 또 한 편 썼다. 월가 이야기를 쓸 적임자는 나밖에 없다고 생각한 모양이었다. 이 희곡의 제목은 셰익스피어의 《율리우스 카이사르》에 나온 대목에서 영감을 얻어 〈거센 물결〉이라고 붙였다. 처음에는 대공황기인 1928년부터 1932년까지와 그 직전 상황을 배경으로 할 생각이었다. 그러나 대공황이라는 극단적 상황을 배경으로 하면 등장인물의 성격을 규정하기가 참 애매했다. 그래서 투기가 기승을 부리던 1918년부터 1919년 그리고 약세장이었던 1920년부터 1921년까지를 시대적 배경으로 삼았다. 등장인물은 대부분 N. H. & L.에서 일하던 초기 시절에 눈여겨봤던 사람들을 참고로 했다. 물론 주인공은 나였다. 폭락 장세에서도 다른 사람은 생각도 못 하는 전혀 새로운 방식으로 승승장구하는 젊은 고수로 그렸다. 그러나 이 희곡의 운명 또한 별 볼일이 없었다. 탈리아Thalia: 희극의 여신와 멜포메네 Melpomene: 비극의 여신에 대한 내 '짝사랑'은 이렇게 하릴없이 끝나고 말았다.

그 이후로도 연극에는 계속 관심을 뒀지만, 그냥 구경꾼으로 그랬을 뿐 다시 제작에 발을 들이는 일은 없었다. 내 오랜 친구 앨빈 존슨Alvin Johnson이 설립에 참여했던 사회연구 뉴스쿨New School of Social Research: NSSR: 뉴스쿨대학 소속 5개 교육 기관 중 하나에서 1936년에 '망명대학University in Exile'을 만들었다. 히틀러 치하 독일에서 망명한 저명한 교수들에게 일자리를 제공한다는 취지였다. 대대적인 기금 마련 운동이 시작됐고 수백 명이 참석한 대규모 만찬 모임도 이 운동의 일환이었다. 참석자들은 직업이나 활동 분야별로 자리가 배정됐다. 그런데 나는 '연극계' 사람들이 모인 자리에 배정됐다. 처음에는 놀랐으나 내심 기분이 좋았다. 그 자리에는 조지 거슈윈George Gershwin과 에드워드 로빈슨Edward G. Robinson, 샘 재피Sam Jaffee 등이 있었기 때문이다. 당연히 문외한인 나는 듣기만 할 뿐 별말은 하지 않았다. 첫 대화 주제는 〈포기와 베스Porgy and Bess〉(거슈윈의 오페라)에 관한 내용이었고, 그다음은 리허설에 관한 대화가 오갔다. 또 거슈윈은 취미로 그림을 그린다는 말을 했고 로빈슨은 미술품 수집에 관해 이야기했다. 실제로 훗날 로빈슨의 수집품은 미국에서 첫손에 꼽힐 정도로 상당한 가치를 인정받았다. 샘 재피가 무슨 말을 했는지는 기억이 잘 안 나지만, 뉴스쿨 극장에서 공연했던 〈리어왕〉에서 주인공 리어왕 역할을 맡았던 재피에게 공연 성공을 축하한다고 말했던 기억은 난다.

그러나 유감스럽게도 얼마 후 조지 거슈윈은 자신의 인생 최고 절정기에 그만 세상을 뜨고 말았다. 한참 세월이 흐른 후에 도쿄에 있는 데이코쿠 호텔에서 다시 로빈슨을 소개받았다. 다시 만나게 돼서 정말 기쁘다고 말했다. 특히 우리 두 사람의 외모가 닮았다며 헷갈려하는 사람이 많아서 이런 만남이 더 반갑다고 했다. (제2차 세계대전 중에 나는 5번로에 있는 적십자사 본부에서 헌혈을 하고 있었다. 그런데 이런 나를 보고 에드워드 로빈슨이 가명으로 이곳에 와있다는 소문이 돌았다. 그러자 수많은 간호사가 나를 보러 달려왔다.) 이때 로빈슨이 했던 말을 절대 잊지 않을 생각이다. 내 허영심을 부추겨주는 말에 우쭐한 기분이 들었으니 말이다. "아이고, 그레이엄 씨. 내가 당신처럼 생겼으면 더 근사한 배역을 맡았겠지요." 몇 년 후에 우리는 베벌리힐스에서 만나 친구가 됐다. 샘 재피와도 잘 알고 지내게 됐다. 내 친한 친구이자 든든한 후원자인 어빙 칸Irving Kahn의 사촌이었기 때문이다.

워너를 제외하고 이전에 만났던 연극계 사람들과는 거의 연락을 하지 않았다. 어느 날 워너가 내 사무실로 찾아왔다. 그동안 하루 벌어 하루 사는 생활을 하며 근근이 살았는데 다행히도 이제 할리우드 영화 제작사에서 조감독으로 일하게 됐다고 한다. 그런데 캘리포니아까지 갈 차비가 없으니 돈을 좀 빌려줄 수 있겠느냐고 했다. 나는 돈을 빌려줬고 몇 주일 후에 감사의 편지 한 통을 받았다. 일이 잘되고 있다는 내용이었다. 그러나 그 이후로 감감무소식이었다.

연극계에 종사하는 사람은 십중팔구 매우 불안정한 생활을 하고 있는 듯하다. 일의 성격상 일자리를 얻은 사람보다 일자리를 구하는 사람이 훨씬 많다. 연극계가 호황이라 뉴욕이든 어디든 연극 공연이 많을 때는 배우와 매니저, 연출가, 기타 직원 등 구인 요건에 맞는 사람들이 넘쳐난다. 그러나 많다고 다 취업이 되지는 않는다. 적어도 절반은 취업에 실패하는데 이 사람들은 어떻게 되는가? 더구나 연극계가 불황일 때는 상황이 더 심각해진다. 연극계에는 정규직이 극소수다. 일자리를 얻었다 해도 언제까지 급료를 받으며 일하게 될지 아무도 모른다.

《고도를 기다리며》를 보면 이 참담한 현실을 조금이나마 엿볼 수 있다. 등장인물 중 한 명은 키가 엄청나게 크고 초췌할 정도로 빼빼 마른 사람으로 묘사된다. 작가 베케트는 이 연극을 언제 어디서 공연하든 이처럼 극단적인 신체 요건을 갖춘 배우가 분명히 있으리라 확신하면서, 현실에서 좀처럼 찾기 어려운 외모 특성을 구체적으로 그려냈을 터였다. 그러나 이처럼 극단적으로 크고 마른 체형을 지닌 배우가 평생 이 역할 말고 다른 역을 얼마나 맡을 수 있을까? 이런 극단적 신체 특성을 지닌 배우는 분명히 많을 것이다. 그러나 이런 사람들이 다른 역할로 다른 무대에 설 가능성이 얼마나 될까? 파리에 있을 때 〈마담 상젠〉에서 나폴레옹 역을 맡았던 키가 아주 작은 배우를 본 적이 있다. 이 배우는 훌륭한 연기로 무대를 장악하며 관중을 확 사로잡았다. 그러나 나폴레옹 역에 최적인 이 배우, 그러니까 키가 작고 배는 불룩 튀어나온 이 테스피스Thespis: 기원전 6세기에 활동한 그리스의 전설적인 시인이자 비극의 창시자 겸 배우의 추종자가 나폴레옹 역 외에 다른 어떤 배역을 맡을 수 있겠는가?

16

미국 정부에 불황 타개 방안을 제안하다

미래 세대가 있다는 가정하에 만약 다음 세대가 내 이름을 기억해준다면 아마도 상품기반준비통화 방안Commodity Reserve Currency Plan을 창안한 사람으로 기억하지 않을까 생각한다. 아니, 그랬으면 좋겠다. 이 개념을 설명하기 전에 우선 내가 정통 경제학자는 아니라는 점부터 말하고 싶다. 너무 엄격한 학문적 잣대는 피하고 싶은 비겁함일지 몰라도 일단 이 부분은 말해두고 싶다. 내가 정식으로 경제학을 공부한 경험은 1912년에 컬럼비아대학에서 머지 박사 강의를 4주간 들었던 것이 전부였다. 이때 U.S. 익스프레스 컴퍼니에서 주간 일자리를 구하는 바람에 휴학하면서 경제학 공부도 여기서 끝났다. 다음 해 2월 학기에 복학했는데 내 수강 일정상 경제학을 들을 수가 없었기 때문에 더 생각해보지도 않고 경제학 과목은 그냥 포기했다. 따라서 이 '음울한 학문'에 대한 기초 지식이 빈약하지 않냐는 말이 나올 수는 있다. 그러나 훗날 증권투자의 이론과 실제, 기업 재무, 경제학 및 전문 경제 용어 등 어떤 측면에서든 내가 권위자로서 인정받는 부분에서 경제학을 정식으로 공부한 적이 없다는 점이 문제가 되지는 않았다. 그

동안 독서와 명상, 실무 경험을 통해 금융 지식을 터득했듯이 경제학 지식도 마찬가지 방식으로 배웠다.

내가 생각해낸 경제 개념이 통화 이론 부문에서 널리 사용되고 있다. 지금 이 글을 쓰고 있는 1965년 7월 중순 시점에도 일부 경제학자가 이 개념을 언급하고 있다. 저 위대한 케인스 경John Maynard Keynes: 영국의 경제학자 언론인이 자신이 쓴 글에서 내가 생각한 개념을 언급했으며(다소 모호하기는 하지만) 아마 케인스 전집이 출간되면 이 주제에 관해 내게 쓴 편지도 그 안에 포함돼 있으리라 생각한다.

'상품을 기반으로 한 준비 통화Commodity Reserve Currency: CRC' 개념은 1921년부터 1922년까지 시장을 흔든 불황기에 처음 떠올랐다. 이때가 아마 전 세계가 처음으로 '풍요 속의 빈곤poverty midst plenty: 유효수요 부족으로 생산 설비를 완전 가동하지 못해서 잠재적으로 실현 가능한 국민생산을 달성하지 못하는 상황'을 맛본 시기였다고 본다. 유효수요effective demand 혹은 현금 수요에 비해 전반적으로 원자재는 생산과잉 현상이 나타났다. 상품 가격이 폭락하면서 온갖 유형의 금융 혼란 속에 실업 증가와 경제 불황이라는 악순환에 빠졌다. 불황에 따른 광범위한 경제 위기 상황을 지켜보면서 이 자체가 본질적으로 불필요한 상황이라고 생각했고 재발 방지를 위한 조치가 필요하다고 봤다. 한 국가에 비옥한 토지라든가 생산 시설, 기술적 지식 등과 같은 생산수단이 부족하면 필연적으로 국민의 생활수준이 낮아질 수밖에 없다. 그러나 미국처럼 천연자원이 넘쳐나는 국가가 국내에서 자체 생산한 상품을 구매할 능력이 안 돼서, 창고에는 상품이 가득 쌓여있는 반면에 가정에서는 상품 부족에 시달리는 상황이 벌어진다는 것이 논리적으로 잘 이해가 가지 않았다.

이런 괴이한 문제에 대한 해법을 고민하는 과정에서 먼저 금 생산자를 떠올려봤다. 참으로 괴이하게도 다들 고통 속에 허덕이는데 금 생산자만은 예외였다. 금을 아무리 많이 생산해도 보증된 가격(당시에는 1온스당 20달러)에 바로 판매할 수 있었다. 게다가 극심한 경제 불황이 금 생산자에게는 오히려 득이 됐다. 불황 속에 임금수준은 낮아지고 필요 물자의 구매 가격도 하락하므로 생산원가는 줄어들고 이익은 증가하기 때문이다. 수많은 경제학자가 일반적 가격수준을 안정화하는 방안을 제안했으나 그 어떤 제안도 만족스럽지 않았다. 당시 가장 잘 알려진 제안은 어빙 피셔Irving Fisher의 환산 달러compensated dollar: 기초 상품의 가치 지수를 기준으로 달러 가치를 결정함 개념이었다. 명목화폐(달러) 가치에 상당하는 수준으로 금의 양을 증감하는 방법으로 가격수준의 상승 및 하락 부분을 상쇄한다는 논리다. 이 문제를 깊이 고민하던 중에 이와는 전혀 다른 해법을 찾아냈다. 개인적으로 환산 달러보다는 진일보한 개념이라고 생각하는데 미리 정한 기초 원자재를 하나로 묶은 꾸러미 혹은 '마켓 바스켓market basket: 가격지수 산정에 사용하는 기초 원자재 및 생활필수품 목록'이라는 새로운 개념을 활용하는 방식이었다. 즉, 금의 가치에 항상 상응하는 통화 지위를 이런 '마켓 바스켓'에 부여한다. 전체 상품 집단 소유자(생산자)는 관련 상품의 상대적 지분 비율에 따라 필요할 때 재무부를 통해 해당 상품을 달러화로 교환할 수 있다. 달러 소지자는 달러화 가치에 상당하는 수량으로 마켓 바스켓을 구매할 수 있다.

내 머릿속에 떠오른 기본적 의문은 단순했다. 왜 금 생산자만 경제적 이득을 누려야 하는가? 생활필수품도 금 못지않게 중요하고 또 가치 있지 않은가? 생필품 생산자도 금 생산자와 동일한 혜택을 누려야 하지 않겠는가?

'상품기반준비통화' 방안은 적극적인 이점과 소극적인 이점을 동시에 지닌다. 적극적 이점이라는 측면에서 보자면 상품 통화는 상품을 기준으로 달러 가치를 규정하고 달러와 상품 간 상호 교환성을 확립하는 방식으로 가격 안정화 문제를 직접적으로 해결한다. 넓은 의미로 보자면 상품 통화는 상품 세계와 통화 세계를 잇는 일종의 교량 역할을 한다. 따라서 상품을 소비해야 할 때는 달러가 상품 세계로 넘어가 상품으로 소비되고, 반대로 달러가 필요할 때는 상품이 통화 세계로 건너가 달러로서 소비된다. 이 개념은 성서에 나오는 '7년 풍작과 7년 흉작' 이야기와 비슷하다. 요셉은 다가올 장기 흉작에 대비해 풍작일 때 거둔 농작물을 비축하는 지혜를 발휘했다.

소극적 이점이라는 측면에서 상품 통화 방안은 이른바 물가 안정책이라는 맥락에서 활용했던 예전 방식과는 달리 특정한 단일 상품의 가격 안정화를 목적으로 하지 않는다. 내가 제안한 방식은 수요와 공급 상황에 따라 개별 상품의 가격은 변동하는 반면에 전체 상품 바스켓의 가격은 안정적으로(적어도 좁은 범위에서) 유지된다.

사실 이론적으로는 상당히 매력적인 개념인데 이를 실행하는 데 따르는 어려움이 분명히 있다. 의류 제조업자와 기타 이와 유사한 상품을 제조하는 사업자가 고정 가격으로 재무부에 자사가 만드는 상품을 무조건 다 팔 수 있어야 하는가? 당연한 말이지만, 그렇지는 않다. 상품의 품질, 다양성, 공정가격, 부패 가능성, 노후화, 기타 고려해야 할 사항이 한둘이 아니기 때문이다. 무엇보다 정부가 이 모든 상품을 구매할 돈이 충분히 있다 하더라도 그 많은 상품으로 무엇을 하겠는가?

그러나 모든 상품이 아니라 기초 원자재로 상품의 범위를 제한한다면 이런 문제는 거의 해소된다. 호황과 불황 상황에서는 기초 원자재 가격의 변동이 핵심적 역할을 한다. 예를 들어 제1차 세계대전 이후 인플레이션 그리고 전후 호황의 결과로 1913년부터 1920년까지 미국 원자재 가격지수가 급상승했지만, 1922년에는 가격지수가 급락했다.

가장 중요한 원자재에 대한 수요가 일정하게 유지된다고 가정해 보자.

통상 기초 원자재가 상품경제의 기초를 형성하기 때문에 이들 기초 원자재에 금과 같은 확실한 지위를 보장한다면 가격수준은 물론이고 대다수 상품에 대한 유효수요를 안정화시켜 불황 재발 효과를 반감시킬 수 있다. 기초 상품 가격은 일반 상품보다 하락 폭이 더 크기 때문에 기초 상품 가격을 안정화하면 소비자 상품 가격 안정에 크게 도움이 된다. 비교적 소수인 주요 원자재, 말하자면 30종쯤 되는 원자재가 모든 1차 생산물의 가치와 중요도에서 큰 비중을 차지한다. 이들 원자재 30종의 가격이 안정되면 전체 경제도 극심한 불안정 상태에까지 이르지는 않는다.

그러나 문제는 방법이다. 기초 상품의 가격 안정화를 어떻게 달성하는가? 밀 1부셸약 27kg, 동 1파운드약 450g, 커피 1파운드 등 기초 상품 30종의 가격을 고정시킬 수 있을까? 여기에는 심각한 장애 요소가 존재한다. 다른 상품과 달리 이 주요 상품은 개별적인 수요 및 공급 요소에 따라 항상 가격 변동 폭이 크게 나타난다. 이 상태가 과연 일시적인 가격 변동일까? 그렇다면, 그 상황을 억제하면 된다. 그러나 이는 주로 상대적 생산원가의 장기적 변화에 따른 장기적 혹은 반영구적 가격 변동이라는 데 문제의 심각성이 있다. 예전에는 개별 상품의 가격을 안정화하는 데 주안점을 뒀다. 1921년 당시 설탕 가격이 그 좋은 예다. 그러나 별다른 효과를 보지 못했다. 경제학자 대부분이 상품이나 서비스 가격의 안정화 정책에 반대했다. 이들은 서기 301년까지 거슬러 올라가, 가격 안정화 정책은 비현실적이라는 점을 입증하는 증거로써 디오클레티아누스 황제가 시도했던 과감한 상품 가격 안정화 정책을 들먹이기를 좋아한다.

각기 다른 수많은 상품의 개별 가격을 고정하려는 방안에는 본질적인 문제가 있다는 점을 나도 알고 있다. 이런 문제에 대한 해법은 이렇다. 주요 상품을 한 단위로 묶은 꾸러미 혹은 '마켓 바스켓'의 가격을 고정하는 한편 몇몇 개별 상품의 가격은 수요와 공급의 상대적 변화에 따라 변동하게 한다. 다시 말해 균형감 있게 적절히 선정한 기초 상품군에 금과 동일한 수준의 통화 지위를 부여하자는 의미였다. 기초 상품 비축분을 기준으로 생산자에게 새로운 통화를 발행하도록 한다.

소비자 측면을 고려해도 비슷한 결론에 이르렀다. 현대 세계에서는 대중의 구매력 부족이 불황의 주요 원인이라고 생각한다. 호황일 때는 생산이 증가한 상품을 소화해줄 구매력이 필요한데 일반 대중의 구매력이 부족하면 상품을 팔 대상이 없어지기 때문이다. 개인적으로 홉슨J. A. Hobson의 고전적 저서《실업 경제학The Economics of Unemployment》이 꽤 감명 깊었다. 나와 마찬가지로 불충분한 구매력이 경제에 미치는 영향을 이론화한 내용이었다. 이는 존 메이너드 케인스의 저 혁명적 사고에 결정적 영향을 미친 중요한 개념임이 틀림없다고 본다.

1921년부터 1922년까지 진행된 고도의 불황기에 이 개념이 처음 떠올랐지만, 당시에는 그저 모리스 제라드 외삼촌과 이 개념에 관해 이야기를 나눴을 뿐 이와 관련한 생산적인 작업은 전혀 하지 않았다. 당시 외삼촌은 꽤 괜찮은 생각이라고 말해줬었다. 그런데 〈선데이 뉴욕타임스Sunday New York Times〉에서 위대한 발명가 토머스 에디슨의 새로운 아이디어를 소개한 기사를 읽고 깜짝 놀랐다. 또 한편으로는 이런 위대한 사람이 나와 비슷한 생각을 하고 있었다는 사실이 뿌듯하기도 했다. 에디슨은 농장주와 기타 생산자가 창고에 저장한 원자재를 기반으로 새로운 통화를 발행하자고 주장했다. 그러나 세부 사항은 내 생각과 많이 달랐고 내 쪽이 더 단순해서 실행하기 쉽고 훨씬 더 현실적이었다. 에디슨이 내놓은 아이디어는 이내 잊혀졌다.

불황 때는 이 방안을 열심히 생각했었는데 이후 호황기에는 이를 다시 한구석에 밀어뒀다. 월가에서 돈을 긁어모으느라 너무 바빴기 때문이다. 어쨌거나 이 기간에는 이례적으로 가격지수 안정세가 유지됐다.

그러다 10년이 지나고 나서야 다시 이 방안을 꺼내 들었다. 당시 우리는 사상 최악의 공황기를 겪고 있었다. 1921년과 1922년에 경험했던 온갖 모순적 문제가 한층 강화된 형태로 재현되고 있었다. 그 결과 중 하나가 지적인 혼란과 동요였다. 이런 혼란 상태는 수많은 토론 집단 구성, 다양한 해법 등장, 경제 부문에서의 개혁적 변화를 추구하는 다양한 운동 등으로 나타났다. 이 가운데 가장 두드러진 움직임이 테크노크라시technocracy: 전문 기술자에게 생산기관의 관리 및 통제를 맡기자는 사회 경제 사상로 알려진 급진적 사상의 등장이었다. 두 번째로는 업턴 싱클레어Upton Sinclair: 미국의 사회 개혁 운동가이자 소설가가 캘리포니아에서 주창한 '자립 프로젝트bootstrap project'를 들 수 있다. 이 운동은 에픽EPIC: End Poverty in California: 캘리포니아 빈곤 추방 운동으로 잘 알려져있다. 세 번째는 저 유명한 '타운센드 노령연금 방안Townsend Plan'이었다. 60세 이상 노인에게 매달 200달러를 연금으로 지급한다는 거의 혁명적 제안이었다.

경제학에 관심이 있는 사람들로 구성된 모임이 결성돼, 사회연구 뉴스쿨을 이끄는 앨빈 존슨 박사의 후원하에 뉴욕 남부에 위치한 사회연구 뉴스쿨에서 정기적으로 만났다. 이 모임의 명칭은 '이코노믹 포럼'이었고 모임이 결성되자마자 나도 여기에 가입했다. 시집 《루바이야트》 중에서 당시 경제 혼란상에 딱 들어맞는 구절인 '이 한심한 체계'를 개선하는 방법에 관해 다양한 의견을 교환하는 일이 이 모임의 주목적이었다. 1932년에 했던 모임에서 나는 등사인쇄물 형태로 제안 사항을 적어 제출했다. 실제로 내가 생각해왔던 네 가지 방안을 제시했다. 이 가운데 하나가 상품기반준비통화 방안이었다. 거의 최종안이기는 했지만, 아직 상세한 통계자료와 수치는 많이 빠진 상태였다. 두 번째는 대대적인 빈민가 재개발에 관한 계획이었다. 빈민가를 철거하고 저가 주택을 새로 지어 공급한다는 취지였다. 이전 세입자에는 보조금을 지원해 새 주택에 입주할 수 있게 한다. 세 번째는 직장을 잃은 사람에게 연방 정부가 제공하는 무담보 개인 대출 제도에 관한 방안이다. 정부가 실직자에게 그 사람의 기술과 경험을 일종의 담보로 삼아 저리나 무이자로 대출해주고 직장을 구했을 때 적절한 조건으로 대출금을 상환할 수 있게 한다. 두 번째와 세 번째 방안은 루스벨트 이전 시절 자유방임주의를 신봉하던 사람들 눈에는 극단적으로 급진적인 제도로 보였겠지만, 훗날 실제로 채택해 실행한 제도와 크게 다르지 않았다. 말하자면 내가 시대를 앞서간 셈이었다.

너무 무거운 주제라서 글 전체가 좀 가라앉은 느낌이다. 다행히 네 번째로 제안한 내용에는 좀 가볍게 읽고 웃어넘길 수 있는 내용이 포함돼있다. 나는 프랑스가 미국에 진 전쟁 부채에 대해 그 원리금을 상환하는 방법을 제안했다. 프랑스는 원리금 대신 샴페인을 포함해 매년 포도주 4,000만 병을 미국에 보내고 선거권이 있는 미국인 전원에게 크리스마스에 이 포도주를 무료로 나눠주자고 했다. 포도주를 나눠주는 방법은 제비뽑기나 나이순 혹은 기타 공정한 방식으로 하면 된다. 국가 간 채권·채무라는 냉혹하고 딱딱하기만 한 금융 관계에 현실성과 유쾌함을 동시에 부여해주는 한편 실질적이고 즐거운 방식으로 전쟁 부채 문제를 처리한다는 차원에서 보면 전혀 나쁠 것 없는 제안이었다.

우리 모임 회원 가운데 두 명이 잡지를 발간하기로 했다. 잡지 명칭은 모임 이름과 같은 〈이코노믹 포럼〉으로 하고 편집자가 판단하기에 주목할 만한 가치가 있는 새로운 제안 사항을 최대한 많이 싣기로 했다. 수석 편집자는 조지프 미드라는 젊은이인데 나중에 어떤 활동을 했는지는 잘 모르겠다. 또 다른 편집자 겸 발행인도 젊은 사람이었다. 보수주의의 본거지라 할 뉴욕증권거래소 회원인데도 새로운 경제 개념에 대해 매우 개방적이고 이런 부분에 관심도 많은 청년이었다. 바로 윌리엄 맥체스니 마틴William McChesney Martin이었다.

우리는 빌(윌리엄) 마틴이 머지않아 뉴욕증권거래소 사상 최연소 사장이 되고 그 후에는 미연방준비제도이사회 의장이 돼 세계 금융계에서 가장 영향력 있는 인물이 되리라 믿어 의심치 않았다. 방금 1965년 7월 2일 자 〈타임Time〉지에서 빌 마틴이 지난달에 1965년 주식시장이 1929년 시장 상황과 닮았다고 간략히 언급했던 발언 때문에 뉴욕증권거래소 주식 가치가 340억 달러나 증발했다는 내용을 읽었다.

두 편집자 미드와 마틴은 우리 '이코노믹 포럼' 측에 잡지에 게재할 글을 좀 써달라고 했다. 그래서 나는 '안정된 리플레이션Stabilized Reflation'이라는 제목으로 상품기반준비통화 방안에 관한 내 구상을 정리해서 기고했다. '리플레이션', 즉 통화 재팽창은 인플레이션을 유발하지 않으면서 디플레이션에서 정상 수준으로 돌아가는 상황을 기술하는 용어로 자리 잡았다. 이 기고문은 1933년에 발행한 〈이코노믹 포럼〉 제2호에 실렸다. 이렇게 해서 CRC가 세상에 공식적으로 소개됐다.

이 개념을 고안한 후 30년이 지나는 동안 나는 만족감과 실망감을 동시에 맛봤다. 사실 이 개념을 생각해냈을 때부터 심리적으로 한껏 고양된 기분을 느꼈었다. 그리고 1933년 대통령 취임식 때 짧지만 강렬한 전율을 느꼈다. 변호사인 내 친구 데이비드 포텔이 자신의 동창인 대통령 당선인 루스벨트에게 내가 생각해낸 개념을 소개했고, 워싱턴 정부에서 불황 대비책의 일환으로 이 개념을 적극적으로 연구 중이라는 말을 들었기 때문이다. 대통령 취임 연설을 들으면서도 대통령이 상품기반준비통화 개념에 관심이 있다고 여길 만한 대목이 분명히 있었기 때문에 마치 하늘을 나는 듯한 희열을 느꼈다. 그 순간만큼은 내가 미국 경제, 더 나아가 세계경제의 구세주가 돼 만인의 추앙을 받는 상상을 하며 행복감에 젖었다. 그러나 이렇게 상상의 나래를 펼쳤다는 사실이 민망할 정도로 이와 관련해서는 아무 일도 벌어지지 않았다. 그러나 약 2년쯤 후에 헨리 월리스Henry Wallace 농무부 장관 자문역이자 저명한 통계학자인 농무부의 주요 인사 루이스 빈Louis Bean이 나를 찾아왔다. 당시 루스벨트 대통령이 농산물 가격 안정을 목적으로 상품신용공사Commodity Credit Corporation를 설립했으며 이곳을 통해 다양한 농산물을 대규모로 사들이고 있었다. 빈은 내 상품 통화 방안이 이런 상품을 금융화하는 한 방법이 될 수 있다고 생각했다. 상품 비축량을 기반으로 직접 통화를 발행하는 방식으로 통화 유통량을 늘려 통상적 가격 구조에 영향을 미치는 구조였다. 빈은 개인적으로 내 생각을 높게 평가했고 나중에 이를 주제로 책을 쓰는 데 정말 유용하게 활용한 가격 관련 각종 자료도 제공해줬다. 그러나 농무부 쪽에서는 어떤 공식적 행동도 취하지 않았다.

워싱턴 정부에서는 CRC가 너무 급진적인 방안이라고 생각했음이 틀림없다. 나름의 방안을 추진 중이었던 빈의 동료이자 경쟁자 모데카이 이지키엘Mordecai Ezekiel이 반대하고 나섰다고 한다. 그래서 이번에도 내가 기대하는 일은 일어나지 않았다. 이렇게 기대와 실망이 반복되는 일이 수년간 이어지자 그냥 그러려니 하는 마음이 됐다. 내가 아는 한 빈은 CRC를 공개적으로 지지한 적은 없었다. 정치적으로 딱히 득 될 일은 아니라고 판단했을 듯하다. 그러나 이따금 다양한 형태로 내 사기를 북돋워줬고 중요한 과거 자료를 보내주며 내 책에 가져다 써도 좋다고까지 했다.

한번은 빈이 워싱턴에서 헨리 월리스 농무부 장관과 만나는 자리를 주선했다. 시간이 꽤 지났는데도 이날 있었던 아주 사소한 일까지 다 기억에 남아있다는 사실 자체가 재미있기도 하고 우습기도 하다.

장관실로 가려고 위압감이 느껴지는 농무부 건물 앞의 계단을 올라갔다. 그런데 다양한 농촌 활동과 행복한 생활상을 그린 거대한 벽화가 눈에 들어왔다. 벽화 밑에는 라틴어로 'Felix si……'로 시작되는 글귀가 새겨져있었다. "오, 행복한 농부여, 당신은 운 좋은 사람! 그 사실만 알면 된다." 그리고 화가는 오른쪽 아래 구석에 이 글귀의 출처를 적어놓았다. '버자일Virgile, 〈농경시Géorgiques〉'. 미국 정부 건물에 왜 굳이 라틴어 글귀를 새겨놓았는지 또 저 생뚱맞은 프랑스식 이름 표기는 뭔지 의아스러웠다. 아마도 화가가 프랑스 사람이 아니었을까 생각한다. '버질Virgil: 베르길리우스의 영어식 발음, 〈농경시Georgics〉'라고 제대로 표기할 성의마저도 없었음이 틀림없다. 게다가 미국 정부 청사 사람 가운데 오기誤記를 눈치챈 사람이 아무도 없었다는 사실이 더 황당했다. 미 농무부 건물 현판에 프랑스어로 'Departement de l'Agriculture(농무부)'라고 써놓은 것과 무엇이 다른가!

이와 비슷한 일화가 또 있다. 한때 UCLA 도서관 벽에 이런 글귀가 쓰여 있었다. 'Haec studia adulescentiam alunt, senectutem oblectant' 인문학은 젊은이에게 마음의 양식을, 나이 든 이에게는 마음의 평온을 준다는 의미였다. 그런데 저자를 버질(베르길리우스)이라고 표기해놓았다. 처음에는 내 눈을 의심할 정도로 경악을 금치 못했다. 이 명문 대학에서 버질과 키케로도 구분하지 못할 정도면 미국 문화 수준이 얼마나 바닥이라는 말인가! 이 글귀는 키케로의 연설문 〈시인 아르키아스를 위한 변론Pro Archia Poeta〉에 나오는 말이다. 여기서 키케로는 모든 사람은 명성을 좇으려 하고 명예를 중시하며 설령 '명성을 경멸함On Despising Glory'이라는 제목으로 글을 쓴 사람마저도 자신의 이름을 저자에 올리고 싶어 한다고 주장했다. 그만큼 사람들은 명성을 추구한다는 의미리라. 지금은 저자 표기에서 '버질'이 지워지고 자신의 이름이 제대로 들어갔으니 엉뚱한 사람이 저자로 표기돼서 시무룩했을 키케로도 조금은 마음이 풀리지 않았을까!

헨리 윌리스와의 짧은 만남에서 어떤 대화가 오갔는지는 잘 기억나지 않는다. 성과는 전혀 없었다고 생각한다. 빈은 소득 없이 가는 나를 조금이라도 위로해주려는 마음이었는지 어빙 피셔가 윌리스에게 선물했던《안정 화폐Stable Money》한 권을 내게 줬다. 이 책은 지금도 내 서재 어딘가에 있다. 나중에 빈은 선거 결과 예측 부문에서 손꼽히는 전문가가 됐고 주식 시장의 미래 흐름을 예측하는 책도 썼다.

1936년부터 1937년까지 CRC 개념을 책 한 권 분량으로 정리했다. 이 내용은 1937년에《저장과 안정Storage and Stability》이라는 제목의 책으로 완성돼 나왔다. 책 제목은 헨리 조지Henry George가 쓴 역작의 제목《진보와 빈곤》에서 운율을 따와 지었다. 언젠가는 경제학 저서 부문에서 내 책《저장과 안정》이 조지의 명저《진보와 빈곤》과 어깨를 나란히 하는 날이 오기를 바라면서 말이다. 나는 이 책에 열과 성을 다 쏟았다. 다른 저자가 언급한 사실 자료와 참고 문헌은 부록에 '주해'로 정리해 소개했다. 이 책에는 상품 단위별 가격 변화에 관한 다양한 계산 결과도 포함돼있다. 이 부분은 혈액학 권위자인 내 조카 주디스 풀Judith Pool 박사가 맡아줬다. 처음에는 맥밀런 출판사에 의뢰했으나 이곳은 정중하게 출판을 거절했다. 맥그로힐 출판사 역시 이 책이 상업적으로 성공할 가능성은 크지 않다고 봤지만,《증권분석》이 크게 성공한 부분을 인정해서 출판에 동의했다. 그러나 초판 발행량(2,000부) 중 팔리지 않은 재고는 내가 떠안는다는 조건을 붙여 출판사 측 손실 위험을 줄이려고 했다. 저자로서는 도무지 면이 서지 않는 계약 조건이었으나 이 책을 출판하고 싶은 마음이 너무 컸기 때문에 바로 동의했다. 책을 써본 사람은 내 심정을 알리라 생각한다. 자신이 쓴 책에 대한 자신감이 충만해있으면, 일단 세상에만 나오면 역사에 한 획을 긋는 대작이라는 칭송이 자자하리라 꿈꾸게 된다. 그러니 어떻게든 출판을 하고 싶어 안달이 난다. 대부분 그렇지 않은가!

책 작업이 거의 완료될 즈음에 다시 한번 루스벨트에게 내 생각을 전달할 기회가 생기는 듯했다. 허먼 바루크가 형인 버나드에게 내가 생각한 방안에 관해 이야기했는데 버나드가 생각하기에도 꽤 괜찮게 느껴졌던 모양이다. 그래서 바루크가 이에 관해 이야기해보자며 자신의 집으로 초대했다. 마침《저장과 안정》교정쇄가 완성됐을 즈음이었다. 이야기는 아주 잘 진행됐다. 바루크는 내 방안이 우리 경제가 기다려왔던 바로 그 해법임이 틀림없다고 말했다. 자신도 이 계획에 한 다리 걸쳐서 이른 시일 내에 루스벨트에게 이야기해보겠다고 했다. 그래서 다음 날 오후에 이 책 교정쇄를 넘겨주기로 했다.

그 후로 나는 없는 인내심까지 짜내며 루스벨트와 바루크 간에 이뤄진 이른바 '그레이엄 방안'에 대한 논의 결과를 기다렸다. 어떤 의미에서는 그 결과를 지금도 기다리고 있는 셈이다. 어떤 결론이 나왔는지에 관한 확실한 답을 아직도 듣지 못했기 때문이다. 일주일쯤 지나서 에둘러 표현한 짤막한 메시지와 함께 교정쇄를 돌려받았다. 그러나 나중에 허먼 바루크가 다소 곤혹스러운 표정으로 그날의 상황을 설명해줬다. 루스벨트와 논의하기는 했는데 썩 내켜 하지 않는 듯했다고 한다. 그동안 새로운 방안을 수도 없이 써봤기 때문에 뭔가를 더 시도하는 것 자체가 정치적으로 바람직하지 않다는 생각이 강해 보였다고 한다. 바루크가 파악한 바로는 아마도 내 방안이 실질적인 성과나 정치적 합의를 이끌어낼 만한 묘책이 아니라고 판단해서 채택하지 않았으리라고 본다. 그래서 나도 한마디 안 할 수가 없었다. "그 사람답군!"

내가《저장과 안정》을 쓰면서 어떤 희망을 품었는지는 그때 쓴 자작시에 잘 드러나 있다. 〈야심작 초판 발행에 부쳐〉라는 제목으로 쓴 시는 이렇게 시작한다.

수많은 밤과 긴 시간을 들여
쉼 없이 두뇌를 굴려 가며
열심히 만들어낸 날개여…….

그리고 이렇게 끝난다.

그 날개를 달고 하늘 높이 올랐던 불운한 이여.
애석하게도 아카리아 바다로 곤두박질쳐버렸네.
태양의 준마를 몰았던 젊은이
하늘 높이 올랐다가 바닥으로 떨어졌네, 그러나 나는 달라
더 높이 올라가게 해주는 행운의 날개,
새로운 프로메테우스의 불을 다시 가져다줄 날개.

사실 나를 이카로스에 빗댄 표현 자체가 잔뜩 허세를 부린 것에 불과하다. 신의 섭리를 거스르는 짓을 했으니 노여움을 살 수밖에! 냉소적 시선으로 바라본 브뤼헐의 그림 〈이카로스의 추락The Fall of Icarus〉을 볼 때면 이따금 이 자작시가 생각난다. 여러분도 기억나겠지만, 이 그림의 전경은 쟁기로 밭을 가는 일에만 정신이 팔린 농부 모습이고, 다이달로스의 아들 이카로스가 물속으로 곤두박질치는 모습은 저 멀리 뒤에 작은 점처럼 조그맣게 보인다.

어쨌거나 수많은 경제학자가 내 방안에 호의적이었다. 그러면서 이 좋은

안을 대중이 알 수 있게 대대적인 홍보 활동에 나서야 한다고 했다. 그러자면 이 일을 담당할 책임자 혹은 실무자가 필요했다. 다행히 노먼 롬바드라는 매력적인 인물을 찾아냈다. 사람들은 '노먼 롬바드'는 실명이 아니고 몬터규 노먼Montagu Norman과 롬바드가Lombard Street: 은행이 많기로 유명한 런던 거리로 영국의 금융가를 의미함를 조합해 만든 가명이 분명하다고 생각할지 모르겠다. 그러나 가명 같은 이 이름은 실명이었다고 기억한다. 노먼이 학교 선생님과 결혼했다는 사실은 기억이 나지만(경제적으로 분명히 아내의 도움을 많이 받았음), 정확히 무슨 일을 해서 생계를 유지하는지는 잘 몰랐다. 안정통화협회Stable Money Association 활동을 통해 어빙 피셔와도 관계를 맺었고 이후에는 정기적인 월례 토론 모임도 몇 개 운영했다. 우리는 경제안정위원회Committee for Economic Stability를 설립했고 위원장은 내가 맡았다. 명칭만 보면 경제발전위원회Committee for Economic Development를 모방하지 않았나 싶겠지만, 사실은 그렇지 않다. 펩시콜라가 코카콜라보다 먼저 나왔듯이 우리 조직이 먼저 이 명칭을 채택했기 때문이다. 위원회에서는 학술 문헌과 회원 가입 요청서를 발송했고 덕분에 저명한 경제학 교수 50여 명이 회원으로 가입했다. 그러나 이 위원회를 영향력 있는 조직으로 만들려고 애를 썼지만, 특별히 언급할 만한 성과는 없었다. '타운센드 노령 연금 방안'처럼 특정 집단에 직접적이고 즉각적인 금전적 혜택을 약속하지 않는 한 혹은 '대공황기의 기술Technology in the Great Depression'과 같은 정치적 표어처럼 위기 상황이 발생해 대중을 안심시킬 구호나 새로운 조치가 시급한 상황이 아닌 한, 새로운 경제 안건이 재정적 지원을 전제로 대중의 지지를 얻어내기 어렵다는 사실을 깨달았다. 경제안정위원회는 법적으로 여전히 존속하고 또 위원회 명의 은행 계좌에 아직 1,000여 달러가 들어있지만, 실제로는 근 20년 동안 활동 중지한 휴면 조직이나 마찬가지다.

책을 내고 나서 근 1년 동안 일요일이면 〈뉴욕타임스 북리뷰The New York Times Book Review〉〈뉴욕타임스〉가 매주 발행하는 서평지 첫 장을 살펴봤다. 주요 경제학자 중에서 《저장과 안정》에서 설명한 내 방안이 불황 문제를 타개할 주요 해법이라고 평한 사람이 혹시 있는지 보고 싶었다. 어쨌거나 〈뉴욕타임스〉는 《증권분석》이 나왔을 때 호평을 해준 바 있고 이번에 나온 이 책은 그보다 훨씬 더 중요했기 때문이다. 그러나 이번 책은 그렇게 비중 있게 보지 않는 듯했다. 그래서인지 거의 형식적으로 여러 신간 중 하나로 소개했을 뿐 따로 서평을 쓰지 않았다. 실망이 너무 컸다. 그래도 간간이 여러 경제 잡지에서 내 책을 언급하며 평을 내고 있어서 그나마 위안이 됐다.

그러다 가장 중요한 학술지 〈아메리칸 이코노믹 리뷰The American Economic Review〉에 실린 서평을 보고 뛸 듯이 기뻤다. 이 주제에 관해 썼던 내 글과 함께 서평이 실렸다. 나와 이름이 같은 프린스턴대학 경제학 교수 프랭크 그레이엄Frank D. Graham이 쓴 서평이었는데 매우 호의적인 내용이었다. 아니, 호의를 넘어 열성적으로 지지하는 수준이었다는 말이 더 맞을 듯하다. 프랭크 그레이엄은 결국 내 방안을 적극적으로 지지하는 든든한 아군이 됐다. 자신의 저서 《사회적 목표와 경제 제도Social Goals and Economic Institutions》에서 상품기반준비통화 방안을 강력히 지지하기까지 했다.

두말할 필요도 없이 프랭크 그레이엄과 나는 친척이 아니었다. 그러나 서평을 쓴 이후 서로 연락을 주고받다 보니 아주 친한 사이가 됐고 내가 운용하는 그레이엄-뉴먼 펀드에 투자까지 했다. 우리 둘이 이름이 비슷해서 CRC에 관심이 있는 경제학계에서는 큰 혼란이 일었다. 우리를 동일인이라고 생각하는 사람도 있었고 친척인 줄 아는 사람도 있었다. 지난달만 해도 CRC를 강력하게 지지하는 케임브리지대학의 한 교수가 자신은 프랭크와 내가 형제인 줄 알았다고 말했다. CRC를 주제로 한 내 두 번째 책에서 각주를 통해 프랭크 그레이엄이 내 생각을 지지해준 부분에 대해 감사를 표했다. 그러면서 우리 두 사람 이름이 비슷해서 경제학계에서 사람들이 많이 헷갈려 하는 점도 개인적으로는 재미있다고 썼다. 프랭크 그레이엄은 원래 캐나다 고전학 교수였기 때문에 호라티우스가 쓴 글귀를 약간 변형한 인용문으로 감사를 표했다. 호라티우스가 비관적 감정을 담아 썼던 원문은 '우리 앞에는 어두운 밤만 있을 뿐Ambos una manet laus'이었다. 그러나 나는 긍정적 시선을 담아 '우리 두 사람 앞에는 칭찬만 있을 뿐omnes una manet nox'이라고 바꿔서 썼다. 물론 '내 희망 사항임'이라는 말을 덧붙이기는 했다. 프랭크는 내가 자신에게 감사의 말을 전했다는 사실을 알고는 자신을 낮추며 다음과 같은 덕담을 했다. "고마운 말이지만, '칭찬'은 우리 둘이 아니라 당신이 혼자 받아야지요!" 내가 제안한 새로운 통화 방안을 강력히 지지해준 데다 이름까지 비슷하다 보니 CRC 주창자는 두 그레이엄 가운데 어느 쪽이냐를 두고 상당히 헷갈려하는 분위기가 분명히 있었다.

프랭크의 초대로 프린스턴대 교수들이 연 CRC 토론회에 참석했던 기억이 난다. 대학 예복을 빌려 입고 참석한 그날 저녁에 교수 식당에서 저녁을 먹었다. 식사를 시작하기 전에 라틴어 기도문을 들으니 묘한 기분이 들었다. 보수적 이상을 중시하는 빅토리아풍 대학 분위기와 애덤 스미스의 경제 공리를 넘어서고자 하는 경제학자들의 개혁적 사고가 묘한 대조를 이룬다는 느낌이었다. 그날 밤에는 프랭크 집에 가서 잤다. 이날 친절하게 대해줬던 프랭크의 아내와도 알게 됐다.

프랭크는 거액은 아니지만, 그레이엄-뉴먼 코퍼레이션에 아내 이름으로 투자금을 넣었다. 프랭크가 세상을 떠난 후에도 아내는 투자금을 빼지 않고 그냥 뒀다. 몇 년 후에 유럽에서 감사의 편지를 보내왔다. 미망인으로서 경제적 자립을 통해 여유로운 노후 생활을 보낼 수 있게 된 것은 전부 내 덕분이라며 고마워했다.

《저장과 안정》이 출간된 이후 저명한 인사를 포함한 수많은 경제학자가 내 방안에 큰 관심과 지지를 보냈다. 정부가 CRC를 채택하게 하려면 대중 홍보에 집중해야 한다고 주장하는 친구들도 있었다. 처음부터 나는 이 방안은 단 두 가지 상황에서만 실행된다고 생각했다. 하나는 1931년부터 1932년까지 혹은 1921년부터 1922년까지 겪었던 상황에 버금가는 경제 불황이 다시 전개되는 상황이다. 그래서 세계경제 지도자들이 '풍요 속의 빈곤'이라는 모순적 상황을 타개할 대책을 열심히 찾는 과정에서 CRC와 같은 혁신적 방안에도 개방적 태도를 보일 때 비로소 그 일이 가능해진다. 또 하나는 국제 준비금 부족에 기인한 통화 위기가 발생하는 상황이다. 통화 위기가 발생하면 금융 자문가들이 '양화良貨'가 절실히 필요한 상황에서는 CRC가 바람직한 대안일 수 있다고 믿게 되지 않을까 생각한다. 전문가 사회에서 한층 개선된 새 건전화폐화폐로서의 가치나 지불 수단으로 통용되는 힘이 안정된 화폐 방안을 받아들일 준비가 된다면 CRC가 최고 선택지라는 점을 인정할지도 모르겠다. 그러나 또 한편으로는 집중적 홍보 활동을 통해 CRC와 같은 기술적 개념을 대중화할 가능성에 대해서는 지극히 회의적이다. 또 타운센드 노령 연금 방안처럼 대중적 수요 하나만으로 경제 및 금융 정책 입안자를 움직일 수 있다고 생각하지도 않는다.

에필로그 1

예순셋이 된 벤저민 그레이엄의 자화상(1957년)

좋아하면서 따르는 친구가 많고, 딱히 적은 없는데 단짝이라거나 벗이라고 할 만한 친한 친구는 한 명도 없다는 사실 자체가 B[벤저민]가 어떤 성격인지를 보여주는 한 단면일 수 있다. 어렸을 때 B는 똑똑하고 호감 상이지만, 고집이 좀 세고 현실성이 다소 떨어지는 데다 병적으로 예민한 성격이었다. 다른 사람에게 상처 주지 않으려고 매우 조심했다. 그런데 자신을 열렬히 사랑했던 사람을 포함해 다른 사람들이 아무렇지 않게, 혹은 더 심하게는 아주 악의적으로 자신에게 상처를 주는 이유를 도저히 이해할 수가 없었다. 마치 비버가 자기 주변에 빙 둘러 담을 쌓아 올리듯이 아주 어렸을 때부터 외부 세계와 자신 사이에 두꺼운 벽을 쌓아 올렸다. 그리고 금욕주의를 하늘에서 내린 절대 진리로 여겼다.

B의 성격은 10대 후반에 거의 다 형성됐다. 표면적으로는 나무랄 데 없는 청년으로 보였다. 젊은이다운 열정을 바탕으로 근면함이라든가 절제, 신뢰, 기타 좋은 품성은 전부 다 갖추려 했다. 천성이기도 한 친절함은 노블레스 오블리주 개념으로 더 강화된 측면이 있다. 자신은 지적인 능력을

타고난 사람이라고 늘 생각했으므로 그에 걸맞은 도덕적 의무를 당연히 져야 한다고 믿었기 때문이다. 그러나 그런 숭고한 의도보다는 주변에 좋은 사람이라는 인상을 주고 싶다는 의욕이 과했던 결과일지도 모른다. 지적 능력에 대해서는 자신이 있었기 때문에 당연히 성공하려면 칭찬받을 만한 일은 전부 해야 한다고 생각했다.

비판에 대한 극단적 예민함이 성격에 영향을 미치면서 매우 특이한 두 가지 행동 특성이 형성됐다. 첫째, 누가 봐도 모범적이고 바람직한 행동을 보임으로써 비난이나 비판은 되도록 피하려고 했다. 둘째, 같은 맥락에서 본인도 다른 사람을 비판하는 일을 본질적으로 꺼리는 성향이 굳어졌다. 이에 따라 웬만하면 다른 사람을 비판하지 않으려 했다. 주변 사람에게는 다들 이상적이라 여기는 행동만 하려고 했다. 그래서 항상 예의 바르고 상냥한 모습을 보이고 참을성도 좋다는 인상을 줘야 했다. 충돌이나 갈등 상황은 무조건 피하려 했다. 감정이 개입될 여지가 있다고 판단되면 추상적 부분에서의 의견 충돌마저도 회피하려 했다.

나이가 들어갈수록 독립적 사고 영역이 점점 넓어졌다. 따라서 바람직하다고 여겼던 행동이 단지 오랜 관행이나 편견에 따른 결과물이라는 판단이 서면 더는 그런 행동을 맹목적으로 고집하지 않게 됐다. 또 본성을 가리는 피상적인 예의범절이 점점 식상해지기도 했다. 그러나 이마저도 단지 표면적인 변화에 불과했다. 따라서 이런 변화는 외부 세계와의 본질적 관계에 영향을 미치지 않았다.

이런 관계 부분은 오래전에 자신이 기대했던, 또는 꿈꿨던 만큼 성공적이지 않았다. 살아오면서 저지른 실수 가운데 큰 비중을 차지하는 것이 바로 이성 관계였다. 평생토록 서로 끌리는 사람을 만나는 데 큰 문제는 없었다. 성인이 돼서 관습에 불과한 금욕주의의 틀을 벗어난 이후로 양적으로나 질적인 면에서 성생활도 순조로웠다. 그래서 그의 이성 관계상의 문제는, 성격이나 지적 측면에서 그가 좋은 품성을 지녔다는 점을 이상하게도 여성들이 못마땅해한 데서 비롯됐다는 생각이 든다. 그래서 그는 여성이 그를 괴롭히고 심지어 이용한다고 느꼈다. 당연히 그는 여성들에게 계속 이용만 당하며 감정적으로 시달린다는 기분이 들었다. 여성이라는 존재 거의 전부가 비이성적이며 남자를 지배하려고 들고, 남자가 보이는 친절과 인내에 감사할 줄도 모르는 데다 고집만 세서 남자의 내밀한 자아 공간을 자꾸 침범하려 든다는 느낌을 받았다. 물론 이런 느낌의 절반은 직접 경험에서, 절반은 상상력에서 비롯됐다.

그러다 아주 늦은 나이가 돼서야 성격이나 기질 면에서 마음에 꼭 드는 여성을 만났다. 인생 말년에 그토록 원했던 자질과 품성을 갖춘 여성을 드디어 만난 셈이었다. 이 여성이라면 자신과 외부 세계 사이에 가로놓인 높은 장벽을 낮출 수 있다는 기분이 들었다. 이처럼 만족스러운 이성 관계를 바탕으로 난생처음 자신과 외부 세계를 가른 이 장벽의 성격을 꼼꼼히 따져봤다. 즉, 대체 이 장벽이 무엇인지 자문해볼 기회가 생겼다. 대학을 졸업한 이후로 남녀를 불문하고 왜 그 누구와도 지적 및 정서적으로 친밀한 관계를 형성하지 못했을까? 영혼의 단짝으로 부를 만한 절친한 친구가 왜 없었을까?

B는 자신의 성격 특성을 다시 들여다봤다. 그 결과 별로 자랑할 만하지 않은 성격이었다는 사실을 깨달았다. 독선적이고 거만하고 속물적이고 가식적이었다. 가증스럽게도 계산된 이기주의를 침착하고 평온한 태도로 포장하고 있었을 뿐이다. 세 번째 아내는 남편이 '인간적'인 사람인지는 몰라도 '인간미'는 없는 사람이라고 말했다. '인간적인데 인간미가 없다'는 말이 정곡을 찌른다. 다른 사람의 슬픔과 기쁨에 동조하는 이른바 진정한 공

감 능력이 부족했다. 사고나 예술적 창조 같은 완전히 비개인적인 것들 혹은 자기 계발과 내적인 영예에 기여하는 것들에 열정을 보였다. 겸손한 자세로 '칭찬의 말에 손사래'를 쳤다. 그러나 그런 겸손 자체가 허영심과 분간이 안 되는 자긍심의 또 다른 표현이었을 뿐이다. 호라티우스가 말하는 '자신이 올바르다는 점을 의식하는 마음mens sibi conscia recti'이 '확신에 찬 우월감'에 둘러싸인 모양새였다. 영국의 시인 랜더Landor가 그랬듯이 그 누구와도 진정한 관계를 맺으려 노력한 적이 없었다. 적어도 자신이 판단하건대 그럴 만한 가치가 있는 사람이 없다는 이유였다. 그저 단 한 명의 절친한 친구이자 영혼의 단짝인 자기 자신밖에 몰랐다.

다른 사람에 대한 친절함은 제2의 천성처럼 굳어져 항상 자연스러워 보였다. 그러나 본래 타고난 천성은 타인과 거리를 두면서 좀처럼 다가가지 않으려는 쪽이었다. B는 이제야 그 사실을 깨달았다. 우월감이 지나쳤고 인간미는 없었다. 그래서 혼자 잘났다는 우월 의식을 버리고 좀 더 인간미를 풍기는 사람이 돼야 한다는 느낌이 들었다. 자신의 본성을 꿰뚫어 본 이 새로운 자아가 드디어 내면으로 들어와 더 바람직한 방향으로 자신을 이끌어 감을 느꼈다. 예순이 넘은 나이에야 비로소 올바른 정서 발달 과정을 다시 밟아나가기 시작했다. 무엇보다 '사랑'은 인생의 숱한 '경험 중 하나'가 아니라 인생 '경험 그 자체'라는 사실을 받아들여야 했다. 대학교 2학년 시절 처음으로 연애 감정이 불타올랐을 때 썼던 시가 떠올랐다. 다소 뻔한 감정을 담은 글이기는 하지만, 지금의 자신에게는 새로운 의미로 다가왔다.

영감

시냇물이 잠을 자니 졸졸 물 흐르는 소리도 들리지 않네,
3월 추위에 꽁꽁 언 외투 속에서 덜덜 떠는
내 영혼! 내 안에는 감동적인 음악이라고는 하나도 없다.
어리석은 혓바닥으로 내놓을 수 있는 것이라고는 얼음 같은 침묵뿐.

와! 봄의 따스한 숨결이 모든 것을 녹여버리네,
시냇물도 졸졸 노래를 부르며 다시 흐르고
새로운 사랑의 온기가 나를 감싸네.
얼어붙었던 입이 풀리고 이제 즐겁게 노래를 부르네!

80번째 생일 기념사(1974년)

사랑하는 말로와 빅터 형, 내 아이들과 손자, 손녀를 비롯해 내 80세 생일을 축하해주려고 여기 라호이아에 모인 모든 사람을 환영한다. 먼저 이런 자리를 마련해준 내 딸 마저리에게 감사한다. 내가 쓴 시를 모아 멋진 시집으로 만들어준 빅터 형에게도 감사하고 축하의 말을 한마디씩 남겨준 모든 이에게 고맙다는 말을 꼭 하고 싶다.

멋진 흰색 정장에 곱슬머리 백발이 인상적이었던 마크 트웨인을 어렸을 때 본 적이 있다. 그 마크 트웨인이 주최 측의 연설 요청은 받지 않는다는 조건을 걸고 한 연회에 참석했다. 그러나 참석한 사람들이 하도 조르는 바람에 하는 수 없이 자리에서 일어섰다. 그러더니 아주 천천히 그리고 서글픈 어조로 이렇게 말했다. "알렉산더대왕이 죽었고 율리우스 카이사르도 죽었고 나폴레옹도 죽었습니다. 나도 건강이 그리 좋지 않군요." 그렇게 말하고는 자리에 앉았다.

나 역시 "건강이 별로 좋지 않군요."라는 말을 하고 자리에 앉을 테지만, 그 전에 꼭 해야 할 말이 있다.

사위 입장에서는 장인인 내가 듣기에 좋은 말을 한 것이었겠지만, 내 훌륭한 사위 어빙(마저리의 남편)이 내가 불과 몇 달 전에 율리시스에 관해 쓴 내용을 언급했다. 내가 꼬마little boy였을 때 율리시스의 영웅담과 그 이야기 속에 드러난 영웅적 성격에 크게 매료됐었다. 그때는 '리틀'이라는 발음이 안 돼서 '이틀'이라고 했던 기억도 난다. 율리시스의 성격은 나와는 딴판이었는데도 그때 왜 그리 《오디세이》에 푹 빠졌었는지 이상할 지경이다. 율리시스는 위대한 투사이자 약탈자였지만, 나는 누군가와 싸우거나 무언가를 약탈한 적이 없다. 율리시스는 교활하고 속임수에도 능했지만, 나는 직설적이고 정직하게 살았다는 점에 자부심을 느끼는 사람이다. 그럼에도 지난 2,500년 동안 수많은 독자를 매료시켰듯이 나 또한 평생 율리시스에게 매료됐다.

아마추어 문학비평가 관점에서 최근에 읽은 《오디세이》를 평하자면 이렇다. 이야기는 매우 흥미롭고 훌륭하지만, 솔직히 시 자체는 이류 정도에 속하는 수준이라고 생각한다. 호메로스 시에서 인용할 만한 좋은 시구가 한 개라면, 베르길리우스 시에서는 20개도 넘는다. 그래서 '세상에 맞선 아타나시우스Athanasius contra mundum'처럼 내가 세간의 평에 맞서는 유일한 사람이 되는 한이 있더라도 앞으로도 계속 이렇게 말할 생각이다. "호메로스보다 베르길리우스가 더 뛰어난 시인이다." 테니슨도 나와 같은 생각이라고 본다. 테니슨이 베르길리우스를 두고 '인류 역사상 가장 위대한 운율 마법사'라고 평했기 때문이다.

그러나 율리우스가 내 환상 속 우상이라면 내 삶의 진정한 본보기가 돼준 현실 속 우상이 또 한 명 있었다. 공교롭게도 이름도 같았다. 바로 벤저민 프랭클린이다. 프랭클린은 고도의 지성, 성실성, 창의력, 유머, 친절함, 다른 사람의 실수에 대한 관용 등 내가 갈망하는 성격 특성을 전부 갖춘 사람이었다. 닮고 싶지 않아도 자연히 닮은 특성도 있다. 그러나 유감스럽게도 이런 장점이 아니라 단점, 특히 이성 관계에 서툴다는 부분은 나와 공통점이 있었다. 내적인 성공과 외적인 성공 양 측면에서 프랭클린과 내 인생을 비교할 수 있다면 그 사실 하나만으로도 너무 행복할 듯하다.

지난 80년 인생을 되돌아보면서 젊었을 때 바라본 세상과 나이 든 노인의 눈으로 바라본 그것이 너무 달라 적잖이 당황스러웠다. 젊었을 때는 내 미래를 비관적으로 바라봤다. 실수와 불운, 실망으로 가득한 처참한 삶을 머릿속에 그리고 있었다. 그러나 나 이외 세상의 미래는 낙관적으로 전망했다. 과학이 발달한 덕분에 모두가 더 안락하고 평화로운 삶을 살 수 있는 세상으로 급격히 변해가리라 확신했다. 그런데 80년을 살아온 지금 시점에 나 자신과 세상을 바라보니 예전에 그렸던 그림이 완전히 뒤바뀌어 있다. 그렇게 비관적으로 그렸던 내 삶은 더할 나위 없이 성공적이었고 내가 생각했던 것보다 훨씬 행복했다. 그러나 장밋빛이리라 기대했던 세상은 완전히 반대로 흘러왔다. 셜록 홈스가 이륜마차를 타고 런던 시내를 돌아다닐 때 늘 하던 말처럼 '온 세상이 이륜마차를 탄 채 지옥으로 향하고 있는' 듯하다.

오늘날의 집단 사고와 집단 주장이라는 차원에서 보면 지금 이 자리에 있는 내 손자, 손녀 열 명을 포함해 젊은 세대가 앞으로 이 세상을 이끌어 나가리라 생각한다. 다가올 2000년도의 세상이 여러분 손에 달려있다. 그 가슴 뛰는 사명을 어깨에 진 젊은 세대에 행운이 가득하기를 바라지만, 한편으로는 걱정도 된다.

마지막으로 한 가지만 더 말하고 싶다. 다행히 이번에는 좀 가볍고 희망적인 내용이다. 내가 살면서 느꼈던 행복감과 즐거움 가운데 적어도 절반은 미美와 문화, 특히 문학과 예술을 통해 누렸던 정신적인 만족감에서 비롯됐다. 이런 행복의 '도구'는 누구나 무료로 이용할 수 있다. 눈앞에 펼쳐진 문화의 향연을 마음껏 즐길 의지와 관심 그리고 풍성한 작품을 제대로 감상하고 평가할 최소한의 노력만 있다면 누구나 가능하다. 내 손자, 손녀들아! 우선 관심부터 가져라. 그리고 계속 노력하라. 문화적 삶이 주는 행복감을 한 번이라도 느꼈다면 다시는 그 행복의 도구를 놓치지 마라.

시인 아르키아스를 변호할 때 키케로는 인문학이 인류에게 주는 혜택을 조목조목 열거했다. 여기서 그 대목을 암송하겠다. 라틴어 원문을 조금 소개하고 나서 영어 번역문으로 읽을 생각이다.

> Haec studia adulescentiam alunt, senectutem oblectant……
>
> (인문학은 젊은이에게 마음의 양식을 제공하고 노인에게는 마음의 위안을 준다. 번영과 성공의 가치를 더 높여주고 고난에 빠졌을 때는 안식처를 제공한다. 우리가 집에 있을 때는 기쁨을 주고 집을 떠나 있을 때는 온갖 장애물을 막아준다.)

> Pernoctant nobiscum, peregrinantur, rusticantur.
>
> (우리와 함께 밤을 보내고, 우리와 여행을 떠나고, 우리와 함께 시골도 간다.)

나는 오래전부터 친절하고 사랑스러웠던 모든 여성 그리고 특히 유년기의 나를 키워준 어머니부터 노년기를 함께하며 위안을 준 내 소중한 연인 말로까지 내 삶 속에 들어왔던 모든 여성에게 인문학에 대한 이 찬사를 돌려주고 싶었다. 인문학보다야 이 여성들과 더 자주 밤을 같이 보내고, 더 자주 함께 여행하고, 더 자주 함께 시골 생활을 하지 않았는가!

이제 마무리를 해야겠다. 테니슨의 〈율리시스〉 마지막 부분만큼 지금 이 순간에 가장 어울리는 시가 또 있을까! 우리 가족이 다 좋아해서 수도 없이 암송했던 그 시를 여기 소개한다.

자, 친구들이여! 아직은 늦지 않았으니
더 새로운 세상을 찾아 떠나자.
줄 맞춰 앉아서 더 힘차게 앞으로, 앞으로
물살을 가르며 나아가자.
내 목표는 해가 지는 그곳
서쪽 별이 멱 감는 그곳까지 항해하는 일, 내 목숨이 다하는 그날까지.
끝없는 심연이 우리를 집어삼킬지도 모르지.
어쩌면 행복의 섬에 도달할지도 몰라.
또 우리가 아는 그 아킬레우스를 보게 될지도.
많이 잃었지만, 그래도 아직 많이 남았거늘
지금은 비록 예전처럼
하늘과 땅을 뒤흔들 만한 강한 힘은 없지만,
그래도 우리는 역시 우리다. 영웅의 심장과 기개를 가진 우리.
시간과 운명이 우리를 약하게 했지만, 의지만은 여전히 강하다.
결코 굴하지 않고, 계속 분투하고, 찾고, 발견하리라.

서평

사회적 양심을 지닌 자본주의자

일선에서 은퇴한 벤저민 그레이엄은 캘리포니아주 라호이아와 베벌리힐스, 엑상프로방스Aix-en Provence: 프랑스 동남부 도시, 마데이라제도Madeira: 포르투갈령 등 여러 곳에서 60~70대의 삶을 보내며 '내가 기억하는 일Things I Remember'이라는 제목으로 인생을 돌이켜보는 글을 썼다. 가족과 비즈니스 생활, 고향인 뉴욕시의 풍광에 관해 기억나는 대로 전부 적었다. 하지만 기억이 고르지 못하다는 사실에 의아해했다. 사소한 일은 기억이 나는데 왜 중요한 일이나 사건은 까맣게 잊어버릴까? 이 부분에 관해서 그는 이렇게 썼다.

> 어떤 일은 기억에 생생한데, 어떤 일은 도무지 기억이 안 난다는 사실이 나는 참 이상하게 느껴졌다. 그런데 다른 사람들이 쓴 회고록을 보면 나처럼 이렇게 기억나지 않는 부분도 있다는 사실을 인정하는 경우가 거의 없었다. 어떤 부분에 대해 '기억이 안 난다'고 솔직하게 쓰는 것 자체가 적절치 않다고 생각하는, 일종의 이 업계 불문율 같은 것이 있는 모양이다. 그런데 심리학자들은 이런 현상을 매우 유의미하게 바라보는 듯하다. 작

성자가 '기억하는 일'과 '잊어버린 일'을 비교하는 과정에서 작성자의 '실제 성격'이나 '본모습'이 드러날 수 있다고 본다. 바로 이 점을 설명하는 내용으로 내 묘비명을 직접 써봤다.

여기 이 사람은 다른 사람이 잊어버린 것은 기억하고, 다들 기억하는 것은 거의 다 까먹었다.
오래 연구했고 열심히 일했으며 많이 웃으며 살았다.
아름다움을 먹고 자랐고 사랑에 흠뻑 취해 살다 갔다.

어떤 면에서 이 자서전은 작성자가 참 많은 일을 기억하고 있음을 드러낸다. 기업의 자산 상태나 가격, 수익률, 기타 정확성을 요하는 통계적 자료를 상세히 기억함은 물론이고, 일과 관련된 측면에서 그레이엄의 기억력이 얼마나 뛰어난지는 동료를 통해 익히 확인할 수 있는 부분이었다. 사실 첫 직장에서 이미 채권 수치 자료를 전부 암기해야 하는 일로 첫 업무를 시작했던 터였다. 이후 강의 내용이나 그동안 쓴 책 그리고 각종 기사 및 기고문에는 기업 역사에 관한 상세 정보가 빼곡히 들어가있었다.

그런데 자주 사용하는 전화번호나 아는 사람 이름을 잘 기억하지 못할 때가 있다고 말한다. 사실 그레이엄은 건망증이 심한 것으로 꽤 유명하다. 언젠가 그가 두 아이와 함께 록펠러 센터에 있는 스케이트장에 간 적이 있었다. 타고 간 자동차를 주차장에 세우고 아이들을 스케이트장에 데려다줬다. 그런데 스케이트를 다 탄 다음에 집에 갈 때는 두 아이와 함께 지하철을 타고 갔다. 타고 온 차를 주차장에 세워뒀다는 사실을 까맣게 잊은 것이다. 이런 일도 있었다. 아들의 장모 그러니까 안사돈이 엑상프로방스에 온 적이 있었는데 이때 마치 처음 본 사람한테 인사하듯 손을 쑥 내밀어 악수를 청하며 자신을 소개했다. 이렇듯 '특이한' 기억력에 관해서 그레이엄은 이렇게 썼다.

> 역사적 사실이라든가 문학적인 내용 같은 유형은 무려 65년 전에 기억해둔 것도 생각이 잘 난다. 그러나 사실 전화번호(아마 백 번은 찾아봤을 듯함)나 친구 집 주소(자주 방문했음), 자주 만난 사람의 이름 등은 기억해봐야 별 쓸모가 없다. 물론 잘 아는 사람도 아니고 아주 오래전에 한두 번 만난 적이 있던 사람을 다시 봤을 때 마치 어제 일인 듯 그 사람에 관해 이것저것 기억해내면 상대방이 깜짝 놀라기는 하겠지만 말이다. 그래도《제노의 의식》의 저자 이탈로 스베보의 일화를 들으면 건망증이 걱정되는 내 마음이 조금 위로가 된다. 스베보는 당연히 알아봐야 할 사람을 못 알아봤을 때 난감한 표정을 지으며 이렇게 말했다고 한다. "아, 미안합니다만 이해를 좀 해주세요. 내가 항상 잊어버리는 게 세 가지 있어요. 우선 사람 이름하고 얼굴을 잘 기억 못 해요. 그리고 세 번째가 아, 뭐였더라? 이걸 또 까먹었네요."

그레이엄의 기억력은 상당히 집중적이고 선택적이라는 특징이 있다. 말하자면 자신에게 매우 중요한 사실은 잘 기억했다. 아주 인상적인 토론을 펼친 학생이라면 아무리 오래전 일이라도 그 학생의 이름을 기억했다. 그레이엄에게는 사람들보다 생각이, 전화번호보다 통계 수치가 더 중요했다. 그리고 애초에 성향이 그랬는지 몰라도 나이가 들어갈수록 돈보다 문화 혹은 정신적인 삶이 훨씬 더 중요해졌다.

일과 관련된 측면에서는 날짜, 사실, 수치, 비율 등이 그레이엄에게 매우 중요했다. 그러나 이 책을 쓸 때는 개별 자료가 정확한지보다 전체적인 맥락을 이해하는 쪽이 훨씬 중요했다. 그레이엄은 단편적 사건이나 경험에 대한 기록뿐 아니라 그에 대한 솔직한 평가와 느낌까지 담아내고자 했다. 그래서 오랜 명상과 사색을 통해 얻은 것과 아주 어렵게 깨달은 사실이나 감상을 솔직하게 털어놨다. 설사 기존의 생각과 다르더라도 자기 자신에 대한 진실을 밝히는 일을 가장 중요하게 생각하는 한 인간의 진심이 그 안에 담겨있다. 투자를 업으로 삼았던 시절에 월가를 지배했던 각종 통념을 맹목적으로 받아들이지 않고 의구심을 품었듯이, 이 책에서도 개인의 신념과 행동에 관한 기존 태도에도 의구심을 품고 그 타당성을 확인하고자 했다. 예를 들어 그레이엄이 아홉 살 때 아버지가 돌아가셨는데, 당시 사회적 통념과는 다른 감정을 느꼈다고 했다. 다들 말하듯 하늘이 무너지는 느낌일 줄 알았는데 실제로는 그렇지 않았다고 한다. 어머니에 대해서도 솔직한 심정을 털어놓았다. 그레이엄은 어머니의 단점을 담담하게 설명했는데 사실 이런 솔직한 표현 덕분에 오히려 어머니의 장점이 더욱 설득력 있게 다가왔다. 그래서인지 본문에서 '솔직해야 한다고 생각한다' 같은 '솔직함'에 대한 표현이 자주 등장한다.

그다음은 종교에 관한 부분이다. 독자 중 유대인이 있다면 그레이엄의 종교관이 좀 껄끄러울 수도 있다. 예수를 종교적 인물로서가 아니라 윤리적 인물로서 바라보는 독특한 관점이라든가, 비유대인으로 태어나는 편이 더 나았을지 모른다고 생각한다든가, 인생의 진정한 목적은 유전자 풀gene pool의 다양성을 위해 이교도 간에 결혼하는 일이라고 생각하는 등 그레이엄이 지닌 특이한 신념이나 태도를 못마땅하게 여길지도 모르겠다. 이런 견해를 반유대주의적 자세라고 해석하는 것은 타당하지 않다. 어쨌거나 그레이엄은 유대인시각장애인협회 회장직을 맡는 등 유대교 사회의 저명 인사였다. 그러나 그레이엄은 범세계주의에 대한 강한 지향성 때문에라도 편협한 지역주의 사고에 묶일 수 없는 사람이었다. 게다가 그레이엄이 비판한 대상은 유대교 자체가 아니라 지도자급 인사들의 얄팍하고 고루한 그리고 과도한 금욕주의적 태도였다. 이런 태도는 정신적 성장과 문화적 팽창을 가로막거나 억제할 뿐이라는 생각에서다. 물론 그레이엄이 유대교 정통 사상에 어긋나는 가치를 상당히 많이 받아들인 것은 사실이다. 그러나 어빙 하우Irving Howe가 《우리 조상의 세상World of Our Fathers》에서 상세히 다뤘듯이 그레이엄의 정체성 자체는 대다수 유대인 이민자 후손들과 별반 다르지 않다. 동유럽계 유대인이나 이전 세대 독일계 유대인과는 달리 그레이엄은 영국에서 태어났다. 부모님이 이디시어가 아닌 표준 영어를 사용했기 때문에 미국 문화에 더 빨리 동화되지 않았나 싶다.

그레이엄은 역사에 대한 오랜 탐구와 현실적인 사색, 폭넓은 독서 그리고 월가의 복잡한 가치 검증에 대한 몰입을 바탕으로 나름의 가치관에 대한 확신을 얻었다. 감정적으로는 무언가를 믿고 따르는 일에 어려움이 없는 사람들이 부러웠지만, 늘 깨어있는 이성(광범위한 독서를 바탕으로 함)을 통해 맹목적 신념에 빠지지 않고 매사에 회의적인 시각을 유지할 수 있었다. 회의론이라고 다 부정적인 것은 아니다. 이는 깊은 이해와 자각에 근거해 정통 유대교와 유대 기독교적 가치에 뿌리를 둔 긍정적인 회의론이었다. 이성적 추론의 위력에 대한 확신이 점점 타당성을 얻으면서 그레이엄의 회의론이 강화되고 이 회의론은 다시 추론에 대한 자기 확신을 강화하는 식으로 두 요소가 상호 작용을 했다. 이런 확신은 전문 투자자에게는 필수적인 요소다.

이 책에는 그레이엄이 문학적 가치를 중요시했음을 알 수 있는 내용들이 담겨있다. 그레이엄은 호메로스, 에우리피데스, 베르길리우스, 키케로, 호라티우스, 루크레티우스, 타키투스, 카툴루스, 단테, 세르반테스, 셰익스피어, 베이컨, 밀턴, 데카르트, 포프, 필딩, 기번, 레싱, 매컬리, 실러, 칸트, 디킨스, 드퀸시, 에밀리 브론테, 테니슨, 니체, 위고, 휘트먼, 톨스토이, 하우스먼, 보들레르, 입센, 콘래드, 프루스트, 카프카, 릴케, 스베보 같은 위대한 작가 그리고 특히 벤저민 프랭클린, 루소, 라로슈푸코, 샤토브리앙, 공쿠르 형제처럼 이 책과 관련이 깊은 회고록 작성자의 작품을 원서로 읽을 정도로 특히나 문학에 심취했었다. 그레이엄은 이 책을 그동안 자신이 쓴 시와 희곡에 못지않은 하나의 문학작품으로 만들고 싶어 했다. 결과적으로《벤저민 그레이엄 자서전》은 이런 문학적 노고가 가장 성공적으로 반영된 작품이 됐다. 그레이엄은 평소에 문학뿐만 아니라 연극, 오페라, 연주회 등에도 관심이 많았기 때문에 은퇴 후 이런 문화생활을 만끽하며 여유로운 삶을 즐길 수 있었다. 그러나 시각예술 쪽에는 그다지 조예가 깊지 않았다. 그래서 그림과 조각 작품을 감상하기보다는 관련 해설이나 비평을 읽는 데 시간을 더 할애했다. 그리고 자연경관에도 큰 관심이 없었다. 돈을 더 많이 벌고 싶은 마음도 없었고 현 재정 상태에 관해서도 안달복달하지 않고 비교적 무심한 편이었다. 그보다는 학교 때 제자나 동료가 특히 시장 침체기에 자신에게 조언을 구하면 상당히 흐뭇해했다. 그리고 말년에는 제임스 레이와 함께 레이-그레이엄 뮤추얼펀드를 만드는 일에 관심을 쏟았다.

이 책은 투자 안내서 같은 실용서가 아니라 사적인 이야기를 담은 책이다. 그러므로 투자에 관한 책을 원한다면 수많은 이들이 이 분야 관련 책 가운데 가장 뛰어난 대표작으로 꼽는《증권분석》이나《현명한 투자자》를 읽기 바란다. 1934년에 나온《증권분석》초판본은 현재 네 자릿수 가격대를 형성할 만큼 그 가치가 엄청나다. 초기 생애를 담은 이 자서전을 보면 그레이엄이 어떻게 해서 지금과 같은 대단한 투자 고수가 됐는지를 알 수 있다. 그레이엄이 물려받은 지적 유산 덕분인지(할아버지의 형제 중 한 분이 바르샤바 지역 랍비 수장이었음) 특이하게도 당시 증권업계가 시장 조사에 별 관심을 기울이지 않던 시절임에도 이 조사 작업에 몰두했다. "사내는 사내답게 자라야지!"를 외치던 어머니의 자유방임적 양육 태도와 맨해튼, 브루클린, 브롱크스 등지의 험악한 거리 환경 때문에 예리한 현실감각이 발달한 측면이 있다. 그리고 주먹이 아니라 두뇌로 자신을 다스리는 법도 배웠다. 동시에 뉴욕식 훈육 방식에서 이따금 노출되는 공격성을 회피하려고 했다. 그레이엄을 아는 사람들은 그를 깍듯하게 예의를 갖출 줄 아는 신사적이고 반듯한 품성의 소유자라고 말한다. 뉴욕은 빈민가만 있는 도시가 아니다. 희망과 꿈으로 맞이하는 세기 전환기에 뉴욕시는 시민들에게 놀랄 만한 교육 서비스를 제공했다. 그레이엄은 뉴욕시티칼리지 부속 고등학교쯤 되는 타운센드 해리스 홀과 브루클린 보이즈 하이스쿨에서 자타 공인 미국 최고의 공교육을 받을 기회를 얻었다. 지금 생각해보면 그 시절에 이렇게 우수한 교육을 무상으로 받을 수 있었다는 사실이 놀라울 따름이다. 미국의 최고 사상가 중 한 명인 모리스 래피얼 코언이 여러분이 다니는 고등학교에서 기하학을 가르친다고 한번 생각해보라. 상상만 해도 소름 돋을 정도로 엄청난 기회가 아닌가! 이를 두고 너무 엘리트 의식에 물들었다든가 지나치게 엘리트주의를 지향하는 것이 아니냐고 책망해도 할 말은 없다. 그러나 그레이엄은 재능 있는 학생들에게는 이렇게 좋은 교육을 받을 기회가 보장돼야 하고, 이런 기회를 누리는 일에 도전해볼 기회를 제공해야 한다고 생각한다. 그리고 생각 있는 부모라면 누구나 그레이엄의 이런 견해에 고개를 끄덕이리라 생각한다.

그레이엄이 행정상의 착오로 컬럼비아대학에 입학하지 못하게 됐을 때는 몹시 속이 상했다고 한다(제5장 참고). 그건 그렇고 뉴욕시티칼리지 부속 고등학교에 다닐 당시 스스로 '예비 대학생'이라며 자부심이 대단했던 그레이엄이었다. 그런데 그 뉴욕시티칼리지가 아니라 왜 컬럼비아대학에 지원했을까? 이에 대해 속물근성이 보인다며 책망하는 이도 있을지 모르겠다. 그러나 그레이엄의 이런 선택을 좀 다른 각도에서 생각해볼 수도 있다. 그레이엄은 그저 교육의 '품질'에 비중을 뒀을지 모른다. 즉, 돈으로 가능한 최상의 대학 교육, 양질의 교육을 받고 싶었을 뿐이다. 물론 그레이엄은 돈이 없었으므로 자기 돈이 아니라 장학금을 받을 수 있는 대학 중에서 가장 좋은 곳을 택하고 싶었을지도 모른다. 그레이엄은 하버드를 생각했다. 분명 어머니가 뉴욕에 있는 대학을 고집하지만 않았어도 하버드에 충분히 입학할 수 있었을 것이다. 마침내 컬럼비아대학에 입학했을 때 그레이엄은 경영학은커녕 경영학 관련 과정은 전혀 공부하지 않았다. 경제나 경영 분야보다는 인문학, 언어, 문학, 역사, 철학에 관심이 많았다. 이런 남다른 학문적 배경 덕분에 본인은 경제나 사업 관련 분야의 일을 하려면 MBA^경영학 석사^ 과정을 밟아야 한다는 통념과는 다른 행보를 보여주었다.

그레이엄의 자서전은 수많은 교육자가 의구심을 품은 내용도 담고 있다. 즉, 가장 좋은 그리고 아마도 가장 영속성 있는 교육은 스스로 공부하는, 일종의 자기 주도적 학습이라는 생각을 밝혔다. 그레이엄이 배운 중요한 사실 가운데 하나는 스스로 공부하는 방법이고 또 하나는 그렇게 하는 일이 얼마나 만족스러운가 하는 점이다. 그런데 다른 학생들이 학교 때 공부했던 내용을 졸업 후에는 깡그리 잊어버린다는 사실에 적잖이 놀랐다고 한다. 학교에서 공부하는 일은 그저 일상적 과업일 뿐이라고들 생각한다. 인생에서 정말 '중요한' 일은 돈을 버는 일인데 학교 때 배운 모든 것은 그 일에 방해만 될 뿐이라는 듯이 거의 다 잊어버린다. 그러나 그레이엄은 이를 잊지 않았다. 그리고 배운 내용을 마음의 양식으로 만들어나갔다. 이것이야말로 자기 삶에서 처음으로 얻어낸 자산이었고 사실상 가장 중요하며 의미 있는 것이었다.

다른 대다수 전문 투자자와 달리 그레이엄은 처음부터 돈 버는 일 자체에 큰 가치를 두지는 않았다. 그래서인지 20대인 그레이엄의 눈에는 고객을 대상으로 하는 투자 서비스업을 포기하고 단독 투자자로 나서기로 한 버나드 바루크의 결정이 그다지 바람직해 보이지 않았다.

> 재능도 있고 돈도 많은 젊은이가 오로지 자신만을 위해 그저 돈을 더 많이 버는 일을 인생의 목표로 삼는다는 사실만큼 부끄러운 일이 또 있을까! 그것도 일말의 후회나 자기비판 없이 그런 내용을 회고록에 적어놓은 그 뻔뻔함이라니.

그러나 솔직함을 추구하는 그레이엄의 성향 때문에 특히 자신도 펀드 설립 제안을 받아들이는 입장에서 바루크의 그 결정을 좀 더 관대한 시선으로 바라보게 됐다.

> 그러나 내 결정은 바루크의 결정보다 뭐 나은 점이 있던가? 나도 결국 증권 회사를 떠나는 결정을 내리지 않았는가! 나나 바루크의 결정에 무슨 차이가 있을까? 적어도 증권 회사에 계속 있었으면 다른 사람에게 도움이 되는 금융 자문 서비스를 제공해줬을 텐데, 이렇게 펀드를 운용하겠다고 나오면 나 혼자 돈을 더 벌자는 의도 아닌가! 이런 내가 바루크를 비난할 자격이 있을까? 그러나 월가 기준으로 보면 나는 부자와는 거리가 멀었다. 그리고 그동안 돈이 필요한 친구나 친척들이 큰 수익을 올리는 데 도움을 줬다.

훗날 그레이엄은 자신의 80세 생일 기념사(〈에필로그 1〉 참고)에서 설득력 있는 언어로 돈보다 문화를 더 중시한다고 밝히면서 손주들에게 물질적 풍요보다 정신적 풍요의 가치를 전하려고 했다. 물론 투자는 돈을 벌려고 하는 일이다. 그러나 그레이엄은 인생의 어느 시점에서 개인적인 풍요로움보다 자신의 이론이 옳았음을 증명하는 데 더 관심을 뒀다는 느낌이 든다. 처음에 투자 일을 왜 시작했을까? 아버지가 젊은 나이에 돌아가셨지만, 어머니와 두 형(그레이엄과 나이 차이가 별로 안 남) 덕분에 그래도 완전히 엇나가는 일 없이 성장했다. 묘하게도 그레이엄은 궁핍한 생활환경과 사치를 탐하는 어머니의 성향 둘 다 물려받았다. 어느 모로 보나 양립 불가능한 이 두 요소의 결합이 그레이엄을 궁지로 몰아넣은 측면이 있다.

> 어머니는 과거 잘살던 때를 웬만하면 떠올리려 하지 않았고, 부족함 없던 시절의 여유가 사라진 현실을 굳이 곱씹지 않으려고 애썼다. 그러나 잘살던 시절을 떠올리게 하는 일이 여전히 많아서 머릿속에서 완전히 지워버리기가 너무 어려웠다. 그중에서도 가장 견디기 어려운 상황은 어이없게도 오랜 어머니 자신의 친구들을 만날 때였다. 친구들은 여전히 친절했고 표가 나게 어머니를 멀리하지는 않았다. 그러나 당사자인 어머니는 달리 느낄 수밖에 없었다. 금전적으로 친구들과 자신의 처지가 너무나 차이가 났기 때문이다. 이런 부분은 친구들이 집에 놀러 왔을 때 특히 두드러졌다. 예전과 달리 궁핍하게 사는 모습을 보여주기 싫었던 어머니는 어떻게든 체면치레는 하려는 듯 실제 가진 것보다 조금 더 있는 듯한 씀씀이를 보이곤 했다.
>
> 우리 형제는 이런 암담한 분위기에 어느덧 익숙해있었고 우리 가운데 적어도 나에게 이런 환경이 강한 영향을 미쳤다. 나는 물질보다는 정신이

> 나 지성에 가치를 둔다. 내 타고난 성향이 그렇다고 생각한다. 그러나 경제적으로 궁핍했던 어린 시절이 우리 형제에게 영향을 미쳤고 나 또한 예외가 아니었다. 그래서 돈에 큰 가치를 두게 됐다. 성공한 인생은 많이 벌어 많이 쓰는 삶이 아니겠는가!

그레이엄의 어머니는 이런 환경적 딜레마를 보상이라도 하듯 그에게 불굴의 투지와 결단력을 물려줬다. 이런 기질은 당연히 그레이엄이 살아가는 데 큰 도움이 됐다. 그레이엄이 난생처음으로 혼자 레스토랑에 들어가서 그레이프 너츠를 주문해 먹는다든가, 중간에 상할 수도 있다는 경고문에도 아랑곳하지 않고 과수원에서 딴 사과를 우체국 배송으로 어머니에게 보낸다든가, 노던 파이프라인 컴퍼니의 이사진과 계속 맞서는 등 시종일관 자신의 입장을 고수한 것도 이런 결단력에서 비롯됐다고 본다. 납득하기 어려운 이유로 컬럼비아대학에서 장학금을 받지 못했을 때 어머니가 다시 신청해보라며 고집스럽게 그를 채근하지 않았으면 아마 장학금 신청을 다시 해볼 용기를 내지 못했을 것이다. 그리고 어머니한테서 물려받은 불굴의 용기 덕분에 두 차례 이혼과 시장 붕괴 사태 같은 일신상의 어려움과 사업상의 곤란도 극복할 수 있었다.

어머니가 힘들어했던 궁핍한 생활과 친척들로부터 가난한 일가라는 취급을 받을 때의 모멸감이 너무 싫었기에 그다지 여유로운 생활을 한다고 보기 어려운 대학교수보다는 넉넉한 수입이 보장되는 전문직 쪽에 더 마음이 갔다. 그러나 정신적인 삶을 추구하는 그레이엄의 '천성'이 결국은 이런 세속적인 부분을 압도했다. 물질적 풍요에 관한 가장 단순하고도 가장 중요한 법칙을 터득한 후에는 물질적 호사 같은 것에는 별로 신경 쓰지 않게 됐다. 즉, 가장 뛰어난 재정 전략은 수입의 범위 내에서 지출하는 것이다. 한마디로 말해 분에 넘치는 생활만 하지 않으면 된다는 말이다.

어쨌거나 그레이엄은 나중에 대학교수가 됐다. 처음에는 공황기를 버텨낼 수입원이 필요해서였지만, 나중에는 순수하게 가르치는 일이 좋아서이기도 했다. 이제 돈을 충분히 벌었다는 생각이 들자 돈이 중요하다는 생각이 점점 줄어들었다. 처음부터 대학교수가 되는 쪽으로 진로를 택했다면 구체적으로 어떤 분야를 가르치는 교수가 됐을까? 워낙 여러 방면에 관심이 많았고 능력도 출중했기 때문에 사실상 어떤 분야든 가능하지 않았을까 싶다. 실제로 1914년에 이른바 아이비리그미 동북부에 있는 8개 명문 대학 졸업반 학생이(그것도 유대인이) 영어, 철학, 수학 등 무려 3개 학과에서 강사 제의를 받았다는 사실 자체가 매우 놀라운 일이었다.

그런데 실제로는 학교를 선택하지 않고 금융 분석가의 길로 들어섰으며 결국 월가가 추앙하는 시장 고수의 반열에 올랐다. 우리는 투자 이론 형성 초기 및 그 결과를 통해 그레이엄이 말하는 투자 이론의 특징을 알 수 있다. 그레이엄은 궁핍한 가정환경 때문에 늘 조심하고 경계하는 태도가 더욱 굳어졌다. 그런데 이런 그레이엄마저도 개인적으로나 국가적으로 이른바 '광란의 20년대'에 속한 시기에는 이런 조심성을 잃고 말았다. 그런 상황에 처한 젊은이 가운데 쉽게 돈을 번다는 유혹에 빠지지 않을 사람이 몇이나 될까? 이런 맥락에서 세이볼드 타이어 대실패 사례를 제9장에서 설명해두었다. 그러나 실패에 좌절하고 나락에 빠지는 다른 젊은이와 달리 그레이엄은 이런 실패 사례에서 교훈을 얻었다. 시장 붕괴 사태와 대공황을 겪으면서 매사 신중하게 접근해야 한다는 사실이 더욱 분명해졌다. 그레이엄이 진지하게 고려했던 몇몇 직업군 가운데 엔지니어도 있었다. 이런 엔지니어들처럼 투자에 임할 때 무엇보다 안전성을 최우선시하게 됐다. 그러면서 "투기하면 돈을 잃는다."는 그의 첫 직장 상사 앨프리드 뉴버거의 경고를 떠올리며, 투기를 도박의 한 종류로 여기고 개탄했다. 그래서 시장가치가 더 떨어지고 말고 할 것 없이 현재 저평가 상태인 증권을 찾아보기 시작했다. 1929년 감당이 불가능한 수준의 엄청난 시장 대폭락과 뒤이은 대공황의 기나긴 터널은 그레이엄을 포함해 그 누구도(통찰력이 대단했던 바루크 정도만 빼고) 예측하지 못했다. 그러나 그렇게 암울했던 시절에도 그레이엄은 기존 입장을 견지했고 종국에는 자신이 활용한 투자 기법이 유용했음을 입증했다. 시장 동향과 타이밍을 예측해야 한다는 월가의 오랜 통념을 무시하고 추론 능력에 대한 자신감을 바탕으로 가치투자 이론을 수립해 그 유용성을 시험해볼 수 있었다. 맹목적인 예언이나 예측을 외면하는 데서 끝난 것이 아니라 아무 생각 없이 우르르 몰려다니는 레밍 쥐처럼 분별없이 그런 예측을 추종하는 다른 투자자의 행동에서 투자 수익을 알뜰하게 챙겼다. 기업 실적에 관한 실제 수치와 자료처럼 더 신빙성 있는 정보원을 중시했고 실전 경험을 통해 얻은 이 교훈을 제자들에게 잘 전수했다. 존 트레인John Train은 다음과 같은 비유를 들어 시장에 떠도는 온갖 소문과 낭설을 그레이엄이 어떻게 무시했는지 잘 설명해줬다.

> 폭동으로 땅바닥에 쓰러진 환자를 돌보는 의사는 광기로 떠들썩한 주변 상황에는 전혀 신경 쓰지 않고 오로지 환자에게만 온정신을 집중한다. 마찬가지로 그레이엄은 시장에서 떠드는 소리에 아랑곳하지 않고 자신의 뜻대로 행동한다.

그의 아들 벤저민 주니어가 의학 쪽으로 진로를 선택해 현재 응급 의학 전문의로 근무하게 된 일은 우연이 아니라고 본다. 그레이엄-뉴먼 투자사는 어떻게 운영했는가? 아래 설명을 보자.

그레이엄-뉴의 업무 영역은 명확하게 정의된 몇몇 범주로 제한됐다. 각 투자 범주는 만족스러운 수익률, 말하자면 비교적 낮은 위험 수준에서 연간 20% 이상의 수익률을 약속했다. 그리고 광범위한 다각화 전략으로 위험 수준이 극단적으로 낮아졌다. 구체적인 범주는 차익 거래, 현금 지급(청산), 관련 헤지related hedge, 무관련 헤지unrelated hedge, 유동자산 종목(염가 종목), J. A. 뉴먼의 특수법인 같은 종속 회사controlled company 등이다. 따라서 범주별 업무 및 작업 결과를 꼼꼼히 점검했다.
이처럼 지속적인 업무 평가가 한 가지 놀라운 결과로 나타났다. '저렴한' 종목을 매수하고 관련성이 전혀 없는 '고가' 종목을 매도하는 이른바 '무관련 헤지'는, 전체 수익 가치를 기준으로 판단하건대 상대적으로 훨씬 저조한 성과를 나타내면서 총수익을 감소시키는 결과를 낳았다. 같은 회사의 선순위 전환주를 보유하는 방법으로 적절한 보호 장치를 마련하지 않는 한, 인기가 좋아서 지나치게 고평가된 종목을 공매도할 때는 그레이엄-뉴먼의 '가치투자 접근법'이 그다지 효과를 보지 못했다.
염가 종목bargain issue 투자는 순유동자산 가치의 3분의 2 미만 수준에서 보통주를 매수하는 작업에 국한된다. 지난 30여 년에 걸쳐 이 염가 종목을 수백만 주 매수하는 동안 이 범주에서는 최종적으로 손실이 거의 발생하지 않았다. 그러나 수익이 가장 많이 나는 그레이엄-뉴먼에서 이런 까다로운 요건을 충족시키지 못했다는 사실이 상당히 역설적이다. 그러나 또 한편으로 이는 금융계의 일반적 현상이라 하겠다. 이것은 그레이엄-뉴먼은 해당 기업의 자산 가치를 약간 밑도는 가격에 '가이코' 지분 50%를 매수한 거래였다.

그레이엄은 말 그대로 매우 창의적인 사람이었다. 한층 개량된 계산자를 만들어냈고, 모스 부호를 속성으로 배우는 데 도움이 되는 암기 단어 목록도 만들었다. 모스 부호는 점(•)과 단선(-)으로 이뤄진 패턴으로 단어를 표시하는 일종의 암호다. 전동식 문 개폐 장치, 파이를 똑같은 크기로 잘라주는 파이 접시도 만들어보려 했으나 이 작업이 완벽하게 성공하지는 못했다. 그러나 적어도 그 당시 월가에서도 모르는 새로운 주식 가치 평가 방식을 고안하는 데 일조했다. 그레이엄의 머릿속에는 이런 발명이나 새로운 아이디어로 가득했다. 그래서 그 내용을 '필로우 북pillow book: 잠자리에서 베개를 베고 누워 읽는 책'이라는 작은 공책에 전부 적어뒀다.

뛰어난 지적 능력 외에 그레이엄이 지닌 가장 큰 장점은 독자적 사고력과 성실성에 있다. 친절하고 상냥한 편이기도 하지만, 사실 이런 성격은 그레이엄의 성공과는 아무 관련이 없어 보인다. 그레이엄은 판매 능력은 없었다. 아이스크림 기계, 셔츠 판지 광고, 축음기 음반, 채권 등을 판매하는 데 영 소질이 없었다. 그러나 이런 상냥함이 냉철한 논리에 기초한 의사 결정 과정을 방해하는 일도 없었다. 이에 관해 그레이엄 본인이 설명한 내용은 다음과 같다.

> 단지 오랜 관례나 편견에 이끌리는 행동은 하지 말아야 한다고 판단할 때가 있다. 적어도 그런 판단이 중요한 분야에서는 어느 정도의 독립성을 유지하려 했다.

그레이엄은 안전하고 신중한 조사와 연구를 통해서 수익을 추구했을 뿐만 아니라 가장 정직한 방법으로 수익을 추구했다. 이런 도덕적 품성은 마이클 더글러스Michael Douglas가 영화 〈월스트리트〉에서 연기한 월가의 탐욕스러운 투기꾼과는 정반대 모습이었다. 그래서 그레이엄은 월가에서 주식

거래를 할 때마저 성실성이 돋보이는 사람으로 정평이 나있을 정도였다. 그래서 주 정부나 연방 정부가 소송 과정에서 필요한 기업 가치 정보라든가 증권거래위원회 같은 규제 기관 설립에 관한 객관적 의견이 듣고 싶을 때 그레이엄을 찾을 정도였다. 그레이엄은 상당히 주도면밀하며 실수에 관대한 사람이 아니었다. 지극히 사소한 '횡령' 사례라도 빠뜨리지 않고 꼼꼼히 기록해야 한다고 생각했다. 어머니 지갑에서 몰래 잔돈을 훔친 일, 극장 안내원으로 일할 때 1~2달러를 더 받고 관람객에게 티켓에 표시된 좌석보다 더 좋은 자리를 내준 일, 주 정부를 상대로 횡령한 공금 중 일부를 모른 척하고 받아 챙긴 일, 한 희곡작가가 일할 수 있는 사람인데도 눈속임으로 장애 보험금을 계속 받을 수 있게 도와준 일 등을 강박에 가까운 일종의 의무감으로 꼼꼼히 다 기록했다. 자신에 대해서는 이런 사소한 잘못 하나라도 용서하지 않으려는 자세가 그레이엄을 더욱 고매한 인격자로 만들어줬다. 덕분에 친구와 친인척 그리고 퇴직한 직원이 저지른 훨씬 심각한 부정행위에 대해 좀 더 관대한 아량을 베풀 수 있는 여유가 생겼다.

소극적인 동시에 적극적인 그레이엄의 윤리관은 매우 인상적이다. 그레이엄은 기업 잉여 자본의 분배를 요구하는 일반 주주 편에 서서 행동했다(노던 파이프라인 컴퍼니와 관련한 일화를 보라). 그리고 대공황기에는 급료나 수수료를 받을 상황이 아니었음에도 고객에게 계속해서 최선을 다했다. U.S. 익스프레스 컴퍼니에서 퇴직한 상사와 연락을 계속하지 못한 일이라든가 그다지 유능하지 못한 언액셀드 매뉴팩처링 컴퍼니 사장이 퇴출당한 일 등을 마음에 걸려 했다. 또 그레이엄은 직원과 경영진, 채권자의 앞날이 어찌 되든 아랑곳하지 않고 오로지 사익만을 추구해 기업을 무너뜨리는 인수 합병 기술자하고는 거리가 멀었다. 그레이엄은 냉혹하기 그지없는 그런 기업 '사냥꾼'이 될 생각도 없었고 애초에 그런 성향도 아니었다. 그래서 무책임하고 신중하지 못한 젊은 증권 매매인들이 컴퓨터 자판 몇 개를 두드려 거대한 은행을 파산시킬 수도 있는 작금의 금융계를 보면 어떤 생각을 하게 될지 궁금해진다.

이 책을 보면 그레이엄의 정치적 입장이 지금의 온건파와 크게 다르지 않다는 사실을 알 수 있다. 말하자면 재정적으로는 보수주의를 지향하지만, 사회적으로는 진보주의를 지향했다. 예를 들어 사회연구 뉴스쿨 주최 경제 포럼에서 발표한 두 가지 제안을 생각해보라. 그 내용은 이렇다.

> 첫째, 저비용 주택단지를 조성하고 빈민가에 거주하던 세입자에게 새로운 거주지에 입주하는 데 필요한 임대 보조금을 지원하는 등의 방식으로 대규모 빈민가를 재정비하고 주거 환경을 개선한다.
> 둘째, 일자리를 잃은 사람에게 그 사람이 지닌 기술과 경험을 바탕으로 개인 대출 자격을 부여한다. 이는 무담보 형식으로 무이자 혹은 저이자 조건에 연방 정부가 제공하는 대출 서비스로서 다시 일자리를 구하면 적절한 조건에 따라 상환하게 한다. 루스벨트 집권기 이전 자유방임주의를 추종하는 사람들에게는 이 두 가지 제안이 매우 급진적으로 보였겠지만, 이후 실제로 채택된 정책의 방향과 크게 다르지 않다.

그레이엄이 딸 마저리에게 쓴 편지를 내게 보여준 적이 있었는데 여기에는 그레이엄이 생각한 두 가지 제안 사항이 간략히 적혀있었다. 하나는 '충분한 음식물 무상 제공'이고 또 하나는 '모두에게 음식물 제공'이었다.

> 원칙: 모두에게 적정 수준의 음식물을 무상으로 제공한다.

계획: 무상 음식물 제공이 필요한 모든 학교에 간이 급식소를 설치하고 이곳에 와서 음식물을 요구하는 사람에게 하루에 두 끼 식사를 제공한다. 이 부분이 핵심이고 사족은 필요 없다. 이것저것 따져 묻지 마라. 조사도 설교도 하지 마라.

통제 사항: 관리자는 똑같이 중요한 두 가지 기능을 수행한다.
① 가능한 한 음식물을 원하는 사람 전부가 이 혜택을 받을 수 있게 한다. 혹시나 행정상의 실수나 착오로 혜택받지 못하는 사람은 없는지 확인한다.
② 실제 제공하는 서비스 수준이 이 제도를 통해 성취하고자 하는 목적 범위를 넘지는 않았는지 확인한다. 특별식이라든가 추가 음식물 제공과 같은 혜택은 별도 정책으로 그 목적을 달성해야 한다.

개인적 견해: 이 정책의 성공 여부는 다음 두 가지 요소에 달렸다. ⓐ 음식값을 낼 능력이 있는데도 서비스를 이용하는 사람의 수가 감당 가능한 수준일까 아니면 과도하게 많을까? ⓑ 불필요한 요식 행위로 인한 비능률성을 최소화할 수 있을까?
'엄격한 제한'도 있어야 한다. 그 제한이란 구세군이 음식을 나눠줄 때 지시에 따라야 한다는 정도이지만, 양은 충분히 제공한다는 의미다.

그레이엄은 분명히 자본주의자였지만, 사회적 양심을 지닌 그런 자본주의자였다.

물론 그레이엄이 투자자로 거둔 엄청난 실적에 대해서는 굳이 말할 필요도 없다. 이 실적 자체가 모든 것을 말해준다. 최근에 〈월스트리트 저널〉은 그레이엄을 역대 최고 투자자 반열에 올렸으며, 그레이엄의 제자인 워런 버핏, 피터 린치Peter Lynch, 조지 소로스George Soros 등의 이름도 함께 올렸다. 그의 평균 수익률은 17%로 이 목록에 오른 다른 투자자만큼 높은 수준은 아니었다. 그러나 그레이엄은 시장 대폭락 사태와 대공황이 포함된 1929년부터 1956년까지 해당하는 비교적 오랜 기간 꾸준히 이 성적을 올렸다는 점이 중요하다.

비교적 그레이엄이 경제'학자'로서 거둔 성과는 잘 알려지지 않았다. 제16장에서 대공황과 관련한 가장 심각한 문제 가운데 하나, 즉 상품 가격의 변동 및 이것이 시장과 전체 경제에 미치는 영향에 대한 그레이엄의 생각을 설명한다. 이 부분에 대한 관심에서 두 권의 책이 탄생하기에 이르렀다. 그러나 아쉽게도 50여 년 전에 절판된 상태라 현재 상황과의 관련성이나 중요성이 부각되지 않은 측면에 있다. 하나는《저장성과 안정성》(1937)이고 또 하나는《세계 상품과 세계 통화World Commodities and World Currency》(1944)다. 이 두 책은 그 어느 때보다 해결책이 시급한 문제들을 다루고 있다.

첫 번째 책이 나온 계기는 대공황에 따른 광범위한 디플레이션이었다. 이 책에서는 달러(당시에는 금과 은이 이 역할을 했음) 기준 입찰을 상품 기준 입찰로 바꾸는 방법을 통해 미국 경제를 안정화하는 방안을 제시한다. 이때 상품은 밀, 면화, 철 등과 같이 정부가 달러로 구매 후 저장했다가 소비자가 언제든 달러를 내고 구입해 사용할 수 있게 하는 이른바 보존 가능 상품을 말한다. 그레이엄은 제16장에서 자신이 생각하는 '상품기반준비통화' 계획을 상세하게 설명한다.

《세계 상품과 세계 통화》에서도 근본적으로 같은 이론을 제시하지만, 이론의 범주가 '세계'로 확대된 형태라고 보면 된다. 물론 1944년의 상황은

1937년과 완전히 달랐다. 전쟁은 끝났고 군수 물자 생산으로 미국 경제가 크게 되살아난 덕분에 대공황도 막을 내렸다. 그레이엄은 이제 과잉생산으로 인한 디플레이션이 아니라 생산 물자 부족에 따른 인플레이션 문제에 주목했다. 그러나 '마켓 바스켓market-basket' 상품기반준비통화 원칙은 새로운 상황에도 똑같이 적용할 수 있다고 생각했다.

> 이 지구상에 있는 모든 사람은 평시平時에 자원을 더 활발하고 충분히 이용한다. 이는 전시戰時 물자 생산이라는 상황에서 이미 확인된 사실이다. 전후에는 사실상 완전 생산이 이뤄져야 할 뿐만 아니라 한때 익숙했던 거품 붕괴와 극심한 불황의 후유증 없이 완전 생산 수준이 계속 유지돼야 한다.

그레이엄은 가격 유지를 목적으로 상품을 파괴하는 일반적 관행에 울화가 치밀 정도로 걱정이 많았다. 커피를 예로 들어 설명한 내용을 보자.

> 우리는 이 지구가 선사한 '풍요로운 자원'을 스스로 파괴하는 현대 경제학의 궁극적 불합리성을 목도했다. 그것도 극심한 침체의 늪에 빠져 있을 때뿐만 아니라 불황기와 호황기를 불문하고 거의 주기적으로 이런 불합리성이 발현하는 장면을 목격해왔다. 1931년부터 1943년까지 7,500만 포대가 넘는 커피를 불태웠다. 무게로 치면 1,000억 파운드(약 4,500만 톤)가 넘는 양이고 이는 전 세계에 4년간 공급할 물량에 해당한다.

세계경제가 영구적으로 팽창하고 꾸준히 풍요로워졌으므로, 가난한 사람들에게 필요 물자를 제공하지 못할 이유가 없다고 주장했다. 그레이엄의 사고와 행동의 주요 동기는 인도주의와 실용주의에서 찾을 수 있다. 완제품으로 가공할 수 있거나 바로 먹을 수 있는 비축 상품, 또는 '완충재고'야말로 어딘가에 묵혀둔 채 실제로 사용하지도 않을 귀금속보다 경기변동을 통제하는 데 훨씬 효과적이다. 인류에게는 풍년일 때나 흉년일 때나 곡물 창고가 조폐국보다 훨씬 더 좋고 훨씬 더 의미 있는 저장고였다. 곡물은 즉각적으로 물가를 (그리고 이를 통해 전체 경제를) 안정시키는 유용한 도구로서 예기치 못한 파국적 침체기에 마치 하늘의 선물처럼 우리에게 필요 자원을 제공해준다. 사실 카르텔을 통해 물가 및 경제 안정을 이뤄낸 듯 보이지만, 실제로 카르텔로는 물가 안정을 이뤄내지 못한다. 이 책에서는 재검토해볼 가치가 충분한 이 논제의 실행 가능성에 관한 주장을 상세히 다룬다.

사생활 측면에서 그레이엄은 바람둥이라는 세간의 평가가 있지만, 이는 수박 겉핥기식의 섣부른 판단에 불과하다고 본다. 그가 세상을 떠난 지 12년 후인 1988년 4월에 '미국 경제인 명예의 전당U.S. Business Of Fame'에 이름을 올렸을 때 그를 위한 추도문에서도 그런 분위기를 느낄 수 있다. 추도문을 쓴 사람은 그레이엄이 이 산마루에서 저 산마루로 정신없이 왔다 갔다 하는 알프스산양처럼 금발 미인 사이를 오가며 결혼을 세 번 했다고 말하며, '정에 약한 사람'이라고 말했다. 친구이자 제자인 워런 버핏은 바람기로 몰아갔던 그레이엄의 성격적 특성을 좀 더 관대하게 바라봤다. "벤은 그냥 여성을 좋아했고 여성들도 벤을 좋아했다. 신체적인 매력이 뛰어난 사람은 아니었다. 외모는 에드워드 로빈슨Edward G. Robinson: 우락부락한 이미지를 지닌 배우처럼 생겼지만, 품위와 우아함이 느껴지는 그런 남자였다." 버핏은 또 그레이엄이 "남들 눈에 '어리석어' 보이더라도 창의적인 일을 하고 싶어 했고 남에게 아량을 베풀며 늘 '관대한' 일상을 살려고 했다."고 덧붙였다. 그런데 저명한 경제 잡지 〈포춘〉은 그레이엄을 감싸는 듯한 버핏의 말을 어떻게든 비꼬고 싶었던 모양이다. "증권분석과 가치투자 개념을 만들어낸 사실로 그레이엄의 창의성과 '관대함'은 입증이 됐다고 치자. 그렇다면 '어리석은' 일이란 뭘까? 그레이엄은 보통 잠자리에서 일어나기 전에 그 일을 치렀다."

애정 행위가 어리석은 일이든 아니든 간에 그레이엄이 바람둥이라는 생각은 잘못이다. 점잖고 예의 바른 사람이라는 대중적 이미지와는 별개로 그레이엄은 여성을 찬양하며 연애 자체를 무척 즐겼다. 그 연애도 가볍고 천박한 수준이 아니라 고상하고 지적인 사귐이 대부분이었다. 실제로 결혼을 세 번이나 하기는 했다. 헤이즐 머주어, 캐럴 웨이드, 에스텔 메싱 등 세 여성과 부부의 연을 맺었고 물론 불륜도 저질렀다. 그러나 생각없이 가벼운 대다수 바람둥이(저 유명한 호색가 '돈 후안'은 빼고)와는 달리 그레이엄은 의식과 이성이 지배하는 정신적 작용 혹은 이에 바탕을 둔 사고력으로 자신의 행동을 냉철하게 들여다봤다. 그레이엄이 보인 맹점은 직업적 성공 논리를 사적인 연애에 그대로 적용하려 한 부분이었다. 그레이엄은 자신이 만난 여성에게 합리성에 기초한 호의와 친절을 베풀면 상대 여성들 또한 평소 자신이 중시하는 공정함과 품위 있는 행동으로 보답해야 한다고 생각했다. 그레이엄이 합리적인 사람이었다는 점에는 당연히 동의한다. 그러나 그레이엄을 보면 〈마이 페어 레이디My Fair Lady〉(그레이엄도 분명히 봤을 법한 유명한 뮤지컬)에서 "여자는 왜 좀 더 남자 같아질 수 없을까?"를 외치던 히긴스 교수가 생각난다. 실제로 그레이엄은 아내 한 명과는 '바른 품행'을 요구하는 내용의 계약서까지 받아내려고 했다. 스스로 인정하듯이 그레이엄은 여성과 정서적으로 교감하는 법을 배우는 데 오랜 시간이 걸렸다. 《현명한 투자자》 제10장에 나온 내용 가운데 흥미로운 부분은 '대다수 투자자'가 주식 종목을 고르는 법과 그 사람들이 아내를 고르는 법을 비교한 대목이었다.

> 대다수 투자자가 주식 종목을 어떻게 선택하는지를 정확히 설명하기는 어렵다. A는 가격이 45달러인 베슬리헴 스틸을 선택하는 반면에 B는 46달러인 울워스를 선호하며, C는 가격이 190달러인 얼라이드 케미컬을 선택하려고 한다. 대체 어떤 사고 과정을 통해 이런 선택에 이르게 될까? 이 자체가 아내를 선택하는 과정과 비슷해 보인다. 구체적인 수많은 요소를 꼼꼼히 따져본 후 여기에 불합리한 정실주의를 제어하는 훨씬 강력한 통제 요소를 추가하는 식이다.

그레이엄은 사랑과 결혼 그리고 투자자의 습관 둘 다를 '불합리한 정실주의'라는 관점에서 바라본다. 그러나 아랫글에서도 자주 등장하듯이 완전히 드러내놓고, 또 희곡 〈도혼식〉(제15장 참고) 같은 문학작품 속에서 은근한 방식으로 자신의 문제를 인정하는 사람을 무조건 나쁘게만 바라볼 일일까? 적어도 벤저민 그레이엄은 반성 없는 그런 후안무치한 삶을 살지는 않았다.

지금에야 중요시하는 성차별주의 논리로 1894년에 태어난 사람의 행동을 비난하거나 방어하는 일이 무슨 의미가 있겠는가! 그레이엄 본인은 자신이 좋아하는 여성의 마음을 얻으려고 얼마나 많은 권력을 사용했는지를 의식하지 못했음이 분명하다. 요즘이라면 견디는 사람이 아무도 없을 만큼 그레이엄은 이런 부분에 매우 둔감하다. 그러나 이 문제는 매우 복잡하고 또 본인의 정서적 한계를 솔직하게 인정한 만큼 일단 그레이엄의 말에 귀 기울여줄 가치는 있다고 본다. 그레이엄은 연애나 가벼운 바람기를 넘어

이성 간의 문제를 여성과 남성 그리고 낯선 사람과 가족을 다 포함해 일반 사람들과의 사적 교류상의 문제와 결부시킨다. 그러면서 많은 시간을 함께하며 속을 다 터놓을 정도로 친한 친구를 사귀기가 너무 어렵다고 토로한다. 이런 문제는 아마도 수줍고 예민한 성격에서 비롯됐을지 모른다. 그레이엄은 아주 어렸을 때부터 마치 비버처럼 자신만의 집을 짓듯이 나무나 돌 등으로 자신의 주변을 빙 둘러쌓았다. 그렇게 금욕주의를 하늘이 주신 선물인 양 꼭 끌어안고 살았다. 소년의 눈에 여성은 마치 다른 행성에서 온 생명체처럼 낯선 존재였고 그런 존재와 관계 맺는 일 자체를 너무 어려워했다. 적어도 마지막 연인인 말로를 만날 때까지는 그랬다. 〈포춘〉은 그레이엄이 여성들과 희희낙락 즐겁게만 지낸 듯이 기술하고 있지만, 사실 말로를 만나기 전까지는 여성들과의 관계가 그다지 매끄럽지 않았다. 그레이엄은 자기 자신을 타자화하여 이렇게 쓰고 있다.

> 살아오면서 저지른 실수 가운데 큰 비중을 차지하는 것이 바로 이성 관계였다. 평생토록 서로 끌리는 사람을 만나는 데 큰 문제는 없었다. 성인이 돼서 관습에 불과한 금욕주의의 틀을 벗어난 이후로 양적으로나 질적인 면에서 성생활도 순조로웠다. 그래서 그의 이성 관계상의 문제는, 성격이나 지적 측면에서 그가 좋은 품성을 지녔다는 점을 이상하게도 여성들이 못마땅해한 데서 비롯됐다는 생각이 든다. 그래서 그는 여성이 그를 괴롭히고 심지어 이용한다고 느꼈다. 당연히 그는 여성들에게 계속 이용만 당하며 감정적으로 시달린다는 기분이 들었다. 여성이라는 존재 거의 전부가 비이성적이며 남자를 지배하려고 들고, 남자가 보이는 친절과 인내에 감사할 줄도 모르는 데다 고집만 세서 남자의 내밀한 자아 공간을 자꾸 침범하려 든다는 느낌을 받았다. 물론 이런 느낌의 절반은 직접 경험

에서, 절반은 상상력에서 비롯됐다.

그렇다. 그레이엄의 글은 상당히 방어적이다. 특히 '좋은 품성' 부분을 운운할 때 이 방어적 특성이 더욱 두드러졌다. 그러나 그레이엄은 다른 대다수 남성과는 달리 그런 실수 중 일부는 분명히 자신의 탓이라는 점을 인정한다. 그리고 여성에게 이용당한다든가 시달린다는 느낌 역시 그냥 착각이었을지도 모른다는 생각도 한다.

뛰어난 사고력을 자기 일에 적용하는 그의 수완과 재능만큼은 그 누구도 부인하지 못한다. 그레이엄은 타고난 품성과 고등교육 덕분에 배타적 편협성과 편견에서 벗어났기 때문에 실질적으로 헛소리에 불과한 월가 내부의 언어를 꿰뚫어 볼 수 있었고 전통적 관행에 의문을 제기할 수 있었으며 가치투자 개념을 고안할 수 있었다. 그러나 이 때문에 진정한 정서적 독립을 이루고, 전통과 관습의 굴레에서 헤어나는 데 더 오랜 시간이 걸렸다. 모두가 '가족 가치'를 추앙하는 시대에는(각자 추구하는 사적 가치가 무엇이든 간에 혹은 각자가 개인적으로 어떤 가치를 실현하든 간에) 그레이엄의 개인적 도덕성이 지닌 긍정적 측면이 눈에 잘 들어오지 않을 수도 있다. 일례로 그레이엄은 가족 의식이 강했다. 그레이엄의 딸 일레인 그레이엄 소퍼는, 자신의 아버지는 가부장적 전통 가치 체계를 존중하는 모습이었다고 한다. "열 살쯤에 어른들이 보는 책을 찾으려고 가족이 쓰는 넓은 서재를 어슬렁거렸어요. 그때 고대 그리스 조각상을 담은 누드 화집에 완전히 정신이 팔려있었죠. 아버지가 이 모습을 봤어요. 혼이 날 줄 알았는데 별다른 말 없이 화집을 다른 곳에 치우고 자물쇠를 채워버리더군요."

요즘은 아내 이외의 여성과 바람을 피우는 남성을 공개적으로 조롱하기가 아주 쉬워졌다. 그러나 이 또한 위선적인 행동이 아닐까? 어쨌거나 그레이엄의 연애는 이와는 좀 다른 시선으로 바라볼 수 있다. 즉, 용서 못할 바람기라기보다는 인생 말년임에도 자신에게 잘 맞는 동반자를 찾으려는 몸부림일지도 모른다. 마침내 그런 여성을 만나면서 이성을 찾아 헤매던 그레이엄의 방황도 끝이 났다.

> 그러다 아주 늦은 나이가 돼서야 성격이나 기질 면에서 마음에 꼭 드는 여성을 만났다. 인생 말년에 그토록 원했던 자질과 품성을 갖춘 여성을 드디어 만난 셈이었다. 이 여성이라면 자신과 외부 세계 사이에 가로놓인 높은 장벽을 낮출 수 있다는 기분이 들었다. 이처럼 만족스러운 이성 관계를 바탕으로 난생처음 자신과 외부 세계를 가른 이 장벽의 성격을 꼼꼼히 따져봤다. 즉, 대체 이 장벽이 무엇인지 자문해볼 기회가 생겼다.

오랫동안 찾던 사람을 60대가 돼서 드디어 만나게 됐다는 말처럼 들린다. 단단히 조인 마음의 빗장을 조금 느슨하게 하고 그런 방어벽이 생기게 된 근본적인 이유를 헤아리면서 마침내 빗장을 풀어내거나 최소한 정신적 고립에서 헤어나게 해줄 그런 사람을 말이다. '방어벽 저 밖에 있던' 이 여성에 대한 그레이엄의 마음은 진심이었다. 한때 모범적이라 여겼던 품성의 허망한 실체를 알게 됐다. '예의 바른 행동', 웬만하면 다른 사람을 비난하거나 나쁜 말을 하지 않으려는 태도, 한결같은 친절함, 공손함, 유쾌함, 인내심, 유형을 불문한 모든 갈등을 피하는 태도, 감정적 요소가 개입될 때는 추상적 의견이 빚어내는 갈등 상황조차 피하려는 자세 등등에는 결국 값비싼 대가가 따른다는 사실을 알게 됐다. 돌이켜보면 한때 훌륭해 보였던 행동 가치가 사실은 미덕이 아니었다는 사실을 알았다. 미덕이 아닌 그 품행의 실체가 눈에 들어왔다는 의미다.

> 독선적이고 거만하고 속물적이고 가식적이었다. 가증스럽게도 계산된 이기주의를 침착하고 평온한 태도로 포장하고 있었을 뿐이다. 세 번째 아내는 남편이 '인간적'인 사람인지는 몰라도 '인간미'는 없는 사람이라고 말했다. '인간적인데 인간미가 없다'는 말이 정곡을 찌른다. 다른 사람의 슬픔과 기쁨에 동조하는 이른바 진정한 공감 능력이 부족했다. 생각이나 예술적 창조 같은 완전히 비개인적인 것들 혹은 자기 계발과 내적인 영예에 기여하는 것들에 열정을 보였다. 겸손한 자세로 '칭찬의 말에 손사래'를 쳤다. 그러나 그런 겸손 자체가 허영심과 분간이 안 되는 자긍심의 또 다른 표현이었을 뿐이다. 호라티우스가 말하는 '자신이 올바르다는 점을 의식하는 마음mens sibi conscia recti'이 '확신에 찬 우월감'에 둘러싸인 모양새였다. 영국 시인 랜더가 그랬듯이 그 누구와도 진정한 관계를 맺으려 노력한 적이 없었다. 적어도 자신이 판단하건대 그럴 만한 가치가 있는 사람이 없다는 이유였다. 그저 단 한 명의 절친한 친구이자 영혼의 단짝인 자기 자신밖에 몰랐다.

상당히 정교한 통찰력이다. 그리고 고전이 이런 통찰력을 키우는 데 얼마나 도움이 됐는지에 주목하라. 그런 통찰 능력과 이를 표현하는 솔직함 덕분에 수많은 결점에도 불구하고 이렇게 자기 성찰을 하는 그레이엄에 대해 관대해지고 싶어진다.

그레이엄은 말로를 만난 이후로 모든 것이 달라졌다. 그리고 전에는 인식하지 못했던 부분을 이해하게 됐다.

> 우월감이 지나쳤고 인간미는 없었다. 예순이 넘은 나이에야 비로소 올바른 정서 발달 과정을 다시 밟아나가기 시작했다. 무엇보다 '사랑'은 인생

의 숱한 '경험 중 하나'가 아니라 인생 '경험 그 자체'라는 사실을 받아들여야 했다.

그레이엄은 자신이 거둔 업적을 자랑스러워했다. 그래서인지 책에서도 유명 인사의 이름을 거론하며 친한 체를 한다거나 그간 축적한 부로 가능해진 여러 가지 특권을 내세우는 것을 굳이 마다하지 않았다. 거짓 겸손으로 내숭을 떨지도 않았다. 가끔 농담 삼아 자진해서 자신을 낮추는 행동 때문에 그런 특성이 다소 묻히기는 했으나 실제로 본문을 보면 자랑하고픈 속내가 언뜻 드러난다. 그레이엄은 곧잘 우스갯소리를 하는 아주 영리한 재담꾼이었다. 가벼운 말재간 수준을 넘어 그레이엄의 유머 감각은 대화에서는 물론이고 저술이나 강의에서 이뤄지는 경제학이나 투자 이론의 가치와 효용성을 높이는 데 한몫했다. 제16장에서 보듯 프랑스가 제1차 세계대전에서 발생한 부채를 포도주로 대신 갚으라고 제안한 일이 그 좋은 예다. 친척이나 친구, 제자 등에 따르면 그레이엄은 평소에도 익살스럽고 알쏭달쏭한 유머를 즐겼다고 한다.

그레이엄은 문학에 조예가 깊을 뿐만 아니라 괜찮은 작품을 직접 쓰기도 했다. 경제 관련 글은 원래 인간미 없는 특성이 다소 강하다고는 하지만, 전문 서적이나 기고문을 보면 문체가 아주 명료하고 힘이 있었다. 주로 10대와 20대 구독자를 겨냥한 투자 잡지 〈매거진 오브 월스트리트〉에서 갈고닦은 듯한 어휘력을 자랑한다. 어빙 피셔, 홀랜더 교수, 리처드 와이코프 등 이 잡지에 기고한 현직 인사의 사진이나 그림을 보면 하나같이 윙칼라야회복용으로 화려하게 세운 깃 차림에 근엄한 풍채를 하고 있다. 이들이 쓴 글에서 느껴지는 고풍스러움 혹은 무게감과 맥을 같이하는 지점이 아닐까 한다. 현대 경제와 관련한 글쓰기는 과장이나 비유가 많이 들어가는 특징이 있는데 이들의 문체에는 그런 요소가 거의 보이지 않았다. 예를 들어 현대적인 글은 주로 이런 식이다. '충격적으로' 높은 수익률도 아니고 그렇다고 '지지부진한' 수준도 아니었다. 그런데 같은 의미라도 당시 문체는 건조하다 싶을 정도로 명료했다. 즉, 수익률이 높다고 말할 때는 '만족스러운' 혹은 '매력적인' 수준이라는 정도로 표현했다. 또 시장가격이 하락했다고 말하고 싶을 때도 '바닥으로 곤두박질'쳤다는 식이 아니라 그저 '가격이 하락'했다는 식의 정직한 어휘를 그대로 가져다 썼다. 《현명한 투자자》의 부제는 '실용적 투자 안내서A Book of Practical Counsel'이다. 이 책을 쓴 목적과 실용적 특성에 비춰보면 그레이엄이 존경해마지않던 벤저민 프랭클린과 비슷한 측면이 있다는 생각이 든다. 객관성을 추구하다 보니 수동태와 기타 비인칭 구문을 과도하게 쓰기는 했지만, 문체 자체는 전반적으로 생동감 있고 암시적이라서 여러 가지를 떠올리게 한다. 예를 들어 자서전을 보면 초기 맨해튼의 풍광과 소리를 아주 훌륭하게 담아내고 있다.

> 센트럴파크에 있는 소형 열차처럼 예전에는 작은 기관차가 고가高架 열차를 끌었다. 이 고가 열차가 우리 머리 위에서 굉음을 내며 지나간다. 겨울 저녁이면 열차가 지나가는 자리에서 불꽃이 튀는 모습이 보인다. 나중에는 기관차가 끌던 이 고가 열차가 전차로 대체됐지만, 철로 주변 낮은 둔덕 위에 작은 증기기관차가 줄지어 모여있는 광경이 여전히 눈에 들어왔다. 물론 결국에는 다 사라졌다. 아마도 남미 어딘가로 팔려나가지 않았을까 생각한다.

그레이엄 본인이 인정하듯이 시와 희곡 부문에서는 상대적으로 능력이 좀 부족한 편이었다. 당대 최고 문학작품에 관해서는 조예가 깊었으나 시는 자신의 문학적 소질을 최대한 발휘할 수 있는 부문이 아니었다. 그래도 정말 훌륭한 작품이라는 생각이 드는 시를 적어도 한 편은 남겼다. 르네상스적 만능 교양인에 속하는 그레이엄은 '큰 그림'에 대한 관심이 컸고 고양이에 대한 애정도 남달랐다. 이런 관심과 애정이 잘 버무려진 그런 시였다. 그레이엄은 제목을 'Tempus Felis', 즉 '고양이 시간Cat Time'이라고 붙였다.

오, 시간이여, 네 고양이 혓바닥으로
'삶'이라는 아주 작은 크림을 핥아 먹는구나.
그리고 네가 가르랑대는 동안에도
날카로운 칼로 우리의 연약한 살을 베는구나.
오, 시간이여, 네 그 흉측한 발로
쏜살같이 달아나는 사람을 무자비하게 찍어 누르는구나.
신의 박수갈채를 받으려고
너는 덫을 놓았다가 풀어주고, 다시 잡는구나.

오, 시간이여, 무심한 시선이
우리의 기도와 유치한 저주 위를 훑고 지나가는구나.
네 안에 우리가 있고 우리 안에 네가 살듯이
네 소중한 것, 네 먹이, 그것이 네 우주인 것을.

그레이엄이 극작가로 활동했던 기간이 짧았다는 사실에서 인물을 창조하고 줄거리를 짜는 능력이 그리 대단하지는 않았음을 알 수 있다. 브로드웨이 무대에 올린 연극 〈베이비 퐁파두르〉도 사실은 이 연극 자체가 뛰어나서라기보다는 연극계 인맥 덕분으로 보인다.

그러나 그레이엄은 깊은 애정과 진지한 태도로 문학을 대했으며 이런 진지한 애정은 번역이라는 또 다른 출구를 찾아내기에 이르렀다. 라틴어로 된 시를 영어로 번역했는데 결과물이 아주 훌륭했다(동료가 확인해준 사실임). 그레이엄은 우루과이 작가 마리오 베네데티Mario Benedetti가 쓴 소설《휴전》도 번역했다. 스페인어를 정식으로 공부했다는 기록은 없는데, 언어능력이 워낙 출중해서인지 출판에 무리가 없을 정도로 전문 번역가 뺨치는 실력을 보였다. 베네데티의 소설은 오십 줄에 접어들어 은퇴를 고려 중인 한 회계사의 이야기다. 주인공인 이 회계사는 아내 없이 두 아들과 딸 하나를 키우는 홀아비였다. 가족이 한집에 살기는 했지만, 서로 살가운 사이는 아니다. 두 아들 가운데 한 명은 집에서 나가 살고 다른 한 명은 같이 살기는 하는데, 무엇이 불만인지 자기 일을 아버지와 상의할 생각을 안 한다. 그나마 딸하고는 일상적인 대화를 나누는 정도였다. 그렇게 쓸쓸한 노년의 삶 속으로 한 젊은 여성이 불쑥 들어왔다. 최근에 고용한 직원이었다. 그런데 이 여성에게 마음이 끌렸고 그 사실에 스스로 놀랐다. 게다가 상대 여성도 싫지 않은 반응이어서 더욱 놀랐다. 그래서 이 여성에게 아파트를 마련해줬다. 그래도 완전히 독립하지는 않고 부모님 집에서 지내다 아파트에서도 지내는 생활을 이어갔다. 여성의 어머니는 이 사실을 알고 있으나 특별히 반대하지 않았다. 두 사람은 너무 행복하지만, 그래도 신중하게 행동하려 한다. 그러다가 자신에게 애인이 생겼다는 말을 딸에게 한다. 그리고 딸아이와 연인은 둘도 없는 친구가 된다. 마침내 주인공이 은퇴하는 그날이 찾아온다. 그러나 너무도 안타깝게 이 젊은 여성은 심장마비로 갑작스럽게 세상을 떠나고 이 불쌍한 회계사는 또다시 홀아비로 남겨진다는 비극적 결말로 이 소설은 끝이 난다.

이 회계사와 그레이엄의 상황, 특히 젊은 연인과 사랑하는 상황이 비슷해 보인다. 그레이엄도 중년의 나이에 젊고 아름다운 여성 캐럴 웨이드와 사랑에 빠졌다. 그러나 짧게 끝나고 만 그레이엄의 결혼 생활은 회계사와 젊은 연인 간의 연애만큼 순조롭지는 않았다. 무엇보다 이 때문에 그와 자식들 간에 갈등이 생겼다. 그러나 그레이엄이 나중에 에스텔 메싱(벤저민 주니어의 어머니)과 결혼하고, 마지막으로 말로와 연인 관계가 되면서 갈등이 해소됐다. 이런 가정불화에도 세 자녀 모두 그레이엄은 자상한 아버지였다고 말한다. 딸 마저리는 아버지가 "성실하고 다재다능하며 문학과 음악에 대한 사랑이 깊은 사람"이라고 했다.

베네데티 소설 속 주인공이 일하는 모습도 그레이엄과 비슷한 측면이 있다. 이 회계사가 일하는 모습을 그린 대목을 보면 그레이엄이 레플러 전화 설비 회사에서 일하던 장면이 생각난다(제5장 참고). 회계사의 업무 대부분이 기계적인 일이었다. 그래서 일을 하면서 '딴생각을 하거나 심지어 몽상에 빠지는 등의 일탈'로 기계적인 작업에서 오는 지루함을 달래려 했다. 그레이엄도 레플러 전화 가게에서 일할 때 지루함을 달래려고 고전 시를 열심히 암송했다. 그러다가 제 흥에 겨워 큰 소리로 시를 읊는 바람에 상관의 화를 돋울 때도 있었다. 그 순간만큼은 아마도 그레이엄이나 회계사나 다 같은 심정이었으리라.

> 마치 정반대되는 두 개의 독립된 자아로 분리된 듯한 기분이었다. 하나는 전체 작업 과정이 머릿속에 다 들어있어서 하나부터 열까지 완벽하게 알고 항상 자신 있게 일하는 자아다. 또 하나는 열정적이며 몽상가 기질이 강한 자아다. 너무 많은 꿈을 꾸기에 좌절도 많은 서글픈 존재다. 그럼에도 예전이나 지금이나 그리고 앞으로도 계속 기쁘게 전화를 받는다. 어

디에다 펜을 놀리고 있는지, 8개월이면 검게 변할 파란색 잉크로 대체 뭘 쓰고 있는지 관심도 없는 얼빠진 자아 말이다.

소설 속 인물인 우루과이의 회계사와 그레이엄이 비슷한 점이 있는지는 별개로 그의 번역 실력은 누구도 부인하지 못한다. 고대 그리스·로마의 시와 프랑스, 독일 시를 번역한 글이나 자작시 어디에도 빅토리아풍 어휘는 찾아보기 어렵다. 그레이엄이 쓴 산문 번역체는 간결하고 매우 유려해서 베네데티가 말하고자 하는 내용을 아주 쉽게 이해할 수 있다.

그레이엄은 평생 '일'과 '사생활', '개인사'와 '직업사', '감정'과 '사고' 등을 구분하려고 했다. 프로이트는 아니었지만, 나이가 들어가면서 경제와 금융 측면에서 세상을 바라보려는 시각에 걸맞도록 감정적 측면에 대한 지혜를 갖추는 데도 관심을 기울였다. 이런 노력은 결국 이성과 가족에 대한 깊은 이해로 이어졌다.

그럼에도 '이성적이고 명석하며 정서적 측면에서는 신중하고 경계심이 강한' 사람이라는 본질에는 변함이 없었다. 그러나 삶의 단계 혹은 성장 단계별로 정도의 차이는 있을지언정 세 자녀 모두 그레이엄이 아버지로서 부족함이 없었다고 증언한다. 적어도 그레이엄은 항상 성실하고 책임감 있는 사람이었고 남들보다 더 높은 수준으로 가족을 부양했다. 재정적으로도 넉넉하게 지원했을 뿐만 아니라 성장하는 아이들과 함께 문학과 음악, 스포츠, 여행 등 양질의 문화를 마음껏 누릴 수 있는 환경을 만들었다. 청소년기에 대한 관심과 이해가 높았던 그레이엄은 특히 한창 사춘기를 겪는 딸아이한테는 정말로 '훌륭한 아버지'가 될 수 있었다.

그레이엄은 책과 개인적 경험에서, 특히 살면서 저지른 숱한 실수에서 교훈을 얻으려 하는 등 평생 배우려는 자세 덕분에 성격적 결함 같은 아쉬운 부분을 메운 측면이 있다고 생각한다.

캘리포니아대학 버클리 캠퍼스에서

시모어 채트먼Seymour Chatman

연보

1894년 5월 9일, 영국 런던에서 아이작 그로스바움과 도러시 그로스바움의 셋째 아들로 태어났다.

1895년 가족과 함께 뉴욕으로 이주했다.

1911년 대학 학비를 지원해주는 퓰리처 재단 장학생에 응시하지만 탈락하고, 학비가 무료인 뉴욕시티칼리지에 입학했다. 그러나 곧 중퇴했다.

1912년 컬럼비아 동문 장학금을 받고 컬럼비아대학교에 입학했다.

1914년 컬럼비아대학교 졸업을 앞두고 여러 교수직 제안을 받지만 거절했다. 케펠 학장의 추천으로 뉴욕증권거래소 회원사인 '뉴버거, 헨더슨 & 러브'에서 업무 보조 일을 맡으며 금융인으로 커리어를 시작했다.

1917년 스승인 엘저넌 타신의 투자를 관리했는데, 미국이 제1차 세계대전에 참전하면서 하락장이 지속되고, 끝내 계좌가 타신의 동결 처리되면서 첫 번째 투자 실패를 경험했다.

1919년 세이볼드 타이어라는 신생 기업에 지인들과 투자했다가 사기를 당했다.

1920년 뉴버거, 헨더슨 & 러브의 주니어 파트너가 되었다.

1923년 독립 사업체 '그레이엄 코퍼레이션'을 설립하고 2년 6개월 동안 운영했다.

1926년 '벤저민 그레이엄 조인트 어카운트'를 구성했다.

1927년 컬럼비아대학교에서 증권분석 강의를 시작했다. 이때 수업을 들은 데이비드 도드와 인연이 되어 《증권분석》을 함께 집필했다. 이 수업을 시작으로 컬럼비아대학, UCLA 등에서 40년간 대학 강의를 이어갔다.

1929년 대공황이 시작되고 1932년까지 자본금에서 70퍼센트의 누적 손실을 기록할 만큼 타격을 받았다.

1934년 데이비드 도드와 집필한 《증권분석》을 출간했다. 직접 쓴 희곡 〈베이비 퐁파두르〉가 뉴욕 밴더빌트 극장에서 공연되었다.

1936년 '벤저민 그레이엄 조인트 어카운트'를 해산하고 '그레이엄-뉴먼 코퍼레이션'을 출범시켰다.

1937년 《현명한 투자자의 재무제표 읽는 법》을 출간했다.

1944년 《세계 상품과 세계 통화》를 출간했다.

1948년 '가이코'의 경영권을 확보하기 위해 가이코의 지분을 대량 인수했다.

1949년 《현명한 투자자》를 출간했다. '뉴먼 & 그레이엄 파트너십'을 설립했다.

1951년 유대인시각장애인협회 회장에 선출되었다.

1954년 뉴먼&그레이엄 파트너십에 워런 버핏을 증권분석가로 고용했다.

1956년 그레이엄-뉴먼 코퍼레이션과 뉴먼 & 그레이엄 파트너십을 해산하고 일선에서 은퇴했다. UCLA 경영대학원에서 15년 동안 무보수로 강의했다.

1962년 재무분석가연합The financial Analysts Federation을 설립했다.

1965년 가이코 이사회에서 사임했다.

1967년 마리오 베네데티가 쓴 소설 《휴전》을 번역했다.

1976년 9월 21일 프랑스 엑상프로방스에서 사망했다.

1988년 미국 경제인 명예의 전당에 올랐다.

나의 인생, 나의 투자

벤저민 그레이엄 자서전

초판 1쇄 발행 2022년 11월 18일
초판 2쇄 발행 2022년 12월 16일

지은이 | 벤저민 그레이엄
기획 | 이지성
옮긴이 | 이은주

발행인 | 박재호
주간 | 김선경
편집팀 | 강혜진, 이복규, 허지희
마케팅팀 | 김용범, 권유정
총무팀 | 김명숙

디자인 | 김태수
종이 | 세종페이퍼
인쇄 · 제본 | 한영문화사

발행처 | 차이정원
출판신고 | 제25100-2016-000043호
주소 | 서울시 마포구 양화로 156(동교동) LG 팰리스 814호
전화 | 02-334-7932 **팩스** | 02-334-7933
전자우편 | 3347932@gmail.com

ISBN 979-11-91360-52-3 (03320)